亚行贷款黄河防洪项目

移民安置与环境保护

主　　编　赵　勇

执行主编　张俊峰　解新芳　姚傑宝

黄 河 水 利 出 版 社

图书在版编目(CIP)数据

亚行贷款黄河防洪项目移民安置与环境保护/赵勇主编. --郑州:黄河水利出版社,2011.5
ISBN 978-7-5509-0053-0

Ⅰ.①亚… Ⅱ.①赵… Ⅲ.①亚洲开发银行-贷款项目-中国②黄河-防洪工程-移民安置③黄河-防洪工程-环境保护 Ⅳ.①F832.6②D632.4③X321.2

中国版本图书馆 CIP 数据核字(2011)第 080444 号

出 版 社:黄河水利出版社
地址:河南省郑州市顺河路黄委会综合楼 14 层 邮政编码:450003
发行单位:黄河水利出版社
发行部电话:0371-66026940、66020550、66028024、66022620(传真)
E-mail:hhslcbs@126.com
承印单位:黄委会设计院印刷厂
开本:787 mm×1 092 mm 1/16
印张:19
字数:436 千字 印数:1—2 000
版次:2011 年 5 月第 1 版 印次:2011 年 5 月第 1 次印刷

定价:41.70 元

主　　编　赵　勇

执行主编　张俊峰　解新芳　姚傑宝

编　　写　解新芳　姚傑宝　左　萍　李　利
刘新芳　王炤华　王建中　田雨普
伏　渤　宋玉红　任彩苹　高　山
王吉昌　王晓霞　马　强　原平新

前　言

黄河是中国的第二大河，在漫长的历史岁月里，哺育了中华民族，塑造了壮丽山川。黄河始于青藏高原，途经5464公里，注入渤海，为祖国经济的繁荣昌盛日夜奔腾。然而，由于黄河穿越了土质疏松的黄土高原，严重的水土流失，大量的泥沙淤积，洪水的决溢泛滥，曾给沿河两岸的人们带来深重的灾难。新中国成立以来，中共中央、国务院对治理黄河十分重视，投入了大量的人力、物力和财力，黄河治理取得了前所未有的成就。但黄河是世界上最复杂、最难治理的河流，至今依然存在着泥沙淤积、洪水灾害、水资源贫乏等诸多问题。

黄河下游因河道宽浅，水流变缓，洪水挟带大量泥沙迅速沉积，主流在漫流区游荡，人们不得不筑堤防洪，行洪河道不断淤积抬高，逐渐成为“地上河”。从郑州直至入海口，近800公里长的河段，河水高出两岸地平面4～6米，最高处达10米以上。随着河床的不断淤积抬高，两岸大堤也需要不断加高，慢慢形成了“水上长城”，成为保卫下游两岸人民生命财产安全的屏障。因黄河大堤是在汛期抢险抢出来的，存在着很多洪水决溢险点和隐患。

为确保大堤两岸人民的生产和生活免遭洪水危害，1998年长江、松花江（嫩江）大水之后，为做好“灾后重建、整治江湖、兴修水利”工作，中国政府经与亚洲开发银行磋商，规划2000年贷款3亿美元（国家统贷统还）用于“北部防洪项目”，其中利用1.5亿美元以及中央政府1:1配套资金，开展亚行贷款黄河防洪项目。

亚行贷款黄河防洪项目是各类项目的总称，包括工程类、管理类和非工程类项目。工程类子项目包括堤防加固、滩区安全建设、险工改建加固和河道控导工程4种类型。工程类子项目自2000年年初开始，按照亚行贷款程序的要求，经历了选项、亚行技术援助、实地考察、项目评估、项目谈判、协议签署与贷款生效、项目执行、项目竣工和后评估等阶段，于2008年6月底关闭外资账户。2010年10月亚行检查团亲临现场，对项目进行了全方位的竣工验收检查，编写了项目完工验收报告，项目总体被亚行评为成功。至此，项目顺利通过了亚行的验收。

工程类子项目均涉及环境保护和征地移民。堤防加固、险工改建加固和河道控导工程征地被界定为非自愿移民，投资由国家承担；滩区安全建设移民界定为自愿移民，投资由地方政府和移民个人筹集。亚行要求保护好工程涉及区域内的生态和生活环境，坚持以人为本，着力安置好工程引起的移民，不得降低移民的生活水平。工程类子项目的环境保护和征地移民安置工作伴随着主体工程，贯穿项目的前期、实施、验收和后评价全过程，这在黄河防洪工程史上尚属首次，是一项具有开创性的工作。

在项目前期完成了技术援助阶段的多项成果，包括环境初步评价报告、移民安置初步规划报告等。按照国内环境和移民管理的有关要求，通过了可行性研究阶段的环境影响报告书的评估和移民安置规划设计报告书的评估。在项目设计和实施阶段，完成了移民安置规划实施方案、环境保护设计报告，开展了移民监理、移民监测评估、环境监理和环境监测等多项工作。在项目竣工验收阶段，完成了环境保护竣工验收调查报告，通过了环保总局环境工程评估中心的评估。在项目完成后的一到两年时间内，开展了现场调研并编制完成了环境影响后评估报告和移民安置后评估报告。

亚行贷款黄河防洪项目征地移民安置和环境保护工作在黄河下游防洪工程中属于一项全新的工作，在执行过程中遇到工程实施与保护自然保护区、工程建设与保护移民权益之间的诸多矛盾，但由于前期扎实的工作基础和实施过程严格执行亚行相关规定、移民规划标准，认真实施环境保护措施，最终还是获得了成功，得到了亚行的认可，顺利通过了亚行的完工检查和验收。本书作者愿意与读者分享亚行贷款黄河防洪项目移民和环境方面的成果并介绍其成功的经验，以求对亚行或世行在中国的贷款项目以及类似工程的建设有所启迪和帮助。

为了总结亚行贷款黄河防洪项目建设各阶段的移民安置和环境保护工作，反映移民监测评估、移民监理、环境监理、环境监测等在项目实施阶段所发挥的重要作用，概括该项目移民安置和环境保护工作的特点和管理方面的实施经验，展示移民安置和环境保护工作的成果、方法和实施过程，展现与国际惯例接轨的移民安置和环境管理之路，我们撰写了《亚行贷款黄河防洪项目移民安置和环境保护》一书。相信本书的编辑出版，对进一步丰富中国水利水电工程移民和环境技术宝库，探索具有中国特色的国际工程移民和环境管理路子，具有重要的意义。

本书的作者基本是从事水利水电工程移民和环境保护工作的科技人员，大多参加了亚行贷款黄河防洪项目的移民和环保的前期、实施期间及后期工作。作者根据多年的工作实践经历，详细介绍了项目移民和环境保护工作方面的相关内容。本书共有12章。前六章介绍移民安置。其中，第一章主要介绍移民政策与标准，以及亚行与中国移民政策的对比；第二章着重讲述征地移民安置规划设计的程序和成果；第三章主要阐述移民监测评估的内容、方法与报告的编写；第四章重点介绍移民安置监理的组织与管理；第五章主要描述移民安置的实施管理与效果；第六章突出介绍征地移民后评价。后六章介绍环境保护。其中，第七章是对环境政策与环境保护工作程序的介绍；第八章描述了项目立项阶段亚行环境管理与要求；第九章介绍项目的环境影响分析与评价；第十章阐述项目建设环境管理；第十一章介绍项目竣工环境保护验收；第十二章阐述环境影响后评价。

移民安置工作是世界性的难题，环境保护工作艰巨而复杂，二者涉及自然、社会、技术和经济等诸多学科，知识领域十分广阔，非作者能力之所及。本书是作者根据参与的亚行贷款黄河防洪项目的成果、认识和体会写成，奉献给广大水利工程移民和环保工作同仁，愿与大家共同探讨。由于作者水平和知识所限，加之时间仓促，错误和不足之处在所难免，恳请读者批评指正。

作者

2010年10月

目　录

第一章　移民政策与标准

第一节　移民概述

移民是人口在不同地区或者同一地区不同地点之间的迁移及社会经济系统重建活动的总称。一般来说,移民按搬迁意愿分为自愿移民和非自愿移民两类。自愿移民是指人们根据自身的需要,为追求生存环境的改善和自身生活水平的提升,自发和自愿进行的人口迁移活动。非自愿移民是指由于水利、电力、铁路、公路、机场、城建、工业、环保等工程建设,破坏了原有人与环境的协调关系,使原居住的群众失去了习以为常的居住地和劳动对象等生产生活资料,不得不离开故土,迁移他处,重建家园,调整生产生活秩序,适应新的人文及社会经济环境。这种由于工程建设造成的移民迁移,都是出于被动的。

伴随着人类社会的发展而出现的移民问题,已经成为当今世界性的难题。为支持工程建设,移民要忍着故土难离的伤感,远迁他乡。在迁移、安置、重建中,移民的生产生活和心理受到巨大的冲击;在迁移后,为恢复正常的生产生活,移民也必然在住房、食物、饮用水、交通、教育、医疗卫生和就业等方面遇到许多新问题。可见,移民问题已经成为水利水电工程建设的主要制约因素,移民工作在工程建设中占有举足轻重的地位。

从全球范围来看,最大规模的移民来自亚洲,尤其发生在中国和印度这两个世界上人口最多的国家。世界银行(以下简称世行)和亚洲开发银行(以下简称亚行)贷款建设的项目中也产生了大量移民,世行 1987 ~ 1996 年间的 60 个援助项目中的移民人数为 90.9 万人,亚行 1994 年底的 19 个援助项目中移民人数达 40 万人。

工程移民属非自愿移民中的一种。非自愿移民安置较之于自愿移民的安置更为艰巨复杂,它涉及社会、经济、政治、文化、人口、资源、环境、宗教、民族、工程技术等诸多方面,是一项庞大而复杂的系统工程,已引起世界各国和国际社会的广泛关注。

中国的移民工作经历了从"重工程,轻移民"、"重搬迁,轻安置"到开发性移民和依法移民的转变。目前,中华人民共和国国务院令第 471 号《大中型水利水电工程建设征地补偿和移民安置条例》(以下简称新条例)中明确规定,未编制移民安置规划或者移民安置规划未经审核的大中型水利水电工程建设项目,有关部门不得批准或者核准其建设,不得为其办理用地等有关手续。可见,移民工作已受到中国政府及各级部门的高度重视。

第二节　中国移民政策与标准

工程建设引起的非自愿移民总是希望迁居后比原居住地环境更优美,生存条件比原先更好,能较快地摆脱贫困和落后的面貌。这些移民都习惯于原先的谋生手段,一旦失去原有资源后,谋生便发生困难,竞争力弱,较难恢复原有的生产生活水平。工程建设的征地拆迁方面的大量经验和教训告诉我们，必须将依法移民作为中国移民的基本原则和行动指南。因此，为了使移民工作逐步走上法制化与科学化的轨道，政府制定了一系列与移民有关的政策、法规及各项有效的规章制度。

一、中国移民安置的主要政策

(1)非农业建设必须节约使用土地，严格限制农用地转为建设用地。节约利用土地，合理规划工程占地，控制移民规模。

(2)征地拆迁与移民安置的基本目标是使移民生活达到或者超过原有水平。

(3)向集体土地的所有者、长期使用者提供补偿，并进行就业安置。

(4)开发项目应承担所有的补偿及安置费用。

(5)征地或拆迁补偿与安置计划需经政府主管部门批准。未编制移民安置规划或者移民安置规划未经审核的大中型水利水电工程建设项目，有关部门不得批准或者核准其建设，不得为其办理用地等有关手续。

(6)编制移民安置规划应当以资源环境承载能力为基础，遵循本地安置与异地安置、集中安置与分散安置、政府安置与移民自找门路安置相结合的原则。编制移民安置规划应当尊重少数民族的生产、生活方式和风俗习惯。

(7)受征用农用土地影响的移民安置途径应首先考虑以土地为基础的农业安置。农村移民安置后，应当使移民拥有与移民安置区居民基本相当的土地等农业生产资料。

(8)在城市受房屋拆迁影响的移民可选择由拆迁人在合适的地点提供房屋、调换产权的实物安置或现金补偿的货币安置。

(9)征地或拆迁的当事人需就补偿、安置签订协议。

(10)在征地补偿和移民安置过程中，移民认为其合法权益受到侵害的，可以依法向县级以上人民政府或者其移民管理机构反映，县级以上人民政府或者其移民管理机构应当对移民反映的问题进行核实并妥善解决。移民也可以依法向人民法院提起诉讼。

移民安置后，移民与移民安置区当地居民享有同等的权利，承担同等的义务。

二、移民安置法律法规与条例

(1)《中华人民共和国宪法》中与移民有关条款规定了土地、矿藏、水流、森林、山岭、草原、荒地、滩涂等权属问题。明确城市土地属于国家所有。宅基地、自留地、自留山由个人使用，属集体所有。国家为了公共利益的需要，可以依照法规规定对土地实行征用。

(2)《中华人民共和国土地管理法》规定了征用土地补偿补助的标准及征用土地的法律程序。

上述两部法律是水库移民法规体系中最根本的和最通用的法规。其他与之相关的通用法规还有：

(3)《中华人民共和国水法》(1988 年)。

(4)《中华人民共和国水土保持法》(1991 年)。

(5)《中华人民共和国森林法》(1998 年)。

(6)《中华人民共和国矿产资源法》(1986 年)。

(7)《中华人民共和国文物保护法》(1982 年)。

除上述通用法律法规外,还有移民行业专用规程与规范。《水利水电工程水库淹没处理设计规范》、《水库淹没实物指标调查细则》、《水库库底清理办法》、《水库移民安置规划编制规程》、《水库淹没处理补偿投资概算编制规定》等规范和规程的颁布实施,使水库移民工作从规划设计前期工作开始,到具体安置实施,都做到了有法可依、有章可循。

2006 年 7 月 7 日,中国颁布的新条例是移民行业的一个专门条例,新条例是根据水利水电行业特点,在总结 50 多年移民安置工作经验教训的基础上制定的。新条例共有 8 章 63 条。与 1991 年 2 月发布的原条例相比,新条例更加重视移民安置规划,提高了征地补偿和移民安置补助标准,加大了移民后期扶持力度,加强了对征地补偿和移民安置工作的监督管理。

新条例突出了以人为本的思想,重视维护移民合法利益,将移民与工程建设紧密结合,对水利水电事业的科学发展将起到积极作用。同时,新条例提出了有利于可持续发展的移民后期扶持政策,提高对移民的后期扶持,可以从根本上改善移民的生产、生活环境,解决移民返迁问题,对水利水电工程的建设将起到有效的促进作用。

与原条例相比,新条例更重视移民安置规划。大中型水利水电工程涉及的范围广、移民数量大,对移民安置方案进行科学规划并认真执行是至关重要的。为此,新条例规范了移民安置规划的编制程序,强化了移民安置规划的法律地位。

三、中国土地补偿标准

(1)土地所有权。一般而言,城市市区的土地属于国家所有;农村和城市郊区的土地,除由法律规定属于国家所有的外,属于农民集体所有。《中华人民共和国宪法》中明确规定:“国家为了公共利益的需要,可以依照法律规定对土地实行征用。”一旦土地需要用于基础建设,集体的土地将被征收,国有土地的使用期限将变更。征收土地的标准:一是基本农田,二是基本农田以外的耕地超过 35 公顷的,三是其他土地超过 70 公顷的,这些土地均需国务院批准,征收除以上三类规定外的土地,经省、自治区、直辖市人民政府批准,并报国务院备案。

(2)土地补偿。征收土地的,按照被征收土地的原用途给予补偿。包括土地补偿费和安置补助费两个部分,另外青苗和地上附着物也应当获得补偿费。

《中华人民共和国土地管理法》第四十七条规定:

“征用土地的,按照被征用土地的原用途给予补偿。

征收耕地的土地补偿费,为该耕地被征收前三年平均年产值的六至十倍。征收耕地的安置补助费,按照需要安置的农业人口数计算。需要安置的农业人口数,按照被征收的耕地数量除以征地前被征收单位平均每人占有耕地的数量计算。每一个需要安置的农业人口的安置补助费标准,为该耕地被征收前三年平均年产值的四至六倍。但是,每公顷被征收耕地的安置补助费,最高不得超过被征收前三年平均年产值的十五倍。

“征用其他土地的土地补偿费和安置补助费标准,由省、自治区、直辖市参照征用耕地的土地补偿费和安置补助费的标准规定。

“被征用土地上的附着物和青苗的补偿标准,由省、自治区、直辖市规定。

"征用城市郊区的菜地,用地单位应当按照国家有关规定缴纳新菜地开发建设基金。

"依照本条第二款的规定支付土地补偿费和安置补偿费,尚不能使需要安置的农民保持原有生活水平的,经省、自治区、直辖市人民政府批准,可以增加安置补助费。但是,土地补偿费和安置补助费的总和不得超过土地被征用前三年平均年产值的三十倍。

"国务院根据社会、经济发展水平,在特殊情况下,可以提高征用耕地的土地补偿费和安置补助费的标准。"

(3)征地和移民补偿资金。补偿资金应在正式批准征地后3个月内,支付给土地所有者,即村民小组或村、乡(镇)用于那些受征地影响的人恢复重建。第一,资金应用于发展农业,包括发展农业、林业、渔业和畜牧业;第二,资金应用于集体所有的第二、第三产业;第三,资金应用于改善三分之二以上村民支持的村公共基础设施和服务设施;第四,资金应付给维护村民的社会安全或分配给受失业影响或恢复生产力的家庭。过去,通常的做法是,重新分配征地后的剩余农田,但由于村民要求保持30年土地使用权不改变,因此这种可能性很小。现在许多受影响的家庭更希望得到现金补偿和自谋职业。

(4)征地补偿和移民安置补助是移民工作的关键环节,建立科学合理的补偿补助制度是落实科学发展观、构建社会主义和谐社会的重要体现。原条例规定,土地补偿费和安置补助费的总和不得超过土地被征用前三年平均年产值的下列倍数:库区(含坝区)人均占有耕地1亩以上的,不得超过8倍;库区(含坝区)人均占有耕地0.5~1亩的,不得超过12倍;库区(含坝区)人均占有耕地0.5亩以下的,不得超过20倍。新条例提高了补偿补助标准:大中型水利水电工程建设征收耕地的,土地补偿费和安置补助费之和为该耕地被征收前三年平均年产值的16倍。这既提高了补偿补助水平,也统一了标准,有利于维护移民利益,同时解决了补偿补助不平衡的问题。

(5)新条例适当扩大了补偿范围,落实了补偿资金的来源,规范了补偿资金的发放。比如移民远迁后,在水库周边淹没线以上属于移民个人所有的零星树木、房屋等,由于不在工程占地范围内,按照旧条例是不予补偿的,但考虑到移民不可能将这些财产带走,新条例也将其纳入了补偿范围。

(6)新条例增加了后期扶持规定,水库移民后期扶持资金应当按照水库移民后期扶持规划,主要作为生产生活补助发放给移民个人;必要时可以实行项目扶持,用于解决移民村生产生活中存在的突出问题,或者采取生产生活补助和项目扶持相结合的方式。具体扶持标准、期限和资金的筹集、使用管理依照国务院有关规定执行。

《国务院关于完善大中型水库移民后期扶持政策的意见》(国发[2006]17号)规定:后期扶持范围为大中型水库的农村移民,转为非农业户口的农村移民不再纳入后期扶持范围。国家对移民扶持期限为20年,对2006年6月30日前搬迁纳入扶持范围的移民,自2006年7月1日起再扶持20年;对2006年7月1日以后搬迁纳入扶持范围的移民,从其完成搬迁之日起扶持20年。扶持标准:对纳入扶持范围的移民每人每年补助600元。

四、移民财产补偿及安置补助标准

(1)移民的住房和固定资产按成本补偿给所有者。《中华人民共和国宪法》明确规定,"中华人民共和国公民的住宅不受侵犯","国家保护公民的合法收入、储蓄、房屋和其他财产的所有权”。安置房宅基地由村民委员会根据村镇规划要求重新安排。首先，利用现有住宅和空地，不鼓励将村里的耕地用于建房；其次，农民重建的住宅条件要有大的改善。在新规划区，水电供应和道路建设等基础设施、公共服务设备都包括在安置规划之中。

(2)新条例明确规定，移民集中安置的农村居民点应当按照经批准的移民安置规划确定的规模和标准迁建。农村移民集中安置的农村居民点的道路、供水、供电等基础设施，由乡(镇)、村统一组织建设。农村移民住房，应当由移民自主建造。有关地方人民政府或者村民委员会应当统一规划宅基地，但不得强行规定建房标准。

(3)对于搬迁费以及移民个人房屋和附属建筑物、个人所有的零星树木、青苗、农副业设施等个人财产补偿费，由移民区县级人民政府直接全额兑付给移民。

(4)移民自愿投亲靠友的，应当由本人向移民区县级人民政府提出申请，并提交接收地县级人民政府出具的接收证明；移民区县级人民政府确认其具有土地等农业生产资料后，应当与接收地县级人民政府和移民共同签订协议，将土地补偿费、安置补助费交给接收地县级人民政府，统筹安排移民的生产和生活，将个人财产补偿费和搬迁费发给移民个人。

第三节　亚行移民政策

世行和亚行等国际金融机构参与中国的基础工程建设，它们对工程建设所产生的直接或间接移民安置，不仅要求遵照中国的移民政策规定，同时，必须符合世行或亚行的移民政策。

亚行的资助项目涉及大量非自愿移民安置问题，几十年来，亚行在水库移民安置方面积累了丰富的经验教训，形成了一套非自愿移民安置的政策。1995 年 11 月，亚行颁布了非自愿移民政策，并在亚行贷款黄河防洪项目中实施。亚行非自愿移民安置政策的基本观点包括下列主要内容。

(1)非自愿移民具有贫困化效应，开发项目应尽可能避免或减少非自愿移民数量。

(2)凡属不可避免的移民，亚行的政策目标是帮助移民提高或至少恢复他们原来的生活标准，增加经济收入能力。为此应开展详细的移民安置规划，把移民安置规划列为工程可行性研究的重要内容，所有的移民安置规划必须同时是发展规划。

(3)移民安置需以群体方式组织迁移，迁入地宜近且文化、生活习惯相近，尽量保持原来的社会组织，使移民同安置区居民在社会、经济、文化上融为一体，确保安置区移民与迁入地居民和睦相处，减少利害冲突。鼓励移民和迁入地居民共同参与移民安置规划和实施。

(4)对由项目造成的移民损失应给予足够的补偿，把非自愿移民、土地、山林、影响生产等损失一并考虑在内。除必要的现金赔偿外，赔偿资金应主要用于生产性投资。同时，应创造条件，使移民能够分享工程建设的某些利益。

(5)移民安置区的重建策略中，土地是关键因素。重建移民的生产力主要取决于是否有土地。农村人口移民计划应该在确定的迁入地建立基本土地数量指标以及获得新耕地的时间表。亚行在《关于开发项目中的非自愿搬迁》中还指出，即使在有耕地可以提供的情况下，也需要为一些搬迁者设计出其他可供选择的、不以土地为基础的其他安置方案，特别是在土地资源极其缺乏的条件下，规划多种就业方案更为必要，为那些想在迁入地从事工业或服务业的就业者提供机会或创造新的投资就业机会，如资助土地开垦，职业培训，小型工业、服务行业投资就业等。

(6)亚行不主张实行“家长式”的援助政策，以使移民产生依赖综合症。

(7)没有正式土地权的移民也应得到赔偿；对于那些由妇女和其他易受伤害群体支撑的家庭，如土著居民和少数民族，应当提供特殊的照顾，同时提供相应的帮助以提高他们的地位。

(8)移民安置应当尽可能作为项目的一部分来计划和执行。

(9)移民安置与赔偿的全部费用应包括在项目费用与收益中。

(10)移民安置与赔偿的费用可以包括在项目的银行贷款中。

第四节　亚行与中国移民政策比较

亚行和中国的移民政策相比较而言，在尽量减少移民数量、妥善安置好移民的生产生活、使移民的生产和生活水平不致低于原有的水平并有所提高上是一致的。中国的移民政策提倡开发性移民，并强调移民安置采取前期补偿补助与后期扶持相结合的办法。亚行在移民安置方面特别强调移民工作中的公众参与，要求在整个项目的准备、实施过程及搬迁以后的生产恢复、生活重建阶段，都需要相关人员参与，获得安置区居民和移民的合作、参与及反馈意见，在制定移民安置规划时就要向移民介绍他们所拥有的权利和可以选择的方案。亚行认为，成功的移民安置应及时将移民责任从安置机构转交给移民本身。同时，亚行在移民安置过程中特别重视对具有特殊风险和易受伤害的脆弱群体和少数民族居民给予照顾。

一、移民安置规划方面

中国在项目进展的不同阶段，对移民安置规划的深度要求不同。在项目建议书阶段是对推荐的工程方案进行移民安置的初步规划；可行性研究阶段则要求以村民小组为单位具体落实移民安置方案及安置地点，落实各项生产、生活措施及专业项目规划，论证其相应投资，编制工程占地处理及移民安置规划；实施阶段的任务是优化移民安置规划方案，编制移民安置实施计划，编制集镇迁建的建设规划、城镇迁建的详细规划以及专业项目规划。

亚行对移民安置规划深度的要求并没有像国内那样有明确的阶段划分。其所指的“移民安置行动计划”是很具体的实施计划，需要有详细的调查、具体的补偿政策、落实时间表等。这一行动计划要求在项目评估前编制完毕，并得到相关部门的批准。

对比而言，亚行在项目正式评估以前，它的技术部门要求收到满意的“移民安置行动计划”，这份“移民安置行动计划”要比国内可行性研究阶段移民安置规划要求高，这样的要求往往同国内具体做法有一定的差距。这也是编制亚行贷款黄河防洪项目移民安置行动计划的难点所在。

二、公众参与方面

移民工作中的公众参与是亚行关注的重点，要求在整个项目的准备、实施过程及搬迁以后的生产恢复、生活重建阶段，都需要公众参与，获得安置区居民和移民的合作、参与及反馈意见，在制定移民安置规划时就要向移民介绍他们所拥有的权利和可以选择的方案。

中国对工程移民工作中的公众参与也十分重视，在占压淹没实物指标调查时，都是由设计人员与当地的土地管理部门和基层干部组成小组逐村、逐户进行调查核实，调查结果都要得到户主的签字认可。在编制移民安置规划时，一般由设计单位和地方有关部门以及受影响的村、村民小组干部及移民代表共同确定安置地点、补偿标准和劳动力的安置等。在移民安置补偿政策方案决定之后，一个很重要的步骤是项目单位同有关的部门签订补偿、安置协议。在许多工程项目的移民工作中，都设立了移民户补偿登记卡制度，把损失的详细数字、补偿标准、金额以及分几次支付、支付时间都在卡中一一注明。在移民工作实施过程中，移民直接参与安置点的建设和生产、基础设施的恢复，为移民创造就业机会，使他们直接从移民项目的实施中受益。在移民搬迁安置完毕，地方政府和项目单位还要对移民生产生活给予扶持，使移民尽快恢复原有生产生活水平。

综观中国工程移民的实践，可以发现中国工程移民工作中公众参与是做得比较好的，有成功的经验。但在国内规划报告中一般不体现公众参与的内容。而亚行要求将移民参与的活动、时间、形式记录下来，编制成表，在规划报告中反映出来，同时还要求对移民申诉渠道的安排、形式作详细的交待。

三、移民组织机构及职责方面

关于移民组织机构及责任，亚行文件规定移民安置的责任在于接受贷款方，必须在工程筹备过程中建立管理移民安置的组织机构，并向负责机构提供资源保证。亚行对移民机构的设立提出了两个方案：在项目管理单位内设置一个专门的移民安置机构或将移民安置委托给地方管理机构，同时要邀请非政府组织在相当范围内介入移民安置的规划、实施与监测。

中国工程移民的组织机构总体来说比较健全，且具有政府职能。对于有工程移民任务的省份，移民组织机构一般由省级移民办（隶属于省政府相应职能部门）、县市级移民局（有分管的县市长）、乡镇级移民站（有分管的乡镇长）及村民委员会负责人组成。项目单位有相应的移民管理机构，协调业主和地方移民机构之间的关系。这一自上而下强有力的健全的移民机构对于实施大规模的工程移民起到了十分重要的作用。从中国对工程移民任务比较重的省份设置常设机构的经验来看，具有制定和实施移民安置方针政策的权威性和连续性。机构的主要职责是在工程移民的前期协助有关技术部门进行工程占压损失及社会经济调查，参与移民安置规划；在实施期间组织移民的实施，实施完毕后对移民进行后期扶持，并对移民的生产生活水平进行跟踪评价。与亚行的要求相比，中国工程移民的组织机构不仅适合中国的国情，也符合亚行的规定。

四、移民监测评估方面

亚行要求接受贷款方应在项目准备期间，安排移民安置的监测和评价工作，并在工程实施期间对移民搬迁安置及生产生活恢复情况进行监测。移民监测需要独立的监测部门承担，以保证向亚行提供完整的、客观的信息资料。目前，中国也正在积极推行移民监测评估工作。

第五节　非自愿移民政策在项目中的执行情况

亚行贷款黄河防洪项目中非自愿移民的征地和移民安置规划及实施，除符合中国的相关规定外，还遵循亚行的非自愿移民政策。

一、选用占地和移民少的工程方案

在项目前期阶段，为了使工程建设尽量少占耕地和减少搬迁人口，在项目的初步设计阶段进行了多方案比较。如遇村庄较密、移民较多时，在保证工程安全标准的前提下，调整工程方案，减少淤背宽度或改为截渗墙。第四批子项目老宅庄控导改建工程提供了4套可选择方案，根据目前的批复情况，工程占地数量较项目初期大幅度减少，大大降低了移民数量。

二、做好移民安置规划工作

对不可避免的生产占地和移民搬迁，组织编制完成了占地处理及移民安置规划报告，涵盖了亚行要求的非自愿移民的内容，如开展了实物指标的调查，确定了各种补偿和赔偿标准，对移民的生产措施进行了规划，提出了移民的技术培训计划，进行了移民补偿投资估算，提出了移民申诉程序以及协商与参与内容等，并按照规定程序报送亚行批准。

三、建立移民监测评估和监理制度

为保护移民的合法权益，在移民项目实施期间，黄委亚行项目办委托河南移民经济开发公司，承担整个项目的移民监测评估工作。在工作开展前，编制了移民监测评估工作大纲；在项目移民搬迁前，进行了项目本底调查工作；在移民搬迁建设过程中，按照选取的10%的样本户，开展移民收入恢复的跟踪评估。

为了保证受项目征地影响的所有人员都将按照移民规划得到妥善安置，以确保移民的生产生活不低于原有水平，保证移民实施工作的进度、质量、资金支付能够满足工程建设的需要，使移民的赔偿资金按时足额到位，项目的各建设单位委托专职的移民机构开展了移民的监理和监督工作。

四、避免移民的社会适应性调整

亚行要求移民在经济与社会方面能够融入到新迁移的社区。为满足这一要求，针对项目为带状影响的特点，即所影响的移民村多，但每个村的移民数量很少，并且移民全部从事农业活动。因此，本项目移民安置基本以本村后靠安置为主，采用就地后靠的大农业安置方式，使移民不脱离原有社区关系。

五、移民得到财产损失的补偿

移民耕地的补偿标准按照1998年颁布的《中华人民共和国土地管理法》执行。移民实施机构具体负责移民的实施工作，在土地平整及移民房屋拆迁之前，土地补偿补助资金及房屋赔偿资金等兑付到位，对移民工作进行有组织搬迁、旧房拆除、劳力安置、安置区基础设施与房屋建设、专项设施重建、资金管理以及处理移民申诉纠纷和协调各方面关系等工作。

六、信息公开

为了让受影响人充分了解与项目有关的移民政策和标准及移民实施程序、移民申诉渠道等，我们编制了《移民信息手册》。《移民信息手册》要求县发放到乡，再由乡、村传达或分发到移民户。在移民集中的地区设置公告栏，公示移民资金分发情况；通过广播等多种渠道公布有关移民信息，不定期召开移民听证会、村民代表座谈会。

七、开展移民培训

根据亚行对借款人应保证提供移民培训的要求，聘请移民专家对移民管理人员进行了培训，移民培训的内容主要包括：移民立法和赔偿、参与式社会调查方法和移民规划方法、移民活动和资金的管理、生活恢复技术和监督评估技术。

八、公众参与

移民安置规划设计阶段，设计单位在各级政府及有关部门的配合下，广泛地与移民进行接触，按照要求逐村逐户测量统计征地拆迁实物指标，通过咨询、座谈、走访调查等多种形式，广泛听取移民和安置区居民的意见和建议，并得到他们的理解、支持。设计单位在充分考虑公众参与的意见及不违背总体规划设计原则的基础上，尽量使生活安置和生产安置方案符合移民意愿，做到规划合理、移民满意。

九、建立移民申诉机制

移民申诉机制的建立，是亚行对移民工作的基本要求，其目的是维护移民在征地、补偿、搬迁、安置等实施过程中的合法利益。亚行贷款黄河防洪项目按照亚行的移民政策，在移民规划、实施方案以及信息手册中对移民的申诉渠道、程序和处理申诉的时限都做出了明确的规定。

第二章　征地移民安置规划设计

第一节　征地移民特征

亚行贷款黄河防洪项目主要分为防洪工程、滩区安全建设工程、管理工程、非工程措施4大类。其中,与移民有关的项目为防洪工程和滩区安全建设工程。防洪工程的征地移民补偿投资全部由国家承担,而滩区安全建设工程的基础设施由地方政府配套,移民房屋建设费用由移民自己承担。根据移民的性质和移民意愿的不同,按照移民经费来源渠道的差异,将亚行贷款黄河防洪项目中的移民分成自愿移民和非自愿移民两部分,即滩区安全建设工程中的移民为自愿移民,堤防加固工程、险工及河道整治工程中的移民属于非自愿移民。

亚行贷款黄河防洪项目主要是通过修复和加固黄河下游干堤,缓解黄河防洪存在的突出问题,满足国民经济建设和社会发展的需要。由该工程的修建而征用土地引起的非自愿移民,是为国家或地区利益做出牺牲,这部分移民属于有组织的人口迁移与社会经济系统的重建活动,他们的搬迁往往不能取决于自己的意愿,而是带有一定的强制性。因此,对于这部分移民而言,往往具有如下几个主要特征:

(1)被迫性。自愿移民(往往有一定技术的青年人或中年人,有心理准备)都是由自己主动选择并决定自己的前途,而工程移民(受影响的全部人口)是由于工程的建设不得不重新安置。

(2)干扰性。工程建设时,不可避免地要征地和拆迁,有时是整村、整乡的搬迁安置。当人们被迫迁移、耕种的土地被征用时,其原有的生产系统将受到严重的干扰,许多就业机会、大量有收益的土地和其他有收益的生产资料将会丧失,收入来源减少;教育和医疗保健等福利设施及其服务将下降;靠血缘、地缘、业缘形成的初级社会群体被肢解,家族群体被分散,社会互助网络被拆散,乡村原有的组织结构、社会关系和社会内聚力被削弱了。

(3)持久性。非自愿移民的恢复和发展是一个长期的过程。由于移民原有的社会系统和生产系统被破坏,他们有可能被安置在一个他们不熟悉的社会环境(语言、风俗习惯、组织结构、宗教信仰、节庆、群体归属感、礼仪等)里,从事他们不熟悉(或原来很少从事)的生产活动,生产技能发生改变,资源竞争更加激烈,移民需要时间恢复和重建并逐渐与新社区融合。这个过程有时候需要一代人,有时候需要两代人或者更长的时间,在对旧系统破坏的过程中孕育着恢复和重建的良机。

第二节　实物指标调查

工程直接或间接影响范围内的实物指标调查,其目的是查明征用土地和影响范围内各种涉及对象的数量、质量及其特性，为计算工程占地损失、论证工程规模、进行工程方案比选、研究工程建设对地区经济影响、占压补偿投资概算和移民安置规划设计提供详细可靠的基础资料，为移民实施工作和按政策给移民兑现经济补偿提供依据。

工程占压损失实物指标调查主要包括确定调查范围、进行调查准备工作、实地调查和成果汇编几个阶段。慎重对待实物指标调查准备阶段的工作，是保证整个调查工作顺利完成的重要环节。

一、调查范围确定

实物调查范围主要根据工程设计需要的用地范围确定，一般由永久征地范围和临时用地范围构成。永久征地一般包括永久建(构)筑物的建筑区、对外交通用地和管理区，临时用地一般包括料场、渣场、作业场(含辅助企业)、临时道路、施工营地、其他临时设施用地及施工爆破影响区。工程建设区用地范围按照工程总体布置和施工组织设计成果确定。

在实物调查前，就要把工程占压范围反映在有关图纸上或在实地打桩定界，确定工程占压影响的边界，作为工程占压损失调查的依据。划定的工程占压处理范围最终是要把设计占压处理范围在实地定出，通常采用两种方法：一是持图现场定线，二是测量定线。不同设计阶段，需采用不同的方法。可行性研究阶段，采用按规范要求的比例尺地形图室内勾绘占压范围，或现场持图定线；初步设计阶段，需要在实地测量定线，采取插旗或测设临时界桩的办法，定出调查范围；技施设计阶段，需在实地测量，埋设永久性工程占压界桩，确定居民迁移线和土地征用线。

亚行贷款项目黄河下游防洪工程实物指标调查范围包括永久占地和临时占地两部分，其中，主体工程布置范围和对应的护堤地占压范围为永久占地实物指标调查范围，施工取土场、道路、管道等临时用占压范围为临时占地实物指标调查范围。

二、实物指标调查

(一)调查组织、分工和程序

工程占压及影响区的实物指标调查，通常由地方政府或相关部门组织，水利工程设计单位技术负责。亚行贷款项目黄河下游防洪工程建设工程占压处理与移民安置规划及初步设计工作，是以黄河勘测规划设计有限公司为主，河南河务局设计院、山东河务局设计院共同参与下编制完成。实物指标调查工作以3家设计单位为主，项目所在市、县黄河河务局的相关人员以及各子项目涉及的乡、村干部，有关专业部门的专业人员和群众等配合下共同进行。调查工作程序一般包括以下几个部分：制定调查大纲、对参与调查人员进行培训、实施调查、调查成果确认。

(二)调查项目及内容

工程占压可能涉及的对象种类繁多，必须进行科学的分类，才能使调查项目与统计口径一致，以便在同一工程不同设计阶段或不同工程之间进行对比。工程占压处理对象的分类按照国家现行的管理体制划分为农村、集镇和专业项目3类。

农村包括从事大农业(种植业、林业、牧业、渔业和副业)为主的村、村民组和散设在农村的国有农、林、牧、渔场，以及城镇所辖的郊区农村。集镇为乡级政府驻地和经县级人民政府确认由集市发展而成的作为农村一定区域经济、文化和生活服务中心的非建制镇。专业项目是指工业企业、公路、水利、电力、电信、广播电视、交通等专门设施。

亚行贷款黄河下游防洪工程的调查项目主要包括农村部分和专业项目两部分。

1. 农村调查

农村部分调查的内容包括土地、人口、房屋及附属建筑物、零星树、坟墓、农副业生产设施和小型水利水电设施等。在登记时，要分成两类：一类为农村集体，另一类为农民个人。

(1)土地调查。依据《中华人民共和国土地管理法》的规定，应将土地分为农用地、建设用地和未利用地3类。但习惯上把其分为农业生产用地和非农业生产用地。农业生产用地包括耕地、园地、林地、塘地、牧草地，非生产用地包括村庄占地、道路占地、工矿占地、荒地和水域等。

耕地：指种植农作物的水浇地、旱地、菜地及耕种3年以上的滩地(含河滩地)等。水浇地指有一定水源和灌溉设施，在一般年份能够进行正常灌溉的田地；旱地指没有水利设施，不能进行灌溉的田地；河滩地指汛期受洪水淹没几率较大，只可进行季节性耕种的田地；菜地指常年耕种、集中连片的商品菜地。

园地：指集中连片的果园和其他园。果园包括苹果、梨、桃、杏等，其他园主要为桑园。

林地：指生长乔木、灌木的土地，一般要求集中连片不小于1亩，郁闭度大于30%，造林成活率大于70%，按林种分用材林、薪炭林和苗圃。

塘地：包括鱼塘、莲塘和苇塘等。

(2)人口调查。调查内容包括占地范围内影响村、组的总人口和居住人口。调查范围包括常住在村组内的人口、超计划生育人口、定向招收毕业回原籍的学生、民办教师、户口临时转出的义务兵及劳改劳教人口。

(3)房屋及附属建筑物调查。房屋及附属建筑物包括个人部分和集体部分，房屋分为主房和杂房两大类。

主房是指结构完整，可以常年住人的房屋，按建筑结构分为以下5类：一是楼房，砖石墙身，钢筋混凝土楼板屋面，砖铺地或混凝土地面、两层或两层以上；二是砖混房，墙体为砖石材料，混凝土预制屋顶，混凝土地面；三是砖木平房，墙体为砖石材料，瓦屋面，三合土或素土地面；四是混合房，墙体一至三面为砖石材料，瓦屋面；五是土木平房，墙体以上为土，仅有少量砖砌，瓦屋面。

杂房是指结构不完整或破旧不堪或低矮潮湿，仅能用于堆放杂物的辅助房。包括砖木平房、土木平房、混合房、简易房和草房5种结构形式。其中草房是指土坯或干打垒土质墙身、草屋面的房屋，简易房是指四墙不全、房顶简陋的房屋。

关于房屋的计算面积标准。房屋建筑面积以平方米计算。房屋以土墙的外边缘为丈量点，有勒脚的以勒脚以上外墙的边缘为丈量点；室外走廊面积没有柱子的不计面积，有柱子的以外柱所围面积的一半计算，并计入该幢房屋面积数中；室外楼梯按正投影面积的一半计算；在建房屋按设计建筑面积计算，另行登记。

附属建筑物调查项目包括围墙(砖围、混围、土围)、门楼、地窖、水窖、水井、水池、厕所、粪坑、牲口棚、猪羊圈、鸡兔窝、烟房、沼气池、水塔等。

(4)零星树和坟墓调查。零星树调查内容包括田间、地头、路旁、渠道、房前、屋后的所有树木。坟墓的调查分单棺和双棺两种。

农村个人实物指标调查详细内容见表 2-1，农村集体实物指标调查详细内容见表 2-2，农村零星树和坟墓详细调查内容见表 2-3。

表 2-1　农村个人实物指标调查表

桩号＿＿＿＿＿县＿＿＿＿＿乡镇＿＿＿＿＿行政村＿＿＿＿＿

组（自然村）户主＿＿＿＿＿离堤脚距离＿＿＿＿＿ m

1. 家庭成员情况调查表

（单位：人）

姓名	民族	性别		出生日期	户口性质		文化程度				
		男	女		农业	非农业	文盲	小学	初中	高中	中专以上

位置

门牌号：＿＿＿＿＿＿＿＿

左邻居：＿＿＿＿＿＿＿＿

2. 个人房屋面积调查表

（单位：m^2）

主房	间数	面积	杂房	间数	面积
楼房			砖木房		
砖混房			混合房		
砖木房			土木房		
混合房			草房		
土木房			简易房		

院落平面图 1	**院落平面图 2**
＿＿＿＿＿＿＿＿	＿＿＿＿＿＿＿＿

续表 2-1

3. 个人附属建筑物调查表

围墙(m^2)				门楼(m^2)	地窖(个)	水窖(个)	水井(眼)	照片
合计	砖围	混围	土围					
水池(m^3)	厕所(个)	猪羊圈(个)	禽窝(个)	牲畜棚(个)	粪坑(个)	地坪(m^2)	花坛(m^2)	
沼气池(个)	蔬菜大棚(m^2)							

表 2-2　农村集体实物指标调查表

__________县(市)__________乡镇__________行政村

__________组(自然村)离堤脚距离__________m

1. 集体房屋面积调查表　　(单位:m^2)

主房	间数	面积	杂房	间数	面积
楼房			砖木房		
砖混房			混合房		
砖木房			土木房		
混合房			草房		
土木房			简易房		

院落平面图 1	院落平面图 2
__________	__________

续表 2-2

2. 集体附属建筑物调查表

围墙(m^2)				门楼(m^2)	地窖(个)	水窖(个)	水井(眼)
合计	砖围	混围	土围				
水池(m^3)	厕所(个)	地坪(m^2)	花坛(m^2)	沼气池(个)	水塔(个)	舞台(个)	

表 2-3　农村零星树和坟墓调查表

__________县(市)__________乡镇__________行政村

__________组(自然村)离堤脚距离__________m

调查范围				合计	果树(棵)			
调查地点	面积(亩)	长(m)	宽(m)		小计	未挂果	初果	盛果
用材树(棵)					坟墓(冢)			
小计	幼树	小树	大树		小计	单棺	双棺	

调查人:________　被调查单位:________　年　　月　　日

2. 专项调查及工业企业调查

调查内容:包括企业全称、所在地点、企业性质、主管部门、法人代表、经营范围、筹建及投产年月、占地面积、实际年产量、工人数、年产值、年利润、年税收、年工资、营业执照、税务登记证、生产许可证、土地使用证、迁建方案、房屋(生产用地和非生产用地房屋)主要设备及建筑物名称、数量、造价等。

(三)调查方法

土地调查方法:以行政村为单位,参照土地利用现状调查资料,并持1:5000或1:2000地形图,实地测量土地征用和居民迁移线,设置临时标志,现场逐地块查清各类土地权属,以村民小组为单位,调绘各类土地范围。土地面积应以水平投影面积为准;计算机量图面积应以平方米为单位;统计面积应采用亩,对使用其他非标准计量面积单位的应换算成亩后分类填表。各类土地量测面积之和应与占地总面积一致。

人口调查方法及要求:村组人口调查以村组户籍册为主全面现场调查。通过抽样调查来检查调查精度,抽样调查的样本数可采取调查数的15%~25%,调查精度要求在95%以上。

房屋的调查方法:以户为单位逐幢丈量登记,全面调查各类房屋的间数、长度、宽度和面积,并采用照相等辅助方法存档备案。户口在外,占压内有房屋等个人实物的作为财产户只登记财产,不计人口。附属建筑物调查方法是以户为单位实地调查,严格以调查表中的统一单位登记。

零星树和坟墓的调查方法:均采用典型调查的方法,选定调查范围逐户逐片落实,典型调查的样本数量宜达到20%。

专项调查方法:采用现场调查、建卡登记,并采用照相、录像等辅助方法存档备案。

(四)实物指标调查成果精度要求

实物指标调查成果的精度,在不同设计阶段,其要求是不同的。根据《水利水电工程占压实物指标调查细则》规定,应满足表2-4要求。表中可行性研究报告和初步设计报告的精度,均指该阶段用同样调查方法所得的调查数和抽样检查数相比的允许误差,抽样检查须在调查过程中进行,采取互检的办法,抽样数一般取20%~25%。当调查的统计成果明显不合理或调查单位与地方政府出现明显意见分歧时,应针对某个区域或某个子项目进行全面复查。

表2-4 主要占压实物指标调查精度要求

项目	允许误差(%)	
	可行性研究报告	初步设计报告
人口	±10	±5
房屋	±10	±5
水浇地、商品菜地、园地	±15	±10
旱地、林地	±20	±15

技施设计阶段如果与初步设计阶段时间相差较远,工程占压区实物指标变化较大,可进行全面复查。

为使调查成果达到应有精度,必须做好调查前的准备工作,包括收集分析现有资料、编写调查大纲以及有关组织协调事项,集中对调查人员培训等。调查大纲的编写应包括设计任务,工程占压区概况,调查内容、范围,方法、表格和技术要求,组织机构、人员组成与分工协作,应提交的调查成果等。

（五）调查成果整理及报告编制

为了保证较好的调查成果质量，对调查资料进行整理与核定，对实物指标数量进行统计与成果合理性分析，在此基础上对调查成果进行汇总，是工程移民实物指标调查工作的一项重要工作。

为做到调查资料准确无误，在对分户或分组调查资料整理时，要逐户、逐组进行核算。为了取得准确可靠的数据，在进行县、乡、村统计资料整理时，需要对不同来源的数据进行核对，如有项目划分不一致、统计口径不一致、数据不同的情况，要进行认真分析。

因工程移民调查范围往往比较大，稍有疏忽，就有可能发生差错。因此，要求在对调查成果进行核定时，首先要在调查现场以村或组为单位，逐项核定调查成果，若有疑问或差错，要核对有关资料或进行复查。如在资料整理汇总过程中发现疑问，要分析原因并进行合理处理；必要时要到现场采用相同的方法进行调查复核，直至查清问题，取得符合精度要求的资料为止。

调查报告一般包括如下主要内容：调查组织（主要阐述调查工作时间、牵头单位、人员及配合单位、调查程序），调查依据，实物指标调查范围，调查内容和方法，实物指标调查成果，实物确认和对区域社会的影响分析。

亚行贷款黄河防洪项目的实物指标调查成果的主要汇总内容包括：永久占压土地、人口及房屋汇总，永久占压专项实物汇总，临时占地汇总等。下面仅以人口及房屋汇总项目表为例，列出表格框架，详见表2-5。

表2-5　亚行贷款黄河防洪项目堤防加固永久占压人口及房屋汇总表

行政区域	段落桩号	施工方案	涉及村庄	占压户数（户）	涉及人口（人）	房屋面积（m^2）				
						小计	预制房	砖木平房	土木房	杂砖房
合计										
河南										
濮阳	80＋500～83＋000	放淤固堤								

（六）调查成果分析注意事项

各占压对象的调查，是以调查时的现状数量为依据，然而，实际上调查对象的数量和质量都是变化的，而且从调查到实施一般都要经历较长的时间，因此需要预测占压影响对象从调查年份到实施搬迁前实物量的增长量，这就称之为动态变化。常见的占压对象动态变化较明显的有人口、房屋、农作物单产量等。其处理办法如下：

（1）农村人口数，一般按国家下达的自然增长率指标，推算人口增长数。

（2）城镇人口数，除按人口自然增长率推算增长数外，还需考虑机械增长。一般依据当地国民经济和社会发展计划中的城镇人口机械增长率指标，计算城镇人口机械增长数。

（3）房屋面积，一般采用县（市）国民经济和社会发展统计年鉴有关资料分析确定年增长数。

(4)农田单位面积产量，一般采用生产能力时间序列外推预测法预测，计算年增长数。

三、社会经济调查

工程所在地域由于工程建设一方面要承受占压损失，原有的生产系统和社会网络遭受破坏；另一方面还要承担移民安置和恢复他们的生产生活的任务。因此，在调查工程占压损失的同时，还应调查、收集工程占压区（含占压区和安置区）涉及的村组、乡（镇）、县（市）的社会经济情况和基本资料，其目的就是为了正确评价工程占压损失对地区社会经济的影响，充分论证移民安置环境容量和占压处理的措施办法，分析制定开发建设规划，合理编制投资概算和实施方案。

调查收集的资料主要包括社会、经济、自然环境、自然资源、地区发展规划及有关政策等。

1. 社会状况资料

县、乡、村社会状况方面要收集的资料主要有：

(1)行政建制：包括县（市）、乡村、居民组等。

(2)人口结构：包括性别、年龄组成，劳动力构成，农业人口与非农业人口。

(3)民族构成。

(4)文化程度：包括文盲，小学、初中、高中、大专以上毕业人数。

(5)教育机构：包括大、中、小学设置与规模。

(6)医疗、卫生事业等设施情况。

(7)生产生活基础设施情况：包括水利、电力、交通、通信广播设施等。

(8)民风习俗等。

2. 经济状况资料

县、乡、村经济状况方面要收集的资料主要有：

(1)土地面积及构成。

(2)收集调查各种农作物播种面积及产量等统计资料。

(3)选择有代表性的两种以上粮、经作物的总产、亩产。

(4)各种作物化肥、农家肥施用量。

(5)农、林、牧、副、渔布局及结构，工农业及其他行业的产量、产值，国民总收入及分行业收入。

(6)人均收入与构成、口粮水平等。

(7)以县（市）为单位收集农副产品和地方建材价格，以及各种人工工资等资料。

以上资料的收集，一般以工程占压和移民安置涉及的县、乡为单元，其中为提供占压损失调查使用的人口、耕地，要收集到行政村甚至居民组为单元的统计或登记资料。资料年份，一般只收集占压损失调查或编制设计报告上年末的统计成果；对计算如耕地3年平均产量产值的资料，要收集连续3年的资料；对需要预测递增情况的项目，则要收集系列更长的资料。

自然环境方面要收集的资料主要包括气象、水文、地质、地震等基本资料。

自然资源方面要收集的资料主要包括土地、森林、水产、矿产、畜牧、旅游等资源的基本资料。

同时还需要收集和了解工程占压区涉及县、乡国民经济和社会发展计划资料以及有关地方法规、政策规定、办法等方面的资料。

第三节　移民安置总体规划

一、移民安置总体规划工作内容

移民安置总体规划是工程占压处理的核心，是搞好移民安置工作的基础和依据，是移民安置实施的蓝图，直接关系到广大移民的切身利益和生存环境。新条例明确规定："大中型水利水电工程的移民安置规划，按照审批权限经省、自治区、直辖市人民政府移民管理机构或者国务院移民管理机构审核后，由项目法人或者项目主管部门报项目审批或者核准部门，与可行性研究报告或者项目申请报告一并审批或者核准。"

在可行性研究阶段，重点是调查分析移民的环境容量、安置条件及安置途径，只进行移民安置总体规划；对农村居民点、专业项目提出迁建改建的初步方案，目的在于论证工程项目在移民安置上的可行性。

在初步设计阶段，则需进行详细规划，要具有必要的深度和精度，具有实际的可操作性。对农村移民以村民小组为单元落实安置方案及安置地点，提出保证移民生产的各项生产措施的名称、位置、规模、投资、效益及安置人数，并对各新建居民点提出村镇规划与基础设施设计；对必须迁建的农村居民点，选定新址，进行总体规划；对必须改建的专业项目提出可行的改建方案；编制全部迁移项目的补偿概算、工程量和主要材料需要量、实施步骤和年度计划表。

在技施设计阶段要进一步优化移民安置规划方案，编制农村移民安置实施规划或实施计划、农村居民点迁建的建设规划详细设计，专业项目按照各专业部门规定提出初步设计或招标设计文件。

综上所述，移民安置总体规划内容主要由以下几部分组成：一是确定移民安置的依据和原则；二是确定移民安置任务及安置目标、安置标准；三是进行环境容量分析，确定移民安置去向，进行移民安置途径选择。

移民安置规划是一个复杂的系统工程，为此，需要有一套行之有效的科学方法和工作步骤。移民安置规划工作阶段通常的步骤见图 2-1。

二、工程移民安置任务

工程移民安置任务主要是使因工程占压而丧失土地或其他生产、生活等对象的人口，能够得到新的就业机会或生存条件，也就是要为他们创造一个新的生存与发展的环境，使其长居久安。目前，工程移民安置任务的大小，主要反映工程占压影响人口的多少。移民安置人口是衡量工程移民规模的重要参数之一，更是做好移民安置规划的基础。

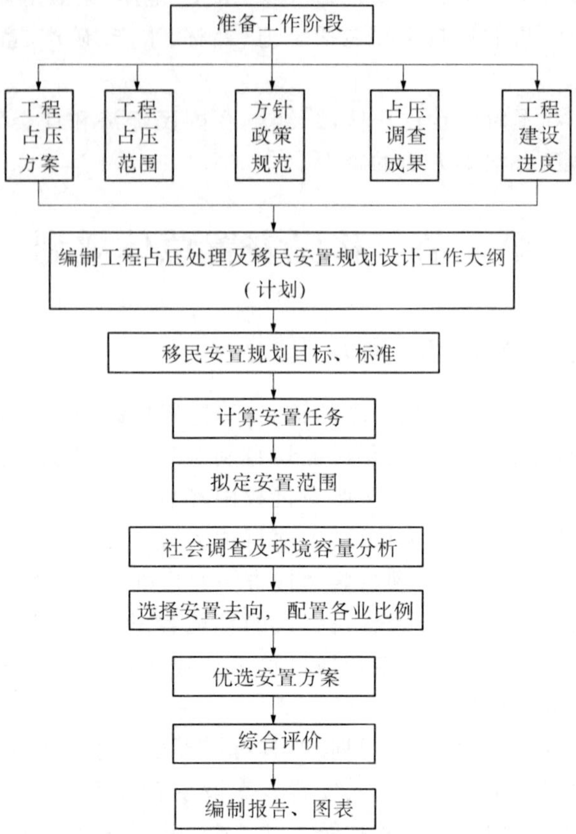

图 2-1 移民安置总体规划程序和方法框图

在工程占压损失调查时，对工程占压影响人口均进行了详细调查，但由于实物指标调查年份一般距工程计划开工建设或距移民计划搬迁年份会有一定的时间段，这一时间差一般在 3～5 年以上，在此期间工程占压区内人口会有自然增长和机械增长部分，在进行移民安置规划时要考虑这一部分人口。为此，在移民安置规划中要确定一个规划设计水平年，以便对移民人口进行预测。同时由于安置对象的不同，移民安置人口的计算方法也不尽相同，下面仅以农村移民安置人口为例，说明其主要计算方法。

农村移民安置任务主要是移民的搬迁和劳动力的生产再安置。根据其安置性质不同，可分为生产安置人口和生活安置人口两类。

1. 生产安置人口

生产安置人口指农村移民中由于工程占压影响耕地等而丧失基本生产生活条件或劳动对象后，需要重新安排劳动对象的那部分人口（包括赡养人口）。工程占压区的经济结构以农业经济为主，耕地和粮食是工程占压区人民的主要劳动对象和生活必需物质。以行政村组为单位，根据各受工程占压行政村组的占压影响耕地面积及本村组的人均占有总耕地面积数量，或者以占压损失的粮食产量和人均产粮来推算被占用耕地上承载的农业人口数，即为进行生产安置的人口。以占压耕地和人均占有耕地指标推算生产安置人口的方法简单直观，但不能反映出被占压耕地和剩余耕地在土、肥、水、气等生产条件和生产水平等方面的差异。以占压损失粮食和人均产粮指标推算生产安置人口，符合目前工程占压区社会经济结构的客观实际，又能反映被占压耕地和剩余耕地在土、肥、水、气等生产条件和生产水平等方面的差异，但是占压损失的粮食产量难以确定。亚行贷款黄河防洪项目工程农村移民生产安置人口的推算是按前者进行的，为能更精确地反映耕地所承载的人口能力，在进行计算时对不同类的耕地根据产粮关系折算在同一个水准上（例如1亩水浇地相当于1.8亩旱地折算）。理论计算公式为：

$$R_S = Y_t \div X_t \times R_z \times (1 + i)^n$$

$$Y_t = \sum (K_j \times G_{1j}), \ (j = 1,2,\cdots,N)$$

$$X_t = \sum (K_j \times G_{2j}), \ (j = 1,2,\cdots,N)$$

式中　R_S—— 规划（设计）水平年生产安置人口，人；

Y_t—— 占压影响村（组）耕地面积，亩；

X_t—— 占压村（组）总耕地面积，亩；

R_z—— 占压村（组）总农业人口，人；

K_j—— 各类耕地折算系数；

G_{1j}—— 被占压村（组）第 j 类耕地占压面积，亩；

G_{2j}—— 被占压村（组）第 j 类耕地总面积，亩；

i—— 人口自然增长率；

n—— 移民规划期限，年。

在计算出移民生产安置人口后，要考虑以下4种情况：

（1）耕地全部占压的村组，则计算人口（即全村总农业人口）均为生产安置人口。

（2）耕地部分占压而房屋也占压（全部或部分）的村组，如果周边剩余耕地较少且分布零散、耕种条件很差、环境容量有限，不具备后靠安置条件，论证后剩余人口需外迁安置，则外迁的农业人口也为生产安置人口；如果工程占压后剩余耕地较多、耕作条件较好，当地有环境容量，则计算人口为需做生产安置的人口。

（3）仅占压耕地而不占压房屋的村组，如果少部分耕地占压，当地有条件安置移民，计算人口为生产安置人口，进行后靠安置；如果大部分耕地占压，当地（周围村组）无条件安置移民的，全村组人口需外迁，则迁移的农业人口为生产安置人口。

（4）耕地和房屋均不受占压影响或耕地及房屋受占压影响而后靠有土地容量，但因工程建设后交通、电力中断失去对外联系的村或居民组，要严谨对待，需做外迁或就地安置的经济对比论证，并结合县情确定安置方案，若论证后需外迁的农业人口可作为生产安置人口。

2. 生活安置人口

生活安置人口是指因工程占压需搬迁建房的人口，含农业人口和非农业人口。即因工程占压、影响需要从现住址迁往别处重建房屋的人口。

生活安置人口是依据规划（设计）基准年人口数量，按照有关预测方法，预测水平年需搬迁安置的人口。一般预测方法以设计基准年相应指标为基数，根据人口自然增长率分时段、分村组。按简单趋势外推法计算。基本计算公式为：

$$A = A_0 \times (1 + i)^t$$

式中　A—— 规划(设计) 水平年人数,人；

A_0—— 基准年人数,人；

i—— 人口自然增长率(‰)；

t—— 移民规划期限,年。

计算规划(设计)水平年移民安置人口时,所采用的水平年是指移民搬迁或耕地征用过程所在年份,移民安置规划必须以规划(设计)水平年作为预测计算移民搬迁人口、生产安置人口,同时规划(设计)水平年也是规划人均占有粮食及人均收入等指标的时间标准。

三、移民安置目标

移民安置是工程的一个重要组成部分。从中国工程移民安置的实践可以看出,只要根据移民的实际情况制定合适的移民战略,是可以有效地降低工程移民的破坏性,将移民安置变为发展的良机,使移民安置取得成功。成功的移民安置政策目标为：

(1)尽可能避免或减少工程移民的规模。

(2)当工程移民不可避免时,必须对受损失的社区和对象进行详细的自然及社会经济状况调查,并帮助移民去提高或至少恢复原来的生活条件,在项目的准备阶段,编制切实可行的移民安置规划。

(3)对所有的损失进行公平、合理的补偿,让移民获得分享工程效益的机会,在移民安置建设期和过渡期获得帮助。

(4)将移民原有的初级社会群体(家族、自然村、原有的邻里关系等)集体搬迁,尽可能近距离搬迁。

(5)鼓励移民区和安置区的社区参与,包括当地政府、自然组织、非政府组织、移民和安置区居民代表,均应全过程参与到移民安置的前期准备(包括社会经济调查、移民安置规划等)和移民安置实施的过程中,紧紧依靠移民区和安置区原有的和现有的社会(或文化)团体。

(6)为移民安置区合理配置基础设施(道路、电力、饮用水等)和社会服务设施(学校、医院等),让移民和安置地原有居民都有使用这些设施的权利和机会。

(7)帮助接收移民的社区克服安置移民后可能出现的由于人口密度增加而产生的社会和环境压力。

(8)为移民中的弱势群体提供特殊帮助。

从亚行贷款黄河防洪项目移民安置的实践来看,做好工程占压及影响区实物指标调查,编制好移民安置规划是完成移民安置任务、提高或恢复移民原有经济条件,实现移民安置目标的一项重要工作。

四、移民安置标准

移民安置标准主要遵循安置后使移民的生产、生活水平达到或超过原有水平的原则,根据移民原有生活水平、收入构成以及安置区的资源状况确定。

亚行贷款黄河防洪项目移民安置标准为:人均耕地 1 亩(不同子项目略有不同),宅基地按户均 0.25 亩;原有压水井的农户,每户建一眼压水井。

第四节　移民安置环境容量分析

工程移民的安置规划首先要论证环境容量,以环境容量的够与不够来制约和指导移民安置规划,指导安置区的选择,同时又通过安置区的开发建设来改善和扩大移民环境容量,使移民安置规划建立在环境容量允许的基础上,使移民的就业安置有可靠的物质基础保障。

综观中外工程移民历史,其中有一条痛苦的教训就是移民安置区域选择的主观随意性,缺乏充分的科学论证,导致移民就业无门路,居住不安全,辗转迁移,越搬越穷,甚至家破人亡。究其原因,都是由于没有科学地研究环境容量,并在此基础上合理确定移民安置区的适当范围所造成的。

环境容量是相对的。不同的自然环境和不同的社会经济条件,在不同的科学技术水平,不同的生产方式下,便有不同的环境容量。因此,它具有区域性的特征,为移民安置区的划定,不仅开辟了广阔的前景,而且有其实用价值。由于在移民安置任务一定的情况下,自然资源、经济条件、就业方式的不同,其安置范围的大小会有所不同,所以移民安置区有其待确定性,它的划定应在环境容量研究的基础上,按照安置就业方式的优化组合,通过试算,确定比较合理的安置范围。

研究解决移民环境容量需要达到的目标,就是要实现生产力提高,人均收入提高,促进经济发展、社会发展和环境质量的提高。通过移民环境容量的研究,通过移民安置区人口容量的计算,可从中找出影响人口的最主要因素,有利于采取有针对性的指导移民生产的改善措施,从而更进一步提高人口容量,为移民安置的产业配置提供依据。

在中国现实条件下,工程移民安置区的环境容量多属潜在容量,通过调查研究和分析测算,可以分别求出各行业的潜在容量,然后根据移民的年龄结构和劳力素质、区域经济发展要求,以及资金、技术、人才、信息、市场等条件,在潜在容量的允许范围内,分别安排各行业比较合理的移民就业人数,并综合分析安置区产业配置的科学性,使移民安置建立在长期稳定的基础上。

例如农村,通过调查研究可以分析出土地和水资源的潜力,开发建设后的环境容量,然后在不损害当地居民利益和留有余地的前提下,按照稳定发展农业,积极发展乡(镇)企业和二、三产业的原则,分别对种植业、养殖业和加工业等定出合适的安置人数,并据此预测移民安置后的经济收入水平。

一、移民环境容量的研究内容

环境容量是受多种因素制约的变量,它与时间、空间、土地资源、矿产资源、生物资源、气象资源、经济水平、消费水平、人口素质,乃至社会制度、法律、道德、观念、习惯以及环境意识等众多因素有关。一方面,它们之间还难于建立简单的相关表达公式,而且有许多因素并非数量概念所能表述;另一方面,虽然因素众多,但也不是都起着同等的作用,且目前既无规范可以遵循,又无完整的典型可供借鉴。因此,移民环境容量研究的内容,只能重点研究影响环境容量的主要因素,分析主要矛盾,制定主要对策。

从中国工程移民安置的实际考虑,移民环境容量的边界条件或空间范围,主要是工程占压区和移民安置区两个层次,乡镇和农村两个方面。就现实情况而论,应该着重分析移民安置区和农村的环境容量。

农村环境容量研究的内容,在目前的具体条件下,主要是研究水土资源的潜在能力及其开发利用的可能性,以便提供在农业上安置移民的可能容量,保证移民迁居后有足够的生产资料。土地是农村环境容量分析中的一个重要因素,衡量农村环境容量能否接纳移民,关键是能否有足够多的可利用土地补偿因工程占压造成耕地和其他经济作物的土地损失,而且不至于破坏环境和生态平衡。

影响环境容量的因素很多,最主要的因素是土地和水资源两项。土地既是环境要素,又是重要的生产资源,大农业的安置必须以土地为依托。由于土地承载能力分析对于移民安置范围和具体方案有着关键作用,要求非常认真地实事求是地作出定量分析,根据安置目标,搬迁后移民的生活水平和经济收入不低于原来水平,人均的土地开发规模应按质和量综合来考虑。各类土地收益是不同的,可按收益进行折算,由于新开发的土地熟化或改造要有一个过程,所以移民安置后人均的土地开发标准要比原来适当提高,否则移民搬迁后的收入水平是很难赶上非移民的,这样就会长期损害移民的利益,形成相对贫困区。

二、移民环境容量分析步骤

首先,移民安置的人口和规划安置的目标或标准的确定,是进行移民环境容量分析的前提条件。其次,要选定移民安置区域。移民安置区域的初步选择,以地方政府为主,根据当地的土地资源状况及生产能力、水资源及开发利用情况等提出移民安置区选择的初步意见。在选择移民安置区时应本着在本县范围内就近安置、由近及远的原则进行。先考虑在本村剩余土地范围内安置,本村安置不了的考虑在本乡、本县土地资源较多的地区安置,在本乡、本县安置不了的,应当出县外迁到在工程受益地区安置;在受益地区安置不了的,按照经济合理的原则远迁安置。再次,是进行移民环境容量分析。根据地方政府提出的移民安置区,设计单位要收集安置区有关自然资源、社会经济以及发展计划等资料,从人口、社会、经济、资源、环境各种关系协调发展的角度出发,定性定量分析安置区可安置移民人口的数量。一般来说,进行环境容量分析可分为 3 个步骤。

(一)资料准备

收集工程占压区和移民安置区的行政区划图,农业区划,国土规划,林业规划,水资源规划,经济作物发展规划,交通运输发展规划,国民经济规划,二、三产业规划和集镇发展规划,土壤普查和交通、电力、地貌、植被、土壤、水文、地质等专业调查资料,各种比例尺的地形图,社会经济情况资料。

(二)各类资源利用现状调查

(1)土地资源利用现状调查,最终要有 1/2000 ~ 1/5000 地形图。到野外了解移民安置区的自然条件、景观特点、农业生产概况,并按土地利用分类系统和标准,分类统计土地面积,包括耕地、园地、林地、居民点用地、工矿用地、交通用地、水域、特殊用地(包括名胜古迹、自然保护区、国防用地及其他用地)、难利用土地(盐碱地、裸岩、沙地、沼泽石砾地)。编制土地利用现状图,统计各组、村、乡、县(市)的土地总面积和各类土地面积。

(2)水资源调查。在某些情况下,水资源的多少好坏,对安置移民起决定性作用,有的地方有土地但缺水源,有的地方水中含有毒物质,而不能饮用。因此,不仅要调查水资源总量分布情况,还要调查水质的情况。对水旱灾害要作一些历史资料的统计分析。还要调查水的需求总量,包括生活用水、农业用水、工业用水、牲畜用水、生态环境用水等。

(3)气候资源调查。

(4)技术经济方面的调查。

(三)环境容量分析

移民环境容量分析应和生产开发规划结合进行,主要是对农村移民安置起制约和指导作用。不论从总体来说还是从局部单元来说,移民安置规划都要受环境容量的制约,脱离具体规划,环境容量分析也就没有可靠的基础和根据。环境容量分析应渗透在移民安置规划中进行。农村移民安置出路主要是大农业,同时也要兴办加工业和其他二、三产业,这些二、三产业大部分是以大农业为基础的。

三、环境容量分析计算方法

环境容量研究的目的是帮助人们查清环境容量的大小,并在环境容量允许的范围内进行合理的开发,妥善解决移民安置问题,避免资源破坏,避免生态与环境的恶化。一般说来,一个区域的资源越丰富,生产技术越先进,经济越发达,环境质量越好,其环境容量也越大。同时,移民环境容量与生活标准有关,生活标准低,移民环境容量则相应提高;反之,则相应降低。环境容量的大小和优劣应该反映在质和量两个方面。但由于它是受多种因素影响和制约的,难于规定统一的指标或标准,只能因地制宜,采取参照比较的办法进行具体分析研究。例如生活标准,可参照全国、全省或全县人均水平拟定。主要指标有:人均粮食、人均收入、人均住房面积、人均用水量,居民文化生活水平,区域环境质量,生活服务设施等。

移民环境容量的计算方法目前尚属研究阶段。在实践中一般是先划定合理的移民安置范围,再逐项计算可能的人口容量;然后进行宏观分析,提供移民安置规划决策参考。对占压人口比重较大、占压损失严重的县,一般先进行全县的人口容量的宏观分析,确定出在全县范围内能否全部安置本县移民,然后根据研究成果确定本县可能安置的移民人口,针对可能的安置人口再选定合理的安置范围进行微观分析。

环境容量是一个收敛的多元函数,根据微分理论,它存在着极值,而寻找这个极值绝非易事。实践中主要是模拟高等数学求多元函数偏微分的办法,把其余因子相对固定,找出环境容量和某一项因子的关系。比如先把二、三产业人口容量暂时搁在一边,专门研究农业方面的人口容量,计算出有多少宜垦荒地可以开发,有多少低产耕地可以改造,有多少山水资源可以利用,可以容纳多少人口。然后把农业方面的人口容量固定,研究二、三产业的人口容量等。目前我们为了研究工作的简化,通常是以某一项主要因素为依据,采取由小到大逐步扩展的办法,确定移民安置范围,这实质上是个试算的过程。比如农村移民环境容量,现阶段起决定作用的是耕地,工程占压后有多少人丧失了土地,在本行政区域内剩下多少耕地,有多少土地资源可以开发利用,按照当地人均占有的耕地面积,即可计算出环境容量。从占压涉及居民组开始计算,组容纳不了扩大到村,村容纳不了扩大到乡,本乡容纳不了扩大到邻乡,邻乡容纳不了扩大到县。以此办法先划定一个安置范围,把移民加过去,并考虑人口自然增长等因素,按一定的规划水平年,分析本安置范围内的土地资源、经济水平和消费水平。看环境容量够不够,如果现有人口加上移民和自然增长人口,大于环境容量允许的人口数量,就说明环境容量不够,就需扩大移民安置范围;反之则可以缩小,一直试算到满意为止。

区域环境容量分析的具体计算方法比较多,目前尚无统一的规定和标准,主要是结合各地的实际情况,按人均占有生产资料的数量或人均占有实物量的指标,估算人口容量。常采用的方法有单因子分析法、资源综合平衡法、土地资源分析法、系统动力学法。其中,单因子分析法主要依据农业生产所提供的粮食或某种资源的食物生产能力或以某种资源对食物生产的主导限制进行人口容量分析估算。依据粮食生产进行容量估算方法应用最广。此法由于考虑因子少,简单易行,目前是进行区域人口容量分析的常用方法。计算公式为：

$$P = Y/L$$

式中 P——区域内土地承载人口数量,人;

Y——区域在一定水平年可利用资源总量;

L——一定水平年人均生活占有资源量。

在亚行贷款黄河防洪项目工程移民安置规划中,进行移民环境容量分析时主要是利用该方法分析安置区内的土地现实环境容量和水资源环境容量。

四、亚行贷款黄河防洪项目移民安置区环境容量分析

黄河下游防洪工程措施一般呈带状或点状分布,工程永久占压影响每个村庄的耕地人口较少,移民安置区环境容量以本村为基础进行分析,如本村容量不足,则按照经济合理、稳妥可靠的原则扩大分析范围。移民安置主要着眼于安置区土地资源的开发利用,安置区环境容量分析,主要是研究移民安置区的土地承载力和水资源容量。

土地承载容量是建立在土地评价的基础上,综合考虑了土地资源质量和数量及投入水平、人均消费水准等社会经济因素,选取以粮食占有量为指标的容量计算模式,计算公式如下:

$$P = \sum_{i=1}^{n} P_i$$

$$P_i = Y_i/L_i$$

式中 P——区域的土地承载人口;

P_i——以村为单位的土地承载人口;

Y_i——区域(村)设计水平年粮食总产量;

L_i——水平年人均最低耗粮指标;

i——行政村序号;

n——行政村个数。

有关指标选取计算：

Y_i 设计水平年粮食总产量是以设计基准年粮食总产量为基础推算的。设计基准年粮食总产量是以分析年份的统计资料为基础推算的耕地亩产量和占压后剩余耕地数量为基准推算的。

L_i 采用农民家庭人均最低耗粮指标，根据工程占压区"九五"计划、"十年"规划指标，综合选取加权平均值为460千克/人，部分子项目采用400千克/人。

在亚行贷款黄河防洪项目各类工程中，堤防加固工程永久占压耕地最多，因此对移民安置环境容量进行了重点分析。根据各子项目初步设计报告以村为单位的土地承载容量分析，堤防加固子项目涉及的87个村中只有2个村容量不足，其余村庄均有富裕容量，移民可以在本村后靠安置。

险工改建工程占压移民耕地数量较少，所有15处险工平均人均耕地减少量很小，仅为0.001～0.032亩/人，所以对环境容量的影响很小，土地承载容量不会成为工程建设的制约因素。

这段围坝除险加固工程永久占压耕地很少，工程占压对土地环境容量的影响很小，土地承载容量不会成为工程建设的制约因素。这段围坝加固工程占压影响10个村，每个村均有富裕容量，移民可以在本村后靠安置。东平湖10+471～55+000段围坝加固工程永久占地，无生产安置任务，不用进行容量分析。

河南省新、续建控导工程占压战线长，且占压土地基本上为河滩地，工程对各村影响小，土地承载容量不会成为工程建设的制约因素。山东省新、续建控导工程影响村有上千人的富裕容量，移民可以在本村后靠安置。

在村台建设期间，取土场、管道、施工道路等会临时占地，但移民可得到临时占地补偿，用来改善和发展生产，以弥补因临时失去耕地所造成的粮食生产损失。项目实施后，移民迁往新村台，临时占地和老村台复垦后交还移民耕种。因此，项目实施后，移民占用耕地将不会比项目实施前减少，土地承载容量不是移民安置的制约因素。

根据安置村用水情况分析，干旱年人畜用水均能保证，常年能保证耕地的灌溉，在移民不进行远迁安置情况下，移民调地后对原区域人均水资源量没有影响。因此，水资源容量不是移民安置的制约因素。

通过环境容量分析，受亚行贷款黄河防洪项目各子项目影响村庄中的土地资源和水资源，一般能够满足该项目移民安置的要求，为此，确定移民基本采用本村安置的方式进行农业安置。

第五节　农村移民生产开发规划

一、农村移民生产开发规划的指导思想与原则

农村移民生产开发规划，就是在总体规划的指导下，具体安排生产恢复与发展的措施。它是农村移民安置规划的主要组成部分，也是整个工程占压区移民安置规划的重要内容之一，它关系到工程建成以后，移民的生产生活、工程占压区的经济恢复与可持续发展。生产

开发规划的目的是要妥善安排农村移民的生产活动，使移民的生产生活水平尽可能在最短的时间内达到或超过原有水平，并能逐步有所改善。生产开发规划要与移民经济发展系统规划相结合，使自然资源的开发和社会经济发展相互协调，以取得最佳效益。

生产开发规划的指导思想必须贯彻开发性移民方针，即将过去单纯的赔偿安置改变为开发性移民安置，把生产安置的重点放在帮助移民寻找新的生产门路上，即农村移民迁移到安置区后，由于受到环境条件的制约，不能依靠现成的生产措施，主要依靠自身力量开荒造地，改造土地质量（包括坡耕地改造为梯田），兴修水利工程，发展农、林、牧、副、渔各业以及二、三产业等，既使安置区当地居民的生产生活不受或少受影响，又使移民的生产生活有切实的物质保障。

进行生产开发应遵循的原则主要有以下几个方面。

1. 珍惜土地资源，保证移民基本口粮田

粮食问题是移民安置必须解决的一个突出问题，移民迁移前土地资源比较丰富，土地质量较好，耕地产量高，移民除口粮能够解决外，粮食还有节余。移民搬迁后多数安置区适宜种粮的耕地不足，生产开发规划要珍惜土地资源，优先开发宜垦荒地。无论是后靠安置或是外迁安置都要通过调、征土地的办法，保证移民有基本的口粮田。

2. 生产开发的重点以土地为依托进行大农业开发，尤其是种植业开发最为重要

土地开发涉及到大多数农村移民户，土地开发搞好了，大多数农村移民的温饱问题就解决了，消除了后顾之忧，移民就可以安心发展经济。由于移民安置后土地面积受到限制，一方面要采取有效措施，把耕地种好，提高产量和粮食的自给率；另一方面要调整种植业结构及产业结构，改善农业生产条件，提高土地生产力，在保证基本口粮的前提下，因地制宜发展林果业、养殖业或以加工业为主的乡村企业，有条件的地区可以适当发展具有一定规模的二、三产业，确立移民生产开发的支柱产业，以提高移民经济收入，使移民安置后逐步达到和超过原有生活水平。

3. 正确处理生产开发与区域经济可持续发展的关系，正确处理生产开发与生态环境保护的关系

农村移民生产开发规划的主要任务是满足农村移民生产生活恢复的需要，规划的内容和主体是农村移民，生产开发规划不可能代替区域经济总体发展规划，而只能与之相协调，通过移民开发项目促进区域经济的可持续发展。同时，生产开发规划既要考虑经济效益，更要注意保护生态环境，合理开发资源，所有开发建设项目按照环境保护法、森林法、水法和水土保持法等法规和有关条例，把开发和治理有机结合起来，促进区域生态环境向良性循环方向发展。

4. 生产开发规划实行的是限额规划，生产开发要与后期扶持相结合

新条例明确规定："国家提倡和支持开发性移民，采取前期补偿、补助与后期生产扶持的办法。"也就是说，移民生产开发所需资金受到被征用土地的补偿补助费数额的制约，生产开发措施项目要结合当地条件进行优化组合，不能脱离实际盲目扩大安置措施和项目。同时，生产开发措施和项目正常发挥经济效益需要一个过程，农村移民搬迁后，其生活水平必将有一个恢复期，需要通过后期扶持措施，尽量缩短恢复期，尽快实现达到和超过原有生活水平的安置目标。

二、农村移民生产开发规划的主要内容

这一规划的主要内容,包括移民生产开发方案的拟订及生产开发综合平衡分析、安置效果评价等,其中移民生产开发方案的制订包括种植业开发,养殖业开发,林果业开发,二、三产业开发等内容。

1. 种植业安置规划

种植业安置规划是大农业安置(包括农、林、牧、副等)措施中的一项主要内容。种植业安置是农村移民安置的主要方式,比较适合农村移民的生产习惯、技术素质、文化水平及国家财力有限的状况,能有效避免市场经济条件下二、三产业的不稳定性带来的风险,是较稳妥的安置方式。种植业安置规划主要任务是确定可用于移民安置的耕园地的位置、数量、开发方式和可安置移民人数。其基础性工作是对移民安置区土地利用现状及农业资源开发潜力进行调查分析。

为了做好以土地为依托的农村移民安置工作,重点是首先要落实可征用土地面积,并应通过土地管理部门依法办理征用手续;其次是搞好农田基本建设规划设计工作,主要内容包括灌溉工程、土地平整和土壤改良等,其规划设计深度应与主体工程相匹配。只有这样,才能将大农业安置规划落到实处,并具有可操作性。

2. 二、三产业安置规划

二、三产业项目的选择,宜根据安置区二、三产业现状、开发潜力和条件,农村移民劳动力素质及二、三产业可用资金等因素,筛选一批具有资源优势、建设周期短、投资少、见效快的二、三产业项目。

3. 农业及二、三产业安置规划

采用这种安置规划的移民,一方面靠耕地或园地保证基本口粮或基本生活条件;另一方面在农闲时,通过参加二、三产业的生产来增加收入。

4. 其他方式安置规划

其他方式安置主要包括养殖业、自谋职业、投亲靠友、养老保险等形式。除养殖业外,一般将其他安置方式作为备用方案。

三、农村移民生产开发规划综合评价

农村移民生产开发规划综合评价,一方面要反映移民安置对安置区当地居民的影响程度,包括对安置区居民人均耕地和园地、人均粮食、人均收入及剩余劳动力影响,并要求提出对策措施,也就是如何利用所得到的土地补偿补助费进行投资开发及其预期的投资效果;另一方面要反映工程占压区移民搬迁安置后在预定的时期内安置的效果,包括移民劳动力就业的程度和就业的结构变化、移民生产开发规划的投资平衡情况和生产开发的投资效果、移民在预期时间内生活水平的变化情况。

四、亚行贷款黄河防洪项目移民生产措施规划

1. 生产措施规划的指导思想

(1)兼顾国家、集体和个人三者的利益,走开发性移民安置的道路,贯彻前期补偿、补

助与后期扶持的移民安置方针。

(2)以大农业安置为主,调整种植结构和产业结构,使移民生产有出路、劳力有安排,生活逐步达到或超过原有水平。

(3)移民安置与地区建设、资源开发、经济发展和环境保护相结合,因地制宜,制定恢复与发展移民生产的措施。

2. 生产措施规划

在亚行贷款黄河防洪项目包括的5类工程措施中,是否进行生产措施规划主要取决于移民数量的多少。堤防加固工程占压耕地较多,生产安置任务相对较大。各子项目全部进行了生产措施规划。险工改建工程涉及567道坝(垛),占压耕地很少,各子项目未进行生产措施规划。东平湖55+000~77+300段围坝除险加固工程永久占压耕地很少,初设报告未进行生产措施规划。东平湖10+471~55+000段围坝加固工程永久占地,不用进行生产措施规划。控导工程新、续建占压耕地也较少,未全部进行生产措施规划。滩区安全建设中永久占地利用置换,耕地没有减少,不用进行生产措施规划。

1)划拨耕地

对于堤防加固工程,根据占压区农业生产安置人口,按各村剩余人均耕地调整生产用地,包括水浇地和旱地等。各子项目划拨生产用地的格式详见表2-6。

表2-6 亚行贷款黄河防洪项目堤防加固工程移民安置生产用地划拨表

序号	县别	受影响人口(人)	生产用地(亩)		
			小计	水浇地	旱地
	合计				
1	开封				
⋮	⋮				

2)优化水浇地

安置区属于引黄区,地下水资源较为充足。虽然划拨的生产用地均为水浇地,但为了提高浇灌保证率,做到旱涝保收,保证粮食稳产、高产,在每亩土地上创造出更大的效益,提高当地居民的粮食收入和经济收入,规划移民安置区走"以井保丰"之路,发展井渠配套。部分子项目生产用地中存在着不同程度的起伏、坑洼等情况,需要进行必要的土地平整,以利于发展节水灌溉。

3)其他措施

工程占压区移民在进行种植业生产的同时,结合当地实际情况,拟规划发展蔬菜大棚和养殖业及加工业,以安置因耕地减少而增加的剩余劳动力。

(1)蔬菜大棚生产规划。该措施是种植业结构优化的主要措施,也是恢复工程占压区居民生活水平的重要措施之一,待移民安置稳定后实施。根据各安置区所处的区域,结合黄河下游县经济发展规划进行蔬菜大棚生产规划。

(2)养殖业生产规划。该措施是为恢复移民原有生活水平的补充措施,规划发展养殖业应形式不一。如安置区规划养鸡、养鱼、养牛、养羊。养殖形式除养鸡、养鱼可集中饲养外，养牛、养羊可散养。

（3）加工业。规划发展加工业项目依各村实际情况确定，形式可多样，如板材加工业、食品加工业、中药材加工业等，形式除采用公司＋农户和工商农或工农联营等外，也可建立现代企业形式。项目区占地的补偿补助费交给各影响村的村民委员会，并由村民委员会自主选择发展项目。为了合理、高效使用资金，以弥补失去耕地损失，安置村要制定资金审批程序，使该项资金用于全村性投资收益项目，并使工程占压区土地补偿补助费与规划生产安置费保持基本平衡。

3. 移民生产安置综合评价

（1）劳力安置情况分析。根据移民生产安置规划，设计水平年堤防加固工程占压移民劳力可以全部得到安置。其中，从事种植业的人口占65%，利用蔬菜大棚安置劳力占20%，养殖业安排劳力占10%，加工业安排劳力占5%。

（2）生产安置投资平衡分析。根据规划，农村移民生产安置投资来源主要是工程永久占压土地补偿补助费。经计算，工程占地补偿补助费大于移民规划投资，因此工程占压区生产安置补偿补助费可以满足规划投资的要求。

（3）移民生活水平恢复。工程占压影响后，移民损失的耕地收入将从安置后划拨的耕地上的收入及项目区发展的蔬菜大棚、养殖业、加工业等生产开发项目上得到弥补。根据分析计算，移民人均年收入平均较工程未建前有所增加。

第六节　农村居民点迁建规划设计

农村居民点指农村居民居住、生活的场所，一般指行政村或自然村（组）。农村居民点迁建规划设计，是指受工程占压影响的行政村或自然村（组）的农村居民，不能在原居住地生存需另择新址重建房屋和有关生活设施、公共设施等合理的规划设计方案。

农村居民点迁建规划设计，其内容包括新址移民征地、场地平整、公共设施（包括街道、用电、供排水、广播电视、绿化工程等）。其投资本着原规模、原标准的原则按规划设计所需列入移民概算。移民的房屋、附属设施以及村民委员会、学校等公用房屋根据工程占压区实物调查数量计算其重置全价计列补偿费。

一、农村居民点迁建规划设计原则

农村居民点规划的任务是结合农村生产措施规划，合理布局新居民点，做到有利于生产、方便生活。依据有关移民的方针、政策和《中华人民共和国村镇规划标准》（GB50188—93）（以下简称《村镇规划标准》），移民居民点迁建一般应遵循以下原则：

（1）结合工程占压区和安置区移民的情况，参照《村镇规划标准》和有关省的土地管理办法，确定农村居民的搬迁位置、性质和发展规模。

（2）居民点选择要避开不良地质地区，同时考虑水源和对外交通条件，做到规划经济合理。

（3）尽可能按原村组建制规划居民点，在环境许可的条件下，布局考虑大集中、小分散原则，居民点应具有一定规模，规划合理布局，减少基础设施投资。

(4)节约用地，尽可能利用荒地和劣地，不占或少占耕地。

(5)居民点选择应和生产条件、地形地质、水源、交通条件相结合，保证有可靠的水源，做到合理规划布局，方便移民生产生活。

(6)注意近远期结合，考虑人口增长和耕地减少等因素，留有适当的发展余地。

二、农村居民点总体布局

农村居民点总体布局是结合安置区域范围内的土地利用规划和经济发展规划，调查分析拟定的安置区现状及其发展趋势，选定农村移民安置去向、安置模式和新址居民点的合适位置及基础设施建设总体方案。居民点的布局是一个很复杂的问题，没有固定的模式，制约居民点布局的主要因素：一是自然地理条件，二是农村移民的合理耕作半径，三是社会服务体系和基础设施建设。

关于自然地理条件，对于工程占压后靠居民点，为保证居民的居住安全，需由地质部门对后靠居民点进行地质勘察，避开地质不良的区域。勘察工作的主要内容包括：

(1)初步查明新址地质(地貌)单元、地质构造，地下水埋藏条件，冷冻深度。

(2)查明新址不良地质现象的成因、分布和对新址稳定性的影响。

(3)提供初步设计要求的岩土技术参数。主要建筑物地段所提供的参数，应满足施工设计要求的精度。

(4)对工程占压区产生诱发地震的可能性和对新址的影响进行预测评价。

(5)提出基础设计、防治建议。

一般来说，平原地区耕地集中，交通方便，居民点布局应适当集中。为便于生产，保证合理的耕作半径，从现实条件出发，生产工作半径不宜过大，到作业地点的时间以不超过半小时为宜，在平原地区相当于步行 2 公里，骑车时间为 4 公里。再远，则出工在路上的时间过长，使工效降低，运输成本增加。

居民点布局相对集中，有利于基础设施建设和学校、卫生防疫等社会服务体系建设，有利于发展二、三产业，符合中国目前倡导农村城镇化建设；居民点过于分散，在社会服务体系建设和基础设施建设上可能会遇到困难。

总之，农村居民点总体布局比较复杂，要根据当地的自然条件和移民的生产、生活习惯等特点综合考虑，采取因地制宜、灵活多样的布局方法，为移民创造舒适、卫生的生产生活环境。同时，对规划布局方案的选择应进行技术经济论证，不仅要求技术上可靠，还要求经济上合理。

三、农村居民点级别划分和建设用地标准

1. 居民点级别划分

农村居民点在村镇体系中的地位和职能参照《村镇规划标准》划分。一般可分为基层村和中心村。每个层次按照规划常住人口数量分别划分为大、中、小三级。中心村即建制村或行政村，为村民委员会所在地。其规模分级见表 2-7 。

表 2-7　居民点规划规模分级

规模分级	村庄	
	基层村	中心村
大型(人)	>300	>1000
中型(人)	100~300	300~1000
小型(人)	<100	<300

2. 居民点建设用地标准

新居民点的占地依据《中华人民共和国土地管理法》、《村镇规划标准》以及《中华人民共和国土地管理法实施办法》合理确定。

新居民点的用地按土地使用的主要性质划分为:居住建筑用地、公共建筑用地、生产建筑用地、仓储用地、道路广场用地、公用工程设施用地和绿化用地等。

居民点建设用地标准包括人均建设用地指标、建设用地构成比例。

关于人均建设用地指标,根据《村镇规划标准》,总共分为 5 级,见表 2-8。

表 2-8　人均建设用地指标分级

级别	一	二	三	四	五
人均建设用地指标 (m^2/人)	>50 ≤60	>60 ≤80	>80 ≤100	>100 ≤120	>120 ≤150

新居民点的人均用地指标宜按表 2-8 中第三级确定。当安置区用地偏紧时,规划中可按第二级确定或应根据当地政府有关土地管理办法规定的标准选用。

对建设用地构成比例,一般居民点规划中的中心村居住建筑用地、公共建筑用地、道路广场用地及绿化用地 4 类用地占建设用地的比例应符合表 2-9 的规定。

表 2-9　居民点建设用地构成比例

用地类型	占建设用地比例(%)
	中心村
居住建筑用地	55~70
公共建筑用地	6~12
道路广场用地	9~16
绿化用地	2~4
合计	72~92

四、居民点规划布局方法及基础设施、公用工程设施配置

各个居民点的规划布局应根据当地的地形、地貌条件确定,大体上分为以下 3 种:

(1)集团式。其优点是布局紧凑,用地经济,工程投资省,施工方便,便于组织生产和

改善物质文化生活条件。主要缺点是易受地形条件限制，由于布局集中，使劳动者生产半径较大。此方式适用于平原地区集中安置的移民点。

(2)卫星式。是一种分级布局的形式，也是由分散型向集中型布局的一种过渡形式。它是以一个较大型的中心村为中心，周围带几个小居民点。其最大优点是现状和远景相结合，既能从现有生产水平出发，又能照顾到生产发展对居民点和生产中心布局的新要求。

(3)自由式。这种形式一般适用于山区。村落房屋沿着山坡、公路、河流、沟汊等成带状布置或无规则散居。它因受地形等条件的限制，布局宜采用依山就势，错落有序，可避免大挖大填，减少工程量，节约投资。

农村居民点的基础设施、公用工程设施等如街道、给排水、供电工程、绿化工程等，应当配置哪些，多大规模合适，采用什么标准，以及建设程序等问题，都需按照工程占压区的现状，结合移民安置区的具体情况，并按照《村镇规划标准》有关规定在规划中加以考虑。

五、亚行贷款黄河防洪项目农村居民点迁建规划

1. 工程占压区农村居民点现状

黄河下游防洪工程占压区内居民居住条件较好，住房多为砖木平房、砖混房等。工程占压区内基础设施条件良好，区域内地下水埋藏较浅，吃水主要以浅层地下井水、河水为主，大部分居民用的是压水井，部分居民用的是自来水。村内排水设有简易排水沟，村外排水以自然排水为主。由于居住靠近黄河大堤，地下水浅，排水不畅，居民建房普遍建有村台。工程占压所在村组对外交通条件较好。占压区内各村组都通有10千伏电力线路和通信线路，户户通有照明电，部分村民装有电话。

2. 居民点安置对象、任务及方式

新居民点的安置对象是指受占压影响需迁移、重新建设房屋定居的农村人口，即生活安置人口。根据实物调查成果和河南、山东两省人口自然增长率（河南省7.88‰，山东省5.2‰）控制指标，推算到设计水平年工程永久占压影响的人口。

关于移民安置方式，根据大堤项目区工程永久占压范围为条状分布，各段所涉及村庄的耕地、房屋和人口数量相对较少，结合移民环境容量分析结果，移民居民点迁建规划采取本村后靠方式安置移民。

3. 居民点建设规划

居民点建设包括新址征地、场地平整、街道、供水、排水、供电、广播等项目。

新址占地包括居住建筑用地、公共建筑用地、生产建筑用地、仓储用地、道路广场用地、公共工程设施用地和绿化用地等。根据河南、山东两省土地管理法实施办法，并结合项目区实际情况，按人均80平方米（包括财产户人口）计算新址占地。在新址占地范围内宅基地按户均0.25亩考虑。

由于工程占压区各村紧邻黄河大堤，居住区排水受地形影响较大，易积水，因此紧邻大堤的村庄群众建房时宅基地有一定的垫高。移民新村规划时参照各村村台与地面相对高差，确定居民宅基新址村台高度。

居民点基础设施建设主要包括：

(1)街道。规划标准根据《村镇规划标准》,结合工程影响村内街道现状,规划主街道车行道宽度6米,支街道车行道宽度3.5米。主街道路面材料采用沥青路面,支街道采用砂土路面。

(2)供水。工程占压区内地下水埋藏普遍较浅,几乎家家户户都采用压水井吃水。根据当地吃水条件及压水井便于管理的特点,除滩区安全建设外,其他项目规划移民采用压水井方式解决吃水问题,每户移民规划建一眼压水井。滩区安全建设新村台建设每村规划一眼机井,井深100米。人畜用水量标准60升/天,水塔容量按一天用水量考虑。

(3)排水工程。居民点排水规划要满足生活污水和天然降水的排放,主要为天然降水。排放形式采用雨、污合流制,结合原居民点的排水情况,规划在移民建设用地主街双侧布置主排水沟,支街单侧布置支排水沟。

(4)电力规划。根据各村移民规模及新宅基布置规划电力线路。居民点内部供电线路包括380伏线路和220伏线路,380伏线路沿主街道单侧布置,220伏线路沿主、支街道单侧布置。

(5)广播照明。居民该部分设施采用补助方案,补助费用按居民点建设户数计算。

六、学校迁建规划

1.学校现状

根据工程占压区实物指标调查,共占压影响学校4所,分别为堤防加固工程涉及的东明县闫潭小学和徐集小学、开封县的刘庄学校和濮阳县的董楼小学。

占压影响房屋的结构形式主要为砖混房和砖木房,教工及学生用的是井水。学校对外交通便利,有简易公路相通。电力条件较好,教学等均有照明电,供电设施较完善。

2.学校规划依据、原则

依据:《村镇规划标准》,结合河南、山东两省有关条例;《水利水电工程水库淹没处理设计规范》(SD 130—84);黄河下游县工程占压有关实物指标成果;《农村普通中小学校建设标准》。

原则:原规模、原标准、恢复原功能的"三原"原则。

迁建学校校址要选在方便学生就近入学、地形开阔、空气新鲜、阳光充足、环境适宜、远离污染源、地势较高、便于排水、场地干燥、地质条件好的平整地段。

严格按照河南、山东两省的土地管理法实施办法,结合项目区实际情况,规划学校用地,尽可能不占或少占耕地,提高土地利用率。

3.学校基础工程建设规划

根据以上原则和地方政府意见,拟将4所小学于占压影响所在村附近重建。基础工程建设规划如下:

(1)学校征地均为水浇地。

(2)村台工程量:根据新建学校位置与周围耕地相对高差,确定学校新址工程量。

(3)学校对外道路规划:规划学校与原村庄相接,对外道路路面按4米宽,采用柏油路面。

(4)供水工程规划:根据学校新址地形、地质条件,建设规模及发展需求,确定供水方式，即采用打水井。

(5)排水规划：学校排水规划要满足污水和天然降水的排放，主要为天然降水。排放形式采用雨、污合流制，规划排水沟沿学校用房单侧布置。

(6)供电规划：教学用房应配有保护灯罩的荧光灯具，不得用裸灯。灯具宜垂直于黑板的方向布置。

(7)卫生设施：设置室外旱厕，厕所要坚固实用，有自然排气措施，在厕所外设置洗手池。教工及学生厕所宜分设。

第七节 征地移民补偿投资概(估)算编制

一、编制原则

(1)工程占压处理补偿投资概(估)算以调查的实物指标和移民安置规划成果为基础，按照新条例规定，并参照国家和地方人民政府颁布的有关规定计算。

(2)遵循法规，实事求是。对于大中型水利水电项目或国家参与投资的项目，应首先执行国家规定，即凡国家有规定的或地方政府规定与国家规定不一致的，应首先执行国家规定；对国家无规定而地方政府有规定的，可参照地方规定执行；对无规定或规定不适用的，可根据工程占压实际，参考全国已建、在建水利水电工程执行标准，实事求是地合理确定。对于其他水利水电工程，可以地方规定为主。

(3)既考虑国家的承受能力，又考虑移民安置的实际难度和需要，妥善处理好国家、地方、集体、个人以及中央与地方、部门与部门之间的关系。贯彻国家提倡和支持的开发性移民方针，采取“前期补偿、补助，后期扶持”的办法，使移民安置后达到或超过原有生活条件、水平，包括住宅、基础设施和经济收入。

(4)需要恢复改建或防护的工程占压对象，如乡镇迁建、工矿企业迁建以及专业项目，按原规模、原标准、恢复原功能的原则确定补偿投资标准；凡结合迁移、改建或防护需提高标准或扩大规模增加的投资，应由地方人民政府或有关单位自行解决；对不需要恢复改建或难以恢复改建的工程占压对象，可给予拆卸费、运输费和合理的补偿费。

(5)有关部门利用工程发展兴利事业所需的投资，按“谁经营、谁出钱”的原则，由兴办这些事业的部门自行承担。

(6)对所有权属于个人的财产项目，应尽可能以工程占压实物为依据计算补偿投资概(估)算；对因安置环境的改变使原有工程占压对象恢复所需投资变化较大的项目，尽可能以规划设计指标为依据计算补偿投资概(估)算。

(7)对规模比较小、施工技术简单、可组织民工施工的小型工程，可根据项目具体情况，只计直接费，或只计直接工程费和间接费，不计利润和税金。

(8)对上等级的、规模较大的专业项目，应根据规划成果进行专项设计，并经专业部门审查后，由设计部门技术归口，将审查后的投资列入工程移民概(估)算。

(9)物价水平采用工程总概(估)算编制采用的价格水平。

二、项目设置及费用构成

（一）项目设置

根据移民设计规范的要求，结合移民安置特点，并参照一般工程建设项目设置情况，工程移民概（估）算设置项目为单项工程补偿投资概（估）算、独立费用及预备费、建设期融资利息和有关税费等。

工程移民单项工程补偿投资概（估）算项目主要包括农村移民补偿费、居民点迁建补偿费、专业项目复建补偿费和工程占压区清理费等。

1. 农村移民补偿费构成

（1）征用土地补偿和安置补助费。

（2）房屋及附属建筑物补偿费。

（3）农副业加工设施补偿费。

（4）小型水利电力设施补偿费。

（5）乡村企业单位迁建补偿费。

（6）文化、教育、医疗卫生等事业单位迁建补偿费。

（7）基础设施补偿费。

（8）搬迁运输费。

（9）其他补偿费。

2. 居民点迁建补偿费构成

（1）新址征地和场地平整费。

（2）公用设施恢复费。

（3）公共设施恢复费。

（4）居民迁移补偿费。

（5）工商企业迁建补偿费。

（6）行政事业单位迁建补偿费。

3. 专业项目复建补偿费构成

（1）工业企业复建补偿费。

（2）公路工程复建补偿费。

（3）电信工程复建补偿费。

（4）广播电视工程复建补偿费。

（5）输变电工程复建补偿费。

（6）水利水电设施补偿费。

（7）交通恢复费。

（二）费用构成

工程占压处理补偿投资概（估）算费用构成基本上同一般建设项目投资概（估）算费用的构成，包括各移民单项工程补偿费、独立费用和预备费、建设期融资利息与有关税费等。

1. 单项工程补偿费

单项工程补偿费指摊入工程占压处理补偿投资概（估）算的单项工程费。

摊入工程占压处理补偿投资概（估）算的单项工程费是指按“原规模、原标准、原功能”原则计入工程占压处理补偿投资概（估）算的费用，其费用由建筑及安装工程费、设备费等组成。对于项目简单、规模小、技术难度低的工程，其工程费可根据实际情况分别计取直接费、直接工程费、直接工程费加间接费等。

2. 独立费用

独立费用由勘测规划设计费、实施管理费、技术培训费和监理监测费4项组成。

（1）勘测规划设计费，是指工程从项目建议书开始至以后各设计阶段发生的勘测费、规划费和设计费。

（2）实施管理费，是指用于移民机构的用房与设备购置、工资、办公、差旅等的建设单位开办费，建设单位人员经常费和工程管理经常费等。

（3）技术培训费，是指用于提高农村移民生产技能、文化素质和移民干部管理水平的费用。

（4）监理监测费，监理是指在移民工作中聘任监理单位，对移民搬迁、专业迁（改）建、生产开发项目的实施进度、质量和资金使用所发生的全部监理费用；监测评估是根据项目的性质和移民安置的地域、规模、难易程度等因素，按照项目移民计划预算中直接费用的百分比取费。

3. 预备费

包括基本预备费和价差预备费两项。

（1）基本预备费，是指为解决在工程施工过程中，经上级批准的设计变更和为预防意外事故而采取的措施所增加的工程项目和费用。

（2）价差预备费，是指为解决在工程施工过程中，因人工工资、材料和设备价格上涨以及费用标准调整而增加的投资。

4. 建设期融资利息

根据国家财政金融政策规定，工程在建设期内需要偿还并应计入移民总投资的融资利息。

5. 有关税费

有关税费是指耕地开垦费、耕地占用税、森林植被恢复费和新菜地开发建设基金等。

三、亚行贷款黄河防洪项目征地移民补偿投资概算

（一）编制原则

（1）凡国家和地方政府有规定的，按规定执行；无规定或规定不适用的，依工程实际调查情况或参照类似标准执行；地方政府规定与国家规定不一致时，以国家规定为准。

（2）概算编制涉及工程规划范围内土地、房屋等按实物量进行补偿。移民基础设施、专项等部分，按原规模、原标准、恢复原功能的规划投资计列。不需恢复改建的项目，只计拆除运输费或给予必要的补助。

（3）物价水平年以各子项目所列年份为准。

（二）概算标准确定

亚行贷款黄河防洪项目涉及移民概算投资的内容包括农村部分（土地、房屋、零星

树、坟墓、居民点建设等）、专业项目及其他费用等。

1. 土地补偿补助标准

土地补偿补助标准包括耕地、园地、林地、塘地等。

1）永久用地补偿补助倍数

根据《中华人民共和国土地管理法》，河南、山东两省实施土地法办法有关条款规定，结合工程占压区的人口、耕地等资料确定。

（1）土地补偿倍数。《中华人民共和国土地管理法》第四十七条规定："征用耕地的土地补偿费，为该耕地被征用前三年平均年产值的六至十倍……征用其他土地的土地补偿费和安置补助费标准，由省、自治区、直辖市参照征用耕地的土地补偿费和安置补助费的标准规定。"依据有关专家审查意见和类似工程征地补偿标准，耕地的补偿倍数取 6 倍。

征用林地、牧草地、苇塘、水面及未利用地等其他土地的土地补偿费标准根据河南省、山东省实施土地法办法规定确定。

（2）安置补助倍数。《中华人民共和国土地管理法》第四十七条规定："征用耕地的安置补助费，按照需要安置的农业人口数计算……每一个需要安置的农业人口的安置补助费标准，为该耕地被征用前三年平均年产值的四至六倍。"依据有关专家审查意见和类似工程安置补助标准，耕地的安置补助倍数取 4 倍。

其他土地的安置补助标准，根据河南、山东两省实施土地法办法规定综合考虑确定。

2）永久占地补偿补助标准

耕地的补偿补助标准按土地亩产值乘以相应的补偿补助倍数确定，其他土地补偿补助标准根据两省实施土地法办法规定确定。

（1）耕地。根据实地调查，本项目工程占压土地主要为水浇地，另外有少量旱地和河滩地。

按照《中华人民共和国土地管理法》办法规定，耕地亩产值按被征用耕地前三年平均亩产值计算，粮食价格依据地方粮食部门相应年份夏、秋两季主要粮食定购价、议购价结合市场调查价分析确定。

据调查，本项目占压涉及地区农作物种植结构基本相同，夏季以种植小麦为主，秋季主要种植花生、黄豆等。根据各县调查及国民经济统计资料，分析计算项目涉及县耕地亩产值。

河滩地夏季为全收，秋季为半收，分析确定亩产值为 690 元/亩。该工程占用的滩地根据《中华人民共和国河道管理条例》规定，这部分土地属于国有土地。

根据分析确定的各县亩产值及补偿补助倍数，确定各子项目的耕地补偿补助标准。

（2）果园、塘地、林地、苗圃及未利用地。果园、塘地、林地的亩产值由各批项目审查意见确定。第二、第三批子项目中这类土地采用临近一般耕地前三年平均年产值的规定倍数，果园及塘地的补偿标准加上了地上附属设施及其他补偿。亚行三批子项目中林地上的树木补偿标准有 1104 元和 1667 元两种，部分子项目把该项目计入了林地补偿标准中，有的单独计入林木补偿费中。

苗圃亩产值同水浇地标准。

永久占压区中村庄占地、道路、渠道等非生产用地，按恢复功能标准进行规划并补偿。

不需恢复的未利用地,山东省按规定进行了补偿,河南省按规定不计补偿。

3)临时占地补偿标准

工程临时占地分两种类型:一种是水浇地,另一种是河滩地(在嫩滩上)。临时占用的水浇地,按同类耕地年产值和施工影响年限给予补偿。河滩地属国有土地,原则上河滩地补偿标准按一季青苗给予补偿,部分项目根据专家审查意见考虑了恢复耕种期费用。

2. 房屋及附属建筑物

根据《中华人民共和国土地管理法》第四十七条规定,“被征用土地上的附着物和青苗的补偿标准,由省、自治区、直辖市规定”。

1)房屋

分主房和杂房两类。主房按结构分为楼房、砖混房、砖木平房、土木平房、混合房等,杂房分砖木平房、土木平房、混合房和简易房等。

根据黄河下游房屋特点,同时结合河南省开封、濮阳、郑州等地(市)《关于调整国家建设征用土地地上附着物补偿的通知》及山东省314号文等分析确定。

2)附属建筑物补偿标准

根据河南省和山东省有关文件规定,结合典型调查资料分析确定。

3. 居民点建设投资标准

居民点建设投资项目涉及新址征地、场地平整、供水工程、排水工程、街道、供电、广播照明补助等项目。

1)征地及场地平整

新址征地标准同土地补偿标准。

场地平整。根据《建筑工程预算定额》分析,一般居民点场地平整土方单价每立方米5.0元,山东控导道路土方单价每立方米为8.0元。

2)村内街道

根据居民点规划的村内街道宽度、路面材料及河南、山东两省有关资料分析确定。

3)供水工程

本项目供水工程有压水井和集中供水设施两种。压水井投资单价采用黄河下游涉及县实地调查数据,滩区移民集中供水设施建设投资标准根据下游实际情况分析计算确定。

4)排水工程

根据规划的排水沟断面尺寸和结构进行分析,盖板长度按排水沟总长的1/3计算。长垣苗寨滩区安全建设子项目、控导工程所用标准相同,其他子项目采用同一标准。

5)电力工程

(1)配电设施。配电设施按新建30千伏安、50千伏安、100千伏安3个等级的变配电设施确定标准。包括变压器、配电盘等设备费、材料费和安装调试费,经分析,单价标准分别为1.7万元/处、2.1万元/处、2.5万元/处。

(2)低压线路。380伏线按每公里20根9米高混凝土杆,导线采用25平方毫米的铝绞线。220伏线,部分采用9米高混凝土杆(10根/公里)架设,部分在建筑物上固定,16平方毫米橡皮绝缘线。

6)广播照明补助

广播照明按居民点建设户数计算补助费用,包括广播照明线路、灯具等的拆迁损失等,经调查分析,按100元/户补助。

4. 迁移运输费

迁移运输费依据国家和地方有关规定,结合防洪工程占压区的实际情况分析确定。

5. 其他补偿费

其他补偿费包括移民征地附着物、零星树木、坟墓、青苗补助费及土地复垦费等。

(1)移民征地附着物补偿按150元/亩。

(2)零星树木补偿。根据河南省107号、山东省314号文规定,结合占压区的具体情况,按树木胸径大小给予补偿。

(3)坟墓单棺204元/冢,每增加一棺加50元。

(4)青苗补助费按同类耕地一季产值补助。

(5)土地复垦费。根据《中华人民共和国土地管理法》规定,挖损的土地,在工程完工后需要进行复耕的,还给农民耕种。按照施工组织安排,在工程施工前,施工单位先将0.3米表土推至50米以外(这部分投资在工程开挖中计列),在挖取土料的过程中将剥离的表层土从50米以外推回至开采后的料场表面,通过土地整治措施后,进行复耕,以达到耕种条件。

临时压踏占地复垦按照40千瓦拖拉机耕翻20厘米,然后耙耱细土、清除杂物,进行施肥,按标准进行测算。

(6)林木补偿费根据林地林木种植种类、密度及树径大小测算。

6. 专业项目复建

专业项目复建包括道路、输变电、电信、广播电视。根据实物指标调查成果和专业项目规划分析确定。

7. 独立费用

包括勘测规划设计费、实施管理费、技术培训费、监理监测费4项。根据专家审查意见,确定以上各项费率。

(1)勘测规划设计费。第一、第二批子项目该项费率采用直接费的2%,第三、第四批采用直接费的2.5%。

(2)实施管理费。各子项目该项费率均按直接费的3%提取。

(3)技术培训费。各子项目该项费率按农村移民费的0.5%提取。

(4)监理监测费。第一、第二批子项目该项费率采用直接费的1%,第三、第四批采用直接费的2%。

8. 基本预备费

第一、第二批子项目基本预备费采用按直接费和其他费用之和的5%,第三、第四批在初步设计阶段采用按直接费和其他费用之和的10%。

9. 其他税费

其他税费包括耕地开垦费和森林植被恢复费。

(1)耕地开垦费。据调查,亚行贷款子项目占压耕地均为一般耕地。河南省耕地开垦费根据《河南省财政厅、物价局、土地管理局关于印发〈河南省耕地开垦费、土地闲置费征收和使用管理办法〉的通知》规定确定，即“占用一般耕地的按同类土地补偿费的0.5倍计收”。山东省耕地开垦费根据山东省实施土地法办法确定，该办法规定“经批准占用基本农田以外的耕地的，按被占用耕地前三年平均年产值的八至十倍缴纳”，采用低限标准。另外，2001年国土资源部、国家经贸委和水利部联合下发《关于水利水电工程建设用地有关问题的通知》（国土资发［2001］355号）文件规定：以防洪、供水（含灌溉）效益为主的工程，所占压耕地可按各省、自治区、直辖市人民政府规定的耕地开垦费下限标准的70%收取。该工程主要以防洪为主，按以上标准确定本项目的耕地开垦费标准。

（2）森林植被恢复费。为加强林政管理，保护和合理利用林地资源，根据国务院办公厅［1992］32号文件，国家物价局、财政部［1992］价费字196号文件规定，征用或占用（含出租、转让）幼林地、灌木林地和疏林地（含采伐、火烧迹地），按有关规定标准征收森林植被恢复费。为此，东明堤防影响国有林场增列了森林植被恢复费。工程其他段落按照黄河下游防洪工程安排，放淤范围将种植适生林和防浪林，林地面积比工程实施前没有减少，不再计列森林植被恢复费。

（三）补偿投资概算

根据调查的占压影响实物指标和移民安置规划及专项处理意见，按以上拟定的补偿标准计算，黄河下游防洪工程建设堤防加固、险工改建、东平湖围坝加固、控导工程、村台建设等5类工程共占压处理及移民安置规划投资概算共计约4亿元，其中包括农村移民费、企业等单位迁建补偿费、专业项目复建费、其他费用、基本预备费和其他税费。

在5类工程中，堤防加固工程的移民投资最多，约占整个移民投资的80%。

第三章　移民监测评估

第一节　移民监测评估的概念

中国工程移民监测评估，最初是在世行、亚行贷款黄河防洪项目中因世行、亚行等国际金融机构对其贷款项目提出了对移民活动进行监测评估的要求而实施的，如黄河小浪底工程、太湖防洪工程、福建水口工程、山西万家寨引黄工程等。近年来，国内独资项目（如嫩江尼尔基水利枢纽工程）也开始实施移民监测评估。目前，工程移民监测评估业务的开展，还处在发展探索期，监测评估的方法、理论也仍在日趋完善中。对监测评估的定义，《世行业务手册》、《世行中国贷款项目移民监测评估指南》、亚行及工程移民领域分别对监测评估做出了定义。

一、《世行业务手册》对监测评估的定义

监测是连续不断的评价，通过收集大量的资料，并对资料加以分析，产生有关项目管理需要的信息，反馈到项目管理层中，以便其决策参考，使庞大复杂的项目管理系统在时间和空间上更有序，使项目的管理更有效。它既是根据既定时间表对项目实施情况的评价，又是对项目投入的使用、基础建设以及项目受益人服务方面的评价，是项目实施机构进行良好管理不可缺少的一部分。监测的主要目的是为项目实施提供持续不断的反馈信息，尽早发现存在或潜在的问题，以便及时调整，是提高项目管理水平、减少失误、促进工程建设进度和提高质量的有效手段。

评估是阶段性的评定与推断，它针对已定项目目标就其合适性、执行情况、效率及效果进行评价，提出阶段性的总结和建议。它可以是一个监测周期的总结，也可以是一个项目实施中间的总结或是项目结束后最终的总结。评估常常需要收集一些项目之外的资料（如人口、经济、时间等）并进行对比分析。评估包括两方面的含义：一是对已发生的事情进行评价；二是对未发生的事，根据资料等依据进行推断。

《世行业务手册》将评估分为3类：第一类是中期评估。中期评估指项目管理部门在执行过程中进行的评价，是对进展情况的初步调查，并预测可能出现的结果。中期评估旨在找出项目设计中的问题，是项目管理不可缺少的内部活动；第二类是终期评估。终期评估与中期评估相似，但它是在项目结束时进行的评估；第三类是影响评估。一般在支付最后款项几年后才进行，用以衡量项目所带来的直接或间接的变化。亚行贷款黄河防洪项目开展的即是征地移民监测的中期评估工作。

二、《世行中国贷款项目移民监测评估指南》对移民监测评估的定义

移民监测评估，是根据项目移民安置行动计划，对移民安置实施活动进行的持续调

查、检查、监督和评估工作，是独立于项目法人及移民实施机构的具有移民监测评估能力的组织或机构，对移民活动进行的周期性的监测和客观评估。它通过现场调查访问等方法，对移民安置实施活动进行数据和信息的收集，并在此基础上对项目移民安置实施工作进行客观评估，对发现已经存在或潜在的问题，提出解决的意见和建议，并反馈给世行、项目法人和移民实施机构，以推动移民安置工作的不断改进和完善。

从以上定义可以看出：监测评估机构或组织是独立于项目法人和实施机构的第三方，监测评估是周期性的，监测评估方法有调查、检查、监督和评估。监测评估的主要内容包括以下几方面：

(1)收集移民安置实施活动的数据和信息；

(2)对移民安置实施工作进行客观评价；

(3)对已经存在或潜在的问题提出解决意见和建议。

监测评估的主要目的包括以下几方面：

(1)发现已经存在或潜在的问题；

(2)将意见和建议反馈给世行、项目法人和移民实施机构；

(3)推动移民安置实施工作不断改进和完善。

三、亚行对移民监测评估的定义

移民监测即是根据移民规划，收集、分析、报告和使用关于移民进展的信息，监测注重实物目标和财政目标以及将权利授予受影响的人的情况。

移民评估一般在实施中和实施后进行。它评估移民的目标是否合适及是否达到，特别是生计和生活标准是否已恢复或者提高；评估移民安置实施的效率、有效性、影响和可持续性，并将吸取的教训作为将来移民规划的指南。因为评估的范围更广，不经常进行，并有独立专家的参与，通常由外部机构进行。评估给移民规划者和政策制定者提供了更广泛地反映移民的基本目标、策略和方法的一个绝好机会。

四、工程移民领域对移民监测评估的定义

监测评估是通过借助一定手段对某些事物、活动、现象、状况等从旁观察、测度，从而根据某些情况对事物的性质、数量、变化等做大概的推断。监测是手段，评估是目的，即通过监测的手段来达到评估的目的。

移民监测评估包括狭义的和广义的两种。狭义的移民监测评估是指监测评估人员依据一定标准或规定，通过一定的手段，对移民搬迁安置活动从旁观察、测度，从而根据观察、测度到的某些情况对移民搬迁安置效果做出评判、推断。广义的移民监测评估称为工程移民社会经济监测评估，它是指监测评估人员依据一定标准或规定，通过一定的手段，对移民搬迁安置活动以及这些活动对移民经济、社会的影响情况从旁观察、测度，从而根据观察、测度到的某些情况对移民搬迁安置效果以及搬迁安置对移民经济社会影响的情况做出评判、推断。至于每个移民项目是进行“移民监测评估”还是进行“移民社会经济监测评估”，主要应根据项目法人的要求以及合同规定来确定。按照要求，亚行贷款黄河防洪项目采用的是征地移民监测评估。

第二节　移民监测评估的目的、依据与原则

一、移民监测评估的目的

按照亚行要求，亚行贷款黄河防洪项目需要进行征地移民监测评估，目的是通过对征地移民安置实施全过程的跟踪调查，并将调查结论与移民前本底情况和移民规划目标进行对比分析，从而对移民后的影响、效果及移民规划目标是否实现做出评估；对移民实施活动中发现的问题，分析原因、提出建议，并提请项目法人、管理部门、实施机构及有关各方的注意，为领导科学决策提供更接近甚至符合实际的技术参考。其作用包括3个方面：其一，通过监测评估可使项目法人和相关单位及时、详细地了解移民安置的实际进展、存在问题以及工作改进的方法和措施；其二，通过监测评估确保移民安置实施符合国家有关移民法律、法规以及项目执行的合同与文件；其三，监测评估可帮助项目法人和相关单位了解移民目标的实现程度以及移民安置的社会、经济和文化效果。

二、移民监测评估的依据

征地移民监测评估主要依据以下法律、法规及文件：①《中华人民共和国土地管理法》；②《大中型水利水电工程建设征地补偿和移民安置》条例；③《亚行移民手册》；④黄委亚行项目办提供的有关文件；⑤各子项目移民安置规划或工程设计报告；⑥亚行贷款黄河防洪项目征地移民监测评估合同。

三、移民监测评估的原则

亚行贷款黄河防洪项目征地移民监测评估，是整个亚行贷款项目实施管理的重要组成部分，对保障项目顺利运行具有重大作用。为保证监测评估质量，监测评估工作必须遵循以下原则。

1. 实事求是与客观公正的原则

在移民项目监测评估中坚持实事求是的原则，意味着要坚持科学态度、采用科学方法和遵循科学规范的程序，这样才能进行客观公正的监测评估。其中，坚持科学的态度就需要项目监测评估人员深入实际，对项目本身及其环境条件做周密的调查研究，全面系统地掌握可靠、充足的项目信息与资料，并进行认真而深入的分析与研究。采用科学的方法是指在项目监测评估中必须使用国内外实践证明了的项目监测评估方法。遵循科学规范的程序是指项目监测评估要按照一定的程序进行，以便从过程控制上保障移民项目监测评估的实事求是原则。

在移民项目监测评估中坚持实事求是的原则，必须首先坚持客观、公正的原则，因为实事求是必须以客观和公正为前提。客观是指项目监测评估要尊重客观实际，不能凭主观随意性；公正是指监测评估人员必须立场公正，恪守职业道德。移民监测评估是一项复杂细致、涉及移民生命财产安全和保障移民权益不受侵犯的工作，监测评估人员必须有高度的事业心和责任感，应以崇高的敬业精神来从事这项工作。因此，监测评估人员在严格

遵守国家法律、法规和政策之外，必须具有较高的职业道德修养水平。

2. 独立性原则

独立性是指参与监测评估的单位是独立于项目法人和实施机构的第三方，具有独立的法律地位、经济地位及决策地位。

在移民安置过程中，移民和移民主管机构人员、移民机构与项目法人之间往往直接发生联系，有许多问题是各方共同关心的，但由于所处地位、角色及利益不同，对同一问题，各方会产生不同的看法，甚至可能产生分歧。如征地拆迁补偿标准问题，直接关系到各方的利益，从项目法人角度看，当然是想尽可能少花钱；而从移民角度来看，则总是想获得尽可能多的补偿，况且在实施过程中，会出现许多规划阶段没有或无法预测到的问题。这就需要独立的第三者来扮演中间人（或裁判员）角色，它不代表任何一方的利益，仅从实事求是和公正的角度去发现问题和提出解决问题的方案。监测与评估者对移民安置的核心问题应认真听取各方意见，实事求是地做出自己的独立判断，做出科学和公正的结论。同时，承担监测评估工作的机构应具有工程移民的理论与实践经验，这样才能通过监测与评估，发现问题，提出解决问题的建议，起到重要的参谋作用。

移民监测评估单位受项目法人委托，按照合同明确的责任、义务与权利独立地开展工作，具有与项目法人和实施机构平等的法律地位，它既不代表项目法人，也不代表实施机构。

3. 规范化原则

规范化原则是指在移民项目监测评估中所使用的方法和程序应符合统一规范的基本原则。包括在移民项目评估中用国家和地方政府以及监测评估单位自身的各种规范化的监测评估方法、规范化的监测评估参数和指标以及规范化的项目监测评估程序和步骤3个方面。另外，监测评估方法还必须符合国家和地方政府的相应法律法规。

4. 效率优先原则

一方面是监测评估人员本身的效率优先，即在监测评估工作过程中用最合理的时间和费用取得高效率的成果；另一方面是监测评估效率优先。因为，移民搬迁安置过程经常会遇到比较急迫和突出的问题，必须讲究时效，及早地反映给项目法人和实施单位，让他们尽快解决。

5. 定量计算与定性分析相结合的原则

工程移民监测评估具有自身的特性，其涉及区域和专业面广，具有自然科学和社会科学双重属性，有些评价指标很难做出定量计算，只能进行定性分析。因此，监测评估指标应采用定量计算与定性分析相结合的方法，也可将定性指标数量化，通过多目标决策系统等方法建立数学模型，计算出评估的综合指标值。

第三节 移民监测评估机构及其职责

亚行贷款黄河防洪项目的征地移民监测评估工作由河南黄河移民经济开发公司承担，该机构属于独立于项目法人、实施机构的第三方。监测评估机构高度重视本项目监测评估工作，选调业务骨干成立了监测评估项目组，明确了项目总监、子项目负责人和监测评估组成员，并在整个监测评估期内保持了从总监到组长以及骨干队伍的稳定，保证了监测评估工作的顺利进行。

亚行贷款黄河防洪项目移民监测评估分工以区域为主,同时结合子项目特点,分为新乡、开封、濮阳、菏泽和险工改建加固与河道整治5个组,总共投入36人。在开展监测评估工作之前,参与监测评估工作的人员翻阅了大量与项目有关的基础资料,项目总监组织大家认真学习亚行贷款和移民方面的政策,统一思想认识,统一指标口径和技术标准。监测评估组结合本项目的特点和亚行要求,依据初步设计规划,理清了征地移民监测评估的思路,做出了一套适合本项目的监测评估指标体系。

在移民监测评估实施中,该机构具有以下职责:

(1)在实施监测评估前编制监评工作大纲,同时该大纲应得到项目法人的认可。

(2)在实施监测评估时根据国家法律法规、批准的移民规划、签订的监测评估合同、项目法人认可的工作大纲等开展监评工作。

(3)对监测评估中发现的问题提出解决办法和建议并及时反馈给项目法人、实施机构、行业主管部门、政府有关部门、贷款方等。

(4)通过对监测对象生产、生活、社会经济等方面的状况进行跟踪监测,评价各级移民安置执行机构工作效果;就发现的移民安置过程中存在问题提出建议与措施,并对可能出现影响移民安置的重大问题提出预警。

(5)在实际监测工作中,监测评估人员可协助基层移民机构有关人员解决实施过程中常见的、技术性的问题;对重大的、政策性的问题,通过定期提交监测评估报告、交换意见等方式促请项目法人与执行机构及时解决。

(6)以独立、公正、客观、科学的态度及方法对监测评估内容进行汇总和整理,得出评估结论和对策,根据监测评估合同编写监评报告送项目法人、实施机构、行业主管部门、政府有关部门、贷款方或合同规定的部门和机构。严格履行项目委托合同中所承诺的义务和承担所约定的责任。

第四节　移民监测评估范围与内容

一、监测评估范围

监测评估的时间范围:自2004~2008年,河南黄河移民经济开发公司对亚行贷款黄河防洪项目进行了为期5年共8次的征地移民监测评估。后根据亚行项目检查团要求,在项目完工后,于2007年6月实施了移民安置后评估的监测评估。项目主管部门于2009年1月对该项目监测评估工作进行了验收。

监测评估的空间范围:包括国家批准的征地移民规划确定的工程占压区、征地区、安置区以及影响区等。亚行贷款黄河防洪项目包括11个堤防加固工程、6个滩区安全建设工程、15个险工改建加固工程以及15个河道整治工程,共47个工程子项目,另外,还有3个管理工程项目。河南黄河移民经济开发公司承担了47个工程子项目的征地移民外部监测评估工作,除兰考滩区安全建设子项目因某种原因不再实施外,其余46个子项目开工建设并完成。

监测评估涉及的人群类别:要求对所有征地移民利益相关者进行监测,包括本项目征地移民实施机构和移民自身。亚行贷款黄河防洪项目征地移民监测评估项目组,根据各子项目开工和征地移民实施情况,陆续对46个子项目工程占地涉及的286个村760个村民小组进行了全面调查,并根据项目要求,选择了对移民家庭收入影响较大的15个子项目,包括原阳、开封、兰考(152)、兰考(135)、濮阳、东明、牡丹、鄄城等8个堤防加固类子项目,武庄、顺河街2个河道整治类子项目和5个滩区安全建设类子项目进行了本底调查及本底补充完善调查,建立了134个村405个村民小组1812户8398人的本底资料;累计对663个村1048个村民小组4450户20203人次开展了3~8次跟踪监测(见表3-1)。

表3-1 本底调查及跟踪监测情况汇总表

序号	子项目	本底调查						跟踪调查			
		村	组	样本户涉及				累计跟踪			
				村	组	户	人	村	组	户	人
		个	组	个	个	户	人	个	个	户	人
合计	46个	286	760	134	405	1812	8398	663	1048	4450	20203
1	堤防加固	191	448	90	223	832	3957	448	573	2515	10927
2	滩区安全建设	40	172	40	172	934	4235	105	278	1742	8765
3	险工改建加固	28	57					48	78	92	119
4	河道整治	27	83	4	10	46	206	62	119	101	392

二、监测评估内容

征地移民监测评估通常包括以下几方面内容。

(一)农村移民生活安置的监测评估

1.农村移民安置去向的监测评估

根据搬迁距离远近可将移民安置去向分为近迁安置和远迁安置两类。每一类安置去向按安置形式不同又分为集中安置和分散安置,按安置依靠对象分为统一安置和自行安置(投亲靠友)。近迁安置包括本村后靠安置,本乡他村、本县他乡安置;远迁安置包括本省他县和外省安置等。近迁安置对移民的生产生活方式影响程度小,远迁安置对移民的生产生活方式影响程度大。集中安置指移民集中居住在安置点,并进行了安置点的基础设施和公共设施建设,一般由政府统一组织;分散安置指没有具体的安置点和安置点建设,只有耕地、宅基地划分和住房建设,一般是自行安置,投亲靠友一般是分散安置。生活安置去向及分类见图3-1。

农村移民安置去向监测评估的内容包括:一是对移民实际安置去向及各安置地实际安置移民数量情况进行监测;二是评估移民的安置地是否得到落实;三是通过实际安置地

和规划安置地的对比分析，确定安置地实施和规划是否有变化以及变化原因；四是对实际的安置去向进行评价。

2. 农村移民安置实施情况的监测评估

农村移民安置实施情况包括各居民点占地、房屋及基础设施建设等情况。可从实施机构、监理单位或现场收集反映实施情况的资料，具体包括：居民点占地总面积及其构成，重点收集宅基地面积与划分方面的资料；移民住房面积、结构、质量、数量、建设形式、分配方式；安置点的地理位置（自然地理、人文地理）、确定方式、建设形式以及水、电、路、学校、电视、通信等建设情况和医疗点、商业点的分布情况。

亚行贷款黄河防洪项目征地移民实施的46个子项目中，有6个堤防加固、1个河道整治和4个滩区安全建设共11个子项目工程占地涉及移民个人房屋拆迁。

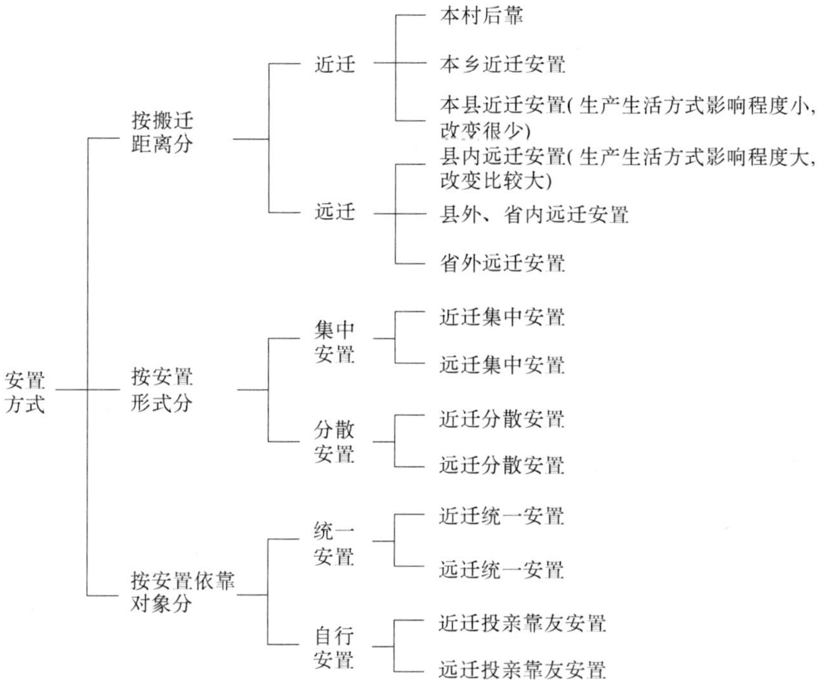

图3-1　农村移民安置去向分类

其中，6个堤防加固和1个河道整治工程共7个子项目的45个村涉及850户移民个人房屋拆迁，所有拆迁户都得到了不同形式的安置，其中：694户通过建新房（678户）、买房（16户）得到永久安置，其余156户通过自有其他宅院、与亲属合住或由政府提供房屋（如鄄城）等形式得到安置。

村台建设共涉及5个项目，其中村台占地需要移民的涉及苗寨、武邱、东明及平阴4个村台项目，总计有7个村中的71户村民搬迁。平阴滩区安全建设的58户村民已全部在新村台上建房，另外3个滩区安全建设子项目拆迁的13户，有其他宅院居住或与亲友合住。

拆迁安置一般采用本村后靠方式进行，由安置村统一划拨宅基地，村民自建房屋，新村需要进行基础设施建设的,由征地实施方负责实施。项目实施方按照规划设计对拆迁安置进行房屋和附属物的补偿。监测评估项目组按照监测评估要求对拆迁实施、宅基地划拨、搬迁进度、房屋重建、补偿等进行了监测,所有涉及子项目均能按照占地进度进行拆迁安置,并能合理利用拆迁补偿重建新房,移民居住环境和住房质量都比搬迁前得到了提高,基本实现规划目标,见表 3-2。

表 3-2　堤防和河道整治工程移民个人拆迁安置情况

序号	子项目	村庄	拆迁情况			安置情况				
			小计	划拨宅基地	不需划拨	小计	新房	买房	其他	
									小计	其中:另有宅院
		个	户	户	户	户	户	户	户	户
1	兰考(135)	2	66	60	6	66	54	2	10	6
2	濮阳堤防	6	227	227		227	199		28	2
3	东明堤防	23	335	295	40	335	275		60	48
4	牡丹堤防	6	33	25	8	33	18		15	12
5	鄄城堤防	4	95	92	3	95	65		30	3
6	东平湖(77)	3	85	83	2	85	58	14	13	11
7	老宅庄控导	1	9	9		9	9		0	
合计		45	850	791	59	850	678	16	156	82

(二)农村移民生产安置的监测评估

1. 农村移民生产安置方式的监测评估

农村移民生产安置方式,按组织形式可分为统一生产安置和自行生产安置,按安置依赖的生产资料可分为农业安置(有土安置)和非农业安置(无土安置)。生产安置方式及分类见图 3-2。

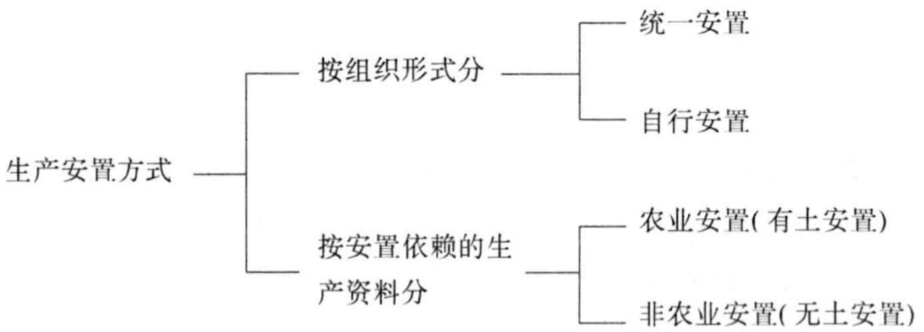

图 3-2　农村移民生产安置方式

农村移民生产安置方式监测评估内容主要包括:监测移民实际的生产安置方式,评价实际安置方式和规划的差别及原因,评价实际安置方式的适宜性。

2. 农村移民生产安置情况的监测评估

监测移民搬迁后的耕地面积、质量、耕种距离,改地、造地、调地情况,二、三产业安置实施情况，达到规划标准的生产安置户数、人数；评估征地移民的生产水平是否达到规划目标，收入恢复是否有保障。

亚行贷款黄河防洪项目征地分永久占地和临时占地及滩区安全建设项目的村台占地等。

10个堤防加固子项目、8个险工改建项目、14个河道整治项目永久占地共涉及249个村588个村民小组19052户82484人，占地前人均耕地1.46亩，永久占压个人承包耕地10199.25亩，人均失地0.124亩，占地超过10%的村民小组有144个。

生产安置全部在村民小组内部进行，通过组内村民大会反复讨论后，根据大多数村民意见，主要采取3种生产安置形式：

（1）分钱调地，即将土地补偿款在村民小组内均分，全组再重新调地。

（2）直补到户不调地，即将土地补偿款直接给占地户，不进行调地。

（3）以地换地，即将集体土地划拨给占地户，土地补偿款留集体统一使用或全体村民均分。

涉及的588个村民小组有343个采取分钱调地，202个采取直补到户不调地，43个采取以地换地的生产安置方式。占地影响较大的一般采取分钱调地或以地换地的安置形式，影响小的采取直补到户的方式，由于人均占地较少，通过这3种安置方式，基本解决了占地对农业生产的影响。

永久占地影响及其生产安置情况见表3-3。

表3-3　永久占地影响及其生产安置情况

指标		单位	合计	堤防加固	险工改建加固	河道整治
子项目		个	32	10	8	14
村庄		个	249	181	27	41
原有情况	村民小组	个	1346	1003	99	244
	户数	户	64016	45981	5381	12654
	人数	人	270342	189783	23861	56698
	耕地	亩	394018	252407	36523	105081.8
	人均耕地	亩	1.46	1.33	1.53	1.85
涉及永久占地的情况	村民小组	个	588	448	57	83
	农户	户	19052	15399	2067	1586
	人口	人	82484	65014	10540	6930
	面积	亩	17547.09	14059	451.8	3036.72
	其中：耕地	亩	13741.7	10411	297.66	3036.72
	其中：个人	亩	10199.25	8849	262.03	1088.67
	人均失地	亩	0.124	0.136	0.025	0.157
占地超过10%的村民小组		个	144	144		
村民小组生产安置方式	分钱调地	个	343	264	45	34
	直补到户不调地	个	202	159	2	41
	以地换地	个	43	25	10	8

堤防加固、险工改建加固和河道整治工程项目规划初步设计临时占地形式包括踏压地和挖地，实施中有踏压地、机械挖地和泵淤挖地3种形式。通过历次监测评估了解，临时占地形式、地类不同，复垦方式也不同：①踏压地，随着工程的结束可自然复垦；②挖地，除鱼塘、坑塘及嫩滩地等可通过黄河上水回淤自然复垦外，一般进行机械平整或机淤复耕。

有11个堤防加固、14个险工改建加固和15个河道整治共40个子项目涉及临时占地，影响到277个村庄和单位，共计46469.47亩。其中，机械挖地24290.88亩，泵淤挖地14312.57亩，踏压地7866.02亩。

共需复垦计39371.18亩，已复垦38141.98亩，占需复垦的96.88%。经过复垦，耕地基本恢复，对生产无影响。

临时占地与复垦情况详见表3-4。

表3-4 堤防加固、险工改建加固和河道整治工程临时占地与复垦情况

序号	子项目	涉及村庄	占地情况				复垦情况		
			小计	机械挖地	泵淤	踏压地	需复垦	已复垦	复垦比例
		个	亩	亩	亩	亩	亩	亩	%
合计		277	46469.47	24290.88	14312.57	7866.02	39371.18	38141.98	96.88
1	堤防加固	216	37281.88	16176.92	14312.57	6792.39	31420.25	30191.05	9596.09
2	险工改建加固	24	4201.74	3543.83		657.91	3839.41	3839.41	100.00
3	河道整治	37	4985.85	4570.13		415.72	4111.52	4111.52	100.00

滩区安全建设项目村台占地，根据占地影响和搬迁受益情况，在占地期间采取村内、组内调地的方法消除占地影响，共有32个村需要进行村际调地、39个村需要进行组间和组内调地。在调地完成前，一般采取青苗补偿的办法，按占地时间对占地户进行青苗补偿，基本消除了占地影响；在新村台建设完成、移民整体搬迁后，老村台将改造为耕地进行复耕，总体不会因村台占地影响移民耕地数量。

滩建工程实施临时占地5475.55亩，主要包括挖地和踏压地，其中，挖地3681.89亩，压地1793.66亩。已复垦3535.87亩，占需复垦临时占地的68%；未复垦的1695.68亩耕地中有82.8%属黄河河道嫩滩地，需要依靠黄河水漫滩自然淤积复垦，其余未复垦部分主要是窑场、林场和老房台占地，无需复垦。临时占地需人工复垦的部分进行完毕，剩余复垦主要依靠黄河水漫滩自然淤积复垦。

（三）农村移民收入水平恢复情况的监测评估

1.收入水平的监测程序

（1）对样本户征地移民影响前的收入情况进行调查，以建立本底值。

（2）对安置中及安置后的样本户进行跟踪、调查，建立实际值。

(3)对比安置前后收入水平本底值和实际值,分析研究征地对移民收入水平的影响。

(4)对比跟踪监测的不同年份的实际值和本底值,评估安置后移民收入水平是否能够持续恢复或提高,规划目标是否实现。

本底值:即搬迁前正常年景收入水平。一方面通过收集当地社会经济指标资料确定;另一方面通过实地抽样调查,分析确定。在以种植业收入为主的淹没区,如果搬迁前一年是一般年景,则搬迁前一年的收入基本上能反映移民正常年的收入水平。但是,如果遇到搬迁前一年是大灾年或特丰年,搬迁前一年的收入就不能代表移民搬迁前的正常收入水平了,这种情况下可以采用前 3 年的平均值。

收集实际值:监测评估过程中不同年份的实际水平。

确认目标值:设计单位在移民规划中确定的目标值。

收入水平是衡量移民生产生活水平是否得到恢复或提高的主要参照指标,因此其真实性极为重要。在实际调查中,导致收入水平失真的原因是多方面的,除监测评估调查员能力、水平、责任心造成的调查失真外,可能是选取的年份和样本不具代表性、选取的样本数不够大等。因此,应对收集到的资料进行进一步的分析、调整。在收入水平对比时应注意将不同年份的收入水平考虑物价因素调整为可比的价格水平;对于农业收入,一方面根据样本户被调查人提供的数字,另一方面根据种植面积、当年单位面积产量、粮食价格计算,再找了解样本户情况的第三人进一步调查求证;对于非农业收入,一方面根据样本户被调查人提供的数据,另一方面参考当地的宏观经济水平、就业率、打工程度、非农业水平等,再找了解样本户情况的第三人进一步调查求证。

亚行贷款黄河防洪项目征地移民收入恢复监测评估采用建立本底、跟踪比较的方法,按各子项目开展时间不同分别建立了堤防加固项目、河道整治项目、滩区安全建设项目的本底调查对象并进行了 2 ~ 4 次的跟踪调查。

样本户的选择及跟踪涉及对移民家庭收入影响较大的 15 个子项目,包括原阳、开封、兰考(152)、兰考(135)、濮阳、东明、牡丹、鄄城等 8 个堤防加固类子项目(另外 3 个子项目即东平湖滞洪区围坝除险加固工程 55 段、10 段、77 段,由于工程占地主要为集体土地,占个人耕地很少,土地调整后,个人耕地基本没有减少,且工程占地大多临近护堤的涝洼地,产值低,经重新调地后,亩产比原来还高,所以征地移民家庭收入没有降低);武庄、顺河街 2 个河道整治类子项目(另外 13 个河道整治类子项目中,张王庄、古城、曹岗、桃花峪、保合寨、赵口 6 个子项目既不涉及村民个人承包地,也不涉及房屋拆迁,几乎对移民收入没有影响;而东安、老田庵、毛庵、韦滩、黑岗口、府君寺、老宅庄 7 个子项目涉及村民个人承包地很少,人均失地比例均不超过 3% ,且为河滩地,对移民家庭收入影响很小)和 5 个滩区安全建设类子项目。

15 处险工改建工程永久占地很少,尤其占用移民个人承包地更少,人均只有 0.025 亩;临时占地均得到补偿并已经全部复垦;均不涉及个人房屋拆迁。因此,工程对征地移民家庭收入没有影响或影响很小,历次监测评估中不做收入恢复跟踪监测。

2. 样本户的选择原则

监测评估样本的选择,根据不同的调查对象,采取不同的选样原则,以期尽可能地使所选样本户能够真实全面地反映征地移民整体的生活生产水平。

1)堤防加固及河道整治项目选样原则

(1)样本行政村的选择:工程占地涉及的村均为样本村。

(2)样本村民小组的选择:①永久占地后,没有采取“以地换地”生产安置方式的村民小组;②永久占地超过总耕地10%的村民小组;③永久占地虽然没有超过总耕地10%,但采取“直补到户不调地”生产安置方式,对占地户农业生产和农业收入影响相对比较大的村民小组。

(3)在符合以上条件的村民小组中,选择样本户的原则:①占地不足5户的村民小组,对全部占地户进行调查;②占地超过5户的:一是对采取“直补到户不调地”生产安置方式的村民小组,按占地户数10%的比例进行调查,但不得低于5户;二是对采取“分钱调地”生产安置方式的,按村民小组总户数10%的比例进行调查,但不得低于5户;三是经济水平在村民小组中好、中、差各占三分之一。

2)滩区安全建设项目选用原则

(1)样本村的选择原则:涉及滩区安全建设工程的村全部为样本村。

(2)样本户选择原则:在样本村中按10%的比例,根据经济水平好、中、差各占三分之一用随机抽样的方法抽取样本户。

本项目进行了本底调查和完善本底调查,建立了91村248组867户4189人的本底资料。

3. 样本户的跟踪

2004年,随着各村、组、户永久占地数量的明确界定,监测评估组在第三、第四次监测评估时,对建立的样本户2004年的收入进行了进一步调查,舍弃了永久占压非耕地的样本和不涉及永久占地(只涉及临时占地)的样本,共跟踪调查了47村132组425户2168人,跟踪户人均失地0.232亩,失地比例18.9%。

2005年,监测评估组在第五、第六次监测评估时,对上年跟踪户中永久占地不超过总耕地10%且采取“分钱调地”生产安置方式的样本不再跟踪。选择①永久占地超过总耕地10%的村民组;②永久占地虽不超过总耕地的10%,但采取“直补到户不调地”安置方式,对农业影响较大的村民组,进行2005年收入跟踪中按总户数10%的比例选择跟踪样本户,经济水平好、中、差各占三分之一。共跟踪调查了54村147组433户2112人,跟踪户人均失地0.252亩,失地比例18.6%。

2006年,监测评估组在第七次监测评估时,选取上年跟踪样本户中失地较多的直补到户不调地、分钱调地2类样本户,进行2006年收入跟踪,各类跟踪比例不少于第六次监测评估跟踪户数的20%,并对跟踪样本户收入恢复措施进行调查并定性分析。共跟踪调查了48村113组292户1418人,跟踪户人均失地0.225亩,失地比例14%。

2007年,监测评估组在总结时,对上次监测评估达到或超过原有水平的样本户就可持续发展问题进行抽样跟踪;对未能达到或超过原有水平的样本户进行全部跟踪,并对典型村、组、户(以脆弱群体为主)进行访谈。共跟踪抽查了26村54组110户526人的2007年收入恢复情况,跟踪户人均失地0.216亩,失地比例13%。

样本户选择及跟踪情况见表3-5。

表 3-5　样本户选择及跟踪情况

时间		样本村	样本组	样本户	人数	人均失地	失地比例
		个	组	户	人	亩	%
本底年		91	248	867	4189		
跟踪年	2004	47	132	425	2168	0.232	18.9
	2005	54	147	433	2112	0.252	18.6
	2006	48	113	292	1418	0.225	14.0
	2007	26	54	110	526	0.216	13.0

4. 收入恢复总体状况

收入恢复分析时采取纵向比较法，即样本户人均收入跟踪与本底的纵向对比。就跟踪样本户总体而言，从 2004～2007 年历年家庭收入结构分析见表 3-6。

表 3-6　样本户收入结构分析表

时间		人数	小计	农业		工副业				其他	
				收入	比例	小计		打工		收入	比例
						收入	比例	收入	比例		
		人	元	元	%	元	%	元	%	元	%
本底年		4189	1173	446	38	621	53	435	37	106	9
跟踪年	2004	2168	1220	407	33	644	53	446	37	169	14
	2005	2112	1694	520	31	1038	61	853	50	136	8
	2006	1418	1990	687	34	1206	61	974	49	97	5
	2007	526	2884	904	31	1835	64	1479	51	145	5

从表 3-6 统计分析可以看出：人均收入从跟踪的第一年开始已超出本底年，且逐年提高，2007 年人均收入是本底年的 2.46 倍，农业人均收入是本底年的 2.03 倍，工副业收入已达到本底年的 2.95 倍。

根据征地时间长短、生产恢复措施实施情况及对收入影响大小，分别对堤防加固、河道整治和滩区安全建设类项目进行了详细分析。

1）堤防类子项目收入恢复分析

跟踪的堤防加固类子项目，本底值建立年份为 2003～2005 年，共建立 3694 人的样本户个人家庭收入本底资料，人均收入 1146 元。

在不考虑物价影响的情况下，通过对其连续 2～4 年家庭收入恢复情况跟踪监测，监测情况详见表 3-7。

表 3-7　堤防类子项目收入恢复分析

时间		人数	人均收入	收入达到或超过原有水平		收入比上年增加	
				人数	比例	人数	比例
		人	元	人	%	人	%
本底年		3694	1146			403	89
跟踪年	2004	1878	1234	1120	60		
	2005	1756	1726	1182	67		
	2006	920	2078	672	73		
	2007	454	2797	388	85		

从表 3-7 中可以得出：①随着工程占地影响恢复期的延长，样本户收入恢复比例越来越高，如开封、兰考(152)、兰考(135)等 3 个子项目经过 4 年的时间已经 100% 恢复。②第七次监测评估，从按生产安置方式分组数据对比分析，无论是分钱调地组还是直补到户组，其家庭收入恢复程度无太大差别，表明无论采取何种安置形式，均是符合当地实际情况的，是移民意愿在生产安置中的表现，体现了移民的意愿。③对收入已经恢复的家庭，经随机抽取再跟踪，89% 的家庭收入较上年增加，即保持了持续增长。

2）河道整治类子项目收入恢复分析

对于跟踪的 2 个河道整治类子项目，工程占地影响恢复期较短(本底年为 2005 年)，跟踪监测情况见表 3-8。

表 3-8　河道整治类子项目收入恢复分析表

时间		人数	人均收入	收入达到或超过原有水平		收入比上年增加	
				人数	比例	人数	比例
		人	元	人	%	人	%
本底年		144	1613			72	100
跟踪年	2006	144	2234	102	71		
	2007	72	3431	67	93		

经过两年时间恢复，样本户农业收入基本达到原有水平，工副业收入也有了较大的发展，2007 年末，93% 的样本户已经达到或超过原有收入水平，且 100% 的家庭收入较上年增加，即保持了持续增长。另外 7% 未达到原有水平的，主要是家庭自身原因造成的。

3）滩区安全建设类子项目收入恢复分析

滩区安全建设类子项目(以下简称“滩建”)的征地移民工作在老村台复垦前，搬迁暂不能实施。截至第八次监测评估，村际调地基本结束，耕地调整后村台占地对家庭收入的影响趋于稳定，且随着未来搬迁的实施，老村台复垦后，耕地将进一步增加，搬迁户家庭收入亦会增加。

就 2003 ~ 2006 连续 4 年(平阴滩建 3 年)的家庭收入恢复本底调查及跟踪监测，监测结果见表3-9，与堤防加固类子项目收入恢复相比，其特点是：

表3-9　滩区安全建设类子项目收入恢复分析

时间		人数	人均收入	收入达到或超过原有水平	
				人数	比例
		人	元	人	%
本底年		351	1263		
跟踪年	2004	290	1127	163	56
	2005	356	1533	232	65
	2006	354	1665	233	66

（1）随着工程占地影响恢复期的延长，样本户收入恢复比例越来越高，但速度较慢。主要原因是：第一，滩区内农户相比堤防占地农户，其土壤更加肥沃，且对土地的依赖性更大；第二，滩建子项目失地户没有土地补偿费（只有村台占地补偿款，即青苗补偿）。

（2）总体来看，工程占地对占地户收入影响有限，且随着生产安置调地、未来老村台复垦等措施的实施，占地的影响将不复存在。

（四）征地实施补偿情况

监测各级移民机构资金逐级拨付与到位的数量、到位的时间、资金拨付程序、资金管理方法等情况；房屋及附着物等个人财产补偿费支付情况；土地及附着物等村集体财产补偿费的支付、管理与使用情况；拆迁专业项目补偿资金拨付、使用与管理情况；与移民安置计划比较，分析评估移民概算的适宜性，并提出建议，评估移民资金使用管理的状况。

根据亚行贷款黄河防洪项目情况，分别对堤防加固、河道整治、险工改建及滩区安全建设项目征地补偿进行了监测评估。

1.堤防、险工改建与河道整治项目的补偿情况

1）补偿标准

在堤防加固、险工改建加固与河道整治子项目中，有32个子项目涉及到永久占地，占压地类主要包括耕地、园地、林地、塘地、河滩地等。

至第七次监测评估，各子项目永久占地补偿标准已全部确定，其依据主要有移民规划初步设计、实施方案、政府公告、签订协议等标准。其中，按移民规划初步设计或实施方案补偿标准执行的有21个子项目，按县政府公告补偿标准执行的有9个子项目，兰考（152）和兰考（135）两个子项目按签订协议补偿标准执行，开封堤防涉及的开封郊区在执行过程中对补偿标准进行了调整。

11个堤防加固、14个险工（黑岗口险工不涉及临时占地）及15个控导共40个子项目涉及临时占地。

实施方案中，临时占地有挖地和踏压地两种形式，均分地类、按使用年限进行补偿。其中，水浇地和旱地的补偿标准为“亩产值X使用年限”，河滩地补偿标准分一年亩产值、

一季亩产值或一季青苗费3种。

实施中,临时占地的挖地采取了机械挖地和泵淤挖地两种方式。挖地和踏压地的补偿按3种情况执行,即:①有26个子项目执行规划初步设计或实施方案标准;②有8个子项目执行政府公告标准;③有6个子项目执行协议标准。

采用政府公告或签订协议的14个子项目临时占地补偿标准,初步设计或实施方案的临时占地补偿标准根据水浇地、旱地、河滩地等不同地类而标准各不相同。以挖地为例,在初步设计或实施方案临时占地中,挖地为水浇地的,每亩补偿963~1160元,旱地的补偿标准是每亩600~670元,河滩地是每亩690元,复垦费是每亩492元。在实施中,补偿标准不按地类进行划分,而按机械挖地和泵淤挖地进行划分,机械挖地的补偿标准是每亩1005~3500元,泵淤挖地补偿标准相差很大,每亩1005~10000元,主要根据取土深度来决定,取土越深,补偿标准越高。

总体来说,采用政府公告或签订协议的14个子项目临时占地补偿标准,比初步设计或实施方案有所提高。

2)补偿兑付抽查

在历次监测评估中,监测评估组先后对9个堤防加固、6个险工改建加固和7个河道整治共计22个子项目,涉及的82个村117个组751户有关永久占地、临时占地、房屋及附着物等个人补偿兑付情况分别进行了1~4次的随机抽查,累计金额1408.27万元。结果显示,个人补偿款已按项目相应执行的补偿标准全部兑付到位。

2.滩区安全建设项目的补偿情况

滩区安全建设项目的投资由国家、地方政府和农村筹资3部分组成,其中村台建设资金由国家承担;村台建设引起的移民搬迁、附着物及青苗补偿、村台基础设施建设以及村台建成后贫困户的搬迁等所需资金由地方政府负责;村台建成后移民在新村台上的住房由自己筹款修建。

监测评估项目组主要对滩区安全建设中的以下方面进行了监测评估。

1)承诺函兑现情况

地方政府负责的部分,包括项目所在省、市、县、乡承诺的配套资金或措施。5个村台的省、市、县承诺的配套资金截至第八次监测评估时大部分已经到位。

2)补偿标准

滩建子项目补偿涉及村台占地、临时占地、道路占地、土地复垦、附着物、房屋拆迁、专项恢复等。新村台建设搬迁完成后,老村台将进行改造耕种,所以村台占地一般按临时占地进行青苗和附着物的补偿。由于各地经济发展水平不同,滩建项目地方政府根据各自情况制定了不同的补偿标准及各自适合的补偿形式。

(五)专业项目、企事业单位迁建与恢复情况监测评估

主要监测道路、电力、通信、广播等实施情况,监测各工业企业、事业单位迁建方式、迁建与恢复情况等;评价是否按搬迁规划进行实施,实施的效果及与规划的差异、原因。

亚行贷款黄河防洪项目的46个子项目中,有25个子项目涉及道路、电力、通信等专项恢复,包括11个堤防加固项目、12个险工改建项目、2个河道整治项目。所有项目均按实施方案完成迁建,恢复原有功能。

（六）合法权益保护情况监测评估

主要包括相关政策制定与执行情况、资金拨付与使用情况、宣传与培训（形式、内容）、移民参与和协商（形式、内容）、移民抱怨与申诉情况（内容、效果）、社会适应性调整、弱势群体的保护等内容。

1. 政策制定与执行

政策的制定与执行，在保障移民利益、重建家园和推进移民工作的顺利进行等方面起着积极作用。相关的政策主要包括国家制定的有关移民政策和法规、项目法人及地方制定的相关政策（包括优惠政策）等。

主要监测国家移民方针政策的落实情况，有关方面针对本征地移民工程专门出台的配套政策及执行情况，征地、借地、房屋及附着物拆迁、专业项目拆迁等各类影响损失的补偿标准实际执行情况，监测中发现的问题与政策的不完善或空白点的关系。

2. 宣传与培训

宣传情况的监测评估：主要监测项目法人和移民实施机构利用电视、广播、报纸、宣传小册子、宣传小分队等载体广泛宣传移民安置去向和安置方针、动迁方案、各种补偿标准、有关移民政策与法规、移民工作程序及方法等的宣传情况，评价宣传的效果及其与移民搬迁安置行动的适应性。

培训情况的监测评估：对移民干部进行的政策、法律法规、批准的移民规划、计划的下达、合同的签订、补偿标准的执行以及移民工作方法等知识的培训情况进行监测；对征地移民进行生产技能、社会适应性调整等培训情况进行监测；评价培训的效果。

亚行贷款黄河防洪在征地移民宣传培训方面主要进行了以下工作：

监测评估初期，各子项目利用不同的形式对项目建设和征地移民工作进行了宣传。东明县政府充分利用广播、电视、宣传车、报纸等新闻媒体并采取召开村干部动员会、广播会、群众代表会等形式广泛宣传征地移民政策、补偿标准以及实施方法；开封县黄河河务局通过座谈会、广播等形式对征地移民政策进行宣传；苗寨、武邱滩建通过黄委亚行项目办2000年印发的宣传单宣传工程的目的、意义，并利用会议、广播等形式进行宣传；原阳县采用公开大会、张贴布告等形式，宣传工程的意义及补偿标准；其他项目也各自采用了媒体、动员会、布告等形式进行广泛宣传，使移民充分认识到项目建设的重大意义，从而支持配合项目建设。

第四次监测评估，随着项目的全面展开，监测评估组对原阳、开封、兰考（135）、濮阳、东明、牡丹、东平湖（55）7个堤防加固和苗寨、武邱、范县、东明、平阴5个滩建以及东明黄寨、霍寨、堡城、高村4个险工，共16个子项目的632人，就宣传的内容、方式、时间以及效果等满意度指标进行了调查，其中，宣传内容、方式、时间满意度均在70%以上，综合满意度达72%，详见表3-10。

3. 移民参与和协商

移民参与主要体现在移民对其安置去向以及安置点的选择、对安置点布局的设计、对安置点基础设施的建设、对宅基地的划分与房屋的建设，以及对生产安置方式和具体的生产安置措施设计等方面。监测评估人员应监测在进行与自身利益密切相关的活动时移民的参与形式、类型与参与程度，评价移民意愿是否充分表达、是否得到尊重。向移民及其社区,及接纳他们的安置社区提供及时、相关的信息,就移民安置方案与他们进行协商,并向他们提供参与规划、实施和监测移民安置的机会。

表 3-10　亚行贷款黄河防洪项目宣传满意度调查

序号	指标	合计		满意		不满意		无法评价	
		人数(个)	比例(%)	人数(个)	比例(%)	人数(个)	比例(%)	人数(个)	比例(%)
1	内容	632	100	459	73	116	18	57	9
2	方式	632	100	486	77	101	16	45	7
3	时间	632	100	444	70	118	19	70	11
4	效果	632	100	431	68	117	19	84	13
合计		2528	100	1820	72	452	18	256	10

亚行要求"受影响者有完全了解并充分协商有关移民与补偿的各种选择",亚行贷款黄河防洪项目在公众参与方面主要进行了以下调查监测,以反映公众对移民安置实施的参与程度。

前 4 次监测评估,监测评估组对公众参与情况均进行了调查。第四次监测评估,对 16 个子项目的 632 人就工程影响房屋拆迁和安置点的选择、土地测量、附着物的清理等征地移民主要活动进行了调查。

房屋拆迁涉及濮阳、东明、牡丹堤防和兰考、平阴滩建共 5 个子项目的 70 人,其中 67 人参与了测量,占被访者的 96%。

安置点的选择参与 44 人,占被访者的 63%。其中,兰考(135)和平阴滩建 100% 的拆迁户参与了安置点的选择,东明和牡丹堤防的参与程度也超过了 80%。总体参与比例偏低的主要原因是第四次监测评估时,濮阳堤防实物指标调查刚刚完成,房屋拆迁尚未进行,6 个安置点中有 2 个未确定,因此仅有 38% 的被访者参与了安置点的选择,从而影响了整体比例。

永久村台占地涉及 16 个子项目的 594 人,有 388 人参与了测量,占涉及人数的 65%。其中,参与堤防加固永久占地测量 243 人,参与村台占地测量 120 人,分别占涉及人数 417 人的 58% 和 147 人的 82%。

临时占地涉及开封、兰考(135)、东明 3 个堤防和苗寨、武邱、东明、平阴 4 个滩建以及东明黄寨、霍寨、堡城、高村 4 个险工改建加固共 11 个子项目的 108 人,其中,88 人参与了测量,占涉及人数的 81%。

附着物清理涉及 16 个子项目的 369 人,有 286 人参与了清点和测量,占涉及人数的 78%。除濮阳堤防和苗寨滩建分别为 38% 和 50% 外,其余 14 个子项目的参与程度均在 70% 以上。

被访者没有参与的原因主要有:①由村干部和村民代表参与;②由家里其他人参与或亲戚帮忙参与;③测量时不在家;④涉及实物指标少,不想参与;⑤还没到实施或补偿阶段。

如果把以上房屋和土地的测量、安置点的选择以及附着物的清理等参与视为同等重要，则有1211人次涉及，其中873人次参与，占涉及人数的72%，综合参与程度比较高（见表3-11）。

表3-11 亚行贷款黄河防洪项目征地移民参与情况调查汇总 （单位：人，%）

序号	项目		综合		
			小计	参与	没有
1	原阳堤防	人数	111	96	15
		比例	100	86	14
2	开封堤防	人数	108	91	17
		比例	100	84	16
3	兰考(135)	人数	41	33	8
		比例	100	80	20
4	濮阳堤防	人数	264	107	157
		比例	100	41	59
5	东明堤防	人数	271	197	74
		比例	100	73	27
6	牡丹堤防	人数	95	81	14
		比例	100	85	15
7	苗寨滩建	人数	31	18	13
		比例	100	58	42
8	武邱滩建	人数	85	67	18
		比例	100	79	21
9	范县滩建	人数	31	22	9
		比例	100	71	29
10	东明滩建	人数	34	34	0
		比例	100	100	
11	平阴滩建	人数	77	70	7
		比例	100	91	9
12	东平湖(55)	人数	20	16	4
		比例	100	80	20
13	东明险工	人数	43	41	2
		比例	100	95	5
合计		人数	1211	873	338
		比例	100	72	28

4. 移民抱怨与申诉

主要监测是否设置了较为广泛的申诉渠道，设置的申诉渠道是否畅通，申诉是否充分；评价抱怨的合理性、申诉的效果以及征地移民合法权益是否能够得到保障。新条例第五十五条规定："国家切实保护移民的合法权益。在征地补偿和移民安置过程中，移民认为合法权益受到侵害的，可以依法向县级以上人民政府或者其移民管理机构反映，县级以上人民政府或者其移民管理机构应当对移民反映的问题进行核实并妥善解决。移民也可以依法向人民法院提起诉讼。"

亚行贷款黄河防洪项目,监测评估组对移民申诉方面给予了重点关注,历次监测评估均进行了调查监测。调查显示,移民对于占地补偿及搬迁实施等各方面的意见、问题均可以向有关方面申诉,反映和解决问题主要通过四条渠道:征地移民管理体系、地方政府体系、司法体系和移民监理、监测评估体系。

监测评估初期,重点调查了申诉渠道是否畅通、申诉处理是否及时、申诉效果是否满意等指标,随着项目全面展开,第四次监测评估,对16个子项目的632人进行了相关调查,其中,89%的被访者没有问题需要申诉,故未申诉过;76%的人了解申诉渠道,认为申诉渠道畅通,其余24%的人认为渠道不畅通,原因是:①有问题不知道该找谁;②找到的有关部门之间有推诿现象;③反应的问题没有得到解决或与期望有差距。

监测评估前期申诉的主要问题有:①受施工影响,原水渠、堤沟河等排水不畅,造成耕地、房屋被淹;②村台占地没有及时调整或对调整的土地不满意;③新村台宅基地面积比预期面积小,会给生活带来不便;④补偿标准比同区域其他项目或同项目临近区域低,附着物漏登、个人铺垫的房台损失等没有补偿;⑤临时占地未复垦,影响耕种等。

随着工程实施的进展及各方面的重视,监测评估组在后续监测评估中发现,移民的申诉渠道不断完善、畅通,监测评估前期所反映的排水、调地、补偿、临时占地复垦等问题也大多得到解决,移民比较满意。

5. 社会适应性调整

对搬迁、生产和生活重建的过渡期的社会适应性进行监测,监测规划设计的社会适应性调整措施是否落实,评价社会适应性调整的效果。尤其对原有社会结构和社会关系解体、生产习惯、生活习惯、风俗人情以及宗教环境等建立资料档案库,并进行跟踪监测评估。根据移民的选择建立与新环境相适应的社区组织模式。要尽可能保存移民以及安置社区现有的社会和文化体制,尊重移民关于是否愿意迁至现有社区和人群中的意见。

6. 弱势群体的保护

监测对妇女、儿童、孤寡老人、病残者等弱势群体的照顾情况。《世行业务手册》(OP4.12)指出“实现本政策目标,应该特别关注移民中弱势群体的需要,尤其是那些处于贫困线以下的人、没有土地的人、老年人、妇女、儿童、少数民族,或是可能不会受到国家土地补偿法规保护的人”。

根据监测评估要求,亚行贷款黄河防洪项目监测评估组对征地实施中的弱势群体给予特别的关注,监测评估样本均包括一定比例的弱势人群,受征地移民影响的脆弱群体主要是五保户、残障家庭和无劳力、以妇女为主的家庭。

受工程影响的各子项目弱势群体,在补偿、调地、房屋拆迁安置等移民活动中,与其他村民享有同等权利,都能够得到妥善安置,其生活来源一般有3种渠道:一是由亲朋好友代其耕作土地,并提供生活来源;二是县民政部门逢年过节进行适当的粮油和资金救济,五保户由地方财政每月给予补助,根据地区不同补偿金额亦不等,残障家庭中的残疾人凭国家发放的残疾证根据残疾程度不同领取数额不等的救助金;三是乡镇都开设了敬老院,对于生活不能自理、无亲无靠的人,全部由乡镇敬老院负责安置。河道整治项目相关县、乡或村还为五保户办理了合作医疗,方便其看病就医并适当减免医疗费;濮阳、牡丹、鄄城、东平湖等堤防项目的五保户、特困家庭等拆迁户,在村集体和县河务局的补贴帮助下,住房得到了妥善安置。

滩区安全建设项目，在村台移民整体搬迁时，地方政府承诺在搬迁安置过程中利用地方配套资金解决贫困户的搬迁，主要是建房中给予贫困户资金补助或协助其建房。

（七）占地影响学校的迁建情况

整个项目涉及学校迁建的有开封、东明、濮阳 3 个堤防加固子项目，共需迁建刘庄、闫潭、徐集以及董楼 4 所小学。

学校原校舍简陋、设施陈旧，新校舍基本按照“三原”原则得以恢复，在规模上有所扩大，在教学条件上有较大改善。刘庄小学新校舍于 2004 年 12 月、闫潭小学于 2004 年 9 月、徐集小学于 2006 年 4 月、董楼小学于 2007 年 11 月交付使用。

（八）滩区安全建设项目搬迁意愿调查

对滩区安全建设项目，要对移民搬迁意愿及搬迁后 2 年内是否能及时建房进行跟踪监测。

历次监测评估，监测评估组对滩建项目移民搬迁意愿均进行了调查。结果显示，移民愿意搬迁的比率基本在 80% 以上，第七、第八次监测评估时这一比率更高达 98%，即随着村台建成，搬迁临近，广大移民搬迁意愿更加迫切，显示村台建设得到滩区群众的广泛支持以及他们渴望过上安稳日子的心情。但能在村台基础设施建成后两年内及时搬迁的比率一直较低，基本在 20% 以下。其主要原因是：①家庭经济条件差或刚盖了新房，现阶段没有经济能力迁建；②原材料涨价，群众建房经济负担过重，建房困难；③宅基地规划初步设计面积小，希望扩大后再搬；④等待观望心理；⑤希望国家对建房给予经济补偿。

第五节　移民监测评估方法

一、监测评估阶段

征地移民监测评估一般分为 3 个阶段：①前期准备；②外业调查；③报告编写，每次监测评估都由这 3 个阶段构成。前期准备阶段主要包括工作大纲、计划的制定和报告提纲的编写、调查表格的设计、修改和完善、相关问题问卷的确定等，主要为外业调查和报告编写做准备；外业调查阶段主要根据前期准备的调查提纲、表格等进行现场访谈、资料收集；报告编写阶段根据外业调查的资料，在对资料进行汇总分析的基础上，按照前期准备阶段拟好的报告编写提纲，完善监测评估报告。

二、监测评估方法

监测评估主要根据项目占地影响情况，在征地区建立样本村、样本户，通过对样本村、样本户征地前后的经济、社会等相关指标进行调查、跟踪、比较，对比监测评估指标的变化情况，分析得出监测评估结论。

在首次进行的监测评估中，以项目占地影响区为对象，根据占地影响的大小，选取符合监测评估要求的样本，依据监测评估指标建立监测评估本底值，并在以后的监测评估中进行有针对性的跟踪监测，分析跟踪值与本底值之间的变化情况，评估安置后移民收入水平是否能够持续恢复或提高，规划目标是否实现，进一步得出评估结论，完成监测评估报告的编写。

本底调查，选取占地村为样本村，调查样本村本底指标值，如耕地、人口、水电路、医疗卫生、商业网点等基础设施情况，并在样本村占地户中，按照项目要求选取样本户，进行样本户家庭收入、支出、家庭财产、搬迁意愿等指标的调查，了解项目区占地前样本村社会经济情况及移民生活水平，以此作为后续监测评估的本底比较值。

因为收入水平是衡量移民生产生活水平是否得到恢复或提高的主要参照指标，因此将其作为监测评估的重点，本底调查应该选用搬迁前正常年景收入水平。一方面通过收集当地社会经济指标资料确定；另一方面通过实地抽样调查，分析确定。在以种植业收入为主的工程占地区域，如果搬迁前一年是一般年景，则搬迁前一年的收入基本上能反映移民正常年的收入水平。但是，如果遇到搬迁前一年是大灾年或特丰年，搬迁前一年的收入就不能代表移民搬迁前的正常收入水平了，这种情况下应该采用搬迁前 3 年收入的平均值。还应注意在收入水平对比时应将不同年份的收入水平考虑物价因素调整为可比的价格水平。

在后续的跟踪监测评估中，通过制定调查大纲，设计调查表格，并通过外业调查，与地方政府及实施机构、占地村组织等有关人员座谈，收集征地、补偿、移民生产开发、生活恢复、移民权益保护等相关资料，并深入占地样本户对监测评估本底指标进行抽样跟踪访谈，取得翔实、准确的第一手资料，在分析、汇总、比较资料的基础上完成监测评估报告的编写。

亚行贷款黄河防洪项目征地移民收入恢复监测评估采用建立本底、跟踪比较的方法，按各子项目开展时间不同分别建立了堤防加固项目、河道整治项目、滩区安全建设项目的本底调查对象并进行了跟踪调查。

第六节　移民监测评估指标体系

监测评估的指标是指监测评估所采用的可反映征地区移民经济水平发展变化及对征地实施满意度等的经济的、社会的指标，通过监测评估指标体系的确立，可完整反映征地区移民生产、生活水平及对征地实施满意度等各方面的情况。监测评估是对监测评估指标的变化情况进行跟踪监测，并通过分析比较得出评估结论。

一、移民监测评估指标体系的选用原则

1. 系统完整性原则

系统完整性是指监测评估的指标从样本户、村、县到整个项目区形成一个完整的系统，这些指标无一例外地成为整个系统中的一个元素。例如样本家庭收入中的粮食产量指标，从样本家庭调查起，一直到村、县及整个项目区都有这一指标，这样就形成了一个完整的系统，所有指标都能在整个系统中表达出来。

2. 可比性及可操作性原则

数据可比性是指监测评估的数据能够同时符合横向比和纵向比的要求，在比较过程中显示横向和纵向的联系。横向指不同征地区域及同一区域不同安置点之间的比较，纵

向指征地区域征地安置前后的比较。

可操作性是指标不但定义清晰,而且每个数据都符合统计学的基本规律,便于调查和统计分析。例如,以农业收入为主的家庭中的收入来源,不仅要把各种农业品种明确地进行定义,而且对各种品种的种植面积、单产和投入的种子、肥料、水量、机械费用等都能够准确地用定量表达,使得监测评估工作人员在调查和统计过程中操作简单而准确。

3. 有效性与综合性原则

指标的有效性是指标使用价值的大小和指标在监测评估时应用频率的高低。监测评估指标的确定坚持有效性原则,就是要选择那些对监测评估价值大、使用频率高的指标,而对诸如淹没村移民家庭的庭院面积、非生产性荒坡面积等,这些在水库移民监测评估时应用很少的指标,就没有必要包括在主要指标中。

综合性就是监测评估指标要能够反映社会、经济各个层面的基本特征和水平。同时,指标体系应能反应移民安置效果的各个方面。指标体系既要反映经济指标,又要反映社会指标和环境指标;既要反映生产安置效果,又要反映生活安置效果。例如,征地移民的人均纯收入指标就是一个十分重要的综合性指标,它可以全面地反映征地移民经济社会各个层面的变化情况。

4. 尽可能最少的原则

指标体系应避免相同或含义相近变量的重复出现,因此指标应简明、概括、具有代表性,尽可能选用最小数目的指标。

在确定监测评估指标时,对上述各项原则要综合考虑,不能过分强调某一个方面,使监测评估指标能够全面反映移民安置实际情况,达到征地移民监测科学、客观和公正的要求。

二、移民监测评估指标体系的分类

(一)以指标的一般属性为基础选用指标体系

根据监测评估目的,指标体系应从经济、社会、环境等多角度选择。具体分为经济指标、社会指标、环境指标和卫生与健康指标。

1. 经济指标

即以具体数字形式计算、反映经济发展水平和经济发展条件的定量考核标准。

1)经济发展水平

经济发展水平是衡量一定时期内监测评估对象的物质、生活客观状况的指标,包括住房条件、家庭财产状况、收入状况(农业收入和非农业收入)、恩格尔系数。

(1)住房条件。住房结构:分砖混、砖木、土木、板木、其他等5类。人均住房面积:家庭住房面积/家庭人口,单位为平方米/人。

住房指标主要反映移民(或安置区居民)居住条件的好坏,通过移民(或居民)住房的不同结构形式反映生活环境与水平。如果预制房占大多数,说明该村生活水平相对较高;如果住土木房的家庭多,说明该村经济相对比较困难。住房面积是衡量经济发展水平的重要指标,国家规定的小康生活标准,城市人均居住面积为8~10平方米/人,农村为15平方米/人。

(2)家庭财产状况。指满足日常生活、生产、文化需要的物质配备,如电视机、冰箱、农具、耕牛、拖拉机、电话、洗衣机等。家庭财产补偿指标则反映了移民搬迁前的经济基础,为分析移民搬迁后生活水平和生产发展的变化提供背景资料。

(3)收入状况。指家庭扣除生产性支出后可用于自由支配的纯收入来源情况,包括农业收入、种植、养殖等;非农业收入,如打工、经商、副业加工等。家庭收入水平包括人均收入指标与收入来源、类别,以及不同行业、年龄、性别和不同文化水平的各类人群的收入差异。人均纯收入按照数量段分组可以全面反映移民总体收入水平,具体的分段指标应参考不同时期当地的经济发展水平确定。样本家庭总收入来源分为农业、种植业、养殖业、工副业、打工、固定工资和其他7个方面,通过样本家庭总收入来源指标的排序,可以看出样本家庭中各种收入占总收入的比重,以此分析移民搬迁后经济收入恢复进程中的困难与优势。

(4)恩格尔系数。恩格尔系数是联合国粮农组织提出用于评价居民生活水平的一项标准,恩格尔系数是食品支出和全部生活消费支出的比值,其判断标准是:比例在60%以上为贫困水平,50%~60%为勉强度日水平,40%~50%为小康生活水平,20%~40%为富裕水平,20%以下为极富裕。当然,恩格尔系数只能反映一般趋势和水平,不能将其绝对化。中国目前农村地区医疗和教育的费用较高,样本家庭中如果有子女读高中、大学,或者样本家庭中有长年病人,其恩格尔系数就小,但它不能反映样本家庭就是很富裕了。

2)经济发展条件

经济发展条件指监测评估对象可享用的能够为生产、生活提供基础支持的物质、文化条件,包括公共基础设施配套(水、电、交通、通讯、医疗、教育等)、人均耕地、就业状况。

(1)供水指标:指移民中饮用清洁水人口占总移民人口的比例。生活用水的取用方式与社区总体的生活环境有关,收入水平高的地区常常使用自来水,一般移民村仍以肩挑方式取用河水、泉水或井水饮用。

(2)供电指标:指用照明电移民人口占总移民人口的比例。家庭是否使用了电力照明,受社区电力发展的影响,但其他家用电器的使用则标志着家庭生活水平的高低。通常情况下,农民经济收入增加会依次购买洗衣机、电视机、电话、音响、电冰箱、空调器等,家庭拥有的电器种类代表了生活水平提高程度。

(3)交通指标:指中心村是否通达公路及公路等级,衡量移民出行的方便程度。交通条件影响到移民的社会参与及商品交换的程度,进而影响到移民生活水平的恢复速度。

(4)通信指标:指移民电话、手机普及率,衡量移民对外联系的便捷程度。

(5)医疗指标:以村内是否有诊所或乡(镇)内是否有妇幼保健设施为标准,衡量移民就医方便程度与医疗保障情况。

(6)商业指标:以居住1公里内有商店为标准,距离集镇的远近,衡量符合本标准的移民比例,是反映移民生活便捷程度的指标之一。

(7)教育指标:以居住3公里以内有小学为标准,衡量符合此条件的移民比例,以及适龄儿童6~12岁的入学率,反映移民子女就学的方便程度及基础教育的保障程度。

(8)人均耕地:指人均拥有从事生产的土地数量,是衡量农业安置人口的生产资料保障程度的重要指标。对纯农业安置移民,耕地面积如果少于原有面积,在没有其他补偿与扶持条件下,极有可能引起他们对未来生活的担忧,甚至对搬迁的不满。

(9)耕地质量：指各种性质的土地占的比重，如旱地、水浇地、水田、平地、坡地、洼地等。农业安置移民除需要足够数量的耕地外，还需要有耕地质量的保证，如果耕地质量不好，势必影响到农民的投入与产出，从而制约移民经济的发展及生活水平的改善。

(10)就业状况：指劳动力就业率，即年满16岁以上具有劳动能力的就业人口占移民总劳动力的比例；非农业就业比例，指就业劳动力中从事非农业生产的人口占总移民就业人口的比例。劳动力的就业结构是为了分析移民搬迁前后生产恢复程度而设立的指标，主要有从业人数、行业、形式、地点等4个方面。以此可以计算出样本家庭劳动力的从业率、打工的行业分布以及不同行业的收入水平。这可以对照分析移民搬迁前后从业的变化，为生产恢复提供参考。

2. 社会指标

指能够概括反映监测评估对象具有社会性的某些共同特征。在移民监测评估中主要指移民对安置实施满意度，包括生活安置满意度、生产安置满意度、社会环境满意度、对政府工作满意度。

(1)生活安置满意度：指移民对搬迁建房、公共设施（水、电、交通、医疗、教育等）项目实施的满意度。

(2)生产安置满意度：指移民对耕地调整、划拨、就业安置、就业机会等的满意度。

(3)社会环境满意度：指移民对搬迁安置后的邻里关系、干群关系、风俗文化、宗教活动等的满意度。

(4)对政府工作满意度：指移民对于移民政策、移民机构实施透明度、移民政策兑现程度、实施效率、申诉渠道及申诉问题处理等的满意度。

3. 环境指标

指评价自然环境状况的指标，包括：自然环境的人口容量，主要是土地资源的人口容量；森林覆盖率、水土流失面积控制率和人均绿化面积。

由于移民搬迁安置，需对原有的资源利用进行调整，为了实现可持续发展的移民安置策略，在资源利用调整时，必须注重对自然生态环境的保护。移民实施应以保护环境为出发点，取得工程建设效益与环境效益的最佳平衡点。一般以移民搬迁安置是否与当地环境对人口承载能力相匹配、是否影响当地森林覆盖率、是否会加剧水土流失率及人均绿地等为评价指标。

4. 卫生与健康指标

卫生指标（发病率、治愈率、传染病感染率、医疗废弃物处理、危险及有毒化学物标准），卫生环境指标的货币化，健康指标（死亡率、平均寿命、增加的寿命年限、病残调整寿命年限、质量调整的寿命年限），卫生与健康投资。

移民安置区的气候、水质、环境保护、卫生资源投入等将直接影响到移民的健康与寿命，尤其是远迁移民、工业安置移民，因躯体、心理等对新的环境的不适应，也可能导致一些疾病症状的出现乃至对寿命的影响。

(二)以移民安置规划设计的内容为基础选用指标体系

1. 农村移民生产生活安置评估指标体系

指反映农村移民生产生活安置效果的主要指标，由农村移民的生产安置监测评估指标、生活安置监测评估指标和生产生活安置综合监测评估指标等 3 个方面构成。

1) 生产安置监测评估指标

生产安置监测评估指标主要有:人均生产用地总面积、人均耕地总面积、人均水田面积、人均水浇地面积、人均园地面积、耕作条件、耕地耕种距离、农村劳动力非农业就业比例(%)、劳动技能培训。详见表 3-12。

表 3-12　征地移民生产安置评价指标

序号	指　标	计　算	备　注
1	人均生产用地总面积	= 土地总面积 / 移民总人口	
2	人均耕地总面积	= 耕地总面积 / 移民总人口	
3	人均水田面积	= 水田总面积 / 移民总人口	
4	人均水浇地面积	= 水浇地总面积 / 移民总人口	
5	人均园地面积	= 园地总面积 / 移民总人口	
6	耕作条件		机械化程度
7	耕地耕种距离		
8	灌溉水价		
9	农村劳动力非农业就业比例(%)	= 从事非农业生产的农村劳动力人数农村劳动力总人数 ×100%	
10	劳动技能培训		技能培训的人次

2) 生活安置监测评估指标

指对移民生活水平有影响的指标,主要包括农村移民生活安置及专项规划考虑的指标。生活安置评价主要指标见表 3-13。

表 3-13　农村移民生活安置评价指标

序号	指　标	计　算	备　注
1	安置点或居住地人均面积	= 农村移民住房总面积 / 家庭人口	
2	户均宅基地面积	= 农村移民户数总宅基地面积 / 农村移民总户数	
3	宅基地平整度		
4	人均住房面积	= 农村移民住房总面积 / 家庭人口	
5	钢筋砖木(钢混、砖混、砖木)结构住房比例(%)	= 钢混、砖混、砖木结构住房总面积/各种结构住房面积之和	
6	生活用水(水源、方式、水质、保证率、水价)		
7	排水设施水平(管道、明渠、暗渠)		
8	农村用电户比例(%)	= 农村移民用电户数/ 农村移民总户数	

续表 3-13

序号	指　标	计　算	备　注
9	村内道路		指村内道路路面的性质和状况
10	距公路距离		农村移民居住点距离最近的公路的距离
11	距集市距离		农村移民居住点距离最近的集市的距离
12	主要亲戚交往距离		
13	距乡(镇)医院距离		农村移民居住点距离最近的医院的距离
14	村内有(无)诊所		村内有无诊所面积、医务人员数量及文化程度情况
15	村内有(无)商店		
16	生均校园面积	= 学校校园总面积/在校学生总数	
17	生均教室面积	= 学校教室总面积/在校学生总数	
18	7~5岁儿童入学率(%)	= 7~5岁儿童在校人数/7~5岁儿童总人数	
19	有线电视到户比例	=有线电视到户量/移民户数	
20	每百户电视机拥有量	=移民电视机拥有总量/移民户数	
21	每百户彩电拥有量	=移民彩电拥有总量/移民户数	
22	每百户冰箱拥有量	=移民冰箱拥有总量/移民户数	
23	每百户洗衣机拥有量	=移民洗衣机拥有总量/移民户数	
24	每百户固定电话与移动电话拥有量	=移民固定电话与移动电话拥有总量 / 移民户数	
25	使用煤气灶具比例(%)	=农村移民使用煤气灶户数/农村移民总户数	
26	摩托车比例(%)	=农村移民拥有摩托车户数/农村移民总户数	
27	拖拉机比例(%)	=农村移民拥有拖拉机户数/农村移民总户数	
28	汽车比例(%)	=农村移民拥有汽车户数/农村移民总户数	
29	人均绿化面积	=绿化面积/村庄总占地面积	

3)生产生活安置综合监测评估指标

主要包括人均纯收入、粮食作物收入占家庭总收入比例(%)、贫困户比例(%)、食品消费支出占生活总支出比重(恩格尔系数)、非农业收入占总收入比重、人均粮食生产量、移民生产安置满意度和移民生活安置满意度等指标。详见表3-14。

表3-14 生产生活水平综合指标

序号	指 标	计 算	备 注
1	人均纯收入	= 家庭总纯收入/家庭人口	
2	粮食作物收入占家庭总收入比例(%)	=粮食作物收入/家庭总收入	
3	贫困户比例(%)	=生活在贫困线以下的移民户数/移民总户数	
4	食品消费支出占生活总支出比重(%)	=食品消费指出/生活总支出	
5	非农业收入占总收入比重(%)	=非农业收入/总收入	
6	人均粮食生产量	=粮食总产量/移民总人数	
7	移民生活安置满意度		百分制
8	移民生产安置满意度		百分制

2.移民合法权益指标

指反映移民合法权益能否得到保护的指标,具体包括移民安置方案是否考虑移民意愿、政策宣传是否到位、补偿标准是否公开、补偿是否达到规划标准、补偿费用的使用是否符合相关法规、申诉渠道是否畅通、移民合法要求是否满足、弱势群体是否得到照顾等。可用百分制进行打分。

3.移民机构效率指标

指能反映各级移民机构管理效率和效果的指标,包括人员配备是否合理、规章制度是否健全、处理问题是否及时有效、资金是否按标准及时拨付等。

三、亚行贷款黄河防洪项目征地移民监测评估指标体系

根据亚行贷款黄河防洪项目具体情况及项目法人要求,在本底调查中,经过选样原则确定样本村、样本户后,分别进行相关指标的调查,样本村本底调查指标体系见表3-15。

对于样本户,本底调查中主要进行了以下指标的调查:

(1)住房条件。住房结构:分砖混、砖木、土木、板木、其他等5类。人均住房面积:家庭住房面积/家庭人口,单位为平方米/人。

(2)家庭财产状况,主要调查了样本户以下家庭财产的百户拥有率。①电视机;②组合音响;③家庭影院;④照相机;⑤电冰箱;⑥洗衣机;⑦热水器;⑧煤气灶;⑨电话、手机;⑩电脑;⑪汽车;⑫摩托车;⑬自行车;⑭农用三轮车、四轮车;⑮播种机;⑯收割机;⑰脱粒机。

表 3-15 亚行贷款黄河防洪项目样本村本底调查指标体系

序号	指标	
1	手压井供水比例	100%
		99% ~80%
		79% ~60%
		59% 以下
2	用电保证率	100%
		99% ~80%
3	出村路	柏油路
		砂石路
		土路
4	村内商业网点	商店
		饭店
		粮店
		其他
5	村内有小学	
6	7 ~15 岁儿童入学率 100% 的村庄	
7	村内有诊所或药店	
8	婴儿医院出生比例(%)	
9	有闭路电视接收系统	
10	村级班子健全	是
		否
11	有基督教堂的村庄	

(3)人均收入情况:包括人均收入及结构。

(4)贫困人口情况:按照国家统计局发布的农村人口年收入水平确定的低收入、贫困、温饱及以上的样本户比例。

(5)消费支出情况:包括食品支出、衣服支出、医疗支出、教育支出、亲友交往支出、农业税、建房及维修支出等家庭各项支出情况。

(6)生产安置满意度:包括耕地数量、质量、距离等的满意度。

(7)生活安置满意度,包括:①居住环境是否满意;②宅基地面积是否满意;③住房面积是否满意;④住房条件是否满意;⑤生活用水水源是否满意;⑥生活用水方式是否满意;⑦生活用水水质是否满意;⑧用电状况是否满意;⑨公共交通是否满意;⑩通信状况是否满意;⑪电视接收是否满意;⑫日常生活方便情况是否满意;⑬亲友交往方便情况是否满意;⑭医疗卫生是否满意;⑮子女上学条件是否满意;⑯五保户、残障家庭、无男劳力的家庭是否得到帮助。

(8)对征地移民实施满意度,包括项目宣传、参与等方面。①是否知道项目作用;②是否赞成项目建设;③对项目宣传是否满意;④对项目信息公开是否满意;⑤公众参与是否满意;⑥是否参与实物指标调查;⑦如果涉及房屋搬迁,是否愿意搬迁;⑧是否知道移民规划;⑨是否有贷款意愿;⑩村组织是否健全;⑪对治安是否满意。

跟踪监测阶段，根据项目进展情况，对本底指标进行有针对性的跟踪监测，收集实施变化值，以评估移民安置工作进展效果。

四、亚行贷款黄河防洪项目征地移民监测评估指标体系的运用

在监测评估调查的本底阶段，要全面了解监测评估对象经济发展及社会满意度的各个方面，所以对监测评估的指标要进行全面深入的调查记录，并对调查数据进行分析汇总，得出监测评估对象本底年经济发展水平，为后续的跟踪监测奠定比较的基础。

在后续的跟踪监测中，重点对决定经济发展水平的人均收入状况进行跟踪监测，因为人均收入的多少决定了经济发展中诸多指标的变化，如人均收入日渐增加，则对应的家庭住房、家庭财产等指标都会呈正向增长趋势。而经济发展条件中的诸多指标，如供水、供电、商业、医疗及人均耕地、耕地面积、耕地质量等指标，由于征地调整后短期内不再有大的改变，对此类指标的跟踪调查将不再是后续监测评估的重点。这种对监测评估指标选择性的调查，符合监测评估指标尽可能少的原则，也符合监测评估指标有效性的原则。

第七节　移民监测评估前期准备工作

前期准备工作是为监测评估的实施作准备的，它是整个监测评估工作的基础。工作的质量，决定了后期外业调查和报告编写是否顺利和流畅。前期准备工作主要包括工作大纲、计划的制定和报告提纲的编写、调查表格的设计、修改和完善、相关问题问卷的确定等。

一、监测评估工作大纲和计划编制

在熟悉移民规划设计报告和有关资料的前提下编制工作大纲、计划和报告提纲。

1. 监测评估工作大纲编制

监测评估工作大纲的编制包括编制总体工作大纲和每次监测评估的工作大纲。在初次接受监测评估任务后，由总监编制总体工作大纲，内容包括：任务依据、项目概况、监测评估范围、监测评估依据和原则、监测评估的内容、样本的选择、监测评估的指标体系、监测评估需收集的资料、监测评估方法、人员组成及分工、时间安排及成果提交。每次监测评估的工作大纲可结合总体工作大纲和以前各次监测评估中存在的问题和教训，并结合即将进行的监测评估工作的特点和重点，对总体工作大纲进行修正和调整。

在工作大纲编制前，总监应首先与项目法人交换意见，听取项目法人对监测评估的特殊要求，征求项目法人对以往监测评估工作和监测评估报告的意见。工作大纲编制后经监测评估人员讨论修改后再报项目法人审批。

2. 监测评估工作计划编制

包括编制总体计划和年度工作计划。根据批准后的工作大纲，依据征地移民进度编制项目监测评估总体计划和年度计划，内容包括：监测评估范围、监测评估内容、调查方法、调查对象、主要指标及深度要求、监测评估人员组成及分工、进度计划、成果。

工作计划的编制也应听取项目法人的意见，并报项目法人审批。

亚行贷款黄河防洪项目监测评估项目组在开展监测评估工作前，即听取项目法人意见并完成了监测评估总体工作大纲及工作总体计划的编写，且在后续的历次监测评估中，根据每次监测评估的内容制定了有针对性的工作大纲及详细工作计划，为监测评估的具体实施提供了保障。

二、监测评估报告提纲的编写

监测评估的最终结果体现在监测评估报告上，无论是前期准备、外业调查，还是后期资料整理，都是为了监测评估报告的编写。只有一开始就确定好报告提纲，外业调查才会有的放矢，报告编写才顺利。

亚行贷款黄河防洪项目报告提纲的主要内容有：

（1）概述。包括工程概述、移民概述和监测评估概述，以及监测评估的目的、依据和作用。

（2）移民搬迁安置实施情况。包括征地及移民生产安置情况、土地划拨与分配进度、生活安置情况、房屋建设进度、基础设施和公共设施建设进度、专业项目和企事业单位迁建恢复情况。

（3）移民搬迁安置补偿情况。包括永久征地补偿标准、临时征地补偿标准、补偿数量、拆迁补偿标准、补偿兑付情况、专项设施补偿情况等。

（4）学校迁建情况。

（5）专项设施迁建恢复情况。

（6）移民合法权益保护情况、移民管理体系及运行情况。

（7）对移民搬迁后的收入状况、生活水平进行评估。对比分析移民搬迁前后人均收入、生活水平的变化情况，评价是否达到了规划目标。

（8）存在问题和建议。本次调查发现的问题、建议和以往监测评估发现问题的处理情况。

（9）结论与评价。

三、设计调查表格与问卷

调查表格与问卷是现场调查的主要工具，既能体现现场调查的目的，又可提高现场调查的效率。其收集内容是后期分析评价的依据和基础。

（一）调查表格与问卷设计的原则

调查表格与问卷的设计是准备阶段的重要内容，有如下主要设计原则。

1. 系统完整的原则

系统完整是指调查表格、问卷要涵盖整个调查的内容，从移民安置实施状况到生产、生活的变化，移民机构的运作，资金的拨付使用，存在问题及申诉渠道等，应尽可能地用表格、问卷来收集反映。

2. 操作的可行性原则

可行性是指调查指标确定的概念要明确、具体、通俗易懂，在实践中可直接运用，便于调查者访问及受访者回答，避免概念模糊，影响调查的效率。

3. 调查指标的可比性原则

监测评估过程是一个周期性的、各期之间又相互衔接的过程，调查指标应能反映不同调查期的变化，并反映各期之间的连续性和可比较性。例如：资金拨付使用情况表，随着安置实施的进度，每次监测评估都可能会有不同，但此表内容变化应前后照应，资金的拨付和使用均是一个连续的、可比较的过程。

（二）亚行贷款黄河防洪项目监测评估调查表格与调查问卷设计的内容

1. 资金拨付及使用情况

包括批准设计的总投资、应到位资金、累计到位数和本次监测评估到位数及补偿规划标准、实施标准等，项目包括征地、房屋、青苗费、附着物等。

2. 征地搬迁安置进度

包括征地规划情况、征地实施进度（永久占地、临时占地、村台占地）、移民搬迁进度、应安置移民户、宅基地划拨进度、移民建房进度、已搬迁安置户数等。

3. 生产安置情况

亚行贷款黄河防洪项目占地安置大致分为3种：①分钱调地，即将土地补偿款在村民小组内均分，全组再重新调地；②直补到户不调地，即将土地补偿款直接给占地户，不进行调地；③以地换地，即将集体土地划拨给占地户，土地补偿款留集体统一使用或全体村民均分。调查表格按这3种方案设计，内容包括安置方式选择、进度、计划等。

4. 生活安置情况

主要内容有：宅基地划拨和房屋重建情况，水、电、路、学校、卫生所、商业服务网点建设情况。

5. 移民权益保护情况

主要内容有：实施机构对移民搬迁安置和移民政策法规以及优惠政策等宣传落实情况，对移民干部管理知识和移民生产技能的培训情况，移民对征地补偿的参与情况，移民申诉情况，脆弱群体保护情况，滩区安全建设项目中移民搬迁意愿及2年内建房可行性情况等。

6. 家庭经济收入与支出情况

包括家庭总收入、收入结构、来源渠道、支出及结构情况。

7. 工矿企业及专项设施补偿迁建情况

包括工矿企业、专项设施补偿资金计算的标准、资金的到位情况、资金的使用情况等。

（三）调查表格的构成

亚行贷款黄河防洪项目的调查表格通常由以下3个部分构成。

1. 被调查者的基本情况

指关于被调查者的一些特殊情况，如姓名、性别、年龄、家庭人口、文化程度、职业、工作单位、所在地区等。

2. 调查内容

它是调查表最基本、最主要的部分，是指所需调查内容的具体项目。

3. 调查表填表说明

这部分内容包括填表的目的与要求、调查项目含义、调查时间、被调查者填表应注意事项、调查人员应遵守事项等的说明，其目的在于取得被调查者的合作，使其明确填报调查表的要求和方法。

第八节　移民监测评估外业调查工作

外业调查的主要内容是监测，是为评估和报告编写作准备，是整个监测评估工作质量的保证，它的准确性、全面性和充分性决定着评估的准确性和报告的质量。

一、外业调查工作步骤

(1)座谈。与项目法人、设计、监理等单位有关人员座谈，了解移民搬迁安置的总体情况，收集移民规划、合同、计划、资金拨付等资料。

与涉及省、县的移民主管部门领导及移民机构工作人员座谈，了解当地移民的社会背景、搬迁安置的全面进展情况，收集有关移民安置规划、计划实施情况及有关县(市)的社会经济的各种资料数据。

与乡(镇)领导及移民机构工作人员座谈，了解搬迁前的情况，搬迁安置计划(规划)，实施情况及存在的问题、拟解决的方法，收集相关资料。

与村(组)负责人座谈，了解移民搬迁安置情况、存在的问题及解决的设想。

(2)实地查勘。通过实地查勘，了解征地区、安置区的地形、地貌、民居、生活习俗及生产、生活情况，了解移民房屋、居民点基础设施(水、电、路、学校等)、安置区专项设施(道路、桥梁、输电设施等)建设情况，了解移民生产用地的划拨和生产措施的落实情况。

(3)入户访谈与问卷调查。了解移民实物补偿费的兑付、移民安置政策的执行、移民申诉及效果；调查移民样本户生产、生活实施与安置情况，移民收入恢复情况。

(4)向乡(镇)、县(市)移民机构反馈调查、访谈、了解到的有关情况，提出建议等。

(5)与项目法人交换意见，通报现场工作情况。

(6)整理资料，补充调查。

二、外业调查的要求

在外业调查时，必须注意以下几点。

(一)信息的准确性

这是对数据资料处理的一项最基本的要求。为了保证外业调查信息的准确性，必须做到以下几点：

(1)收集调查的数据资料要注明来源。

(2)数据资料必须经过有关专业技术人员组成的审核小组的审查。

(3)源自统计局的数据应由统计局审定批准后方可使用。

(二)数据的全面性

指在调查研究过程中，要将相关区域有关数据资料尽量收集起来。客观事物的变化过程是渐进的，从量变到质变的飞跃是有规律可循的，但这通常必须依靠大量的连续观察才能明了。如果数据资料的收集不系统、不全面，则很难了解到移民区的历史与现状的全貌,就不能增强对移民区的认识,并作出科学的比较。同时,对那些表面上联系并不那么密切而实际上存在着相互作用的系统或因子就更难作出相关分析。

(三)移民的社会性

移民区虽然多处于偏远、经济不发达区,但社会化水平是在不断提高的。在社会化大生产的情况下,信息流、物质流变化的加速,生产规模、发展水平组成的总体上的差异等,难免会产生以局部情况代替全局情况的判断,产生以偏概全的弊端。例如,在现代农业生产中,这个乡的生产水平可能远远不同于那个乡的生产水平;一些土地面积相同、生产投入相同的农户,由于科学种田和技术水平的不同,有的投入产出水平比较高,有的却出现亏损。所有这些,正是由于当代生产要素社会化分离在空间和时间上的加速,造成了掌握这样的生产要素具有越来越大的随机性。因此,在调查研究工作中,应深入地了解本区域的全面情况,注意认真收集揭示差异性发展的数据资料。

(四)调查的目的性

在社会经济调查中,注意数据资料收集的全面性和社会性,并不等于要收集的资料漫无边际、包罗万象,恰恰相反,应当遵循系统的观点,使所收集的数据资料都能为完成某种特定功能的分析之用。如收集农业发展情况的资料,应紧紧围绕以下几个方面进行:①农业生产的历史与现状资料;②农业资源利用情况;③产品结构调整的现状及前景;④农业能源的供需现状及前景;⑤农业发展中的内涵与外延发展的关系;⑥科学技术进步在农业生产中的作用;⑦农产品自给性和商品性生产前景等。只有将以上有关农业发展情况的资料有目的地收集起来,才能真正了解移民区农业发展的现状。

(五)调查工作的严肃性

为了保证收集到的数据资料具有严肃性,应做到:①各种数据资料必须齐全;②经审核的数据,统计局有的以统计局数据为准,统计局没有或不准使用的,以专业部门和实际调查提供的数据资料为准;③同类数据应换成统一的计算口径,基年期不同的数据应折算成同一基年期;④数据资料的填写应做到设计科学化、时间序列化、数据系统化,并标明计量单位、填写日期、数据资料的来源和填写人员;⑤在以上工作的基础上,建立数据和数据库管理系统,以便于对数据资料的利用研究、功能开发与管理。

三、外业调查的方法

(一)询问法

询问法是指调查者通过口头、电讯或书面方式向被调查者了解情况、收集资料的调查方法。询问的方法可以按接触方式划分,也可以按被调查者身份划分。

1.接触方式划分

按调查者与被调查者的接触方式划分,可分为面谈调查、邮寄调查、电话调查、留置调查等。

(1)面谈调查。是指调查人员同被调查者面对面接触,通过有目的的谈话取得所需要资料的一种调查方法。谈话方式有两种:①调查者按照事先拟好的调查表的具体项目,有顺序地依次发问,让被调查者作答,并予以记录。该调查方式谈话的内容明确,调查者易于掌握,一般适用于为了取得便于统计的数据资料而进行的各种市场调查。但这种调查的项目与指标含义必须具体明确，使被调查者能够作出明白无误的答复。②调查者通过同被调查者的自由交谈，了解所需情况资料。这种自由交谈式的调查，使被调查者有充分发表意见的机会，而且可以采取讨论的方式，弄清所需调查问题的来龙去脉。有时还可以了解到未列入调查提纲的某些重要问题的情况。以自由交谈方式进行调查，要求调查者具有熟练的谈话技巧，要善于对被调查者启发引导，善于综合归纳谈话的内容，同时，又要做到边问边记。面谈调查，可以采用个别访问或集体座谈等不同方式。个别访问灵活方便，彼此可以沟通思想，便于调查人员说明调查的目的要求，消除被调查者可能产生的思想顾虑，鼓励他们积极回答问题和发表意见。个别调查还可以收集到比较多的情况资料，了解到更深入的实际情况，而且可以观察到被调查者的态度、表情和工作生活条件，便于评价他们所回答的问题是否符合实际以及可靠程度如何。在抽样调查中，采用面谈调查，还可以大大提高调查表的回收率，以保证样本的代表性。集体座谈，最适用于集思广益的讨论式调查。一般应选择熟悉有关问题的被调查者参与，人数不宜过多，根据调查者的组织指挥能力，一般是三五人，最多是一二十人。这种集体面谈调查，除上述个别访问所具有的某些优点外，还有利于在座谈会上相互启发、相互质疑、开展讨论，使调查的问题反映得更深入全面。面谈调查的不足之处，主要是所需的调查力量和费用支出较大，对调查人员的要求较高，调查结果的质量，往往易受调查人员的工作态度、调查技术熟练程度和心理情绪等因素的影响。

(2)邮寄调查。是将调查表邮寄给被调查者，由被调查者根据调查表要求填好后寄还的一种调查方法。

(3)电话调查。是指通过电话向被调查者询问有关调查内容和征求意见的一种调查方法。

(4)留置调查。是指调查人员将调查表或调查提纲当面交给被调查者，并详细说明调查目的、要求，由被调查者事后自行填写回答，再由调查人员约定日期收回的一种调查方法。

2.按被调查者身份划分

按被调查者身份划分，可以分为有关部门和移民群众。

(1)对有关部门访谈：可进行文献收集和实地访谈，应采用全面调查的方法，即对涉及的所有部门均进行调查，调查百分比为100%。

文献收集指对项目法人、移民实施机构、政府等有关部门的来往文件、工作总结、专题调研等文献资料进行收集、阅读和分析，初步了解移民安置实施情况、实施中出现的问题及解决方案等，从而制定出相应的调查方法和采用的技巧。

实地访谈指通过对项目法人和各级移民实施机构以及政府有关部门进行实地访谈和文献收集，全面了解移民安置信息，掌握监测评估周期内的主要移民活动及进展、实施中的主要问题及处理以及移民机构本身的有关情况。

(2)对移民进行入户访谈：通过深入移民家庭、店铺、企业中与移民进行面对面的交谈，了解移民个人、家庭的社会经济情况，移民政策实施情况，各类补偿标准及其兑现情况，生产、生活安置情况，信息发布与传递、公众参与、脆弱群体保护措施，抱怨与申诉及解决情况。应采用典型调查法，即首次监测评估做本底调查时，按移民户经济收入上、中、下水平和特殊群体根据具体情况和实际需要，按一定比例抽取样本户做本底调查；以后逐年的监测评估除对样本户进行跟踪调查外，同时结合移民安置变化情况和监测评估需要，再随机增加必要的抽样户做补充调查。

召集移民开座谈会：在移民较为集中区，召集移民代表参与座谈会。收集以下信息：移民补偿资金的拨付与使用，受影响人群的生产就业安置状况，社区生产和生活环境的变化情况，信息公开、公众参与和协商、抱怨的申诉及解决情况，受影响人群对移民实施工作的意见和要求等。

（二）观察法

观察法即调查人员在现场对调查对象的情况直接观察记录，取得第一手资料的一种调查方法。其特点是调查人员不直接向被调查者提出问题要求回答，而是凭借自己的感觉或者利用照相机、录音机、录像机或其他仪器对调查对象的活动和现场事实加以考察记录。该调查方法的优点是可以客观地收集、记录被调查的人或事物的现场情况，调查的结果比较真实可靠，有时还可以收集到询问法无法取得的情报资料。它的不足之处有：①所要调查的问题只能在现场才能观察到，而调查者事先难以预料它在何时何地发生，因而往往需要进行较长时间的观察才能取得调查结果；②对于被调查者的内在因素的变化，如居民的态度等，不一定都能观察出来；③调查费用较高，对调查人员的业务水平要求也较高。

观察法通常可以印证其他调查结果的准确性，如在调查移民人均收入情况时，可通过观察农作物的生长情况和牲畜的存栏情况进行估产。如对农作物（稻、麦、棉花、烟叶、水果等）通过田间观察长势估产。又如对生猪存栏量挨户踏栏调查，既对某一地点农户饲养的生猪（包括母猪、公猪、肉猪、仔猪等）直接点数，并且估肉猪的毛重，用于推断一定时期的肉猪可供出栏数。这都可以为印证人均收入的准确性提供保证。

四、外业调查中的询问技术

在移民安置监测评估调查中，不论是面谈还是印发调查表调查，都要求调查人员能够把所要调查询问的问题正确传达给被调查者。同时，还要充分考虑到被调查者能否回答问题。除此之外，调查人员是否善于做思想工作，是否掌握了一定的调查询问技术，也是一个关键。常用的询问法有以下两种。

（一）自由回答法

自由回答法是由调查人员围绕着调查主题提出开放式的问题，让被调查者自由回答，不受任何约束的提问法。例如："你觉得移民安置后生活怎么样？""你觉得新区和老区相比哪一个更好些？"这种询问法，气氛较自由，回答者不受约束，可以充分发表意见，但有时会得不到明确的答复，影响对问题的分析。对于需要作出数据统计的调查内容，不宜采用自由回答法。

（二）多项选择法

多项选择法是对提出的问题事先拟好 3 个以上的答案，由回答者选择其中一个或几个的提问法。如调查移民对安置的满意程度，可按满意、基本满意、不满意、很不满意等拟订答案让移民作答。多项选择法要求设计问题的人员必须熟悉所要调查的内容，对问题的设计要全面、准确。

五、亚行贷款黄河防洪项目外业调查的内容

监测评估过程分为两个阶段:本底调查阶段和重复性访谈阶段。

(一)本底调查阶段

在第一次监测评估时需要进行本底调查,按市、县、乡、村等为单位,对移民搬迁前的生产、生活条件、收入支出、就业等本底指标情况进行一次摸底调查,以此为样本在以后的监测评估中进行跟踪、访问、对比。主要包括以下内容:

(1)村级访谈。访谈主要内容包括村级的供水指标、供电指标、交通指标、通信指标、医疗指标、商业指标以及教育指标等。

(2)入户访谈。访谈主要内容包括住房条件、家庭财产状况、收入状况、支出状况、生活安置满意度、生产安置满意度、社会环境满意度以及对政府工作满意度等。

(二)重复性访谈阶段

重复性访谈阶段,对本底调查的部分内容进行跟踪访问,并对移民安置进度、生产、生活恢复情况等进行调查,主要以每次监测评估工作大纲及报告提纲为基础,以准备阶段设计的调查表格为工具,进行如下内容的收集、统计、调查等。

(1)移民安置实施进度。包括项目永久征地、临时占地的数量与进度,安置区土地(包括宅基地、生产用地、公共设施用地等)的调整分配进度,移民房屋拆迁、房屋重建、搬迁进度、生活恢复及专项设施迁建进度等。

(2)补偿款拨付情况。包括征地,房屋,附着物补偿标准、补偿金额及各级补偿款的到位、使用情况。

(3)移民生活安置情况。通过抽样调查,了解移民生活安置情况,包括宅基地的划拨、房屋的重建以及水、电、路、商业、学校等基础设施的配套情况。

(4)移民生产安置情况。通过村级访谈及对典型户的调查,了解移民生产用地的调整、生产的恢复情况。

(5)移民收入及生产、生活水平情况。通过对移民搬迁前及搬迁后收入、生产、生活水平的变化等,了解其是否达到安置规划中所要求的不低于或超过原生产生活水平的目标。

(6)专业项目及工矿企业迁建情况。调查了解需要恢复迁建的专业项目实施情况、补偿资金拨付使用情况。

(7)移民合法权益保障情况。①移民政策制定与执行。了解移民安置实施的所依据的政策,评价其是否适应安置实施的发展变化,调查相关政策尤其是优惠政策的落实情况。②宣传及培训情况。调查各级移民机构在宣传和培训方面所做的工作,所采取的形式,涉及的深度和广度,效果如何等。③公众参与、协商。了解移民在安置实施中的参与情况,对政策及补偿标准的知情度。④抱怨与申诉。通过现场访谈,了解移民对安置实施的意见及要求等,并调查申诉解决的途径、效率、效果等。⑤弱势群体安置情况。调查实施过程中对妇女、儿童、孤寡老人、病残者等弱势群体采取的措施及安置的效果。

(8)对滩区安全建设项目,还要持续调查移民搬迁意愿及搬迁后2年内建房的可行性。

（9）在后期的监测评估中还要针对亚行检查发现的问题进行“行动计划落实情况”的调查。

第九节　移民监测评估报告的编制

移民监测评估的目的在于向项目主管部门、项目法人和世行、亚行等机构反馈移民安置实施的进度、质量、问题、评估等，以便他们作出及时的决策和调整，确保移民安置目标的实现。而监测评估的整个过程及结果等，最终都需要以文字报告的形式反映。所以，监测评估报告的编写是完成监测评估任务的关键环节，必须给予足够重视。

一、监测评估报告编写的依据及原则

（一）监测评估报告编写的依据

监测评估报告的编写，一般依据监测评估的目的、报告编写的提纲、现场调查及分析评价的资料、结论等，进行监测评估报告的撰写。

（二）监测评估报告编写的原则

（1）及时性。监测评估的基本要求之一是及时性，监测评估报告作为监测评估成果的反映，自然需要满足这一基本要求。通常要求在监测评估外业调查之后一个月内提交监测评估报告。

（2）客观性。监测评估报告的编写，要以客观监测到的事实及分析评价的结果为依据，不得以任何理由迎合主观需要。

（3）逻辑性。报告的内容、逻辑要清晰、明了，各期及每期报告的不同部分都要做到前后照应，避免内容及逻辑的矛盾。

（4）通俗性。由于监测评估报告不仅要提交给项目主管部门、项目法人及亚行专家看，而且实施单位、地方政府等，都要通过报告了解相关内容，所以，监测评估报告的编写力求通俗易懂，以适合不同阅读者的需求。

二、监测评估报告编写的步骤

（1）登记、整理外业调查第一手资料，对外业调查资料有疑问的进行核实和调整，对外业调查漏项的向项目法人和实施机构电话调查或重新进行实地调查。

（2）组织监测评估经验丰富的人员统计有关资料，计算、分析有关指标。

（3）认真讨论计算结果和分析情况。

（4）监测评估小组成员按讨论通过的报告提纲，采用核实、调整过的调查资料，分工编写报告。

（5）组长对小组报告统稿。

（6）总监对整个报告统稿，并对报告的全面性、完整性和技术上进行统一把关。

(7)有关专家对报告进行审核、审定。

三、调查资料的计算与分析

在现场调查的基础上，对收集的资料进行整理、分析，是监测评估资料的理论分析过程。

（一）调查资料的分类

实地调查的资料，分为定量资料和定性资料两种，定量资料是指可用具体数字表征的，而定性资料是指不可用数字表征的，只能用文字表征其大致属性，如移民搬迁安置的评价等。这些原始资料是零散的，必须经过全面地整理、归纳后，按一定的特征范畴分类，从而理出各类资料本身以及揭示不同类资料之间的关系，使其能够系统、完整、条理的反映整个监测评估的内容。现场资料的分类一般分为两种：①经济范畴：包括一切可用具体数字表征的特征、程度等；②社会范畴：包括安置实施产生的社会影响、态度、效果等。

（二）调查资料的计算

为了揭示调查数据所反映的内容，必须对相关数据进行计算。如：

人均纯收入 =（家庭收入合计 - 家庭生产支出合计）/家庭人口

根据计算出的结果，进行统计，从而进一步细化调查的资料，揭示调查资料之间的关联性。

（三）调查资料的分析

经过计算的原始资料，已具备表征整体监测评估内容的要求，再运用统计学原理的方法进行计算、归纳，制成表格，从而使监测评估调查的资料信息在相关的表格中能够一目了然。

统计指标一般分为总量指标、相对指标和平均指标。总量指标反映总体现象的规模水平。将总量指标（如某移民户的粮食总产量）/总体单位总量（如该移民户的土地总亩数），得到平均指标（即该移民户的平均亩产量）。相对指标又分为结构相对指标和比例相对指标。结构相对指标是总体中的部分和全体相比较（如打工收入/家庭总收入）；比例相对指标是指总体内部的部分与部分对比（如男劳力数/女劳力数）。

运用统计指标计算、分析后的资料，即成为成熟的、可直接运用的资料。

四、亚行贷款黄河防洪项目主要监测评估指标的评估方法

根据工作大纲确定的评估指标体系，结合现场调查、分析、计算的基础指标，对项目实施进行评估。对经济范畴的指标，亚行贷款黄河防洪项目一般采用单项指标评估法，重点对移民人均收入、收入水平、收入结构进行监测评估。

在每年两次的监测评估中，对人均收入要进行一次调查，一般放在春季，调查样本户上年的人均收入情况、收入结构情况，并根据国家统计局公布的上年度农村人口贫困水平进行样本户贫困划分，对这3项指标进行跟踪对比，以评估移民收入恢复、发展程度，并与

移民安置规划目标及有关文件如新条例等进行对比，得出相应的结论。

报告中一般采用图表法，将调查计算得到的数据填入表中，再将数据做成相应的示意图，纵向比较人均收入恢复或超过本底年水平的样本户比例，调查结果在图表中一目了然，再结合现场调查情况，分析结果成因，并与跟踪年对比，反映该指标持续变化情况。同时，反映样本户收入结构随生产、生活安置实施的变化情况；样本户贫困、温饱比例的变化情况。通过3项指标的变化，评估移民收入恢复、发展情况，从而对移民安置实施效果进行评价。如人均收入变化情况，以堤防类子项目为例，本底值建立年份为2003~2005年，共建立3694人的样本户个人家庭收入本底资料，本底人均收入1146元(见表3-7)。

在不考虑物价影响的情况下，通过对其连续2~4年家庭收入恢复情况跟踪监测，可以得出以下结论：

(1)随着工程占地影响恢复期的延长，样本户收入恢复比例越来越高。

(2)对收入已经恢复的家庭，经随机抽取再跟踪，89%的家庭收入较上年增加，即保持了持续增长。

根据总体样本户收入结构分析(表3-6)数据绘制收入结构分析图3-3，从表3-6和图3-3中可以看出：

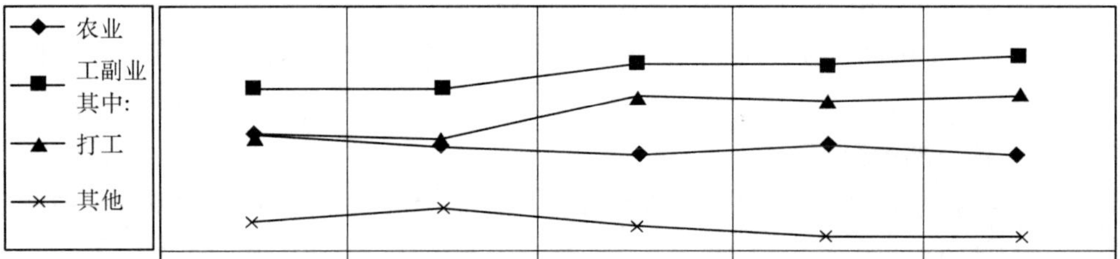

	本底年	跟踪年(2004)	跟踪年(2005)	跟踪年(2006)	跟踪年(2007)
农业	38	33	31	34	31
工副业	53	53	61	61	64
其中：打工	37	37	50	49	51
其他	9	14	8	5	5

图3-3　样本户收入结构分析图

(1)人均收入从跟踪的第一年开始已超出本底年，且逐年提高，2007年人均收入是本底年的2.46倍。

(2)农业收入跟踪的第一年受到工程占地的影响，较本底年略有降低，但随着生产措施的实施，至第二、第三年，农业收入已超出原有水平，加上农产品价格的提升，到2007年，即样本户跟踪的第四年，农业人均收入是本底年的2.03倍。

(3)从家庭收入的构成变化看，农业收入在家庭收入中所占比例呈下降趋势。工程占地后，农业收入占家庭收入比例从本底年的38%下降到2007年的31%；以打工为主的工副业收入逐年增加，至2007年工副业收入已达到本底年的2.95倍，在家庭收入中比例由本底年的53%上升至64%，其中打工收入由本底年的37%上升至51%。

关于样本户家庭收入水平变化情况，其调查计算的结果见表3-16。

表 3-16 样本户家庭收入水平分析

时间		人数	绝对贫困		低收入		温饱及其以上	
			人数	比例	人数	比例	人数	比例
		人	人	%	人	%	人	%
本底年		4189	1562	37	503	12	2124	51
跟踪年	2004	2168	828	38	310	14	1030	48
	2005	2112	382	18	326	15	1404	66
	2006	1418	144	10	119	8	1155	82
	2007	526	11	2	42	8	473	90

经对 2003 ~2007 年样本户收入区间比较发现,5 年来,项目区征地移民收入逐年增加,贫困状况不断好转,绝对贫困人数比例逐年减少,温饱及其以上人口比例不断增加(见图 3-4)。样本户绝对贫困的比例由 37% 下降到 2%,温饱及其以上的比例则由 51% 增加到 90%。

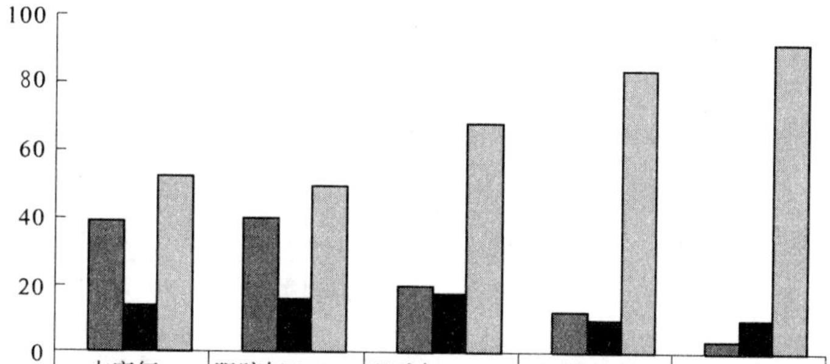

	本底年	跟踪年(2004)	跟踪年(2005)	跟踪年(2006)	跟踪年(2007)
绝对贫困比例	37	38	18	10	2
低收入比例	12	14	15	8	8
温饱及其以上比例	51	48	66	82	90

图 3-4 样本户家庭收入水平分析

在图表反映收入指标变化的基础上,为进一步了解移民在耕地减少的情况下采取何种措施增加收入,在第 7 次监测评估还选取了 317 个样本户(堤防加固 201 户、滩建 81 户、河道整治 35 户),针对:①耕地减少对你家收入的影响;②你家对土地补偿款的使用;③土地减少后的收入恢复措施,共 3 方面 18 个问题进行了多选式问卷调查。所有调查采取的是一对一的形式,问卷由调查员进行填报。3 方面调查更多的是关注一种趋势,因此 18 个问题赋予了相同的权重。调查结果是:

耕地减少对家庭收入的影响:①有 89 户农业收入减少,其他收入增加,总收入未受影响,占调查总量的 28.1%;②失地不多,对家庭收入影响不大的 111 户,占调查总量的 35%;③占压土地地质不好,对家庭收入影响不大的 53 户,占调查总量的 16.7%;④占地对家庭收入影响较大的 63 户,占 19.9%;⑤其他 1 户,占 0.3%。

土地补偿款使用调查显示:①土地补偿款直接用于恢复收入方面的,占调查家庭选项的 38.2%。其中有 31.9% 的样本户投入了农业生产,6.3% 的样本户用于做生意、小买卖;②用于非直接恢复收入或非收入方面的家庭占 61.8%。包括有 47.6% 的样本户用在了医疗、子女上学等家庭日常开支方面,8.8%的样本户用于建房,5.4%的样本户用于还债及其他方面。

采取的收入恢复措施:耕地减少后,59.6%的家庭采取了打工弥补收入,10.5%的家庭做生意或小买卖;还有6.9%的家庭采取精耕细作、间作套种、开垦荒地、发展种植业和养殖业或塑料大棚等方式增加收入;以其他方式恢复收入的占5.7%。另外,有17.43%的样本户因缺少技能或考虑不成熟,尚未采取或没有具体的恢复收入措施。

在调查户中,有接近80%的家庭认为占地对家庭收入影响不大,超过80%的家庭采取了相应的收入恢复措施,而近40%的家庭将土地补偿款直接用于恢复收入方面(见表3-17)。

表3-17 征地移民收入恢复调查分析表

序号	调查内容	合计		堤防加固		滩区安全建设		河道整治	
		数量	比例(%)	数量	比例(%)	数量	比例(%)	数量	比例(%)
	调查户数	317		201		81		35	
一、	耕地减少对你家收入的影响	317	100	201	100	81	100	35	100
(1)	农业外收入增加不影响总收入	89	28.1	59	29.4	23	28.4	7	20.0
(2)	失地不多对家庭收入影响不大	111	35.0	75	37.3	20	24.7	16	45.7
(3)	地质不好对家庭收入影响不大	53	16.7	32	15.9	18	22.2	3	8.6
(4)	占地对家庭收入影响较大	63	19.9	35	17.4	19	23.5	9	25.7
(5)	其他	1	0.3			1	1.2		
二、	你家对土地补偿款的使用	351	100	252	100	45	100	54	100
(1)	用于农业生产投入	112	31.9	89	35.3	10	22.2	13	24.1
(2)	用于做小生意、小买卖	22	6.3	16	6.3	6	13.3		
(3)	用于建房	31	8.8	31	12.3				
(4)	用于家庭医疗、子女上学日常生活	167	47.6	97	38.5	29	64.45	41	75.9
(5)	用于还债	6	1.7	6	2.4				
(6)	其他方面	13	3.7	13	5.2				
三、	土地减少后的收入恢复措施	334	100	216	100	81	100	37	100
(1)	主要靠打工弥补收入	199	59.6	123	56.9	45	55.6	31	83.8
(2)	做小生意、小买卖	35	10.5	19	8.8	12	14.8	4	10.8
(3)	发展种植业、养殖业或塑料大棚	3	0.9	3	1.4				
(4)	靠精耕细作,间作套种	12	3.6	12	5.6				
(5)	开垦荒地或承包别人土地	8	2.4	8	3.7				
(6)	顺其自然	58	17.4	43	19.9	13	16.0	2	5.4
(7)	其他	19	5.7	8	3.7	11	13.6		

为关注严重受影响户、弱势群体及以妇女为主的家庭收入恢复情况,监测评估组从各

类子项目中选择 16 户家庭(其中 2 户五保户、1 户以妇女为主家庭)进行了深入访谈。

被访谈户家庭基本情况:16 户家庭人口 74 人,工程占地后人均失地达 0.32 亩,失地既高于所有占地影响子项目人均失地 0.12 亩,也高于跟踪户人均失地 0.249 亩。16 户家庭人均土地补偿款 2013 元,其中,人均补偿最高 3332 元,为堤防加固类的直补不调地户;人均补偿最低 118 元,为滩建项目的调地户。

收入恢复主要措施:16 户家庭中,采取打工、做生意或小买卖等收入恢复措施的 15 户,占 93.7%,只有 1 户没有明确的收入恢复措施。另外,被访者中 7 户、43.7% 的家庭还把土地补偿款用于发展生产的投入。

收入恢复效果:收入达到或超过原有生活水平的家庭为 14 户,占 87.5%。收入恢复情况见表 3-18。

表 3-18　征地移民访谈户收入恢复明细表

序号	项目类型	生产安置方式	户数			人口	人均失地	土地补偿	发展生产	恢复措施		目标实现	
			小计	其中						有	无	是	否
				五保户	以妇女为主家庭								
			户	户	户	人	亩	元/人	户	户	户	户	户
合计			16	2	1	74	0.32	2013	7	15	1	14	2
1	堤防加固	直补	5		1	22	0.33	3332	3	5		5	
		调地	5	1		26	0.3	2702	2	5		5	
2	河道整治	直补	1	1		2	1.1	759		1		1	
		调地											
3	滩区建设	调地	2			7	0.21	118	1	1	1	1	1
		未调	3			17	0.31	181	1	3			

通过对移民收入结果的分析及深入详细访谈,全面反映了移民收入水平、收入结构在移民安置实施过程中的变化趋势及变化原因,对指导移民安置实施发挥了监测评估应有的作用。

对社会范畴的指标,重点对移民搬迁安置满意度,包括对政策宣传、公众参与、移民培训、移民申诉等满意度进行跟踪调查;对滩区安全建设项目,重点对搬迁意愿及搬迁可行性进行跟踪调查,对比历次监测评估调查结果,得出移民对搬迁安置总体满意度的变化情况及是否愿意搬迁、搬迁可行性的变化情况。

五、监测评估报告的编制

(一)监测评估报告的格式

报告的格式一般分为综述、正文及附录 3 部分。

综述部分一般高度概括本次监测评估的目的、内容及评估结论等各方面内容。

正文部分则分别详述监测评估的生产安置、生活安置、资金拨付、资金使用及对安置进展、安置效果的主观评价、问题及建议等,是整个报告的主体部分。

附录部分一般为本次监测评估内容所涉及的实施机构的有关文件、条文等。

(二)监测评估报告的编写

根据报告的提纲,确定各部分写作的内容,明确写作的目的,在外业调查资料分析、计算结果的基础上,进行编制,将监测评估内容及主观分析、评估结论、建议等进行文字加工、处理、表述,形成完整而系统的监测评估报告。

(三)监测评估报告的审定

由相关负责人对报告的内容进行审议、修改、协调等。

(四)监测评估报告的成稿、翻译及印刷

将最终的文字报告进行编辑、翻译和印刷。

亚行贷款黄河防洪项目征地移民监测评估,从 2004 年开始,至 2009 年结束,共编写本底汇总报告 1 期,监测评估报告 8 期,后评估报告 1 期,全过程反映了该项目征地移民安置实施的进展情况、存在问题,并提出评估结论和意见建议,及时报告给项目主管部门、项目法人及各级实施机构,对征地移民安置的顺利实施发挥了重要作用。

第四章　移民安置监理

第一节　征地移民监理概述

一、征地移民监理的基本理论

监理是“监”与“理”的组合词。“监”是对某种预定的行为进行观察检查，使其不得逾越行为准则，也就是监督的意思。“理”是对一些相互协作、相互交错的行为进行协调，从而理顺人们的行为和权益关系。因此，“监理”可以理解为一个机构的执行者依据一定准则对某一行为的有关主体进行监督、检查和评价，并采取组织、协调和疏导方式，使人们密切协作，按行为准则办事，顺利实现群体和个体价值，更好地达到预期目的。

征地移民监理是指监理单位受项目法人或有关单位的委托，依据监理合同，以第三者的身份对征地移民安置实施活动所开展的监理、管理、协作工作。征地移民监理中监理的执行者依据有关的法律法规、技术标准和各项合同、协议、责任书等，运用目标规划、动态控制、组织协调、信息管理、合同管理等方法，对移民工作质量、进度、投资等方面进行监督检查、监测评估、计量确认、沟通协调，提出咨询建议，促进移民安置按计划进行，从而实现移民安置的目标，确保建设工程的顺利进行。

（一）征地移民监理与工程监理的异同

征地移民监理是运用工程建设监理的基本理论，借鉴工程建设监理的部分做法对征地移民安置活动进行的过程管理活动，但是移民监理与工程监理既有相同点也有很大的区别。

1. 移民监理与工程监理的相同点

移民监理和工程监理的相同之处在于“监理”，它们的中心任务都是控制项目目标，也就是为了避免和减少项目实施中项目法人和承包商因主观或客观原因出现偏差，而聘请独立第三方进行监理，控制经过科学规划所确定的项目投资、进度、质量目标。监理的基本方法均为目标规划、动态控制、组织协调、信息管理、合同管理，监理的最终目的都是力求实现项目目标。

1）服务性

与工程建设监理一样，移民监理的产生也源于市场经济条件下移民安置的需求，始于项目法人的委托和授权。项目法人与监理单位的关系是委托与被委托、授权与被授权的关系。这就决定了监理是监理单位接受项目法人的委托而开展的技术服务性活动，这种技术服务性活动是按监理合同来进行的，是受法律约束和保护的。当然不能把监理的服务性理解为“谁给钱为谁干活”，监理是为总目标服务的，因为在总目标上项目法人、监理、实施方是一致的。就工程移民而言，这种服务性表现得更为广泛。

2）独立性

与工程建设监理一样，移民监理单位具有独立性，是直接参与工程移民实施的第三方"当事人"，与项目法人、移民实施机构之间是平等主体之间的关系。监理单位的独立性表现在：①监理单位按照独立、自主的原则开展监理工作，不受任何单位干预；②监理单位有自己的组织，有自己的工作准则，运用自己的方法和手段，根据自己的判断独立开展工作；③从事移民监理的人员与项目法人、实施单位、设计、施工等单位无任何行政、经济等隶属关系。

3）公正性

在工程项目建设中，监理单位和监理工程师在严格履行监理合同的各项义务、竭诚为客户服务的同时，还应成为"公正的第三方"，也就是说在提供监理服务的过程中，监理单位和监理工程师应排除各种干扰，以公正的态度对待委托方和被监理方。公正性是监理行业的必然要求，是社会公认的职业准则，也是监理单位和监理工程师的基本职业道德准则。

就移民工程而言，由于其实施主体的多元性，各方面的关系和矛盾错综复杂，特别是作为移民安置主体的移民是最易受伤害的群体。公正地维护各方的权益，应作为从事移民监理单位和监理工程师在监理活动中遵循的重要准则。

4）科学性

与工程建设监理一样，移民监理是一种高智能的技术服务，从事移民监理活动应遵循科学的原则。移民监理的科学性表现在监理单位应按照高智能、智力密集型原则组建，有一批具有高素质、专业齐全的监理工程师队伍，有一套科学的管理制度，拥有现代化的信息处理手段；要求监理工程师应掌握专业知识、政策法规，有丰富的社会阅历等综合素质；监理单位应具有一定的职级和综合协调能力。

2. 移民监理与工程监理的区别

1）监理对象不同

工程建设项目的实施单位即承包商通常是企业法人，它的选择通过招标来确定，而且承包商以盈利为最终目的，它的行为是按市场规律办事。工程监理的对象是承包商进行的工程建设活动。

移民工作由于其项目的复杂性，牵涉到地区稳定和经济发展，必须由地方政府负责，无法选择，因此移民项目实施单位具有惟一性或者说独占性、垄断性。作为实施机构的政府，与企业相比有着截然不同的特点，政府是国家的行政机构，移民安置主要是行政行为，是国家管理社会事务的活动，具有非盈利性。移民监理的对象是地方政府进行的移民安置活动。

工程项目的承包商一般具有专业资质，熟悉建设项目的建设程序和技术；移民项目实施单位由于上述垄断性，一般缺乏移民实施的经验，需要移民监理单位提供技术支持。

工程项目的实施单位根据组织模式的不同一般由承包商和分包商构成，分包商与承包商是合同关系，分包商向承包商负责，不能再转包。移民项目实施单位则是一个是非常复杂的系统。地方政府条块结合，包括地方各级行政系统以及相关的业务部门，如土地部门、公安部门、建设部门、水利部门、电力部门等；其分包商包括相应的村组集体组织和具体工程的实施企业等。移民实施单位的这种特点使得移民工作出现偏差的几率大大增加。移民监理的任务比较繁重。

2)移民项目实施中的多变性

工程项目各项工作的程序和质量要求基本都有国家或行业的规范,其前期工作深度较大,施工有详细的施工图,不可预见的变更较少,而且对变更有成熟的处理办法。移民项目在实施中出现的不确定因素较多,规划变更较多。主要原因有:①由于征地工作的复杂性,规划设计达不到工程设计的深度。②地方政府机构为了本地区本部门的利益,实施时随意变更规划,如为了节省投资,将规划的多个分散安置点实施为集中安置,将规划在环境较好但地价较高的安置点实施在较差的地方;或为了改善本地的交通,将规划在交通条件较好地方的移民安置在偏僻或交通条件差的地方,然后申请使用预备费,这直接导致了移民安置规划实际操作的困难。③移民心理的多变性造成规划变更。移民是具有社会属性有思想的人群,不同于无生命的建筑物,往往规划时乐意到某地安置,但实施时又改变主意要求到另外的地方安置,实施部门若不同意,他们要么到处反映,要么对抗,不与实施部门合作。"一根烟可以改变去向"是移民心理多变的典型反映。④安置区群众的影响造成规划变更。设计部门编制移民规划时,当地干部和群众愿意为移民让出土地,或者根本不知情仅是地方长官的意志,实施时,当地群众抵触,拒绝交出土地,甚至阻挠安置点建设。⑤气候因素的影响造成规划变更。如若遇到多雨季节,需要水利工程提前发挥防洪作用,移民部门则相应提早搬迁某水位以下的移民;同时,漫长的雨季会影响移民居民点的建设和移民搬迁时间,有可能耽误耕作,引发对移民和安置区居民的计划外补偿。

3)监理内容的层次不同

工程监理属于微观层次,是针对一个具体的工程项目展开的,是紧紧围绕着工程建设项目的各项投资活动和生产活动进行的监督管理,注重具体工程项目的实际效益。移民监理属于宏观、中观和微观相结合层次,以中观为主。因为移民监理主要在于对移民搬迁安置过程中各阶段、各单项、各区域是否按规划、计划实施,是否达到预期目标进行监理,属于中观层次,一般不介入具体工程的监理工作;但对具体工程的进度、质量、投资监理体系和效果进行检查、监督、协调,对移民接受的土地数量与质量进行监督,属于微观层次;对移民工作整体进度的控制等则属于宏观层次。

4)管理体制不同

工程项目管理体制简单明晰,项目法人与承包商是合同关系。监理单位作为独立的第三方,与项目法人是合同关系,与承包商是监理与被监理的关系。移民工作比较复杂,其管理体制相应层次较多。涉及的单位上可达国务院、国家发改委,下到县、乡政府各部门,既有村组集体组织、工矿企业、事业单位和各级群众,又有各类具体工程的承包商。有的项目还牵涉到世行或其他国际贷款组织。目前移民安置工作实行的是政府领导、分级负责、县为基础、项目法人参与的管理体制。

5)"三控制、两管理、一协调"的具体内容和方法不同

由于上述区别的存在,作为监理工作主要内容的"三控制、两管理、一协调"的具体内容和方法也不同。

进度控制方面:移民监理的进度控制侧重于是否按时移交工程永久用地和临时用地,移民生产生活安置和专业项目恢复等是否符合计划要求;对具体工程的进度控制,一般不

采用工程监理的方式方法，只是把它放在整个移民安置工作过程、整个项目结构中加以宏观控制。

质量控制方面：移民监理的质量控制措施主要是现场调查了解农村居民点是否按批复的规划实施，生产用地是否按规划的数量和质量划拨；对具体工作的质量控制只是在于监督工程建设的质量保证体系是否完善有效，对于根据规定须聘请专业监理的项目另聘工程监理单位；移民监理的质量控制在于力争实现移民项目的质量总目标，即在规划的时限内为实现"搬得出、稳得住、能逐步致富"打好基础。因此移民工作诸如移民的知情权（应当知道补偿标准、搬迁安排等）、移民实施机构的工作效率（发放补偿金是否及时足额、移民培训质量是否过关等）等软指标的质量控制是移民监理质量控制的重要内容。

投资控制方面：工程监理对具体工程的投资控制主要在于宏观的把握，根据其实施计划，资金是否及时到位。移民监理更加关注移民资金的流程是否正常，有无挪用、挤占、滞留，防止未经批准随意变更规划、加大投资、滥开口子。

合同管理方面：工程监理的合同主要是项目法人与承包商，承包商与分包商、与材料供应单位之间签订的合同，合同管理的对象就是这些合同。移民监理中的合同有特殊的含义，首先它也有合同，这些合同主要存在于移民实施机构、移民集体和个人与承包商签订的工程建设合同和劳务合同等；其次，移民监理的合同管理更关心的是"类合同"，主要是计划、责任书等。因为项目法人与地方实施机构之间存在的是计划关系，政府上级与下级之间的计划变成责任书形式，此时合同管理的内涵接近于计划管理，但又不同于政府内部的计划管理，移民监理单位按照计划、责任书的任务进行监督。

信息管理方面：移民监理的信息种类和范围比工程监理更多更广泛。

协调方面：由于移民工作错综复杂，有许多软指标，因此移民监理的协调工作量较工程监理协调量更大。

（二）征地移民监理的功能和作用

1. 征地移民监理的功能

征地移民监理的功能就是移民监理机构所具有或应发挥的效能，概括地讲，主要有以下几种。

1）制约功能

制约功能是指移民监理机构的监理行为对相对人有关权力的限制和在具体行为上的牵制。例如，对移民搬迁安置的各阶段、各环节按照有关规定和要求进行检查、牵制或限制，以随时随地纠正每项移民活动的偏差，从而实现移民工程顺畅运作。

2）规范功能

各种法律、法规、条例、意见等自发布后，就起着规范和导向作用。移民监理通过对移民项目执行单位合规者的认可和违规者的纠正，在人们的行为坐标上亮起了指示灯，有规范人们行为导向的作用。

3）预防功能

移民监理不是消极被动的监督，不是孤立单纯地针对一个或某些阶段的监督，而是积极主动地参与或渗透于监理对象的整个运作过程，提前发现和排除可能出现的危害社会稳定及人群安全的各种问题和潜在弊端。监理人员在项目未实施前就应及早发现不符合国家法律法规及在投资、质量、进度方面存在的问题，提出有关解决问题的建议并协调解决，防患于未然。预防功能贯穿于移民监理的整个过程。

4）促进功能

移民监理的目的不仅是发现问题，查处移民工程中的违法违规行为，保证工程的安全，维护移民的合法权益，而且还要通过对问题和违法违规行为的分析，找出和发现移民工作中的薄弱环节及产生问题的根源，总结经验教训，提出有针对性的弥补措施和解决办法，不断改善和调整移民工程所涉及的各个方面，促使移民工程系统运行过程及各环节、各要素之间和谐、协调发展。同时，还要对移民监督过程中发现的问题和工作中的薄弱环节进行深入分析研究与梳理，从而形成强大的信息源，为移民管理的决策者和执行者提供改进工作的科学依据。

2. 征地移民监理的作用

1）维护移民合法权益

过去，中国政府在工程移民决策中的指导思想过分强调服从大局，对国家、集体利益考虑多，对移民个人权益考虑少，牺牲了移民的利益，伤害了移民的感情，从而导致工程移民遗留问题较多，区域经济发展缓慢，移民贫困现象严重。随着中国社会主义市场经济体制的逐步确立以及法治社会的建设，"以人为本"及构建社会主义和谐社会的科学发展观已成为主流，维护移民合法权益的呼声日益响亮。我们必须反思过去"重工程、轻移民"、"重搬迁、轻安置"的思想和行为，建立科学的、符合市场规则的人性化的移民监督管理机制。实施移民监理，从移民补偿、搬迁、安置、恢复和发展等各个阶段全过程监督，可以防止错误观点在移民工程中发生，切实保障移民的合法权益。

2）维护投资人和发包方的合法权益

随着市场化广泛与深入，水利水电工程投资人也在发生变化。国际国内的公司、团体都可能成为工程投资人。在利用国外贷款时，贷款人一般都提出相应要求。移民虽然不能给投资人带来效益，但是，移民安置的遗留问题却直接影响主体工程的运行；而且根据通行的国际准则，移民作为重要的环境影响因素，与人权相关联，是国际投资人或贷款人非常关注的因素，大多要求对移民过程进行严格的监督管理。因此，只有实施移民监理制度，才能满足国际国内投资人对移民项目技术服务的要求。

3）增强政府依法行政的科学性

移民监理把法律固定下来的移民管理机构的各种管理关系加以确认落实，从而促进整个移民管理系统合理有序、有规律地良好运行，真正做到从"人治"走向"法治"；移民监理可以促进和完善移民立法的作用，通过移民监理实践，能够发现已经制定的移民法规、条例中某些不够完善的地方或难以操作之处，以利于移民法规、条例的修改和完善，促进移民法规、条例质量的提高；移民监理对促进移民监理队伍的建设也有重要意义，通过移民监理实践可以真实地反馈出监理人员素质与工作质量的匹配情况，并找出人员配备上的差距，从而在队伍建设上有针对性地得到补充和加强，以便形成精简、高效的移民监理体系。在具体移民安置中要科学决策、依法行政、信息共享，但是，移民各级实施部门，对于基层发生的各类移民安置信息往往难以共享，这与各级利益有关系。监理单位作为独立的第三方，可以客观地获取相关信息，及时与各级政府部门共享，通过行政渠道更好更快地解决问题。

(三)征地移民监理的原则

1. 权责一致的原则

监理人员履行其职责而从事的监理活动,是根据移民监理规定和受项目法人和上级实施机构的委托而进行的。监理人员承担的职责应与项目法人和上级实施机构授予的权限相一致。监理活动的客体是各级实施机构落实移民安置计划的活动,监理人员之所以行使监理职权,依赖于国家监理规定和项目法人以及上级实施机构的适当授权。因此,监理委托合同中应有明确的授权。

2. 以事实为依据,独立、自主的原则

监理单位在移民监理中必须尊重科学、尊重事实,组织各方协同配合,维护有关各方的合法权益。为使这一职能顺利实施,必须坚持公正、独立、自主的原则。项目法人、各级实施机构、具体移民工程承包商、移民村集体、移民个人追求的目标有差异,各自的行为有差别,监理人员在合同和法规规定的权、责、利关系基础上,协调各方的一致性。只有认真落实移民安置规划,项目法人、实施机构、移民等各方才能各得其所。

3. 综合效益的原则

移民监理活动既要考虑项目法人的利益需要,也必须考虑移民群众包括安置区群众的利益,考虑到各实施机构的难处。在移民安置实施过程中,不能只单纯满足项目法人的搬迁进度需要,而不顾移民的利益,也不能只考虑地方政府的难处,而损害项目法人的利益。监理人员应严格遵守国家关于移民工作的法律法规政策精神,既要对项目法人负责,又要对移民、实施机构负责,优化集体、个人、国家之间的综合效益。

4. 预防为主的原则

移民监理产生与发展的前提条件,是拥有一批具有丰富的移民安置技术、管理知识和实践经验,精通法律与经济的专门高素质人才,形成专门化、社会化的高智能监理单位,为移民安置利益各方提供服务。由于移民项目(包括移民安置活动和移民工程)的"一次性"特点,使得移民过程充满了风险,监理人员必须具有预见性,并把重点放在"预控"上,"防患于未然"。在制定监理规划、编制细则和实施监理控制过程中,对于移民过程中在进度、质量、投资及移民生活水平恢复方面有可能发生的失控问题要有预见性和超前的考虑,制定相应的对策和预控预警措施予以防范。

(四)征地移民监理的目标

征地移民监理目标是以移民监理委托合同为基础,根据批准的移民安置规划和移民实施计划对移民安置实施全过程进行监理,使移民项目的进度、质量能达到规划要求;投资能得到有效控制;移民安置管理达到规范化、制度化、程序化,保证移民安置工作顺利实施,从而为主体工程建设创造条件,使移民在较短的时间内恢复生产和生活水平,力争使移民安置工作目标达到优化。

(五)征地移民监理的主要任务

征地移民监理的主要任务是"监测、控制、协调"。监测,即通过收集反映移民安置进展(投资、进度、质量、移民安置状况、移民生产生活水平)的数据,建立相应的信息系统,并加以分析研究,为主管部门提供及时可靠的数据。控制,即在移民安置实施过程中,监理人员依据委托合同的授权范围及深度，运用经济、技术和合同方面的措施，对控制工程进度、质量、投资等方面提出评估建议。协调，即兼顾国家、集体和个人三者之间的关系，消除或减少因责权利不同，损失和补偿不符而产生的纠纷和不良后果，以形成一个明确责任、互相协调、互相促进的有机整体。

（六）征地移民监理的程序

征地移民监理的程序一般有：

（1）确定项目总监理工程师，成立项目监理组织；

（2）熟悉情况，收集有关资料；

（3）编制移民监理规划；

（4）制定各专门项目监理实施细则；

（5）根据制定的监理细则，规范化地展开监理工作；

（6）参与移民项目的竣工预验收，签署监理意见；

（7）向项日法人提交移民监理档案资料；

（8）监理工作总结。

二、亚行项目征地移民监理概述

（一）征地移民概况

亚行贷款黄河防洪项目是各类项目的总称，包括：工程类、管理类、非工程类。工程类子项目包括堤防加固、滩区安全建设、险工改建加固和控导工程4种类型。工程类子项目均涉及征地移民，其中：堤防加固、险工改建加固和控导工程的移民被界定为非自愿移民，投资由国家承担；滩区安全建设移民界定为自愿移民，投资由地方政府和移民个人筹集。

工程类子项目初步设计规划单位分别由黄河勘测规划设计有限公司（以下简称“黄河设计公司”）、山东黄河勘测设计研究院（以下简称“山东设计院”）和河南黄河勘测设计研究院（以下简称“河南设计院”）编制。各子项目初步设计共分4批由国家批复下达，共计4批27个子项目47处工程，其中堤防加固类11个、滩区安全建设类6个、险工加固改建工程类8个、河道控导工程类2个。根据初步设计规划，工程类子项目分属河南、山东两省级河务局的9个市级河务局的21个县（区）级河务局管辖，涉及地方行政区域为河南、山东两省的9个市22个县（区）289个村。按照初步设计批复，项目征地与移民总投资为38632万元，其中征地移民直接费33284万元。

（二）征地移民监理概况

长期以来，黄河下游防洪工程建设征地移民拆迁的实施工作多由当地河务部门与被占地乡、村或个人协商解决。这种操作程序虽然满足了当时防洪工程建设的实施需要，但也存在和遗留了不少问题：一是操作程序不规范，实施透明度差，被征地影响和拆迁移民的合法权益得不到保障；二是重工程、轻移民，重搬迁、轻安置，没有把受征地影响和拆迁移民的生产生活安置纳入管理范围，短期行为明显。这种操作模式给后续的项目实施和工程完工后的工程运行管理都带来了较大的负面效果。随着国家各项管理制度的逐步深化，以往计划经济沿袭下来的工程建设征地移民实施操作方式愈来愈不能满足国家政策和移民的要求。另一方面亚行和中国政府签订的《贷款协定》也要求中国政府确保地方政府参与子项目的实施，建立县、乡领导小组，确保对征地移民安置实施实行公开透明的工作制度。因此，对下游防洪工程建设征地移民拆迁安置的实施进行全过程的监理是十分必要的。

亚行对征地移民安置工作非常重视，目标要求也比较严格。为了确保移民安置质量，满足亚行对移民工作的要求，2003 年 10 月，黄河水利委员会委托河南黄河移民经济开发公司承担项目的征地移民监理任务。

三、征地移民安置监理依据

(1)国家相关的法律、法规、条例，如《中华人民共和国建筑法》、《中华人民共和国合同法》、《中华人民共和国土地管理法》、《中华人民共和国招投标法》、《中华人民共和国审计法》、《建设工程质量管理条例》等；部门规章、地方性法规，如《工程建设监理规定》、《公路工程质量监督规定》等；也包括《工程建设标准强制性条文》、《建设工程监理规范》以及有关的工程技术标准、规范、规程等。这些相关的法律、法规共同构成移民监理依据的法律体系。

(2)国家发展和改革委员会、水利部、黄河水利委员会、河南黄河河务局、山东黄河河务局投资批复文件。

(3)黄河设计公司、河南设计院、山东设计院编制的初步设计报告及移民安置实施方案报告。

(4)委托人与地方政府以及实施单位，地方政府实施机构与实施单位签订的征地移民安置协议、实施合同。

(5)新条例及有关征地移民安置法规、政策和相应的技术标准、验收规范等。

(6)中华人民共和国与亚行签订的《贷款协定》。

(7)委托人与监理单位签订的移民监理委托合同。

第二节　移民实施管理体系和监理组织

一、征地移民实施管理体系

(一)征地移民管理体系

1. 黄河水利委员会

黄河水利委员会(以下简称黄委)负责整个项目的实施管理，黄委成立黄河洪水管理亚行贷款项目办公室(以下简称黄委亚行项目办)，按《贷款协定》的要求，负责规划、计划、移民、环保等方面的管理工作。

2. 省级河务局亚行项目办

在河南、山东两省级河务局设省局亚行项目办。

3. 市级河务局

为所在地子项目的建设单位或项目法人，对所在地子项目征地移民安置实施行使监督、协调职责。

4. 县级河务局

作为建设单位(市级河务局)的延伸,对所在地子项目征地移民安置实施行使监督、协调职责。

(二)征地移民实施体系

新条例第五条规定:“移民安置工作实行政府领导、分级负责、县为基础、项目法人参与的管理体制。县级以上地方人民政府负责本行政区域内大中型水利水电工程移民安置工作的组织和领导;省、自治区、直辖市人民政府规定的移民管理机构,负责本行政区域内大中型水利水电工程移民安置工作的管理和监督。”其明确规定了移民安置工作是政府行为,按照移民安置涉及的行政区域,由相应的县级以上人民政府具体负责本行政区域内的移民搬迁安置工作的组织和领导;县级政府是移民工作的责任主体、实施主体和工作主体。

1. 市级人民政府

在征地移民安置任务比较重的地市级人民政府设立了以市主要领导为组长的协调领导小组,协调全市范围内的征地移民拆迁安置工作。

2. 县级人民政府

所在地县级人民政府一般成立以县主要领导为组长的协调领导小组或指挥部,协调领导小组或指挥部下设办公室(堤防办公室或迁占办公室)为日常办事机构。一般由河务、土地、公安、农业等部门的主要领导组成,职责是以政府的名义制定补偿政策、发布政府通告、补偿兑付、协调矛盾、维持秩序、宣传等,办公室一般设工程、财务、综合组。

3. 乡(镇)政府

涉及征地移民安置的乡(镇)政府也成立了相应组织,负责项目建设征地移民安置的实施兑付工作。

(三)征地移民实施组织特点

1. 点多线长

27 个子项目 47 处工程分布在从河南省伊洛河口至山东济南泺口 700 多公里长的黄河两岸。

2. 涉及地域广

项目涉及地方行政区域为河南、山东两省的 9 个市 22 个县(区)289 个村。

3. 期限性强

移民安置有一定的期限,一般时间要求紧。

4. 实施机构临时性

由于亚行项目的子项目较分散,且项目完成后该项工作基本结束,因此涉及移民的县一般都成立一个临时实施机构负责征地移民安置工作。可见,要做好移民安置工作,只有依靠县主管领导和河务、土地部门的主要领导认真抓以及堤防办公室或迁占办公室的高效工作。

亚行贷款项目征地移民实施组织特点决定了监理工作的特点。监理单位在征地移民安置实施组织方面的工作是在子项目开始实施之前,向当地政府提出建立组织、制定补偿程序、建立工作制度的意见和建议并督促落实。

二、征地移民监理组织

(一)征地移民安置监理委托方式

根据新条例第五十一条之规定,对移民安置的监督实行“签订移民安置协议的地方人民政府与项目法人共同委托的方式”。

1. 总委托

由于亚行贷款项目征地移民安置涉及规模和范围大,移民子项目多,亚行要求高,由黄委亚行项目办统一委托河南黄河移民经济开发公司为亚行项目征地移民安置监理单位。

2. 子项目委托

市级河务局作为所在地子项目的建设单位,对子项目征地移民安置实施行使监督、协调职责。子项目征地移民安置监理工作,由市级河务局与河南黄河移民经济开发公司签订委托合同

(二)监理组织设置原则

监理组织的设置,关系到移民项目监理工作的成败。在监理组织设置中一般需考虑以下基本原则。

1. 目标一致

组织形式的选择必须有利于组织目标的实现。任何组织都有特定的任务和目标,组织中的每一部分都与其特定的任务和目标相联系,否则,它就没有存在的意义。而组织中的每一机构又有自己的分目标,分目标是围绕实现总目标而设置,同时,这些分目标又成为机构进一步细分的依据。这样,目标层层分解,机构层层建立,直到每个岗位。只有按此原则建立的组织机构才是一个有机整体,才能为保证组织目标的实现奠定组织基础。

2. 集权与分权统一

集权是指把权力集中在主要领导手中,统一领导所属单位和人员的活动。集权的优点是:有利于加强组织的集中统一领导,提高管理工作效率,有利于协调组织的各项活动,有利于充分发挥领导者的才能;其缺点是:领导的直接控制面较小,管理层次增加,延长纵向组织的命令和信息沟通渠道,不利于调动下属人员的积极性和创造性,不利于熟悉全面业务的管理人员的培养。分权是与集权相对而言的,表示将权力根据职位上的需要分至各层次。最高领导者必须将与下属所承担的职责相应的职权授予他们,使下属有职、有责、有权,可以充分发挥下属人员的积极性,保证管理效率的提高;也可以减轻高层领导的负担,以集中精力抓大事;还可以使基层从环境需要出发,灵活有效地组织各项活动。事实上,在组织中既不存在绝对的集权,也不存在绝对的分权。在监理组织设置中,采取集权形式还是分权形式,应根据工程监理的特点及工作的重要性、总监的能力和精力,以及监理人员的工作经验、工作能力等综合考虑确定。

3. 分工与协作统一

对移民监理机构来说,分工就是将监理目标,特别是投资控制、进度控制、质量控制分成各部门以及各监理人员的目标、任务,明确干什么、怎么干。在分工中要特别注意以下三点:一是尽可能按照专业化的要求来设置组织结构;二是工作上要有严格分工,每个人

所承担的工作,应力求达到较熟悉的程度,以便能提高工作效率;三是注意分工的经济效益。在组织中有分工还必须有协作,明确部门之间和部门内的协调关系与配合办法。

4. 管理跨度与管理分层统一

所谓管理跨度,是指一名上级管理人员所直接管理的下级人数。管理跨度越大,领导者需要协调的工作量越大,管理的难度也就越大。能够高效运行的组织,必须确定合理的管理跨度。管理层次是指从组织的最高管理者到最基层的实际工作人员之间的等级层次的数量。管理层次分为决策层、协调和执行层、操作层。管理跨度与管理层次成反比例关系。如果管理跨度加大,那么管理层次就可以适当减少;反之,如果缩小管理跨度,那么管理层次肯定就会增多。一般来说,移民监理机构在设置过程中,应在通盘考虑管理跨度的影响因素后,根据具体情况确定管理层次。

5. 统一指挥

统一指挥原则是建立在明确的权力系统之上的。权力系统依靠上下级之间的联系形成指挥链,建立强有力的指挥系统,使各部门、各单位在统一指挥下彼此协作,密切配合。

6. 权责一致

权责一致的原则就是在监督组织中明确划分职责、权利范围,同等的岗位职务赋予同等的权力,责任与权力应一致。根据组织结构规律,一定的人总是在一定的岗位上担任一定的职务,因此就产生了与岗位职务相应的权力和责任。只有做到有职、有权、有责,才能使组织系统得以正常运行。

7. 精简高效原则

精简,就是监理组织的组织结构要与任务相适应,精简不必要的机构和人员,机构精简,效能才高。这就要求管理层次有合理的限度,不要搞“大而全”、“小而全”和因人设事。监理组织设计必须将效率原则放在重要地位。精简和效率是统一的,“精简”是提高效率的前提,而效率又是精简的基础和条件。组织结构中的每个部门、每个人为了一个统一的目标,组合成最适宜的结构形式,实行最有效的内部协调,使事情办得简捷而正确,减少重复和扯皮。

(三)项目监理组织设置

按照各子项目实施进度和项目委托方的要求,分别在郑州、开封、新乡、濮阳、菏泽、东平湖、济南的子项目所在地设立监理站,派驻地监理工程师和监理员。征地移民监理组织机构详见图4-1。

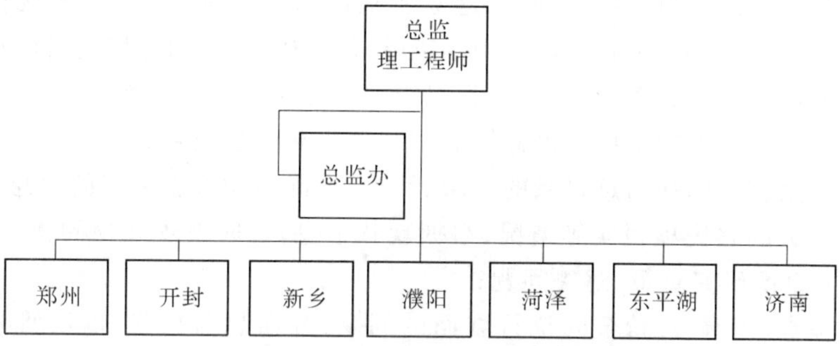

图4-1 征地移民监理组织机构框图

(四)监理人员职责

1. 监理人员行为准则

(1)遵守国家的法律、法规、规程、规范和有关条例、规定和办法;

(2)熟悉移民政策法规和监理业务,不断提高政策水平和业务水平;

(3)坚持“守法、诚信、公正、科学”的原则,不得弄虚作假;

(4)坚持独立自主地开展工作;

(5)坚持公正的立场,公平地处理有关各方的争议;

(6)不得以个人名义承揽监理业务;

(7)不得收受相关单位任何礼金、额外报酬和津贴;

(8)不得泄露相关单位认为需要保密的事项。

2. 总监理工程师的基本职责

(1)以移民监理单位在该移民项目的代表身份,与项目法人、实施机构、设计单位等有关单位协调沟通有关方面的问题;

(2)确定监理组织系统,制定监理工作方针和基本工作流程;

(3)选择确定监理各部门负责人员,并决定他们的任务与职能分工;

(4)对监理人员的工作进行督导,并根据实施情况的变化进行人员的调配;

(5)主持制定工程项目征地移民监理规划,并全面组织实施;

(6)帮助项目法人拟订移民安置协议;

(7)主持建立监理信息系统,全面负责信息沟通工作;

(8)及时对移民实施中的有关工作做出决策,如设计变更签证等;

(9)审核并签署监理文件、监理报告、监理通知书、竣工验收意见等;

(10)定期或不定期巡视工地现场,及时发现和提出问题并进行处理;

(11)按照规定时间向项目法人提交监理报告和例会报告;

(12)及时向地方人民政府报告监理情况,针对违反移民法规、条例、规定的行为向地方人民政府提出建议;

(13)分阶段组织监理人员进行工作总结。

3. 监理工程师职责

(1)组织制定各专业或各子项目的监理实施计划或监理细则,经总监理工程师批准后组织实施;

(2)对所负责控制的目标进行规划,建立实施目标控制的目标划分系统;落实各控制子系统的负责人员,制定控制工作流程,确定控制方法和手段,制定控制措施;

(3)协商确定各部门之间协调程序,为组织一体化主动开展工作;

(4)定期提交所负责的子项目目标控制例行报告和例会报告;

(5)根据信息流结构和信息目录的要求,及时、准确地做好本部门的信息管理工作;

(6)检查有关的移民项目实施情况,掌握现状信息,及时发现和预测将会出现的问题并向总监报告,以便研究对策,解决问题;

(7)及时检查、了解、评价合同执行方面的问题,并向总监报告,以便研究对策,解决问题;

(8)及时发现并处理可能发生的或已经发生的移民项目质量问题;
(9)参与移民项目有关的阶段验收工作和检查工作;
(10)参加或组织有关移民会议,并做好会议资料准备;
(11)协调处理本专业移民活动中出现的矛盾,及时形成文件向总监反映;
(12)检查、督促并认真做好监理日志、监理月报工作,建立本部门监理资料管理制度;
(13)定期做好本部门监理工作总结。

4.监理员的职责

(1)负责检查、检测、确认移民新村的房屋建设进度及基础设施建设情况,并做好记录;
(2)检查移民新村建设质量保证体系建设情况;
(3)检查移民土地划拨的数量和质量;
(4)检查补偿费的发放和落实情况;
(5)确认移民搬迁;
(6)检查专项的进展情况;
(7)抽查各类建设合同;
(8)记好监理检查日志。

第三节　征地移民监理规划和监理细则

一、监理规划

(一)监理规划的作用

监理规划的基本作用是指导监理单位的项目监理组织全面开展监理工作,监理的中心任务是协助项目法人实现项目的总目标。而实现总目标是一个系统的过程,需要制定计划,建立组织,配备监理人员,进行有效的领导,实施目标控制。只有系统地做好上述系列工作,才能完成工程移民监理任务。如果不事先对计划、组织、人员配备、领导等项工作做出科学安排就很难实现有效控制。因此,项目监理规划需要对项目监理组织开展的各项监理工作做出全面、系统的组织和安排。它包括确定监理目标,制定监理计划,安排目标控制、合同管理、信息管理、组织协调等各项工作,并确定各项工作的方法和手段。

监理规划是监理主管机构对移民监理单位实施监督管理的重要依据,监理主管机构对监理单位实施监督、管理和指导,对其管理水平、人员素质、专业水平、监理业绩进行考评、对其资质等级进行确认,以使移民监理能够达到应有的水平。

监理规划是委托方确认监理单位是否全面、认真履行合同的主要依据。监理单位如何履行监理委托合同,如何落实项目法人委托监理单位所承担的各项监理服务工作,作为监理委托方,项目法人有权监督监理单位执行监理合同。而监理规划是项目法人了解和确认这些问题的最好资料,是项目法人确认监理单位是否履行监理合同的主要说明性文件。

(二)监理规划的主要内容

1.监理工作组织

为了适应移民点多面广且分散的特点,采取固定和巡回相结合的工作方式。在移民安置任务重的县(市)设固定监理站,派驻固定监理人员。设立总监理工程师办公室,负责规范统一各地监理工作标准,统一资料汇总。

2. 监理的目标、依据和方法

1)进度控制

目标:征地移民安置实施进度按总进度计划和年度计划实施,及时纠正偏差,使其与工程实施进度适应。

依据规划协助委托人编制征地移民安置工程总进度计划和项目进度计划。

现场了解征地移民安置进度,对征地移民安置进展情况作记录、检查、计量、确认,并与计划进行对比,直观准确地反映出实施结果与计划之间的变动调整情况,分析其原因,提出解决方案。

定期向项目法人提供进度控制报告、报表。

向地方征地移民机构通报实施情况以及监理整改意见或建议。

2)质量控制

目标:按照规划的质量目标要求,对征地移民实施过程控制,及时提出纠正实施偏差的措施。

依据国家有关法律、规程、规范,国家批复的征地移民安置规划,工程项目法人与实施机构签订的包干协议,全过程检查是否符合质量目标。

3)投资控制

目标:通过投资控制措施,使征地移民投资合理使用。

依据批复的征地移民补偿投资项目、标准和补偿投资以及进度要求和设计变更资料,检查资金是否及时足额下拨和使用。对执行机构各级征地移民资金账目进行经常性检查。

据实施方报送的有关材料,监理方在核实情况的基础上,依据设计方提供的设计变更文件提出预备费使用监理意见。定期将项目资金计划和结算执行情况分析、汇总、整理,以报告、报表的形式向委托人汇报,并提出调整意见。

4)项目管理

目标:通过监理使征地移民安置工作达到规范化、制度化、程序化。定期分析整理编制征地移民搬迁安置监理资料,让发包人和有关部门及时掌握移民搬迁工作情况。

3. 监理工作制度

1)建立监理工作日志制度

各级监理人员应按照《建设监理工作日志管理办法》,逐日将所从事的监理情况写入监理日志,重大问题应及时报告总监理工程师。任何人不得擅自销毁、修改监理工作日志。监理工作日志应按规定进行审阅和保管。

2)监理报告制度

各驻地监理每月将移民安置现场的移民安置进展情况、移民安置和有关工程实施的质量情况、资金拨付和使用情况以及已经处理或需要处理的问题报总监理工程师办公室,写出监理报告送项目法人和有关部门。

3）监理联络员制度

项目法人、各级地方移民机构指定熟悉本地区移民工作情况的监理联络员一名，负责向监理工程师介绍情况、提供信息和资料。同时监理人员也要及时与联络员就有关问题进行沟通。

4）监理信息反馈制度

监理信息反馈是多层次的，包括总监理工程师向黄委、省、市、县移民机构负责人，政府主管移民工作的领导通报实施情况，监理工程师向县、乡实施机构通报监理情况，监理人员向移民群众解释、宣传政策和有关问题的反馈，将监理意见和业主、实施机构有关举措及时反馈给移民等，以尽可能达到监理信息共享的目的。

5）监理通知书制度

各级监理人员针对监理过程中出现的一些典型事件或较重要的问题分级向实施机构发送监理备忘录，指出存在的问题并提出意见或建议，书面发送各有关单位，要求予以解决。发送监理备忘录分两个层次：一是由总监理工程师签发；二是由驻地监理工程师签发，主送县移民机构和主管领导。对实施过程中出现的重大质量问题或隐患，首先由现场监理工程师督促实施单位进行整改，然后总监以书面形式通知实施单位负责人，督促整改；效果不佳时，总监向项目法人通报，由项目法人督促实施单位进行整改。

4. 监理意见的主要表达形式

1）座谈

监理人员与县、乡移民实施机构的负责人，业务人员、村干部或群众代表进行座谈，通过座谈了解存在的问题，回答座谈对象提出的问题，提出改进措施并予以记录。

2）书面通知

对监理检查中发现的问题，总监采取书面形式通知县级移民实施机构负责人，督促问题的解决。

3）监理报告

监理报告是项目监理的重要成果，是各级移民机构获得移民实施过程信息、解决移民安置问题的主要途径。移民实施过程本身是一个非常庞大的系统工程，头绪繁杂，监理报告既要理清移民实施头绪，给各级移民机构的决策者一个清晰的思路，又要突出重点达到监理的表达目的。

4）监理工作快报

监理工作快报是对监理报告的补充。在实施的关键阶段，监理单位采用了在各期监理报告之间增加监理快报的形式，及时反映实施进度和存在问题，达到信息的及时沟通。

5）监理通知书

对实施中的典型突出问题以书面形式通知有关单位尽快解决，或发往上级部门和项目法人单位督促解决。

二、监理实施细则

项目监理实施细则是在项目监理规划的基础上，由项目监理组织的各个部门根据监理规划的要求，在总监理工程师指导下，由专业监理工程师针对所分担的具体任务，结合项目具体情况和掌握的信息，编写或制定的指导监理业务实施的文件。随着核心子项目的实施,驻地监理工程师逐步到位,监理实施细则与监理规划相比,内容更丰富,更具指导意义。

(一)监理实施细则的主要内容

1.明确监理单位前期介入的时间和任务

移民监理单位前期介入非常重要。对于征地移民安置任务比较大的亚行贷款子项目,一般在开工之前监理单位就开始介入工作。其主要工作内容有以下几个方面:

(1)向建设单位、移民实施机构提出建立征地补偿和移民安置实施组织机构模式及补偿兑付程序的建议。因为相对于大型项目来说,征地移民安置任务在县级政府的工作中往往很难摆在举足轻重的位置。建立移民组织机构应遵循既要充分依靠地方政府,又不依赖地方政府的原则。实践证明,抛开地方政府由河务部门自己做工作,或完全依赖地方政府的做法,对以后的工程建设和移民区域稳定都是不利的。

(2)提请地方政府(县级)适时下发或张贴政府公告,将补偿标准、安置政策公布于众。

(3)监理人员了解和掌握移民补偿信息,对有问题的实物指标,经项目法人同意,提请设计单位核实与变更,监理单位出具意见。

2.按照项目不同特点制定不同的监理方法

根据堤防加固工程类和滩区安全建设类工程不同特点,制定不同监理阶段的、内容、方式、方法。

亚行贷款黄河防洪项目堤防加固工程征地移民内容,主要包括堤防加固永久占压土地、施工临时占压土地和永久占压区内涉及的移民房屋、学校、基础设施拆迁。对此类工程项目的监理重点是:按照国家有关政策、亚行导则、移民安置规划,对永久占压土地、施工临时占压土地以及地面附着物补偿兑现,涉及移民房屋、学校、基础设施拆迁、补偿、重建以及“失地”移民生产安置进行监理。

滩区安全建设类工程征地移民的特点是投资主体多元化,其中,村台及附属工程的部分占地、临时施工占地、地上附属物补偿由国家投资;村内道路及设施由地方配套投资;移民建房由个人出资。投资主体多元化决定了征地移民监理工作的复杂性和长期性,对于此类工程征地移民监理工作计划分为两个阶段:一是村台工程开工前后,监理工作重点为村台及附属工程的部分占地、临时施工占地、地上附属物补偿兑现;二是村台工程建成后,重点督促检查居民点基础设施建设、移民建房及生产安置。按照地方政府对黄委的承诺,督促地方配套资金的落实,协助工程项目法人和实施机构编制移民建房、搬迁、生产安置实施控制性进度计划,检查计划的实施。每季度由监理人员通过现场检查确定。

3.把过程控制贯穿于整个征地移民实施的全过程中

与工程建设监理一样,征地移民安置监理要把过程控制始终贯穿于整个征地移民实施的全过程中,通过过程控制把问题解决在实施过程中。对于征地、拆迁、补偿、安置等过程的每一环节派出监理人员对照规划、计划进行现场检查,检查出的问题及时报告给建设单位、实施机构,并督促及时解决。

4.协调

参加工程项目法人主持的征地移民实施各方协调会,协调管理及实施机构关系。

5.合同管理

参与工程项目法人与实施机构和县级实施机构、乡级实施机构包干协议的签订工作,收集协议文本资料。

6. 信息管理

对征地移民实施过程中所有有价值的信息(含文字、音像等)进行收集、整理、分析处理、保存和反馈,编制监理信息管理细则。

7. 咨询

为工程项目法人、实施机构、移民村及移民提供关于征地移民政策、程序、方法等方面的咨询服务。

8. 验收资料

协助征地移民执行机构编制工程项目征地移民竣工资料,协助工程项目法人按国家规定进行征地移民实施各阶段验收及竣工验收。

9. 设置并完善项目实施表格系统

具体内容略。

第四节　征地移民安置进度监理

一、征地移民安置进度监理的意义

征地移民安置进度监理,是指对征地移民项目实施的各阶段的工作内容、工作程序、持续时间和衔接关系编制计划并将该计划付诸实施,在实施过程中经常检查实际进度是否按照计划要求进行,对出现的偏差分析原因,提出补救措施或调整、修改原计划等建议。进度监理的最终目的是按计划移交永久用地和临时用地,按计划完成居民点建设和生产用地调整,按时拨付补偿资金。建设项目进度控制的总目标是建设工期,移民项目进度监理的总目标是根据建设项目建设总工期确定的移民工作的工期。

工程移民搬迁安置进度监理工作是一个完整系统体系,首先是移民项目实施单位的内部控制,其次是移民监理单位的监督控制。

工程移民搬迁安置工作的责任主体由子项目所在地的县级政府承担,经费实施包干;进度监理控制的内在动力主要来自政府内部,监理单位的直接和间接监理都是通过行政自上而下进行的。经济上的奖励或处罚等措施也是经常采用的控制措施。

移民监理工程师必须适应工程移民监理的特点,要善于利用行政系统的特点。当然,移民搬迁安置进度监理的最关键部门是行政实施部门。移民监理单位对实施单位进行监督控制,其性质均属于间接监督。

工程移民是因工程建设所引起的,是工程建设的重要组成部分。为保证工程建设的顺利进行和按期完工,作为其重要组成部分的工程移民项目的进度也必须和工程建设的总工期目标相协调。

二、征地移民安置进度计划的编制

(一)进度计划分类

1. 项目总进度计划

项目总进度计划是指初步设计经批准后,根据初步设计,对整个项目从开始实施到验收全过程的统一部署，以安排各项工程和移民工作，合理分配年度投资，组织各方面的协作，保证初步设计确定的各项建设任务的完成。

2. 征地移民安置总进度计划

征地移民项目总进度计划是指依据批准的初步设计和项目建设总进度计划，对整个移民项目从开始实施到验收全过程的统一部署，以安排各项移民工作、各项移民单项工程的实施进度，合理分配年度投资，组织各方面的协作，保证初步设计确定的各项建设任务的完成。它对于保证项目实施的连续性，增强实施工作的预见性，确保项目按期完成具有重要作用，也是编制上报年度计划的依据。

3. 子项目进度计划

子项目进度计划是依据项目总进度计划、经批准后的初步设计，对子项目从开始实施到验收全过程的统一部署，以安排各项工程和移民工作，合理分配年度投资，组织各方面的协作，保证初步设计确定的各项建设任务的完成。

4. 子项目征地移民进度安置计划

子项目征地移民进度安置计划是依据主体工程建设项目计划、工程移民项目总进度计划、批准的设计文件，由项目法人编制的实施进度计划。该计划要同时满足主体工程建设项目和工程移民项目总进度计划的要求。

5. 子项目年度征地移民安置进度计划

移民项目年度进度计划是依据主体工程建设项目计划、工程移民项目总进度计划、批准的设计文件，由项目法人编制的年度实施的进度计划。该计划在满足主体工程建设项目和工程移民项目总进度计划的情况下，合理安排年度的移民实施计划。

6. 实施单位进度计划

由实施单位根据子项目征地移民进度安置计划、年度征地移民安置进度计划编制。

（二）亚行贷款项目进度计划分类

1. 项目总进度计划

根据批准的亚行贷款黄河防洪项目初步设计文件，由黄委亚行项目办负责编制项目总进度计划。

2. 征地移民安置总进度计划

编制亚行贷款项目征地移民安置总进度计划是以亚行贷款项目总进度计划为依据，由黄委亚行项目办负责编制。

3. 子项目进度计划

由子项目项目法人根据亚行贷款项目总进度计划和征地移民安置总进度计划进行编制。

4. 子项目征地移民进度安置计划

由子项目项目法人根据亚行贷款项目总进度计划和征地移民安置总进度计划进行编制。

5. 子项目年度征地移民安置进度计划

按照子项目征地移民进度安置计划，由各子项目项目法人编制子项目年度征地移民安置进度计划。

6. 实施单位进度计划

由县级移民实施单位根据子项目征地移民进度安置计划、年度征地移民安置进度计划编制。

三、亚行贷款项目征地移民安置进度监理实践

(一)协助项目法人编制各子项目征地移民进度安置计划和年度征地移民安置进度计划

1. 收集并研究进度计划的编制依据

编制征地移民搬迁进度计划,通常以下列管理信息数据、调查研究的内容作为编制依据。

(1)国家批准的征地移民安置规划。国家批准的初步设计文件、技施设计文件等明确的项目规模、设计要求,是编制征地移民进度计划必须遵守的文件。

(2)征地移民实施协议。征地移民实施协议是根据国家有关征地移民的法律法规,由工程项目法人或工程移民项目法人或上级主管部门与占压、安置区的地方政府签订的移民安置实施协议书。

(3)移民单项工程的承包合同。移民单项工程的承包合同,以合同标准文本为依据进行编制,在合同中明确甲乙双方在建设中的责任、权利和义务、工期要求、质量标准、费用及其支付方式、违约责任等。项目法人实施进度计划的编制应充分考虑主要移民单项工程的合同进度。

(4)征地移民的实施方案。征地移民一般由地方政府组织实施。在实施前,由地方政府根据国家批准的征地移民规划做出详细实施方案,报项目法人或监理单位审查,项目法人批准后遵照执行。项目法人的实施进度计划应与地方政府协商。

(5)有关的法规、技术规范、标准、技术和行政文件。与征地移民有关的法规、技术规范与标准以及设计部门、行政部门有关项目的文件,也是进度计划编制的重要依据。

(6)亚行贷款项目总进度计划、亚行贷款项目征地移民安置总进度计划。

2. 编制实施方案,确定实施方案与实施顺序

进度计划应在初步设计或技施设计的基础上编制,并进一步优化。实施规划包括实施准备阶段、实施阶段、竣工验收阶段各项工作的安排。

3. 确定征地移民的工期目标

进度控制首先有控制目标,其目标包括总目标和各分阶段、分区域控制目标。总目标是与项目总工期一致;各分阶段、分区域控制目标是项目分解的结果,是各分项目的实施工期。

4. 编制进度计划(略)

5. 优化进度计划(略)

(二)对实施单位提交的征地移民实施进度计划进行审核

实施单位提交的征地移民实施进度计划,是移民执行机构根据与项目法人签订的协议,考虑到影响征地移民实施的社会、自然、人为因素,结合当地政府的实际情况而编制的实施征地移民的时间安排。一份合格的实施进度计划,必须具备可操作性和科学性。所

谓可操作性，即进度要根据征地移民的任务以及安置区的实际情况，反映出按计划实施的可能性；所谓科学性，即计划安排既要合理，又要符合协议、合同的要求，确保工程移民实施质量。

监理单位主要从以下几方面对实施单位提交的实施进度计划进行审核。

(1)总目标是否与项目法人实施进度计划相抵触。移民项目的总工期是非常重要的基础控制目标，实施单位制定的实施进度总目标可早于但不可迟于项目法人的总目标。如果根据实际情况分析，最终证明项目法人制定的总目标不具可操作性，不能如期完成，则必须对工程移民规划进行变更，并重新报批。这将对整个项目产生重大影响。

(2)各分阶段、分区域控制目标是否与项目法人实施进度计划相一致。阶段性控制目标也非常重要，阶段移民搬迁进度控制目标是由分阶段主体工程制定的目标决定的。因此，实施单位进度计划分阶段、分区域控制目标也不能迟于项目法人制定的相应目标。

(3)各阶段各单项工程的实施顺序是否规范。征地移民搬迁安置有一定的程序要求，如农村移民安置，必须先进行土地划拨和房屋建设再搬迁，若上述单项的实施顺序变为先搬迁再进行房屋建设，则该实施进度计划不符合规范。

(4)项目法人投资计划能否满足实施单位制定的实施进度计划。如果实施单位希望尽早实施完毕而把各单项工程全部提前，或者集中在某一时段，届时可能会因为项目法人难以及时筹足资金支持该计划而无法实施。

(5)实施进度计划能否满足移民搬迁安置的质量要求。移民搬迁安置的质量要求是移民法律法规和有关技术规范确定的。总体上说就是“搬得出、稳得住、能逐步致富”。移民实施进度太快，将使移民质量难以保证。因此，实施进度计划还必须能够满足移民搬迁的质量要求。

(三)对征地移民搬迁安置进度检查

在移民项目进度检查中，一旦发现实际进度与计划进度不符，即出现进度偏差时，监理人员必须认真寻找产生进度偏差的原因，分析进度偏差对后续工作的影响，并建议采取必要的进度调整措施，以确保进度总目标的实现。

1.对进度计划执行的跟踪检查

对进度计划的执行进行跟踪检查，是计划执行信息的主要来源，是进度分析和调整的主要依据，也是进度控制的关键步骤。跟踪检查的主要工作是定期收集反映项目进度的有关数据。为全面而准确地了解进度的执行情况，监理人员应从以下3方面做工作。

(1)经常、定期收集进度报表数据。进度报表是反映工程实际进度的主要方式之一。进度计划执行单位应按监理检查制度规定的时间和报表内容，定期填写进度报表，收集进度报表资料，掌握征地移民实际进展。

(2)派监理人员常驻现场，检查进度实际执行情况。随时检查进度计划的执行情况，掌握实际进度的第一手资料，使获得的数据更加及时、准确。

(3)定期召开现场会议。监理工程师应明确究竟多长时间进行一次进度检查为宜。进度监理的效果与收集信息数据的时间间隔有关，如果不能经常、定期提供进度信息数据，就难以达到进度控制的效果。此外，进度检查的时间间隔还与工程项目的类型、规模、监理对象的范围大小及现场条件等多方面因素有关。可视工程的具体情况,每月、每半月或每周进行一次。项目实施过程中,若某一阶段出现不利的进度状况,甚至可能进行每日进度检查。

2. 对收集的资料进行整理、统计和分析

(1)资料的整理。收集到有关的数据后,要进行必要的整理、统计和分析,形成与计划具有可比性的数据。例如,对检查时段实际完成工作量的进度数据进行整理、统计和分析,确定本期实际完成的工作量、本期实际完成工作量的百分比、累计完成工作量的百分比、进展状况等。

(2)实际进度与计划进度的对比。通常可利用表格形成各种进度比较报表或直接绘制比较图形,来直观地反映实际与计划的差距,通过比较了解实际进度比计划进度拖后、超前还是与计划进度一致。

(3)分析产生进度偏差的原因。监理工程师通常根据所收集的实际数据与计划数据的比较,来发现进度偏差,了解实际进度比计划进度提前还是拖后,但从中并不能发现产生偏差的原因。为真正了解现实状况,负责进度的监理工程师应深入现场进行调查,以查明原因。

(4)分析偏差对后续工作的影响。当实际进度与计划进度出现偏差时,在做必要的调整之前,需分析由此产生的影响。例如:对哪些后续工作产生影响,对总工期有何影响以及影响的大小,确定进度可调整的范围,尤其是关键控制点以及总工期允许变化的范围。

(四)征地移民搬迁安置进度监理意图的表达

1. 征地移民搬迁安置进度监理报告

通过检查、分析汇总编写监理报告及时报送项目法人、各有关移民实施机构,以便委托方及各有关移民实施机构及时了解移民实施进度及实施过程中各相关部门的活动,发现问题并寻找解决措施。征地移民搬迁进度是征地移民监理报告的重要组成部分,有时单独提交进度报告,多数情况作为征地移民监理报告的组成部分提交。

征地移民搬迁安置进度方面包括的主要内容如下:

(1)本年任务及计划进度。

(2)实施进度:包括用地移交、附着物清理、农村移民人口搬迁、农村移民房屋建设、农村移民土地划拨及农村移民基础设施建设等。

(3)专项建设。

(4)进度方面存在的问题及其原因分析。

(5)监理意见。

2. 监理通知书

监理人员针对监理过程中出现的一些典型进度滞后事件或较重要的问题通过监理通知书的方式向实施机构发出通知,指出存在的问题并提出意见或建议,要求予以解决。一般由驻地监理工程师签发,还要抄送相关各方。定期跟踪监理通知书中提出的问题是否解决和采取了措施。

监理通知书样式详见表 4-1。

表 4-1　亚行贷款黄河防洪项目征地移民监理通知书

（驻　　组第　　号）日期：

收件单位：
监理对象：
主要问题：
监理意见：
监理工程师：

抄送：

第五节　征地移民安置质量监理

一、征地移民安置质量概念

征地移民安置质量是关系到移民利益和区域社会稳定的大事。从中国过去工程移民安置的实践来看，在不少移民安置工程上，由于资金投入不足及对移民安置工作实施监管不力，导致工程移民安置质量存在诸多问题，影响了政府的形象与声誉，也损害了移民群众的利益，更为严重的还危及到工程区及移民安置区的稳定。这些问题主要有：移民生活设施不配套，使移民存在诸如吃水难、行路难、就医难、小孩上学难等问题；移民生产条件没有保障，使移民生产水平一直赶不上当地群众的生产水平，诸如耕地少而差，缺乏农田灌溉条件等问题；移民收入低于当地群众收入水平，有的还处于贫困之中，这使移民不安心，埋怨情绪较大；移民缺乏就业门路。以上问题归根结底是在移民安置时没有一个明确的质量目标，缺乏一套移民安置质量保证体系。

征地移民安置质量实质上是一个广义质量的概念，是一个质量体系，大致包含以下几个方面。

（一）工程项目质量

工程项目质量是指为移民安置而实施的单项工程质量控制，与移民安置整体质量有直接关系。如果为移民安置而实施的工程项目质量不能保证，也会直接影响移民整体安置质量。

（二）整体功能性质量

区域内所有移民安置工程的整体协调性、各项功能的恢复，集中反映了功能性设施的整体质量。功能性设施整体质量的保证，要求在项目建设之前进行充分的可行性研究和区域规划，在建设过程中要求保质、保量、高速、高效地完成，通过项目的优质施工和进度的合理安排来保障区域移民安置工程的整体质量。其中，城镇迁建质量包括城镇基础设施质量、公共服务设施质量、城镇建房质量；农村移民迁建质量包括农村基础设施、农村移民生活服务设施、农村移民生产生活环境等的质量。专业项目建设质量主要包括公路、港口码头、输变电、邮电通信、广播电视等。

这些专项工程具有独立的功能，反映一个建设区域的基础条件，也是城镇、农村具备整体功能的基础保障。功能性设施整体质量的好坏及效能的发挥，反映一个区域投资环境和发展条件的好坏，是区域经济发展的基础。

（三）移民安置质量

移民安置质量是监理工作非常重要的内容。在大规模非自愿移民情况下，由于移民搬迁数量多、安置范围广，各种基础设施和房屋建设数量大，主要包括生产安置质量、生活安置质量等。

（四）机构的工作质量

由于移民机构的工作质量直接影响移民工作的整体质量，所以对机构工作质量的监理是十分重要的。

（五）环境质量

环境质量主要是指监督区域社会环境、生态环境质量。随着项目建设、建筑物的拆除、移民安置工程的建设、移民的迁移，区域原有的生态及社会环境发生了改变，但随着移民安置工程建设的完成、生态的逐步恢复，移民安置趋于稳定，在移民安置区又创造出更新更优美的环境。

二、征地移民安置质量监理的内容

（一）工程项目质量监理

工程项目质量控制工作由单项工程专业监理工程师完成。征地移民搬迁安置监理单位一般不涉及工程项目建设的具体微观质量控制，移民监理工程师任务是对工程项目质量进行不定期检查，发现质量问题进行研究，提出改进措施或建议，由单项监理工程师督促承包商进行整改。移民监理对工程项目的质量控制是一种直接的参与、间接的控制。移民监理对工程项目质量控制的主要工作内容有：收集项目建设质量资料，包括设计文件、施工方质量保证措施、中间检测验收资料等；在建设期，对主要工程、重点工程定期深入现场进行调查，对其他工程项目则进行不定期检测；对出现质量问题或发现质量隐患的工程进行重点研究，提出整改措施或建议，并督促有关方面进行整改，检查整改情况；对工程项目质量状况进行统计报告，特殊的或严重的质量问题须编制专题报告。

（二）整体功能性质量监理

在功能性设施整体质量控制方面的主要工作内容包括：收集城镇或移民安置区各项移民安置工程建设进展情况的资料，并进行统计分析；发现区域内影响整体性质量的重点项目、重点问题，进行专题调查，并提出专题报告；对区域内各项工程、各个专业项目效能的发挥进行综合匹配分析，对整体质量状况进行评价；编制监理报告。

（三）移民安置质量监理

监理在移民安置质量方面的主要工作内容有：监理移民搬迁安置工作的进展，收集安置质量有关数据资料；对农村移民土地质量等进行专项监理，对移民安置质量进行分析；对移民安置工作中暴露出的质量问题，特别是农村移民后靠安置质量、农村移民建房、城镇居民建房质量问题进行重点研究，提出整改措施、建议；提出农村及城镇移民安置质量监理报告。

（四）机构的工作质量监理

监理内容包括：机构运转情况、宣传、教育、培训及对待移民的申诉、移民满意度等方面的质量监理等。

三、征地移民安置质量监理工作方法

移民监理单位在项目征地移民安置质量监理方面采取微观和宏观相结合的工作方法，概括地讲，就是在工程项目质量、整体功能性质量、机构的工作质量等方面采取宏观监理方式，在移民安置质量方面采取相对微观监理方式。

（一）对工程项目承包单位能力进行检查

对移民单项工程承包单位能力的审查是移民监理单位质量控制的重要措施，审查的工作内容主要为：

(1)根据工程的类型、规模和特点，检查招投标情况。

(2)查对建筑业企业资质证书，了解其实际的建设业绩、人员素质、管理水平、资金情况、技术装备等。

(3)对工程承包企业的质量保证体系进行核查，了解企业的质量意识、质量管理情况。

(4)在项目施工建设过程中，对承包企业的资质进一步考核，了解承包企业的真实质量控制能力、质量保证体系的建立及执行情况。

(5)检查合同签订情况和对合同的执行情况。

(二)移民搬迁工作质量监理

移民搬迁工作是工程移民安置的重要环节，其主要质量控制点在于移民是否能够及时搬迁，妥善安置。监理工程师在移民搬迁阶段现场检查移民搬迁实施情况，并填写相应表格，主要包括以下内容。

(1)规划搬迁情况，包括人数、户数、实物指标、搬迁时间要求。

(2)搬迁准备情况，包括搬迁组织体系、主要负责人员、上述各工序准备情况。

(3)搬迁实施情况，包括搬迁开始和完成时间。

(4)移民搬迁去向，居住情况。

(三)移民建房质量监理

监理工程师在移民建房阶段现场检查移民建房实施情况，并填写相应表格，包括如下内容。

(1)建房形式：自建或统建。

(2)移民实施机构在移民建房过程中技术服务体系建立情况。

(3)检查移民安置质量管理体系的运作情况，有利于专业化质量监督。

(4)规划安置移民情况，包括户数、人数、房屋户型的规划设计情况。

(5)实施情况与规划情况的比较及分析，是否满足移民住房需要。

(四)移民新村建设质量监理

新村环境与布局将直接影响到移民搬迁的意愿，以及搬迁后的归属感、适应性，是安置质量的重要标志，主要包括如下内容。

1. 新址选点和居民点布局

新村选址应在环境容量允许的地区，具体地点的确定和居民点布局在技术许可的条件下主要征求移民的意见，考虑他们自己的需要和偏好。移民监理工程师对移民新址选点和居民点布局的质量监理，主要依据进行技术勘测的结果以及听取移民意见等途径来实现。

2. 村台、居民点连接路、供水、供电建设的质量监理

村台、居民点连接路、供水、供电等基础设施建设，一般由地方移民实施机构组织实施(通常为县级移民实施机构)。根据规模大小采取不同的实施方式，较大规模的基础设施建设需要纳入基本建设程序，采用“原规模、原标准、原功能”原则建设。通常情况下，村台和居民点连接路由县级移民实施机构选择地方工程队实施或组织移民自己实施；供水设施建设由县级移民实施机构选择专业工程队，如水利局施工队等实施；供电设施建设通常由地方供电部门包干实施。移民监理工程师对上述基础设施建设的质量监理主要是检

查移民实施机构和施工单位的质量管理体系及保障体系是否完善。

3. 集体公益设施建设质量监理

学校、村集体办公用房以及广场、舞台等村公益设施的建设,一般由村集体负责组织实施。移民监理工程师主要监督检查具体单项建设的质量保证体系是否健全、运作是否规范,参与居民点建设的竣工验收工作。

4. 填写相应表格

表格内容包括:规划安置移民及新村规划情况,包括户数、人数、新村占地、村台建设、水电路规划指标、学校、村部等规划设计情况;新村建设实施情况,包括进度、质量控制措施、质量监督情况、事故处理情况;实施情况与规划情况的比较及分析,是否满足移民需要。

(五)农村移民生产安置质量监理

新条例第十三条规定:"对农村移民安置规划,应当坚持以农业生产安置为主,遵循因地制宜、有利生产、方便生活、保护生态的原则,合理规划农村移民安置点。农村移民安置后,应当使移民拥有与移民安置区居民基本相当的土地等农业生产资料。"

1. 有土安置方式下的移民安置质量监理

所谓有土安置方式即划拨一定数量的土地,用于农业移民人口的生产安置,这是农村移民安置经常采用的方式。对划拨土地的质量监督在移民安置总目标的实现中至关重要。划拨土地质量监理的主要内容如下:划拨土地面积是否按照规划标准;划拨土地类型属于水田、水浇地、旱地、果园等哪一类型;划拨土地土质是肥沃还是比较贫瘠;划拨土地的水利条件(有无完善的水利配套设施,完善程度和运作情况如何);划拨土地发展水利的潜在条件如何(有无水利设施,是否存在发展水利设施的潜力,难易程度);划拨土地的分散程度(土地过于分散将不利于耕作,而且将增大与周边村民发生摩擦的机会);划拨土地的耕作半径(耕作半径过大,移民耕作成本将增加,管理成本增加,不利于耕作,耕作半径一般应保持在居民点一定距离之内);生产开发情况(土地改造情况,农田水利工程设施情况)。

2. 货币安置方式

本方式适用于占地较少的后靠安置形式,亚行贷款项目的生产安置大部分采取这种形式。监理工程师现场检查安置实施情况,并填写相应表格,内容主要包括:规划占地情况,包括人数、户数、占地数量;占地户剩余的耕地数量;乡、村安置政策;补偿费兑现及使用情况。

3. 临时占地复垦监理

临时占地在亚行贷款项目中占有很大的数量,临时占地复垦的好坏直接影响移民的生产恢复,对此项工作监理单位投入了大量的精力。定期检查督促临时占地复垦工作,并将复垦数量、质量情况填写表格,内容包括:临时占地性质(挖、压、踏)、占地位置、权属、数量、复垦情况、交接情况。

(六)移民专项建设质量监理

移民专项设施建设可采用包干制。具备条件的应实行招标和聘请专业监理机构。移民监理单位对专项建设的监督主要包括:检查工程项目设计是否符合移民规划要求,是否遵循了基本建设程序;专业项目的实施是否有相应组织管理体系,施工队的选择、资质、质量管理体系;招投标情况;有无层层转包情况;有无专业监理资质;现场抽检施工质量及有关资料;提出技术要求及改进意见,参加工程阶段性验收及竣工验收。定期检查专项建设实施情况,填写相应表格,主要内容包括:

(1)规划专项建设情况,包括征占情况、恢复改建规划、规划投资、质量要求等。

(2)专项建设实施情况,包括专业项目建设组织管理体系,各专业项目的设计、监理、施工情况,质量控制体系及实施情况,验收情况等。

(3)实施情况与规划情况的比较及分析。

第六节　征地移民资金拨付和使用监理

一、征地移民资金拨付和使用监理的重要性

对移民资金的拨付及使用的监理,是贯彻开发性移民、安置好移民群众生产生活的一项重要工作。它对全部征地移民投资活动的计划性、经济性、合理性负有调控、监督、验证的职能。其工作质量的好坏,不仅直接关系到移民生产生活条件的恢复,移民能否“搬得出、稳得住、能逐步致富”目标的实现,而且还影响到主体工程建设目标能否实现和安置区社会能否长治久安。征地移民资金的拨付及使用监理管理,涉及面广,政策性强,影响因素复杂,实施难度大,所以必须运用行政的、经济的和法律的手段加强监理控制。

二、征地移民资金拨付和使用的特点

(一)移民资金牵涉面广,资金种类多,性质不一

移民资金涉及成千上万的移民、企业事业单位的各种实物补偿;涉及工程占压区内的公路、电信、电力等各种公共设施迁建;还有移民搬迁、各类安置补助费及移民生产开发费等。这些资金不但分布不均,而且层次繁多,涉及省、市、县、乡、村,情况复杂,管理层次多、难度大。

(二)移民资金的拨付和使用灵活性强

移民工程不像一般工程基建投资那样,各个项目乃至各项目的细节均有其严格的概算与基建定额标准。移民工程虽有预算,有的项目确定了标准,但标准不一,由于具体情况的差异而时有变动;还有事先无法确定的具体项目与标准,需根据具体情况与实际需要灵活使用资金。如移民生产开发费,虽其使用原则是用于移民改善生产、生活条件,但具体投向、立项乃至效益评估等均是因地制宜,需经过细致的调查研究与可行性分析,以及科学的论证之后方能择优选项。

另外,由于移民管理层次多,投资流向分散,从项目法人到省、市、县、乡、村及移民、承建部门、承包商,控制不易,因而具有较大的灵活性。

(三)移民资金的使用效益要经受较长时间的检验

移民的生产恢复往往需要几年甚至更长时间,给移民生产安置投资带来较大的不确定性。移民资金不但要确保主体工程需要,使移民安全搬迁出来,更重要的是将移民安置好,不留或少留后遗症。

移民资金使用上的特点，决定了必须对其进行监理控制，统筹安排，把移民资金的拨付和使用归并到计划管理、项目管理的轨道，使移民资金的使用做到平稳有序、有章可循、有根有据。在预算控制下全面、详细地编制用款计划，逐项分解，分级管理，做到按计划定项目，以项目定资金，资金跟项目走，项目规划分级审批，层层实行责任制。同时，还必须做好计划执行过程中的检查监督，既要防止挪用、挤占、套用、借调甚至贪污等行为，又要精打细算，严格履行计划，逐项逐目监督，防止不按计划用款与超计划用款现象，让有限的资金发挥最大的效益。

三、征地移民资金的构成

随着国家对征地移民工作越来越重视，征地移民预算投资占整个工程投资的比例越来越大，以亚行贷款项目为例，子项目征地移民预算投资一般占整个工程投资的四分之一。移民资金的构成如下：

(1)农村移民安置费。农村移民安置费包括征收土地补偿费和安置补助费、临时占地补偿费、房屋及附属建筑物补偿费、工副业设施补偿费、小型水利电力设施补偿费、工商企业迁建补偿费、事业单位迁建补偿费、公用工程设施复建费、搬迁运输费、其他补偿费、过渡期生活补助费、农村居民点建设等。

(2)专业项目恢复改建费。专业项目恢复改建费包括公路、电信、电力等工程复建费，中小学校复建费，水利水电设施补偿费，国营林场等迁建费，其他设施(水文站)补偿费等。

(3)其他费用。其他费用包括勘测设计费、科研费、实施管理费、管理机构开办费、技术培训费、监理监测费。利用外资的建设项目(包括移民项目)，应计列外资机构咨询、评估、检查费及配合工作经费。

(4)预备费。预备费包括基本预备费和价差预备费两项。

(5)有关税费。

四、征地移民资金拨付和使用监理实践

(一)征地移民资金管理体系

(1)永久征地：项目法人(市级河务局)→实施单位(县级迁占办公室)→县土地局→乡镇→村→村民小组。

(2)临时占地：项目法人(市级河务局)→实施单位(县级迁占办公室)→村→村民小组→户。

(3)房屋和地面附着物：项目法人(市级河务局)→实施单位(县级迁占办公室)→乡镇→村→户(或实施单位→户)。

(4)专业项目复建：项目法人(市级河务局)→实施单位(县级迁占办公室)→施工单位(或建设单位→实施单位)。

(二)规范征地移民资金支付结算程序

1.关于移民资金的支付

项目征地移民实施预付款制度。亚行贷款黄河防洪项目征地移民工作实施后，由实施机构根据项目投资计划、实施协议、工程进度提出用款申请，经有关各方审核同意后，建

设单位按照规定程序报上级实行国库支付。

2. 关于移民资金结算

资金结算实行“一经手、二审查、三审核、四审批”的签字报销流程和制度。“一经手”即领款人必须签注经手人,“二审查”即移民业务部门对该项目支出的合理性进行审查,“三审核”即移民财务部门对该款项支出的合法性、原始凭证是否齐全以及资金到位等情况进行综合审核,“四审批”即单位主管领导综合以上情况总负责签字审批。

3. 资金结算所附原始票据

(1)实施机构组织招标承包的项目,结算时提供工程价款结算单、项目验收单、项目预决算报告和税务机关监制的统一发票。资金支付给承包(施工)单位,同时附受益移民村(组)加盖印鉴的证明材料。

(2)未实行承包的项目,即由实施机构直接实施的项目,结算时应提供工程价款结算单、项目验收单、相关购货发票和劳务费领取凭证。资金一般支付给提供商品或劳务的单位或个人,也可以支付给项日实施村(组),同时附受益移民村(组)加盖印鉴的证明材料。其中,村集体补偿项目,提供经村委会和乡镇政府签署意见的补偿清单为直接报账凭证;若直接以现金形式补偿兑现给移民户的,提供受益移民户签章并经乡镇和村委会签署意见的花名册为直接报账凭证。

具体到本项目工程结算时,应附经确认的工程量原始记录表和经签章的实物补偿结算单。

(3)项目组织管理过程中发生的管理费用,凭实际支出原始票据在实施管理费中报支。

4. 结算资金的支付方式

各级部门应当支付的结算资金,一般实行转账结算,严格控制现金支出。

5. 质量保证金的预留和支付

实行承包的项目或单项工程资金数额较大(10 万元以上)的项目实行质量保证金制度,应按合同规定执行,一般要保留应结算资金的 5% ~10%,期限为一年。由财务部门在资金结算时直接扣留。

在质量保证期满后、支付质量保证金时,应当由项目施工单位提出申请,项目管理单位签署意见,建设单位业务部门、财务部门和单位负责人审核、审批后,以一般收据为原始票据支付。

6. 移民项目结余处理

比照基建结余处理。

7. 结算资金的工作程序

1)房屋附属物和征地补偿费结算前的工作程序

(1)几方共同进行实物复核,填制“核查表”;

(2)监理整理资料,以村为单位,汇编成表;

(3)交实施机构进行资金兑付,户、村、乡实施机构签字;

(4)按照监理要求,由乡、村、户完善手续,并将原始资料复印件报监理一套;

(5)监理抽查验收,其中个人补偿费按 20% 户数抽查,土地补偿按 100% 村抽查;

(6)监理将抽查结果与有关资料核对,并要求附乡、村出具相关证明材料;

(7)实施机构、监理在工程价款结算单签字,并附乡、村原始资料,报建设单位结算。

2)临时占地(挖地)的监理和补偿

监理重点做好各标段土方量的测量,原则上按迁占办公室和有关施工单位、村(点)签订协议规定的取土场面积计算方法,将土方量折算成亩数,由实施单位(或施工单位)提供土方来源村(点)和工程量明细清单(监理制定表式),按政府公告补偿标准进行兑付;村庄签章,监理抽查验收后报建设单位结算。

3)临时占地(压、踏地)的监理和补偿

由实施单位(或施工单位)提供压、踏土地村(点)和占压面积工程量明细清单(监理制定表式),按政府公告补偿标准进行兑付;村庄签章,监理抽查验收后报建设单位结算。

4)土地证明手续的办理

土地证明手续的办理,主要根据《中华人民共和国土地管理法》第十一条规定:"农民集体所有的土地依法用于非农业建设的,由县级人民政府登记造册,核发证书,确认建设用地使用权。"第十二条规定:"依法改变土地权属和用途的,应当办理土地变更登记手续。"

5)不予报账或支付资金的情况

有下列情况之一者,不予报账或支付资金:①未经年度预算批复的;②项目支出超预算或超出规定使用范围的;③配套资金不到位的;④不按要求提供有效报账文件和凭证的;⑤违反国家有关法律、法规和制度的。

8.关于资金管理

项目征地移民实行专账管理,不得与地方配套资金、单位管理经费及其他资金混淆核算。

9.关于专项的实施

根据《水利水电工程建设征地移民设计规范》(SL 290—2003)的要求,专业项目应按照"原规模、原标准、原功能"原则,予以复建;不需要或难以恢复的,向移民做好解释工作,并根据有关规定,予以妥善解决。如道路、电力、通信线路等不能以补偿费形式发放给村庄,应由实施机构组织复建,受益村确认。

(三)确定监理控制点

(1)征地移民资金从市级河务部门(项目法人)拨付地方政府(县级迁占办公室或县堤防办公室),为移民资金监理控制的一级控制点。按照实施进度情况控制资金流向。

(2)县级迁占办公室或县堤防办公室对下一级的拨付,为移民资金监理控制的二级控制点。

(3)对县级迁占办公室或县堤防办公室对下一级的兑付进行检查。

(四)征地移民资金拨付和使用监理方法

(1)对于涉及移民个人的房屋、附属建筑物、零星树木、青苗补偿、搬迁费等,根据事前建立的补偿信息档案和公布标准全部兑付,并由兑付物权所有人上一级(乡或村)提供其兑付凭证。

(2)对于永久征地、临时占地要求按征地数量和标准兑付到村或村民组,并由负责兑付的县、乡或土地局提供其兑付凭证。

(3)对于专项设施恢复或补偿,实施要有合同,完工有验收。

(4)资金兑付检查。监理人员定期对照合同、兑付凭证现场抽查、检查兑付情况,检查出的问题及时报告给建设单位、实施机构，并督促及时解决。

(5)资金流向控制。监理单位对资金流向的控制也是监理工作的重点，通过行使监理工程师的签字权和经常自下而上的检查，对每一实施机构征地移民资金是否全部兑付、有无滞留、滞留的原因均了如指掌，从而有效地防止滞留、克扣、挪用征地移民资金现象发生。

(6)剩余资金必须用于移民安置。征地移民安置投资不是包干投资，即使有剩余也必须用于移民的生产生活安置。在亚行贷款项目征地移民安置实施中，坚持这一原则，对有结余的子项目，协助实施机构制订实施方案，督促落实。为移民造地、淤筑村台、疏浚灌溉排涝系统等项目的实施，改善了移民生产和生活环境，移民满意度高，促进了河务部门和当地移民群众的和谐相处。

第七节 征地移民安置监理合同管理、信息管理及协调

一、征地移民安置监理的合同管理

(一)亚行贷款项目征地移民安置合同类型

亚行贷款项目征地移民安置合同包括以下几种类型：

(1)项目法人与县级政府签订的征地移民搬迁安置实施协议。

(2)项目法人与专项实施单位签订的项目施工合同。

(3)县级政府(迁占办公室或堤防办公室)与乡镇签订的搬迁补偿安置协议。

(4)县级政府(迁占办公室或堤防办公室)与专项实施单位签订的专项实施合同。

(5)其他实施合同。

(二)征地移民安置合同管理

合同管理方面，移民监理工程师主要协助项目法人、实施机构与相关方签订合同，对合同内容进行咨询。首先是对项目法人与地方实施机构之间的实施合同、政府上级与下级之间以责任书形式的“类合同”进行管理；其次是对移民实施机构、移民集体和个人与承包商签订的补偿合同、工程建设合同和劳务合同进行管理。

1. 对合同(协议)签订的审查

对合同(协议)签订的审查是移民监理单位行使合同监督与管理职能的开始。在合同订立阶段，主要是对合同(协议)当事人的主体资格、合同形式及条款进行审查。

1)审查当事人的主体资格

(1)审查合同(协议)双方当事人是否具有民事权利能力和行为能力。

(2)审查确定工程移民项目施工合同中当事人的法人资格、队伍资质及安全生产合格证等。

2)审查合同订立的形式

移民工程合同的订立一般有两种形式：

(1)项目法人与地方政府确立的包干任务，以及实施机构对移民搬迁安置的补偿，多采用协议形式确定，以行政手段为主进行协调管理。

(2)对移民工程的规划、勘测、设计、施工项目任务，项目法人同中标企业或承包商则

以严格的合同形式确定，依法进行合同管理。

3）审查合同条款

（1）对移民工程订立的各种协议条款的审查，一是条款规定要符合国家的移民方针政策；二是条款应明确实施项目内容及投资和使用标准，要与国家批准的实施规划方案和投资概算相一致。

（2）对移民工程勘测设计及施工合同订立的条款，要按照格式合同和合同法规定进行审查监督。

2. 对合同履行的监理

合同履行的监理主要是对合同履行的工期、质量、经费结算等条款进行监理，确保当事人按照合同约定全面履行自己的义务，从而使双方当事人的合同目标得以实现。

1）移民工程合同工期的监理

移民工程合同工期的监理，不仅是征地移民本身的问题，还直接影响整个工程的竣工计划和功能效益的实现。所以，对移民工程合同工期的管理，是合同履行监理的重要环节。

移民工程合同工期监理措施：按照合同（协议）规定，要求合同（协议）的执行方在项目任务实施之前提出本项目的总体进度和分阶段进度计划，并加以审查批准。

审查重点：第一，要确保移民搬迁和现场清理的总体进度计划能够满足相应主体工程施工及运用的要求，避免发生因移民进度滞后而拖延主体工程。第二，移民安置所需的各项基础设施建设计划，要与移民安置的实施计划相协调，一般应使基础设施竣工计划提前完成，避免移民搬迁安置后因基础设施使用功能不到位而产生各种困难。

监理工程师依据项目分阶段进度计划，适时到现场对实施进度进行检查。发现进度滞后应及时分析原因，督促有关责任方迅速解决，确保项目进度按合同规定期限完成。

2）移民工程安置质量的监理

移民工程合同（协议）中对项目实施质量的规定条款，一般都是依照相应技术规范和工程移民规划设计方案明确的质量标准拟定的。因此，监理工程师对合同（协议）规定条款，首先要审查是否与相应技术规范和规划设计方案使用的质量标准相一致。在此基础上，对移民和专业项目工程实施的质量结果进行检查验收。

移民搬迁安置质量检查的主要内容：移民搬迁补偿项目及标准是否按规定兑现；移民宅基地的划拨是否达到规划面积；移民耕地划拨数量与质量是否达到合同约定标准；移民生产生活所需的基础设施项目是否建设到位、配套齐全，使用功能能否满足要求；移民对生产生活安置条件是否满意。

监理工程师检查以上各项实施质量都达到了合同和规划设计要求，可签发验收通知书。如发现有缺陷和不完善的项目，应责成执行单位完善竣工后，再签发验收通知书。

对专业项目工程建设的质量检查。主要是协助建设单位组织勘测、设计、施工、建设，监理单位及聘请的相关专业技术人员参加，检查项目分部和整体工程建设的质量是否符合合同规定及设计要求。对符合要求的项目，方可同意验收。

3）合同经费的结算监理

移民监理工程师对移民工程合同经费的结算，应依据不同合同种类进行经费结算管理。

对项目法人同地方政府移民实施机构签订的移民包干协议经费，在包干项目完成竣工验收后，除对有工程质量保修期的项目经费按规定扣留质量保证金外，其余项目经费应按协议规定结算，并签字付清协议款。

对移民工程施工合同的经费结算，应在工程竣工验收后，按照合同规定价款和结算程序进行结算管理。对有保质期的工程合同经费结算，应按规定扣留质量保证金。

对地方政府移民实施机构发包工程的合同经费结算，如发现有违规行为，应及时提出处理建议。

3. 建立移民合同管理系统

合同管理系统是目前国际上流行的一种先进的合同管理技术，它借助电子计算机在存储文件、检索信息等方面迅速、可靠的特点，为合同管理人员提供决策支持。管理涉及社会、经济、工程、技术等学科。建立合同数据档案库，就是用电子计算机把合同条款分门别类地归纳起来，存储在数据库里，以便使用时检索。对征地移民来说，一般可按移民搬迁人口、移民实物补偿、移民安置区基础设施建设、大型专业项目迁建与处理、移民资金分项拨付等大项分类，并建立分细目的数据库档案，以便使用时检索查阅。

二、征地移民监理的信息管理

（一）征地移民监理的信息分类

移民监理过程中涉及大量信息，依据监理工作的要求和标准分为：

1. 按建设项目监理目标划分

（1）投资控制信息。指与移民补偿投资直接有关的信息，如补偿投资概算，补偿单价，个人、集体补偿资金的兑付，各级移民机构资金计划及实施，安置点基础设施和专项建设项目投资控制等。

（2）质量控制信息。指与移民搬迁安置质量有关的信息，如基础设施建设质量、各级移民机构质量保证体系、监理单位的质量控制体系、施工承包合同、施工队资质审查等。

（3）进度控制信息。指与工程进度计划和进度控制直接相关的信息，如各建设项目总进度计划、地方移民机构拟定的进度计划、年度和季度进度计划、进度控制的工作流程、建设项目实际进度信息、监理工程师的进度调整指令等。

2. 按信息来源划分

（1）内部信息。指移民监理过程中监理单位内部的信息，包括由上而下的信息、由下而上的信息和部门之间横向联系的信息，如内部会议、监督日志、座谈调查记录等。

（2）外部信息。指在移民监理过程中监理单位与外部环境之间的信息，包括流入监理单位的信息和流出监理单位的信息，如规划设计成果，各级移民机构下达移民任务和资金计划，项目变更申请，移民搬迁安置过程中的申诉和抱怨，监理报表、监理报告和监理通知书等。

3. 按信息稳定程度划分

（1）固定信息。指在一定时间内相对稳定不变的信息，如监理报表、监理报告等标准信息，国家移民政策和补偿标准、各级移民机构的部门设置及人员等查询信息和计划信息。

（2）流动信息。指不断发生变化或更新的信息，如移民工程实施阶段的质量、投资及进度的统计信息。

4. 按获取信息的时间划分

(1)实施前信息。主要包括适用的法律、法规、规范以及与项目有关的规划设计信息。

(2)实施后信息。主要包括项目法人、地方各移民机构、监理单位等发出的信息。

(3)竣工验收信息。主要包括验收报告及详细资料。

(二)征地移民监理的信息管理

1. 监理信息规范化

信息管理是个人、组织和社会为了有效地开发与利用信息资源,以现代信息技术手段,对信息资源实施计划、组织、指挥、控制和协调的社会活动,是对采集、加工、整理、储存、传递与应用等一系列工作的总称。移民监理信息管理是对工程移民实施过程中建立控制与协调信息进行管理。移民监理信息管理的目的之一是使信息规范化,主要内容包括日常业务的标准化、报表文件的规范化、原始数据的完整化。

(1)日常业务的标准化和程序化。即把监理工作中经常重复出现的业务,按部门功能和管理人员的经验,规定成标准的工作程序和工作方法,用制度把它们固定下来,成为行动的准则。如驻地监理工程师的监理日志,要有当天所作的重大决定、对施工单位所作的主要指示、当天发生的纠纷及可能的解决办法等固定内容。

(2)报表文件的规范化。监理过程中采集到的原始数据很多,涉及范围很广,要准确、及时反映信息,必须有一套统一的报表,避免各部门上报的信息数据不规范,影响决策过程。如移民生产安置中的生产用地征占过程,涉及计划征地、丈量和打桩定界、签订协议、土地交接4个阶段,如果没有规范化要求,同一数字的不同阶段很容易产生决策信息混乱。作为监理报表反映的主要是后两个阶段,而其他阶段作为驻地监理工程师掌握的资料。

(3)数据资料的完整化。监理单位所拥有的历史数据应尽量完整,对于不宜计算处理的文字性、图像类资料应进行编码。若可行,还应将各个阶段的数据统计存储,这样有助于帮助监理人员汇总、分析结果和寻找解决问题的办法。

2. 信息采集

1)实施前阶段

征地移民的前期工作中产生了各种有关的文件和数据,对于工程目标的实现有重要的意义,但其主要信息是静态的,信息量较为单纯而且少。主要信息有:①批准的可行性研究报告及其设计资料。批准的可行性研究报告是工程立项的重要文件,也是编制工程设计的重要依据。应采集主体工程和移民项目可行性研究及初步设计、技施设计等文件资料。②有关政策法规和规范。新条例及国家和相关部门制定颁发的有关移民工程的法律、法规,工程所在地政府颁发的有关规定、条例和优惠措施,各种技术规范、工作手册,监理单位内部制定的文件。③其他资料。与工程建设有关的其他资料,如地方政府召开的移民工作会议材料、政府职能部门为加强移民安置管理的决定等。

2)实施阶段

在工程开工后的整个实施过程中,由于地方各级政府和移民机构、咨询专家、监理单位等各方面的参与,同时实施过程中每天都会发生各种各样的情况,许多情况包含着各种信息。主要信息有:①来自项目法人的信息。项目法人作为工程项目的负责人,在工程施工中要按照合同文件的规定提供相应的条件,并可表达对施工的意见或下达某些指令。②来自地方移民机构的信息。主要包括年度移民计划,移民工作会议信息,移民任务计划和资金计划的实施进度,项目招标合同和建设进度,生产安置进度,移民生产、生活状况,移民补偿资金的兑付情况,移民申诉情况,安置过程中的问题及存在问题的处理等。③监理工程师的监理记录。监理工程师的监理记录是最重要的原始数据,是对移民项目进行监理的基础和依据,必须建立一套完善的制度,以便各种信息的收集。监理报表是控制移民工程实施进度的主要数据信息,一般要求每月进行一次汇总后上报。监理报告是对移民工程实施情况的文字性总结,在监理报表数据的基础上,对移民工程实施情况进行评价,对某些情况作出分析预测,并对存在的问题提出意见及建议,每月完成一次后报项目法人单位。现场调查记录是监理工程师在县移民机构、施工现场或移民村同有关人员座谈和调查的记录,主要包括参加部门、人员、座谈和调查内容、存在问题、解决措施等。④各级会议记录。会议信息包括会议名称、主持人、参加人、开会时间和地点、会议上有关方提出的问题和做出的决议等。⑤其他信息。各项目施工承包合同、各级移民机构之间签订的项目合同、机构的部门设置、人员情况等。监理单位的发文、收文、监理报告、会议记录等与工程进度、质量、资金、合同有关的文件或信件。

3)竣工验收阶段

工程竣工后,按要求进行验收时,监理单位应将大量和竣工验收有关的信息进行综合汇编,移交项目法人,同时向项目法人提交工程验收报告。其中既有工程施工中逐步积累形成的,也有依据原始数据资料整理分析形成的。

3.信息的加工、整理和储存

移民项目实施过程中,信息量非常大。监理单位必须建立完善的资料存储制度,将采集到的有关信息资料分门别类地整理和归档,保证决策依据的科学性。信息的存储是将加工后的信息储备起来备用。存储信息的介质包括纸张、胶卷和计算机存储器等。按信息存储设备条件,可分为传统文档管理和现代数字化档案管理。对信息进行系统化、标准化和程序化的管理,是保证工程移民监理信息准确性和高效性的重要手段。

1)传统文档管理

传统文档管理是信息管理一直沿用的一种信息存储管理方式,其主要内容是对信息进行档案管理。根据特征、相互联系和保存价值对各种文件分类整理,并根据文件的发文单位、发文时间与内容等特征组卷。案卷标题要准确地反映出卷内文件的发文单位和内容,并编号存放。建立完善的归档制度。根据移民工程的特点,对归档文件、资料等信息进行分类,同时应尽快将文件、资料归档,以保证信息的准确和及时。文件在归档前,应按归档要求进行整理,并由文件所对应的部门负责人验收合格后登记入柜。立卷归档的文件要保证齐全、完整,归档管理应能正确反映监理单位的主要工作情况,便于保管、查找和使用。

2)数字化档案管理

传统文档管理只是将采集到的原始数据整理、分类、保存。移民监理过程中,特别是现场监理,往往需要对大量的原始数据进行校核、统计。建立原始数据的影像数字化档案,可以有效保护原始数据的安全,同时满足多个现场监理的工作需求,提高了原始数据的共享性和工作效率。

4.信息传递

不同管理层次的决策人员对信息的需求不同,因此信息传递必须考虑使用信息人员的水平、条件和工作需求。建立移民信息传递机制和方法,既使信息及时传达,又能达到准确、适用。

1)信息传递层次

项目移民监理信息传递涉及层次很多,上至黄委、省级河务局、项目法人(市级河务局)、县级河务局、设计单位、施工单位、地方政府实施机构(市、县、乡)、下至村(组)和移民个人。对移民信息要求都不相同,要有针对性地选择。

2)信息传递方式

按不同决策层次需求,信息传递方式也不同。监理单位与非监理单位之间的信息传递应是规范的、格式化的书面报告、影像类资料,个别情况也可考虑使用电话、传真、电子邮件。

3)信息反馈

移民监理的主要功能之一就是信息反馈。通过这一功能,监理工程师能对某些事项的全部活动过程及每个环节的经验、教训作出概括和总结,对发展趋向、现实潜力、客观环境的利弊因素等作出科学测定,并将信息反馈到项目法人、各级移民机构或设计单位,核查和纠正可能产生的某些偏差,保证实施过程的顺畅进行。

(四)征地移民监理信息表格体系

各类表格详见附表1~附表10。

三、征地移民监理协调

在移民安置活动中,由于利益关系等往往会发生各种各样的矛盾和冲突,造成不协调。要解决这些矛盾和冲突,首先就得了解矛盾和冲突的起因、焦点,依据客观事实作出判断,形成协调方案,作出协调决策。其次必须尊重客观事实,从客观实际出发来组织协调。为此,应从全局出发,通盘筹划,同时兼顾各方,使协调活动中的各个方面、各个环节相互衔接、相互照应、相互调适,以保证协调系统的有序性。

在移民安置过程中,移民监理应以有关合同为依据,本着公平、公正的宗旨,坚持为工程建设服务、为移民负责的态度,通过调查研究,根据委托方的授权,积极主动协调有关各方之间的关系。

(一)征地移民监理协调的目标

征地移民监理协调的目标是使移民实施有关各方及其建设活动协调一致,实现移民实施进度、质量、投资的预定目标。

(二)征地移民监理协调的内容

征地移民监理协调的内容主要包括解决进度、质量、计量与资金拨付、合同纠纷及移民各相关单位关系的协调等问题。为开展好监理工作,要求监理组织内的所有监理人员都能在各自负责的范围内主动地进行协调工作。

(1)进度的协调。进度问题的协调主要包括两方面:一方面是征迁补偿进度协调,另一方面是移民安置进度协调。

(2)质量问题的协调。移民监理质量问题的协调分为征迁补偿的协调和移民安置的协调。

(3)合同争议的协调。

(4)设计单位的协调。移民安置中,设计部门负责工程影响人口和实物等指标的认定、区域环境容量的分析和移民规划的编制等工作,涉及内容广泛、时间跨度长,是移民安置工作的重点。因此监理要协调设计单位的工作,以加快进度、确保质量、降低消耗。

(三)征地移民监理的措施

1.技术措施

(1)树立主动协调的意识。监理工程师树立主动协调的意识,总监和副总监应是各方协调的核心。

(2)协调的基础是沟通,首先是和项目法人代表的沟通,工地发生的情况,监理的想法、打算,要经常主动和项目法人沟通,同时虚心听取各相关单位的意见。每周例会前可和项目法人先开协调预备会。

(3)根据工作需要,主持召开由项目法人和移民实施机构参加的工作例会和现场监理协调会。明确会议议题,使移民实施中出现的问题能够在会议上得到解决。对个别比较棘手的问题,如果拿不出具体的解决方案,也要明确解决的意向和与会各单位的分工等,并形成会议纪要,由监理整理后发给各与会单位。

2.组织措施

(1)建立健全监理组织机构,完善职责分工及有关制度,落实组织协调工作的责任。

(2)制定协调工作目标,将目标分解、落实到人。

(3)制定工地协调例会工作制度,定期召开工地协调会。

(4)对影响工程目标实现的干扰和风险因素进行分析、预测,采取预防措施。

(5)积极主动与设计单位、政府主管部门搞好联系工作,及时了解掌握国家有关工程建设的政策新动向及要求,配合政府主管部门做好移民工程建设管理工作。与设计单位沟通,充分理解设计意图,熟悉、掌握移民设计要求,配合设计单位完善设计,合理控制设计变更,尽力减少因设计变更产生的索赔事件,争取设计单位和政府主管部门的配合与支持。

3.信息措施

(1)认真做好移民监理日记,积累原始资料,为正确处理可能发生的各种协调问题提供依据。

(2)收集有关工作关系协调的信息,分析总结,定期向项目法人及有关单位提供报告,为正确的决策提供依据。

附表 1　亚行贷款黄河防洪项目工程征地进度表

县(市)：　　　　　　　　　　　　　　　　　　　　　　截止日期：

乡、村	永久征地(亩)				临时占地(亩)				备注
	规划	实施			规划	实施			
		当月完成	累计完成	完成比例		当月完成	累计完成	完成比例	征地手续办理情况

填报单位：　　　　　　　　　　　　　　　　　　　　　　填报人：

附表2　亚行贷款黄河防洪项目房屋拆迁及地面附属物清理进度表

县(市)：　　　　　　　　　　　　　　　　　　　　截止日期：

乡、村	房屋									地面附属物									
	规划计划			实施						当月完成					累计完成				
	户数	人数	面积	当月完成			累计完成			树木	青苗				树木	青苗			
				户数	人数	面积	户数	人数	面积	(棵)	(亩)				(棵)	(亩)			

填报单位：　　　　　　　　　　　　　　　　　　　　填报人：

附表 3　亚行贷款黄河防洪项目移民建房进度表

县（市）：　　　　　　　　　　　　　　　　　　截止日期：

移民新村	建房时间	建房形式	计划建房户数	划拨宅基地（亩）					建房进度								备注
				当月完成			累计完成		当月建成				累计建房				
									在建		完工		在建		完工		
				户数	户均	面积	户数	面积	户数	面积	户数	面积	户数	面积	户数	面积	

填报单位：　　　　　　　　　　　　　　　　　　填报人：

附表 4　亚行贷款黄河防洪项目移民生产安置情况表

县(市)：　　　　　　　　　　　　　　　　　　　　　　　　截止日期：

乡、村	规划情况						实施情况									生产措施
	生产安置人口		占用耕地		划拨耕地		耕地来源	安置前人均耕地		划拨耕地面积			补偿形式安置			
	户数	人数	水浇地	旱地	水浇地	旱地		水浇地	旱地	小计	水浇地	旱地	户数	人数	补偿费	

填报单位：　　　　　　　　　　　　　　　　　　　　　　　　填报人：

附表 5　亚行贷款黄河防洪项目征地移民资金概算、拨付、使用情况监理表

项目	批复概算	计划下达		资金拨入		支付						资金完成情况	
		累计	当月	累计	当月	合计	累计		当月			投资计划完成率(%)	投资概算完成率(%)
							支出	预付	小计	支出	预付		
总　计													
一、工程占地													
1. 工程永久占地													
2. 工程临时占地													
二、附属物补偿费													
三、青苗补偿费													
四、水利设施补偿													
五、学校补偿费													
六、专项设施													
七、林木补偿费													
八、土地复垦费													
九、其他费用													
1. 勘测规划设计费													
2. 实施管理费													
3. 技术培训费													
4. 移民监理费													
5. 移民监测评估费													
十、基本预备费													

填报单位：　　　　　　　　　　　　　　　　填报人：

附表 6　亚行贷款黄河防洪项目移民资金个人及集体补偿费兑付情况监理表(样式)

截止时间：　　　　　(单位:万元)

安置村名称	规划数	支付合计	个人补偿费支付						集体补偿费支付						应付未付	支付比率(%)
			小计	安置补助费	零星树、林木	坟墓	青苗补偿费	其他	小计	土地补偿费	附属物	学校补偿	专项设施	其他		
一、开封郊区																
1. 张庄																
2. 大李庄																
3. 梅庄																
4. 陶庄																
5. 小马圈																
6. 朱厂																
7. 柳园																
8. 大马圈																
9. 半堤																
10. 毛庄																
11. 刘庄																
12. 丁庄集																
13. 齐寨																
二、开封县																
1. 魏湾村																
2. 南北店																
3. 张吴寨																
4. 王庵																
5. 冯寨																
总　计																

填报单位：　　　　　　　　　　　　　　　　　　填报人：

附表 7　亚行贷款黄河防洪项目征地移民个人补偿费兑付情况监理表(抽样)

________县(市)________乡(镇)　　　　时间:年　月　日　(单位:元)

村户	应得数						已领数						兑付比率	被抽查者签字
	安置补助费	零星树、林木	坟墓	青苗补偿费	其他	合计	安置补助费	零星树、林木	坟墓	青苗补偿费	其他	合计		
总计														
一、村														
1														
2														
3														
⋮														
二、村														
1														
2														
3														
⋮														

填报单位:　　　　填报人:

附表 8　亚行贷款黄河防洪项目新村基础设施建设情况表

截止日期：

村庄	街道				吃水		供电设施			排水设施		在校学生				村委会		医务室
	主街(m)		支街(m)		取水方式	水井	变压器		380 V线路	主排	支排	房屋结构	面积	学生	教师	房屋结构	面积	面积
	材料	长×宽	材料	长×宽		眼	规格	台	m	长×宽	长×宽		m^2	人	人		m^2	m^2

填报单位：　　　　　　　　　　填报人：

附表 9　亚行贷款黄河防洪项目新村移民建房搬迁情况表

截止日期：

村庄	户数	人数	当季搬迁				累计建房				搬迁						对贫困户住房措施
			在建		完工		在建		完工		当季建房		累计搬迁		其中贫困户搬迁		
			户数	面积	户数	面积	户数	面积	户数	面积	户数	人数	户数	人数	户数	人数	

填报单位：　　　　　　　　　　　　　　　　　　　　填报人：

附表10　亚行贷款黄河防洪项目堤防加固工程移民村生产安置情况表

截止日期：

村庄	户数	人数	原有耕地（亩）		工程占地（亩）		生产安置措施								
							土地调整（亩）		土地复垦（亩）		种植业	养殖业	加工业	外出打工	其他
			面积	人均	村台	临时	面积	安置人口	面积	安置人口	安置人口	安置人口	安置人口	安置人口	安置人口

填报单位：　　　　　　　　　　　　　　　　　　　　填报人：

第五章　移民安置实施管理

第一节　项目与移民管理体系

一、项目管理机构设置及职责

亚行贷款黄河防洪项目是中国政府利用亚行行业贷款进行的第一个水利防洪工程建设项目。根据《贷款协定》的要求，中国政府应确保其下属部门和机构根据健全的管理政策和程序，对项目实施和项目设施的运行、维护进行管理与协调。为保证项目的顺利实施，根据《贷款协定》的要求并征得亚行同意，中国政府成立了国家级的项目指导委员会、黄委亚行项目办，同时明确项目的主管机构为水利部，并结合黄河下游防洪工程基本建设管理程序和实际情况，组建各子项目建设单位和滩区安全建设工作组。

（一）项目指导委员会（PSC）

亚行贷款黄河防洪项目于 2002 年 6 月成立了国家级项目指导委员会，其主要职责是：负责协调和监督项目的实施，组织研究项目实施中的重大问题，为项目实施提供技术指导，并对项目办的工作提供指导。指导委员会主任由水利部副部长担任，成员由财政部、国家发展与改革委员会、水利部、环境保护部（原国家环保总局）、河南和山东两省政府及其他有关部门或单位的代表组成。在水利部设置项目指导委员会秘书处。每半年召开一次会议，必要时随时召开会议。

（二）项目执行机构

亚行评估团在 2000 年 12 月签订的谅解备忘录中，明确水利部为项目的主管单位（执行机构），其职责主要是协助亚行进行项目立项，帮助亚行开展实地考察与评估，与亚行进行项目谈判，在亚行批准签字后和生效前及时责成实施机构组建项目管理办公室。在项目进入执行阶段，负责项目的管理、协调和监督，组织项目竣工验收。

（三）黄委亚行项目办（PMO）

根据《贷款协定》的规定，水利部为项目执行机构，负责项目的总体协调和监督；黄河水利委员会（YRCC）是项目实施机构。黄委亚行项目办是在原技术援助项目办公室的基础上，经水利部和亚行批准，于 2000 年 12 月组建而成。项目办主任由黄委副主任担任，黄委规计、建管、财务、审计、外事等职能部门的领导担任项目办副主任。黄委亚行项目办设置有工程和技术部、环境和移民部、综合部等 3 个部门，并在河南、山东黄河河务局设立了项目办派出机构。各部门均根据业务分工配备了项目建设所需的专业人员（项目办组织机构详见图 5-1），同时依托黄委各相关职能部门，如规划计划局、财务局、建设管理局、审计局等开展项目实施与管理工作。

黄委亚行项目办的主要职责为：负责筛选子项目，组织编写子项目可研报告和详细设计(含环评和移民规划),组织子项目的实施,编制年度执行计划(包括建设、资金使用、采购和培训考察等计划)、年度进度报告、项目年度财务决算报告等,并报有关部门批准;协助项目指导委员会办公室组织项目检查、竣工验收和后评价工作;按照亚行要求选择国际、国内咨询专家;向指导委员会和亚行通报项目进展情况;组织国内外培训考察等。同时完成上级主管部门、亚行和项目指导委员会安排的其他工作。

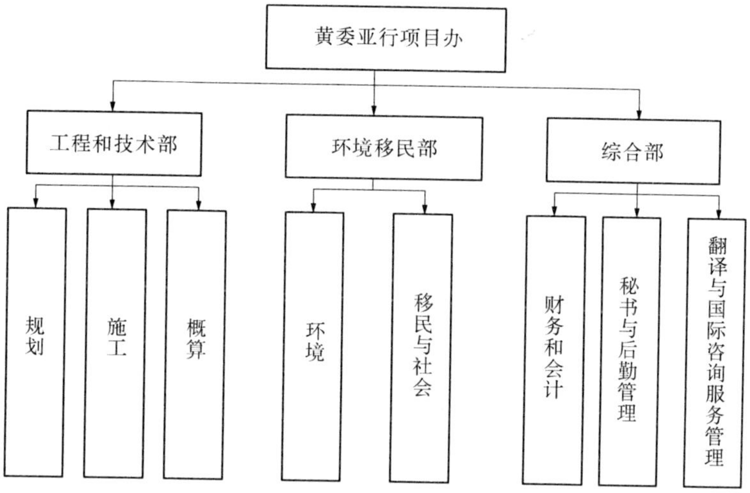

图 5-1　黄委亚行项目办组织机构

(四)子项目建设单位

结合黄河下游防洪工程基本建设管理程序和项目实施特点,亚行贷款黄河防洪项目各子项目的建设单位为项目所辖区的市级河务局,其主要职责为:负责本辖区内亚行贷款项目的移民迁占处理、工程建设、资金结算等,编制有关工程进度报表和财务报表,向项目办反映工程建设中的重大问题。

(五)滩区村台项目实施机构

滩区安全建设的避水台工程建设费用由国家承担,而工程涉及的移民占压处理、基础设施和公共设施的建设、群众搬迁等任务由地方政府负责。《贷款协定》明确要求"中国政府应确保地方政府参与子项目的实施,尤其是滩区安全建设项目,包括建立县、乡项目领导小组。县项目领导小组应由主管副县长和河务局、土地管理局、农业局、民政/扶贫局、教育局以及妇联的各一名高级职员组成……"滩区安全建设项目为自营工程,为保证项目能够顺利实施,项目实施机构由地方政府和市、县河务局共同组建,以工程所在县为基本单元,采用工作组的形式对各子项目进行独立管理。工作组由黄河水利委员会下属的地市级河务局牵头,县政府的计委、财政、土地、水利、农业等相关管理部门参加,滩区安全建设子项目及组织机构见图 5-2。

二、移民实施管理机构设置及职责

工程征地和移民安置工作一直是工程项目建设实施过程中的重点和难点工作,也是

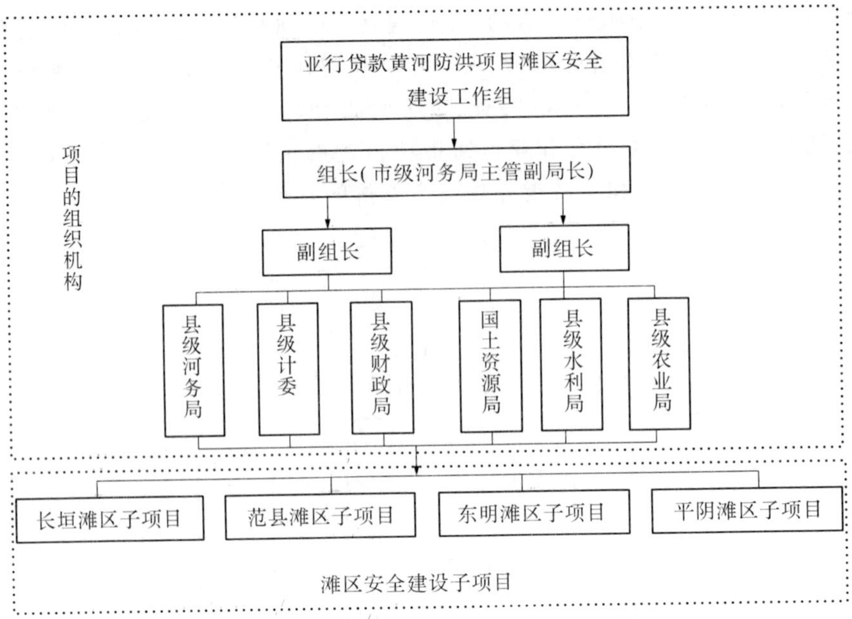

图 5-2　滩区安全建设子项目及组织机构

工程项目能否顺利实施的重要环节。亚行贷款黄河防洪项目作为利用亚行贷款实施的第一个防洪项目,亚行对移民工作给予高度重视和关注,并在《贷款协定》中作出了明确的规定。如:确保项目需要的所有土地和通行权都能及时获得;对于需要征地和移民的任何子项目,应编制详细的移民规划,并将该规划连同子项目的可研报告一起提交亚行审批;应确保水利部和黄委按照借方国家有关的法律法规实施规划,包括:《中华人民共和国土地管理法》、亚行的《非自愿移民政策》、《移民方针框架》(RPF)和《移民程序导则》(RPG);及时赔偿受子项目征地影响的所有人员,并按照移民规划对他们进行安置,以便他们至少能够维持原生活水平;聘请一个独立的、有资格的、为亚行接受的机构,在项目实施期间监督移民应得到的权利、准备半年度报告,并在项目竣工时和竣工一年后评估和上报移民目标完成情况;确保对县、乡项目领导小组和某些子项目的工地工作小组成员提供实用性的移民培训,包括移民立法和赔偿、参与式社会调查方法和场地规划方法、移民事务和资金管理、恢复生活技术和监督评估技术等。

为更好地执行移民安置任务,确保亚行贷款项目的移民安置工作,按照中国基本建设程序和亚行规定的移民导则、移民管理程序顺利实施,水利部及黄委在工程筹备和实施过程中按照《贷款协定》、《项目协议》、《可研报告》和《移民规划》的要求,组建了相应的移民管理组织机构,明确了各个单位或部门的工作职责。亚行贷款黄河防洪项目移民组织机构及主要职责详见图 5-3。

(一)黄委亚行项目办及其内设的环境移民部

按照亚行要求和工程建设的实际需要成立的黄委亚行项目办及其下设的环境移民部,在项目建设中的主要职责为:

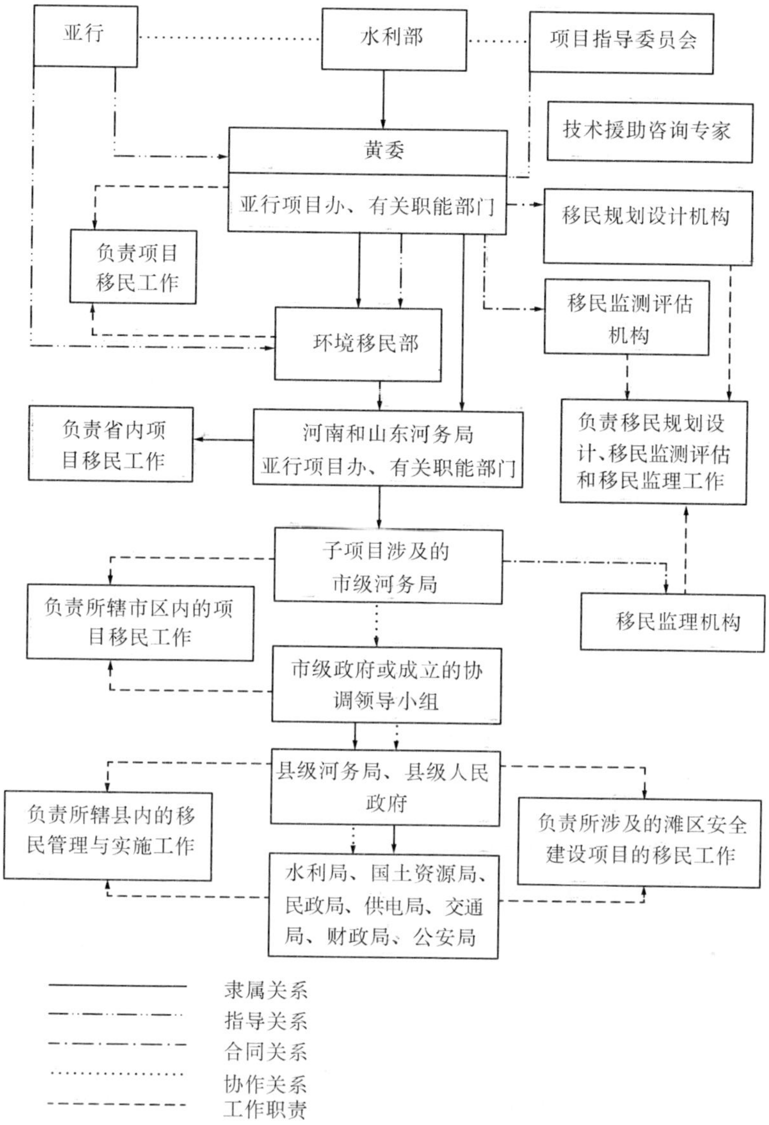

图 5-3　项目移民组织机构及主要职责

(1)负责亚行贷款黄河防洪项目移民安置工作的组织协调和技术指导;按照《贷款协定》、《项目协议》和项目《移民规划》的要求,努力、有效地实施该项目。

(2)在项目可行性研究和初步设计阶段,负责协调有关单位,按照亚行同意的规划、设计标准、工作计划、非自愿移民和征地的标准,组织开展移民安置规划工作,报送移民安置规划报告,以得到中国政府和亚行的审查批准。

(3)按照亚行要求,选择一个独立的、有资格的、为亚行接受的移民监测评估单位,在项目实施期间监督移民应得到的权利、准备半年度报告。

(4)组织编制移民信息手册,负责组织移民管理干部的培训工作。

(5)协助亚行检查团对移民工作的检查;配合审计署对移民资金的审计。

（6）根据亚行同意的范围、条款和条件，聘请有能力有资格的并被亚行同意的国际移民咨询专家。

（二）市级河务局

项目所辖区的各市级河务局是各子项目工程的建设单位，他们的主要职责是：

（1）负责本辖区内亚行贷款项目的工程征地和移民迁占处理、移民资金的拨付与结算、移民培训工作等。

（2）负责辖区内各子项目的招投标，包括负责与移民监理单位签订移民监理合同。

（3）向亚行项目办反映移民安置过程中出现的重大问题；配合审计署对移民资金的审计工作以及亚行检查团到项目现场开展的移民安置检查工作。

（4）负责村台建设的组织实施以及督促地方政府执行工程占压处理、公共设施建设和群众搬迁任务。

（三）县级河务局及地方政府

子项目所在区域的县级河务局是各子项目的土地征用和移民拆迁安置活动的具体协调和实施单位。为保证移民安置工作能够顺利开展，大多数子项目所在县组建了移民安置工作领导小组，移民领导小组通常由县长牵头，其成员由来自地方政府相关部门的领导组成，如国土资源局、水利局、公安局、交通局、供电局以及受影响的乡镇领导等，他们负责执行各个子项目的实际土地征用和移民活动，并积极协调受影响乡镇、家庭和村民小组，及时将移民资金兑付给村集体或受影响个人。

（四）移民规划设计机构

亚行贷款黄河防洪项目的移民规划机构以黄河勘测规划设计有限公司为主，与河南黄河勘测设计研究院、山东黄河勘测设计研究院共同完成本项目的移民安置规划设计工作。其主要职责是受黄委亚行项目办的委托，按照国家移民政策法规、规程规范和亚行移民导则的规定，通过全面调查和认真规划，编制各子项目的移民安置规划报告、实施方案等，并在移民安置实施过程中对移民工作进行技术指导等。

（五）移民监测评估机构

亚行贷款黄河防洪项目的移民监测评估机构是河南移民经济开发公司，其主要职责是受亚行项目办的委托，开展征地拆迁和移民安置外部监测评估工作，及时向亚行、黄委亚行项目办和相关实施机构报告发现的问题，并提出解决问题的建议；在项目建设过程中，定期提交监测评估报告。另外，受各项目所在市级河务局的委托，河南移民经济开发公司还承担了移民监理工作，从移民工程的质量、进度、资金等方面，进行全面的监督和管理。

三、移民实施与管理机构运转情况和效果

亚行贷款黄河防洪项目在移民安置工作实施中采取的公众参与、信息公开、引用独立的移民监测和监理机制等，是黄河下游防洪工程移民管理方面的创新，对移民安置工作的顺利开展发挥了重要作用。目前正在开展的国内黄河防洪项目已经充分吸收了本项目的移民工作经验并大规模推广执行。

（1）在项目前期准备阶段，黄委亚行项目办环境移民部精心组织移民规划设计单位认真开展外业调查，在充分征求移民意愿的基础上，优化工程设计方案，尽量避免大规模

的移民发生。编制的移民规划报告均顺利通过国家发展和改革委员会、水利部以及亚行的批准,为整个项目移民工作的顺利实施奠定了良好的基础。

(2)根据移民政策、亚行导则和《贷款协定》的要求,编制移民信息手册,明确了移民信息公开的内容及要求,为公众监督提供方便,使移民能够行使自己的知情权。

(3)在实施过程中,黄委各市级河务局能够严格按照中国的移民法规、亚行的移民导则、批准的设计文件和移民投资,积极协调和依靠地方政府,较好地完成了工程征地和移民安置工作,为工程顺利实施提供了保障。同时积极组织开展移民生产技能的培训工作,力争使移民生活水平得到逐步提高。

(4)择优选择河南移民经济开发公司作为本项目的移民监测评估单位。移民监测评估单位在项目实施期间对移民的生活和生产安置措施的落实情况、移民资金的支付情况、移民收入水平恢复程度、对移民的公众参与、协商活动及其效果、移民抱怨和申诉渠道的设置及运行等情况进行了跟踪调查,及时发现存在的问题并提出改进建议和意见,较好地履行了监测评估职责。

(5)在项目实施期间,项目办及建设单位对参与项目移民工作的干部和技术人员积极开展培训,对提高他们的移民业务水平起到了重要作用。

(6)通过国际招标,择优选择了国际移民咨询专家,为项目的移民管理工作提供了较好的技术咨询和支撑。

(7)黄委亚行项目办环境移民部以及省、市、县各级河务局积极配合亚行检查团对本项目的移民工作检查,及时整改存在的问题,认真按照历次备忘录的内容和要求开展后续移民工作。

(8)村台防洪工程的征地赔偿、村台公共设施建设、基础设施建设及移民建房工作由地方政府负责。除平阴村台公共设施建设和移民建房工作基本按照亚行要求进展顺利外,其他村台的公共设施建设和移民建房工作滞后或尚未开展,其主要原因是这些工程均处于贫困区,地方政府和当地群众没有足够的资金用于移民项目。黄委亚行项目办经多次协调各级地方政府大力推进村台工程建设,但收效甚微。

第二节　移民咨询专家聘用与亚行检查

亚行贷款项目聘用国际国内咨询专家的目的是确保亚行及其借款人在项目准备、施工和运行的各个阶段以及执行与此相关的各项工作时,能最大限度地获得经济效益,并提高工作效率。

一、咨询服务内容和聘用要求

(一)咨询服务的目标

通过移民咨询专家的咨询服务和帮助,有效完善黄委亚行项目办环境移民部对移民工作的管理,提高黄委亚行项目办及各级移民管理机构人员的业务水平。同时,通过必要的技术和管理培训,加强环境移民部和相关人员对亚行相关政策的了解,以使该项目的移民工作能够满足亚行在社会与移民方面的要求。

(二)咨询服务内容

1.前期准备阶段

(1)咨询专家需针对该项目移民工作的特点以及亚行的有关要求,以现有的管理机构为基础,建立移民项目管理程序,明确各方的职能。

(2)对黄委亚行项目办环境移民部管理人员提供规划审查、实施管理、移民监测评估和项目参与式监测评估等方面的培训,制定培训计划,提供培训教材,使管理人员全面掌握相关知识。培训包括以下内容:①移民规划审查:聘用或选择规划设计单位的程序,移民规划的作用,编制规划的原则、依据的标准和时间安排,亚行对移民规划格式和内容的要求,规划报告的修改和提交程序。②移民实施管理:实施管理机制的建立,对实施进度、质量和投资的控制方法,提交亚行的进度报告的格式和内容,外部监理单位的选聘和管理等。③移民社会经济监测评估:监测评估的目的和作用,亚行对外部监测评估机构的选择和聘用要求,监测评估的方法、内容,监测评估报告的格式,提交报告的时间安排和报送程序。④项目参与式监测评估:项目涉及的社会因素以及它们在项目实施中的重要性,社会因素分析(性别分析、脆弱群体分析、项目对贫困人口的影响、非政府组织的作用),监测评估社会经济指标的确定,参与式评估方法的特点及其在实践中的应用,开展社会经济评估工作的准备和实施步骤,亚行对社会经济评估报告的要求。

(3)结合亚行的要求,协助黄委亚行项目办环境移民部审查有关的移民规划,并着重完善规划方案中的以下内容:①移民的生产安置措施;②移民规划的公众参与;③贫困家庭和脆弱群体的保障措施;④抱怨和申诉机制的建立和运行管理。

(4)协助黄委亚行项目办环境移民部编制关于聘用移民规划设计单位、移民监理单位和监测评估机构的招标文件框架,明确招标程序、内容和评标方法。

(5)对实施阶段可能出现的问题提出合理化建议和意见。

2.移民实施阶段

(1)协助黄委亚行项目办建立移民监督管理机制,明确各部门的职责;在移民项目实施过程中,对移民实施进度和工作完成的质量进行评价并提出改进意见;参与编写并帮助审查向亚行提交的移民进度报告,使之能够满足亚行要求。

(2)帮助黄委亚行项目办环境移民部审阅由监测评估机构提交的移民社会经济监测评估报告,并提出咨询意见。

(3)建立一套项目移民工作全过程(从移民工作的前期准备阶段至项目完成后的评价阶段)所需要的指标体系,包括移民规划指标体系,实施进度、质量评价指标体系,监测评估指标体系和移民项目后评价指标体系。

3.项目后评价阶段

(1)协助黄委亚行项目办环境移民部编制移民项目后评价实施办法,制定评价标准,参与报告编写。

(2)完成项目的社会经济参与式监测评估体系的建立,制定工作计划,并参与项目完工报告的编写和审查。

（三）对咨询服务的要求

1. 咨询专家资格要求

（1）咨询专家应具有社会学、经济学硕士以上学历背景；

（2）参与过亚行或世行贷款项目的社会移民工作；

（3）充分了解亚行的相关政策、法规以及项目管理的程序；

（4）咨询专家应满足《亚行及其借款人聘用咨询顾问指南》的要求。

（5）具有在中国的实践经验，会中文的专家优先考虑。

2. 人月要求

根据本项目情况，社会、移民咨询服务共需 12 个人月，为了保证咨询工作的有效性和连续性，根据总体时间安排框架和项目实施进度，聘用 1 名社会、移民管理国际咨询专家，完成所有咨询任务。具体的咨询服务内容和人月分配见表 5-1。

表 5-1　社会、移民管理国际咨询专家工作人月数分配表

咨询内容	2003 年				2004 年			2005 年	2006 年				小计
	9	10	11	12	10	11	12	1	3	4	5	6	（人月）
完成项目准备阶段的咨询	——	——	——	——									4
完成实施阶段咨询工作					——	——	——	——					4
完成项目后评价阶段咨询工作									——	——	——	——	4
合计													12

（四）咨询成果要求

根据本项目的特点以及咨询内容，按照每个阶段的任务安排，要求咨询专家提交能反映出其在听取业主意见后对报告的修改内容的书面成果。

前期准备阶段需提交的成果包括：移民管理程序报告，规划审查、实施管理、移民监测评估和项目参与式监测评估培训计划和培训教材，规划审查及修改建议和最终审定报告，聘用移民规划设计单位、移民监理单位和监测评估机构的招标框架文件。

实施阶段提交的成果包括：移民实施监督管理机制框架，进度报告审查及修改建议和最终审定的报告，监测评估报告审查及修改建议和最终审定报告，内部监测评估机制组建报告，完整的移民指标体系。

后评价阶段提交的成果包括：移民项目后评价实施办法，后评价报告的修改意见及审定的最终报告，项目的社会经济参与式监测评估工作计划，报告的审查修改意见及最终审定报告。

二、亚行对项目执行情况的监督与检查

一般情况下，亚行会对贷款项目的执行情况进行定期的监督与检查，其内容主要包括：①项目土建、设备的国际竞争性招标和咨询服务招标采购需得到亚行的批准；②要求项目执行机构定期提交报告；③不定期派项目检查团到项目所在地检查指导项目的实施，并形成检查备忘录，供借款人和亚行使用。

在贷款项目执行期间，亚行根据项目总体进度安排，按照合理的时间间隔派遣检查

团，对项目执行的全面进展情况进行检查，如：寻找项目执行中遇到的或者可能遇到的问题并研究解决问题的措施；审查项目的开支情况，预测和估计项目是否能在原估算费用的范围内完成；检查采购和支付情况，根据亚行和执行机构掌握材料的比较，审核所授予的合同和所进行的支付；审查借款人和执行机构执行特别贷款条款的情况，商讨在未执行或拖延情况下的补救措施以及项目进度的调整等问题。如亚行贷款黄河防洪项目 2005 年 11 月的备忘录就对项目贷款关账日期进行了调整，具体内容为："按照 2005 年 12 月 30 日完成工程施工的目标，目前的贷款关闭日定在 2006 年 6 月 30 日。由于工程施工不断延误，在原定日期之前工程不能完成已成定局。黄委亚行项目办提议将贷款关账日延长 2 年，由 2006 年 6 月 30 日延长至 2008 年 6 月 30 日。"

对亚行贷款黄河防洪项目而言，移民项目是整个项目的重要组成部分，项目检查团给予高度重视，在派遣的人员中，一般都有专门负责移民的成员，其职责是监督检查移民项目的执行情况。

每次检查团在到达项目所在地后，首先与执行机构协商确定本次检查的目的、要进行现场考察的子项目、具体的日程安排、会见的单位人员等情况，然后通过现场检查和座谈交流等方式了解移民工作的实施情况、存在的问题以及后续应采取的措施等，最后形成移民项目检查备忘录，并作为整个项目备忘录的一部分，与执行机构人员讨论定稿后，提交亚行和水利部。该备忘录将是项目办下一阶段工作的重点之一，也是下次检查团监督检查的一项主要内容。

以 2005 年 5 月亚行中期检查团备忘录为例，将部分与移民有关的备忘录摘录如下：

H. Land Acquisition and Compensation, and Resettlement

34. The Project was prepared as a sector loan, with resettlement plans (RPs) for three core subprojects being prepared prior to loan approval in 2001. Subsequently, resettlement plans for subprojects with resettlement have been prepared by Reconnaissance Planning and Design Institute (RPDI) and submitted to ADB for approval prior to commencement of land acquisition. During the first two years, there was a delay in project implementation, so most RPs were not submitted until mid 2003 or 2004. The quality of RPs submitted has progressively improved, to the credit of RPDI. Land acquisition and resettlement commenced in early 2004 for the first and second batch of subprojects. While construction progress has been reported quarterly to ADB by the PMO.

37. Disclosure of information is required for resettlement compensation and related activities. The local government must do more to ensure all affected people are fully aware of project impacts, compensation standards and grievance measures prior to land acquisition. ADB recommends distribution of information booklets, but other means can be used. This will continue to be monitored by HHREDC. PMO stated that it has also organized hearings/meetings at county level.

H. 征地补偿与移民安置

34. 本项目按行业贷款进行筹建，于 2001 年贷款批复前完成了 3 个核心子项目的移民安置规划，随后由黄委设计院编写各子项目的移民安置规划并在征地之前向亚行报批。头两年项目实施进度出现了延误，所以多数安置规划直到 2003 年中期或 2004 年才报上来。规划质量逐步提高，设计院值得表扬。一、二批子项目的征地移民于 2004 年年初开始，由亚行项目办向亚行提交施工进度季报。

37. 要公开安置补偿等有关方面的信息。地方政府必须加大工作力度，确保影响人口在征地开始前都了解项目影响、补偿标准及信访途径。亚行建议分发信息手册，当然也可以采取其他措施。这项工作仍由河南黄河移民经济开发公司负责监测。

J. Monitoring and Evaluation

49. For external monitoring to be effective, the reports from HHREDC should be submitted to ADB on time and ADB should provide comments within 3 weeks. The PMO and PIOs should also review the M&E reports and prepare some actions to address any concerns raised. In this manner, the M&E process can contribute more effectively to project implementation.

50. The PIOs should record grievances and how they have been addressed. This documentation should be verified by HHREDC.

J. 监测与评价

49. 为了有效地开展外部监测工作，应按时向亚行上报河南黄河移民经济开发公司提交的报告，亚行应在 3 周之内提出意见。此外，亚行项目办和实施机构要审查监评报告，并采取措施解决报告中提出的问题。只有这样，监评工作才能更好地为项目实施服务。

50. 实施机构对移民提出的问题及其处理情况要进行记录，并经河南黄河移民经济开发公司核实。

四、**Loan Covenants**

63. The covenant on implementation of resettlement, which should be in accordance with RPs, Resettlement Framework and Resettlement Procedural Guidelines, and timely compensating people affected by land acquisition are partly complied with. On the former while compensation has been implemented in accordance with RPs, rehabilitation and training programs have not been implemented yet. On the latter, compensation funds were paid by the Project but there have been delays in disbursement by local government to villages, and by village collectives to affected households.

四、贷款契约

63. 关于"移民安置框架表"、"移民安置程序指南"以及占地受影响群众的补偿条款要同移民安置规划相一致，目前已经履行了一部分。"移民安置框架表"中受影响群众的补偿已按照移民安置规划实施，但有关生活恢复和培训的工作目前还没有开展。"移民安置程序指南"中的补偿金已经支付，但在从地方政府到村集体、从村集体到受影响群众的支付过程中有所耽搁。

第三节　移民公众参与

一、公众参与和信息公开

亚行贷款黄河防洪项目是一项涉及面广的公益性项目，而移民搬迁又是一项事关社会发展和稳定的大事，因此，在移民规划与实施过程中，包括各级人民政府、有关管理部门、受影响人以及安置区居民在内的公众群体都参与到项目中来，为项目的顺利实施出谋划策。公众参与方法和情况见表5-2。

表5-2　公众参与过程

项目阶段	工作内容	参与人员	参与形式	地点
前期规划设计阶段	移民安置规划阶段的实物指标调查中实物指标测定与确认	设计人员、地方政府官员、村干部、移民群众	每户分别参与调查和确认自家的实物指标（初步调查与复核2次）	各影响村
	移民安置方案确定；讨论是否调整土地，移民安置点	设计人员、移民代表、其他村民	村民代表大会（多次）	各影响村
实施阶段	土地补偿资金发放、安置方案落实	土地管理部门、乡（镇）、县政府、移民户、村民代表	土地听证会（部分县1次） 县政府补偿标准公告（1次） 村民代表大会（2次） 资金分配张榜公布（1次）	影响区

（一）项目前期的公众参与和信息公开

在移民安置规划设计阶段，设计单位在各级政府及有关部门的配合下，广泛地与移民进行接触，不仅逐村逐户测量统计征地拆迁实物指标，而且通过咨询、座谈、走访调查、宣传等多种形式，广泛听取移民和安置区居民的意见和建议，以征得公众对项目实施的理解和支持。

为有助于缩短移民搬迁后的适应过程和调整时间，提高移民的社会适应性，获得他们对项目实施的支持，从而保证项目目标的实现及移民安置区经济的可持续发展。设计单位在充分了解移民的社会、经济及文化特征的基础上，针对移民"故土难离、乡情难舍"的需求和对今后生产生活的基本要求，设计单位在充分考虑公众参与的意见及不违背总体规划设计原则的基础上，采取本村后靠的安置方式，尽量使生活安置和生产安置方案符合移民意愿，力争做到规划合理、移民满意。

为了让受影响公众充分了解与项目有关的移民政策和标准、移民实施程序、移民申诉渠道等，黄委亚行项目办根据《亚行移民导则》的要求编制了《移民信息手册》，与移民规划报告一同提交地方政府并要求放在乡（镇）办公室，以便于受影响群众阅读。《移民信息手册》的主要内容包括：

（1）编制信息手册目的、依据以及项目建设范围；

（2）国家及河南省（山东省）有关移民政策和标准规定；

（3）农村各类房屋补偿标准、农村附属物补偿补助标准、各类集体所有土地永久征地补偿标准；

（4）移民资金拨付流程；

（5）补偿政策及安置方式；

（6）移民实施组织机构；

（7）移民申诉渠道和程序；

（8）移民监测和评估。

（二）项目实施阶段的公众参与和信息公开

在项目实施阶段，黄委亚行项目办及子项目实施单位首先通过下发《移民规划》和《移民信息手册》等途径对项目的建设内容和有关移民的政策、法规、补偿标准、申诉渠道、补偿安置方案等进行广泛的宣传，使受影响的人（单位）对项目信息有比较全面的了解。其次，各子项目移民实施单位或机构充分利用广播、电视、宣传车、报纸等不同形式，对项目建设和征地及移民安置工作进行全方位的宣传。如东明县除通过新闻媒体宣传外，还采取召开村干部动员会、广播会、群众代表会等形式广泛宣传征地移民政策、补偿标准及实施方法；再如河南原阳堤防加固工程，涉及沿黄7个乡35个自然村，征地和移民安置工作十分繁重。为保证该项工作顺利进行，项目建设单位积极与当地政府沟通，原阳县政府成立了“亚行贷款项目原阳黄河堤防加固工程协调领导小组”，负责督导项目前期工作和协调施工环境，组织在各乡、村召开听证大会，宣布补偿补助标准，并接受群众申诉。领导小组由县长带领水利局、土地局、公安局等职能部门负责人亲临施工现场，定期召开现场办公会议，及时解决施工中出现的问题。同时，按照县政府的要求，有关乡长坚守施工现场，确保附属物等移民赔偿款发放到群众手中。在地方政府的大力支持下，前期征地赔偿工作进展顺利。

在移民安置实施阶段，移民监测评估及监理等有关单位深入现场，及时掌握移民搬迁中遇到的困难和问题，积极提供专业技术支持，并提出解决方案，确保移民安置工作的顺利完成。对一些征地搬迁任务重的子项目，为实现移民安置目标，监理监评单位通过耐心工作，并积极协调和依靠地方政府，督促村级领导组织召开村民大会，采用了村民小组和移民同意的调地方式，给移民重新分配生产用地，解决移民的生产安置，并在本村给移民重新划拨宅基地，让移民建房，解决移民的生活出路。通过各方的努力，不仅保障移民搬迁后有房住，有地种，人人有一份可靠的口粮田，而且使移民不脱离原有的社区，保持移民原有的社会关系不发生较大变化，从而保证了移民在社会、经济、文化方面顺利地与安置区居民相融合。

移民安置工作实施后，移民监测评估等单位仍经常不定期到移民中走访，检查移民生产措施落实、生活改善等情况，收集受影响人的意见和要求，了解移民安置以后的困难，并帮助解决生产、生活中的实际问题，以使移民生活能在较短时间内达到和超过搬迁前的水平。

二、移民申诉渠道及程序

《中华人民共和国信访条例》第四条和第九条分别规定："信访工作应当在各级人民政府领导下，坚持属地管理、分级负责，谁主管、谁负责，依法、及时、就地解决问题与疏导教育相结合的原则。""各级人民政府、县级以上人民政府工作部门应当向社会公布信访工作机构的通信地址、电子信箱、投诉电话、信访接待的时间和地点、查询信访事项处理进展及结果的方式等相关事项。"

从以上两条可以看出，移民群众拥有一个合法的倾诉渠道，随时可以向各级政府以各种形式反映问题。

（一）移民申诉渠道

在项目前期设计阶段，移民可向项目管理单位（黄委亚行项目办）、移民规划设计单位（非政府组织）、村民委员会、各级政府信访部门进行申诉。项目进入实施阶段后，移民可通过项目执行单位、村民委员会、乡（镇）政府、各级政府信访部门、移民监理单位（非政府机构）、移民监测评估单位（非政府机构）进行申诉，必要时可以向法院起诉。具体申诉渠道为：

（1）移民所在的省、市、县以及涉及的乡（镇）和村设立的各级行政管理机构，负责本项目有关移民安置申诉工作。

（2）独立的移民监测评估机构是按照国家及亚行有关规定监督移民实施工作，有责任维护移民的合法权益，可受理和向有关方面反映移民权益受侵害的申诉问题。

（3）除上述申诉渠道外，各级政府设立的公民信访办公室，省、市、县设置的行政监察、审计、纪检、司法、检察等职能部门，也可以受理移民申诉的有关问题。

（二）移民申诉程序

移民申诉的程序共分以下 4 个阶段：

第一阶段：如果移民对拆迁安置和恢复计划有意见，受影响者可以向村委会提出口头或书面申诉；如果是口头申诉，则要由村里做好处理并书面记录，村委会应在收到受影响者申诉的 3 日内处理申诉。

第二阶段：移民如果对第一阶段的处理决定不满意，可以在收到决定后向乡（镇）政府申诉，乡（镇）政府应在 1 周之内处理申诉。

第三阶段：当移民对第二阶段的处理决定仍不满意时，可以在收到决定后向县（市）级搬迁领导小组申诉，县（市）级搬迁领导小组应在 10 天之内处理申诉。

第四阶段：移民如果对第三阶段的处理决定仍有意见时，受影响者有权上诉至法院。

监测评估单位的监测报告显示，在曾经做过抽样调查的 632 位移民中，有 70 人向不同单位反映过问题，有过申诉的移民占被调查移民人数的 11.1%，所反映的土地调整等问题均已在实施中得到解决。可见，执行机构不仅明确了移民申诉和抱怨的渠道，而且在项目执行过程中申诉和抱怨渠道是畅通的。

第四节　移民实施管理培训

亚行贷款黄河防洪项目自2004年移民实施工作开始以来，黄委亚行项目办和河南、山东两省亚行项目办都非常重视移民项目的培训工作，无论是在移民干部的培训方面，还是在移民群众的培训方面都取得了显著成效。

一、移民培训的要求

2000年12月4～21日，亚行贷款黄河防洪项目亚行评估团在谅解备忘录中指出："需要对黄委的职员和经过挑选的，实施移民、环境、社会影响评估和监督的地方政府官员进行培训。该培训包括社会分析和扶贫规划、生存恢复、监督评估、环境管理等。国际和国内培训机构的选择和聘用将参照亚行同意的选择标准和程序进行。国际和国内培训机构将与咨询专家协商，提供有日的的培训。"

另外，移民安置工作的成败与移民群众的素质密切相关，进行有效的经济开发来解决农村移民的生产安置，必须重视对移民干部和当地移民的智力开发与人才培训这一关键环节。

二、培训的方法和内容

（一）移民干部培训

为保证移民工作的顺利实施，黄委亚行项目办根据亚行谅解备忘录的要求，在移民安置实施过程中，分别于2005年7月、2006年10月和2007年9月针对移民干部举办了3次培训班，培训内容主要包括中国和亚行的移民安置政策、项目移民安置规划与实施要求、移民监测评估以及项目后评价等，对提高移民干部的业务水平起到了积极作用。另外，各子项目征地移民实施机构通过动员、会议交流等方式，在征地移民工作的实施、管理等方面对相关乡（镇）、村干部进行了不定期的培训。

1. 培训方法

（1）采取分层次的培训方法，对黄委亚行项目办、豫鲁两省亚行项目办、市级河务局及其以上领导干部和各级专业人员，根据其移民管理工作内容的不同，采取分层次、不同内容的培训，以求达到实效。

（2）采取集中讲授与研讨相结合的方法，即对移民干部必须掌握的内容进行集中讲授，其他内容则采用集思广益的方式，让移民干部结合自己的实践体会通过研讨得以提高。

（3）采取国际考察交流与国内大型水利工程移民项目考察交流相结合的办法，通过参观、考察、交流，提高移民干部的管理水平。

2. 培训内容

项目的培训内容具体包括：

（1）亚行的移民政策和中国征地制度的改革；

（2）《世行非自愿移民政策和操作指南》；

(3)《亚洲开发银行非自愿移民政策和移民操作指南》;
(4)亚行项目周期及对移民工作的要求;
(5)中国征地制度改革与移民风险管理;
(6)移民安置计划的编制;
(7)亚行在中国贷款项目中的移民行动计划编制指南;
(8)移民安置行动计划(RAP)编制;
(9)实物指标调查和移民安置计划编制大纲;
(10)亚行贷款黄河防洪项目——移民安置计划汇总;
(11)移民计划的实施;
(12)移民安置实施过程中的问题与对策;
(13)移民安置过程中的公众参与;
(14)亚行贷款黄河防洪项目——移民管理框架;
(15)移民的监测与评估;
(16)亚行贷款项目中的移民安置监测评估;
(17)世行中国贷款项目——移民监测评估业务指南;
(18)亚行贷款黄河防洪项目移民监测报告;
(19)亚行贷款黄河防洪项目——移民内部监测评估报告;
(20)移民竣工计划的准备;
(21)移民竣工报告编制;
(22)征地拆迁与移民安置后评估工作大纲。

(二)移民群众培训

对于工程占地移民群众的生产技能培训,一般采取建设单位委托有关乡(镇)政府组织实施的方式进行。亚行贷款黄河防洪项目各子项目中,除黑岗口、东坝头两个险工改建加固子项目因无移民技术培训费为移民实施培训外,其余的44个子项目均利用移民技术培训费,结合当地移民生产情况,单独或结合其他项目对移民进行了科学种田、新品种栽培、家禽家畜养殖、非农业就业岗位等技术培训。

1.移民群众培训方法

(1)采取短期技术培训,即一项技术进行一次培训,使移民能够在较短时间内掌握,能较快转化为生产力。

(2)采取技术培训与现场示范教学的方法,可以起到立竿见影的效果。

(3)建立科技示范区,通过科技示范区进行辐射。即在移民安置区有针对性地选择4~5个不同的科技村,如大棚蔬菜示范村、食用菌示范村、养鸡示范村等,对这些科技示范村有重点地进行扶持,使其形成产业链,进而带动周围移民村。

(4)采取技术咨询与科技承包的方法,让广大科技人员面向农村主战场,让移民从技术承包和技术咨询中学会技术,应用于生产。

2.移民群众培训内容

具体内容包括:

(1)小麦、水稻种植与管理;

(2)坡改梯的方法与技术；
(3)旱地改水浇地的方法与技术；
(4)旱作农业技术；
(5)果树栽培与管理；
(6)中药材的栽培与管理；
(7)牛、羊、猪、兔和蚕的饲养技术；
(8)水产养殖技术；
(9)蔬菜大棚种植技术；
(10)食用菌栽培技术与管理；
(11)家庭副业生产；
(12)服务行业项目选择与经营。

心理调整方面的培训也是移民培训的重要内容。移民的搬迁，不仅是生产生活条件发生变化的过程，而且也是一种心理调整的过程。加强这方面的培训工作，能够尽早消除移民的各种顾虑和担忧，全力发展生产。

三、培训效果评价

经对亚行贷款黄河防洪项目移民管理培训效果的测评，学员普遍反映效果很好。以2006 年 10 月的培训为例，2006 年 10 月 25～29 日，黄委亚行项目办在郑州举办了“亚行贷款黄河防洪项目移民管理培训暨研讨班”，由项目国际咨询专家组聘请的专家授课。专家组在培训结束时，向参加培训人员发了培训效果测评表，共收回有效测评表 37 张，测评结果见表 5-3。

表 5-3　移民管理培训暨研讨班效果测评结果

项目	不满意		大致满意		满意		很满意		非常满意	
	票数（张）	占百分数（%）	票数（张）	占百分数（%）	票数（张）	占百分数（%）	票数（张）	占百分数（%）	票数（张）	占百分数（%）
1. 课程是否达到预期目标	0	0	3	8.1	19	51.4	3	8.1	12	32.4
2. 课程中所授的内容和概念是否能够运用在实际工作中	0	0	10	27.0	14	37.9	2	5.4	11	29.7
3. 课程演讲内容是否清晰、易懂	0	0	4	10.8	14	37.9	8	21.6	11	29.7
4. 授课方式是否适合	0	0	3	8.1	14	37.9	8	21.6	12	32.4
5. 讨论时间是否充足	0	0	4	10.8	12	32.5	9	24.3	12	32.4
综合测评（合计）	0	0	24	13.0	73	39.4	30	16.2	58	31.4

由上表测评结果可见，被培训者对培训效果满意度较高。综合测评满意度（包括大致满意）达100%，其中表示满意的人数占39.4%，很满意占16.2%，非常满意占31.4%。上表所测评的5项内容中，满意度均达100%。

参加培训人员认为本次课程提供的最有用的信息是：

（1）中国、亚行和世行移民安置、征地等方面的政策、规定和应用，中国和亚行在移民政策上的区别，亚行项目周期，参与式农村评估，非自愿移民政策，移民工作的主要程序、内容和移民监测表格等。

（2）中国土地制度改革前后的征地政策，统计和界定征地分类和附着物的划分。

（3）移民安置计划的编制、实施、监测和评价，移民竣工报告的准备与编制，移民监理的有关理论及具体方法，移民安置报告的编写方法，移民搬迁的调查程序及调查项目等。

（4）外部移民监测评估的内容、范围，监测评估指标体系的建立，现场的调查方法等；移民安置实施过程中的问题与对策，征地制度的最新规定等。

第五节　贷款协议中移民条款的执行情况

为了更好地管理亚行贷款黄河防洪项目，亚行按照行业贷款项目的程序要求，编制了《中华人民共和国黄河洪水管理行业项目谅解备忘录》，以及总裁建议报告（RRP），这些都是行业贷款协议的重要组成内容。下面将其中的征地和移民安置的行业贷款条款摘录出来（见表5-4），并对其执行情况进行描述，一方面对该项目移民工作的完成情况作以总结，二可为以后类似项目提供借鉴，知道什么环节比较容易出现问题，以备在将来的项目中加以克服和避免。

表5-4　亚行贷款移民条款的执行情况

亚行贷款主要移民条款	参考条目	执行情况
A. 简介 根据亚行行业贷款的非自愿移民政策，移民安置将通过移民政策框架（RPF）和移民安置程序指南（RPG）来实施。以下论述的RPF和RPG的规定适用于包括在行业贷款内所计划并得到批准的全部子项目。根据RPF和RPG所制定的关于开封、长垣和东平湖3个核心子项目的移民规划已经完成，并且对后续子项目的征地和移民安置工作提供样板	《谅解备忘录》附录5，第一条	按照亚行贷款程序要求，在技术援助阶段，黄委亚行项目办组织编制完成3个核心子项目的移民规划报告
B. 移民安置政策框架（RPF） 移民安置政策框架（RPF）反映了对贷款方的有关规定和亚行关于非自愿移民的政策。主要的RPF原则包括：①尽可能减少负面影响；②进行移民安置和赔偿来改善或至少使受影响人的生活水平恢复到项目实施前；③就赔偿方式的选择和移民规划制定要完全告知受影响人并与他们进行密切协商；④按重新购置财产的价格进行财产赔偿；⑤对损失财产的赔偿和移民安置补助在土地平整和建筑物拆除前要全部兑现。针对每个子项进行的资金拨付将以亚行对子项移民规划的批准为条件	《谅解备忘录》附录5，第二条	通过多方案比选，尽可能减少移民的数量。按照亚行批准的移民规划方案对移民进行赔偿，并以公告或宣传栏等形式，告知受影响人

续表 5-4

移民安置政策框架(RPF)规定了关于土地损失、房屋损失、农作物损失和其他财产损失的资格认定和应采取的补偿等一系列措施的条款。土地损失将进行以下赔偿:①失去耕地和宅基地的受影响人群将通过“以地换地”的方式,即在村内调地进行赔偿;②如果“以地换地”的方式不可行,失去耕地的受影响人群将被重新安排并提供其他的就业机会;③对损失土地的现金赔偿根据《中华人民共和国土地管理法》规定的价格支付给村里,村子将这笔钱用在使受影响团体直接受益的基础设施和服务上。针对征地的移民补助将通过村委会以现金的形式直接支付给受影响人群。房屋损失按照重建费用以现金的形式直接支付给受影响人群,不包括拆除费和回收的旧材料。农作物损失按照现行市场价格以现金的形式直接支付给受影响人群。脆弱家庭将会就房屋搬迁和重建得到资助,针对那些贫困线下的受影响人群应制定有效的收入恢复战略,黄委亚行项目办环境和社会部将对此战略的开发格外关注	《谅解备忘录》附录5,第三条	通过村委会大会讨论,各户愿意划出很少一点地给移民户,将征地的钱由村里用于建设基础设施和服务,如修路、打机井、发展水浇地、建学校等
C. 移民安置程序指南(RPG) 针对3个核心子项目已制定了适当的移民规划。对于仍待确定的子项目,有特别的移民安置程序指南来指导移民规划的制定并根据每一个子项的影响程度提供了不同的方法。 已经确立的移民安置程序指南要求以下程序:①在确定子项和完成初步技术设计后黄委应进行影响调查来决定影响的程度;②通过这一步骤,如果子项的影响确定为“显著”[1],黄委将制定全面移民规划;③如果最初的调查认为子项的影响“不显著”,黄委将制定一个简单的移民规划[2]。 注:1. 指200人或以上受到影响;100人或以上属于少数民族或弱势群体。 2. 全面和简单移民规划的格式见亚行移民手册——切实可行的移民指南	《谅解备忘录》附录5,第四、五条	在各子项目确定后,黄委亚行项目办按照移民安置程序指南,及时组织制定了全面的移民规划
D. 机构的责任 水利部通过黄委行使全部的协调、规划、实施和投资责任。地方市或县政府通过移民办负责实施经批准的移民规划,包括财产评估,协商和补偿的兑现。地方市或县土地管理局负责土地登记和批准征地。现场的任务如补偿支付、土地调整、提供生活扶持和监测是乡(镇)政府官员的责任。 水利部通过黄委来确保各移民办都有关于子项开发的这些RPF和RPG安排的资料和已制定的移民规划。水利部通过黄委确保移民概算及时拨付到省,并及时、直接地兑现到受影响人群或村庄,同时,为了满足移民安置目标,任何不足都应得到解决。补偿将在开始土地平整和建筑物拆除前兑现给受影响人,或在搬迁阶段提供其他的收入扶持	《谅解备忘录》附录5,第六、七条	地方政府负责土地登记,并通过村民大会及时对土地作出了调整,保证了项目的顺利进行。移民费用及时拨付到项目所在地,各子项目受征地或移民影响的人员已得到补偿和安置

续表 5-4

E. 公示、协商和申诉 每一个移民规划的制定都应通过与受影响人群协商来进行，包括现场调查和村座谈会。群众可以在乡（镇）政府看到中文的移民规划，每一个移民规划都有抱怨和申诉程序，申诉首先向村委会提出，如果在2周内得不到解决，申诉人有一个月的时间向县土地管理局提出，如果在2周内仍旧得不到解决，可以继续向其他政府机构有关部门或移民办递交。根据《行政诉讼法》最后的申诉可一直上诉至法院民事庭	《谅解备忘录》附录5，第八条	设计单位在移民规划的制定过程中，与受影响人进行了协商。在移民规划中建立了抱怨和申诉程序，即村委会—县土地管理局—移民办—法院民事庭
F. 监测和评估 水利部和黄委聘请一个独立的、有资格的、为亚行接受的机构，在项目实施期间监督移民应得到的权利，准备半年度报告，并在项目竣工时和竣工一年后评估上报移民目标完成情况	《谅解备忘录》附录5，第九条	河南移民经济开发公司为独立的外部监测机构。每半年向亚行提交监测评估报告。在关账后1年完成后评估报告
G. 移民安置费用 3个核心子项目的征地和移民安置概算包括财产赔偿（即土地赔偿和移民安置赔偿）、恢复收入补助、管理费、监测和评估、税费。根据上一年的通货膨胀率，概算每年要作调整	《谅解备忘录》附录5，第十条	移民规划概算的编制遵循了亚行和中国移民政策。满足了亚行的要求，并得到亚行和中国政府的批准
每个需要贷款的子项目都应满足以下指标： 每个子项目已准备了符合借款方的相关法律和规章及亚行移民导则的移民计划。 经借款方和亚行同意的列在项目B部分要求移民规划和C部分要求提高女性地位和满足性别检查单有关要求的各子项目。 项目C部分的子项目，当地政府需提交经亚行认可的书面证明，表明所有的按项目要求需迁移的单位和个人是按个人意愿重新安置。 项目C部分的子项目，其费用分摊协议已经黄委、地方政府和受益人在项目可行性研究阶段确定。当地政府提供证明，表明它们有足够的资金用于公共设施、永久和临时占用农田、补助重新安置，把旧村台和房台改造为农田或其他农业用途等。 在项目B部分和各申请的子项目，如果涉及征用土地和非自愿移民的，其已按亚行非自愿移民政策、RPF和RPG确认和减轻。如果在子项目实施阶段，有非自愿移民情况时，需要有依据借款方的相关法律和条例、亚行政策非自愿移民政策及RPF和RPG要求的移民规划，并已经亚行批准；并且如果一个子项目涉及一个及以上的贫困地区，项目可行性研究报告需包括该县或这些县的扶贫计划、这些贫困人员受益的方式，以及保证依照亚行的方针进行贫困影响分析的监督和评价计划等内容	《贷款协定》附表五，第七条	借款方准备了符合中国和亚行移民法律和导则的移民规划。对妇女权益进行了调查和评价。子项目所在县政府出具了书面证明。在项目可研阶段确定了资金分摊协议，但在实施阶段，地方政府未能完全按协议分摊资金 移民规划得到了亚行的批准，项目的可行性研究报告包括了对贫困人口的分析和评价

续表 5-4

借款方应确保遵守下列项目实施程序： 黄委应确定符合上述指标的子项目； 黄委移民办（YRR）应按地理位置、子项目和建设时间的相似性等准备多个可行性研究报告，和环境影响评价报告或移民规划一起上报供亚行审批	《贷款协定》附表五，第八条	由黄委亚行项目办组织按照地理位置、子项目和建设时间编制的移民规划，与可行性研究报告一起得到亚行的批准
借款方应要求水利部和黄委从 2001 年开始，在项目实施期间的每个财政年度适时提供足够的匹配资金。借款方应确保当地政府和项目受益人适时提供必要的匹配资金和实施它们子项目的资金，包括但不限于用于公共设施、永久和临时占用农田、补助重新安置和把旧避水台改造为农田或其他农业用途的资金	《贷款协定》附表五，第九条	亚行和国家负责拨付的资金已经全部到位，但当地政府和项目受益人没有提供足够的资金
借款方应促使水利部和黄委对于任何需征地或移民的子项目，借款方应促使水利部和黄委准备详细的移民规划和子项目申请，一同报亚行审批	《贷款协定》附表五，第十条	编制完成各子项目全面的移民规划
借款方应确保水利部和黄委按包括《中华人民共和国土地管理法》在内的相关法律和条例、亚行非自愿移民政策、RPF 和 RPG 政策等要求，实施移民计划。借款方应促使水利部和黄委确保所有受征地或移民影响的人员得到及时补偿和重新安置，使他们至少达到和无工程前一样的生活水平。借款方应促使水利部和黄委确保聘请一个亚行认可的独立的符合资质的监理公司，监督移民事宜，在项目实施期准备半年一次的报告，在项目完成时及一年后提供移民目标评估报告	《贷款协定》附表五，第十条	按照《非自愿移民政策》及《中华人民共和国土地管理法》规定的 10 倍标准进行赔偿。2004 年 10 月后开工的 4 个项目按 16 倍标准进行赔偿
借款方应确保提供该项目的移民培训，包括移民生活恢复技术（生产技能）和监督评估技术	《贷款协定》附表五，第十一条	各子项目提供了移民生活恢复技术培训
借款方应采取必要的行动实施项目 A1 和 D 部分中的培训计划。这些行动包括准备、向国际性咨询公司咨询、经亚行批准的对黄委职工和经挑选的地方官员的在岗培训和特别安排的国外和国内培训。这一培训计划应包括选择和聘请提供培训的当地和国际研究机构的标准和程序	《贷款协定》附表五，第十四条	由国际及国内专家提供了 3 次对移民管理人员的培训。同时，经挑选的管理人员还到国外培训了 2 次
借款方应确保黄委亚行项目办建立了一个亚行认可的项目监督和评估系统，包括对贫困地区的独立的 PRA 评估。黄委应在项目开始时进行一个供作评判参考的调查，并在项目完成时及一年后向亚行提交 PME	《贷款协定》附表五，第十五条	国际咨询专家开展了对贫困地区的独立的 PRA 评估工作
借款方应促使当地政府确保在新的避水台完工后两年内，建成项目 C 部分各子项目中规定的贫困人口住房和公共设施	《贷款协定》附表五，第十六条	平阴村台的公共设施建设及群众建房工作正在进行。其他村台正在准备中

第六节　移民安置实施效果评价

亚行贷款黄河防洪项目是中国政府在防洪领域利用亚行贷款实施的第一个项目，首次利用亚行贷款修建的黄河下游防洪工程，不仅在工程建设与管理方面取得了较好的成绩，而且在移民实施和管理方面积累了很多成功的经验。

一、主要成绩

（一）项目建设达到预期目标

亚行贷款黄河防洪项目是中国第一个利用亚行贷款进行的黄河防洪工程建设项目。项目的实施，不仅增强了黄河下游防洪工程的抗洪能力，减轻洪水造成的危害，同时使项目区的生态环境和区域环境得到较大改善。下游地区人们的安全状况、生产条件和生活水平得到较大改善，为黄河下游带来良好的社会、经济和环境效益，对促进下游两岸地区社会经济可持续发展将发挥重要作用。

（二）项目移民安置取得成功

伴随着项目建设而发生的征地拆迁，不可避免地给部分农户带来一定的负面作用，使他们的生产和生活在项目实施过程中受到影响。但随着项目的完成和时间的推移，黄河下游防洪能力的提高为移民提供的安全的生产生活条件将会逐步显现。与此同时，由于移民补偿补助资金的到位和移民安置措施的实施，受影响农户的住房质量得到了不同程度的改善，拨付的移民生产资金，用于土地改良、机井规划与建设、保护及发展水浇地等生产措施，增加当地粮食产量，使当地农村居民的生产水平得到提高。移民村利用土地补偿资金，扩建灌渠规模、开发土地后备资源、增加土地数量，以弥补耕地减少带来的损失。总之，工程建设为移民带来了新的、可持续发展的机遇。

（三）正确采用了因地制宜的农业安置方式

亚行贷款黄河防洪项目涉及的非自愿移民沿堤防呈带状分布，工程占用每个村庄的耕地面积很小，只有少量的房屋和人口受到影响，其中98%的移民为农民。考虑到他们的文化程度较低，思想观念落后，缺乏工业生产和管理技能，所擅长的是传统的农业生产。经过对环境容量的计算，以及对有利于保持社团组织的完整性等各方面因素的分析研究，项目的移民采取本村后靠、农业安置的方式，以保证农村移民每人都有口粮田。事实证明，农业安置方案是正确的，为移民稳定和长期发展打下了坚实的基础。

（四）征地移民培训工作成效显著

亚行贷款黄河防洪项目通过开展各项移民管理培训，使一批移民管理干部和技术人员更好地了解和掌握了亚行及国内相关的移民方针、政策、规定和要求，管理水平得到了很大的提升。移民管理干部不仅利用培训的知识成功地完成了本项目的移民安置任务，而且还可以将这些知识和积累的经验用于以后类似工程的移民工作中，使移民安置更加科学合理。受项目征地和搬迁影响的移民，接受了农业技术培训后，掌握了更多的生产技能，采取了科学的种植和养殖方法，对移民防范生产风险、提高农业收入，均起到了较大的帮助作用。

（五）首次成功地开展移民监测评估与监理工作

亚行贷款黄河防洪项目首次在黄河下游防洪工程建设中采取独立的移民监测评估机制，对项目的移民管理发挥了重要作用。项目实施表明，有效的外部移民监测评估机构的参与，不仅促进了移民工作的顺利进展，使移民的权益得到了很好的保障，而且通过跟踪调查，全面掌握移民生活水平的恢复情况，为科学合理地扶持低收入的移民提供了技术支撑。

移民监理工作的开展，对移民工程的进度、质量和资金实施了科学的管理。移民监理进驻现场开展监督，能够及时发现移民工作中存在的问题和不足，为管理部门制定解决问题的行动计划提供依据，同时也为后续下游防洪项目提供借鉴。目前，移民监理制已在黄河下游防洪工程中得到了全面运用和推广。

（六）制定科学的移民安置规划

移民安置规划是移民安置实施的依据，是指导移民安置工作最重要的文件之一。亚行贷款黄河防洪项目首次在黄河工程项日中编制移民安置规划报告，黄河设计公司等移民规划编制单位非常重视该项目工作，在项目前期投入了大量精力，进行现场调查，征求移民意见，选择安置方式和规划安置地点，提出生产措施规划等，保证了安置规划的科学性、合理性和可行性，移民安置规划报告分别顺利得到中国政府和亚行的批准，是本项目移民工作能够得以顺利实施的基础。

目前，由中国政府投资的黄河下游防洪工程也引入了编制移民安置规划的模式，并需报送上级主管部门批准后予以实施。

（七）信息公开、透明，申诉渠道明确

亚行贷款黄河防洪项目移民工作的公开主要表现在以下几方面：一是补偿标准公开，部分子项目实行县政府公告方式，张榜公布，各项补偿标准一目了然；二是各项政策能够及时公开，宣传比较到位；三是补偿款能按照公告或协议标准进行兑付。虽然个别子项目在实施过程中出现了兑付标准低的问题，但均得到了及时、妥善的解决。

本项目移民设计和实施的过程，也是公共协商和公共参与的过程。这一过程保证了移民的参与，使移民关注的问题、要求和需求都纳入了移民规划报告中，使移民更加了解工程的建设情况和移民安置规划，为移民工作的顺利开展提供了保障。畅通的移民申诉渠道和完善的申诉程序，有利于移民随时反映工程建设过程中存在的问题，以及移民自身需要解决的一些问题。实践证明，申诉机制的完备对移民安置工作具有较好的推动作用。

（八）严格遵循亚行的移民政策

亚行移民政策的重要内容之一就是工程建设尽量少占耕地和减少搬迁人口，这在本项目建设中得到了充分的体现。在项目可行性研究及初步设计阶段，从减少移民搬迁的角度出发，进行了多方案比选，最后确定的方案既能保证工程防洪安全标准，又最大限度地降低了移民拆迁的数量。如开封堤防加固工程推荐采用临河筑新堤方案，成功地避开了背河村庄的搬迁。

移民规划方案遵循了亚行的公众参与政策。在项目的移民规划编制过程中，设计人员深入到受影响户，充分征求和听取移民的意见，并认真地吸收和采纳。如东明樊庄原居住环境差，移民愿意搬迁，现移民意愿已实现。

在移民实施过程中,建设单位能够按照批准的移民安置规划开展移民征地搬迁工作,并通过召开听证会、村干部会、群众代表会等不同形式,让移民充分了解和参与移民的征地和搬迁活动。这些措施既有利于减少移民与监督管理人员之间的矛盾,也容易使移民对搬迁安置工作满意。

(九)项目建设有利于减贫

黄河下游防洪工程建设项目的实施为当地群众提供了大量的就业或增收机会。项目建设期间,施工单位根据需要安排部分当地劳动力参与了工程建设,解决了部分农户的就业困难。项目实施也为当地建筑材料、施工机械、机电设备、交通运输等行业提供了良好的机遇,在一定程度上拉动了就业,推动了当地经济的发展。

黄河防洪工程建设项目包含大量的防浪林和淤区适生林等生态工程,为了保证苗木的成活率,有利于林木的抚育和管理,项目建设和运行管理单位一般会将生态工程的部分护理任务交给了当地村民。当林木带来经济效益时,可与当地村民分享,从而为这些村民带来经济收入。

(十)亚行检查和专家咨询促进了移民项目的成功实施

在技援阶段,亚行派团来华帮助中方开展核心子项目的移民计划的编制工作,为中方顺利完成项目准备和可行性研究提供了支持和帮助。在项目进入实施阶段,亚行每年都会派出项目检查团对移民项目的执行情况进行严格检查,并对检查中发现的问题提出合理的解决建议。移民国际咨询专家的咨询服务,不仅为亚行项目办提供了移民技术支持,而且通过业务培训,提高移民管理人员的管理水平和技术水平。总之,亚行及国际咨询专家对移民工作的检查和指导,培养了一批高素质的移民干部,加速了移民项目目标的实现,对移民项目的成功起到了重要的作用。

(十一)建立强有力的组织机构

根据《贷款协定》的要求,并结合黄河防洪工程建设管理的特点,建立了强有力的组织机构,明确各单位和部门的职责。黄委组建了黄河洪水管理亚行贷款项目办公室,设立了专职的环境和移民部,在河南和山东河务局分别设立了亚行贷款项目办公室,属于黄委亚行项目办的延伸机构。子项目所在的市成立了移民领导小组。黄委亚行项目办环境和移民部的主要职责为:①对移民项目的实施进行管理和协调;②负责与亚行联系;③负责与水利部和两省亚行项目办联系;④委托并协调对外咨询服务(移民计划及实施方案的编制单位,独立监测评估单位、移民和环境国际咨询专家的管理等);⑤审批移民实施方案;⑥协调解决关键的移民问题。上述职责的认真履行,有效地促进了移民工作的开展。

二、不足与建议

(一)赔偿标准的不同将加大移民安置的难度

亚行贷款黄河防洪项目的征地补偿补助是按标准的下限10倍取值的,虽然符合《中华人民共和国土地管理法》的规定,但与交通等行业相比,赔偿标准偏低,这是受征地影响的农户的普遍反映。因亚行贷款项目低于某些行业的赔偿标准,地方政府和群众存在一定的抵触心理,在一定程度上阻碍了移民工作的顺利开展。为避免这一情况的发生,建议提高水利工程的土地补偿标准,使同一区域不同行业的土地补偿标准尽量保持一致。

（二）贫困地区的移民资金投入不足将会影响项目建设进度

移民安置计划的实施离不开地方政府的支持，亚行贷款黄河防洪项目村台建设的移民搬迁工作更是如此。由地方政府承担建设的村台基础设施若不能按照规定的时间建成，移民就无法搬迁。但对于地处贫困地区的地方政府，因市、县财政困难，往往没有多余的资金用于移民村基础设施或公共设施的建设，致使移民搬迁工作可能会滞后。因此，建议以后在贫困地方安排建设项目，国家应加大对涉及移民村基础设施建设资金的投入。

（三）土地补偿费用不足将会影响土地权证的办理

按照国家最新土地政策的要求，土地使用权证的办理需要缴纳耕地开垦费、耕地占用税、地籍测绘费、征地手续费、矿藏资源占压等费用。亚行贷款项目因立项比较早，有些费用没有包括在工程概算中，造成土地使用权证不能得到顺利办理，给项目验收带来了一定的困难。建议在以后的项目概算中，应列入和批复所有与土地权证办理相关的费用。

三、综合评价结论

亚行贷款黄河防洪项目的实施对黄河堤防的防洪安全、特别是抵御特大洪水的能力显著增强。在一定程度上保护了下游防洪保护区内人们的生命财产安全，减少了因洪灾而引发的社会动荡及大量社会问题，如工矿企业停产、交通受阻、学校停课、需要救济的人员增加等。同时，也为这些人们提供了更加安全和稳定的生产与生活环境。

在项目建设期间，征地拆迁对移民经济收入和生产生活造成的不利影响，已通过各级移民管理部门、实施机构对相关移民补偿政策的实施，对移民开展生产技能培训等措施，使移民搬迁后的生产生活环境逐步得到改善，移民的经济收入水平已在逐渐恢复并有所提高。移民的安置达到了预期的目标，项目的移民安置是成功的。

第六章　农村参与式评价与征地移民后评价

在亚行贷款黄河防洪项目的《项目协议》中，亚行特别要求项目的受益者或其他相关方对项目的参与，包括参与项目规划、实施方案制订、施工监督以及项目后评价。

农村参与式评价是通过现场考察和访问的方式，就项目区村民所关心的问题进行问卷调查，分析村民对项目社会、环境和移民影响的评价。农村参与式评价（PRA）是一种快速收集农村信息资料、资源状况与优势、农民愿望和发展途径的新方法，是一个可促使当地人民不断加强对自身和社区以及环境条件的理解，与移民工作者共同参与、提高和分析他们的生活状况并一同制定计划。如果运用得当，农村参与式评价能促使当地人（农村或城镇的人）自己担当起评价、分析、实施、监督和评估的工作。农村参与式评价是贯彻项目全过程的一项工作，在项目前期就应开展农村参与式评价，由于方法类似，本章仅给出农村参与式后评价的过程和结论。

工程移民后评价是指对已完成的工程移民项目的目的、执行过程、效益、作用和影响所进行的系统的客观分析，通过移民活动实践的检查和总结，确定移民预期目标是否达到、移民规划是否合理有效，并对移民实施中出现的问题提出改进建议，从而达到提高移民项目投资效益的目的。

第一节　农村参与式评价调查

一、农村参与式评价调查

为实施项目结束后的农村参与式评价，项目组邀请了熟悉本项目和当地情况的专家和地方政府管理人员参与评价调查设计工作。邀请专家的专业涉及环境、经济、社会、征地移民、管理、妇女问题研究等方面。经充分考虑各个方面专家的意见，提出了进行农村参与式评价的设计方案。

（一）调查对象

调查对象为项目区农村所有的利益相关者，重点是受项目建设征地或移民影响的村民。项目区包括堤防工程项目区、河道整治工程项目区和滩区安全建设项目区。调查对象的选择要有广泛的代表性，所体现的组合包括移民和非移民、富裕和贫困家庭、主要从事农业生产和主要从事非农业工作的家庭、男性户主和女性户主的家庭等，并特别注重妇女的参与。

（二）调查方法与指标

采用受调查户选择、现场培训、现场填表、资料统计整理和综合分析的方法进行。

各位专家首先提出各自关心的调查指标，经汇总后得出以下8个指标作为最终调查指标：①征地补偿情况；②家庭收入影响；③技术培训；④生活水平提高；⑤教育卫生状况改善；⑥基础设施改善；⑦自然环境；⑧妇女参与。综合分析评价的最终指标是村民对项目建设的总体满意度。

（三）调查表格式

考虑到农村和当地村民的实际情况，专家认为调查表的设计应遵循简单明了、意义清晰和容易填写的宗旨。调查表的格式确定如表 6-1 所示。

表 6-1　农村参与式评价调查表

项目区位置	调查村庄名称	调查人年龄	性别	
1. 你对项目区征地补偿情况是否满意？				
A 非常满意	B 比较满意	C 一般	D 不太满意	E 非常不满
2. 项目征地是否对家庭收入有所影响？				
A 不影响	B 影响很小	C 有一定影响	D 影响较大	E 严重影响
3. 你是否从亚行项目办组织的技术培训中受益？				
A 受益很大	B 受益较大	C 一般	D 受益很小	E 没有受益
4. 项目建成后生活水平是否提高？				
A 提高很大	B 提高较大	C 有一定提高	D 提高很小	E 没有提高
5. 项目建成后村镇教育卫生状况是否有所改善？				
A 很大改善	B 有所改善	C 有一定改善	D 改善很小	E 没有改善
6. 项目建成后村镇基础设施（道路、通讯设施等）是否得到改善？				
A 很大改善	B 有所改善	C 有一定改善	D 改善很小	E 没有改善
7. 项目完工后项目区所在地自然环境状况如何？ A 绿地面积扩大，野生动物数量增加，环境得到很大改善 B 项目注重环保建设，很好地维持了当地自然环境 C 自然环境状况基本不变 D 项目对当地自然环境带来了一定的不利影响 E 项目建设使当地自然环境恶化				
8. 项目建设过程中是否注重女性参与项目调查、移民技术培训等方面的工作？ A 尊重女性参与权，女性能够很好地参与项目开展的各项工作 B 能够考虑到女性的参与权与话语权 C 部分工作能够考虑女性的要求和建议 D 对女性参与项目建设不是很重视，认为无关紧要 E 女性从不参与有关项目建设事宜				

（四）实施调查

2009 年 3 月，在黄委亚行项目办和山东、河南两省亚行项目办的支持下，项目组对项目区的村民进行了农村参与式评价的问卷调查，征求村民在项目完成后对项目社会、经济和环境影响等方面的意见。山东项目区发放调查问卷100份,全部回收;河南项目区发放调查问卷150份,回收142份;经专家确认,回收合格问卷242份。调查涉及项目区村庄58个,调查数据基本上可以代表项目区真实情况。

第二节　调查统计结果

在农村参与式评价调查问卷回收后,对调查结果进行了分析。结果发现,在填表人人员分布上:30岁以下21人,占总填表人数的9%;30～45岁154人,占总填表人数的63%;45～60岁65人,占总填表人数的27%;60岁以上2人,占总填表人数的1%,详见图6-1。

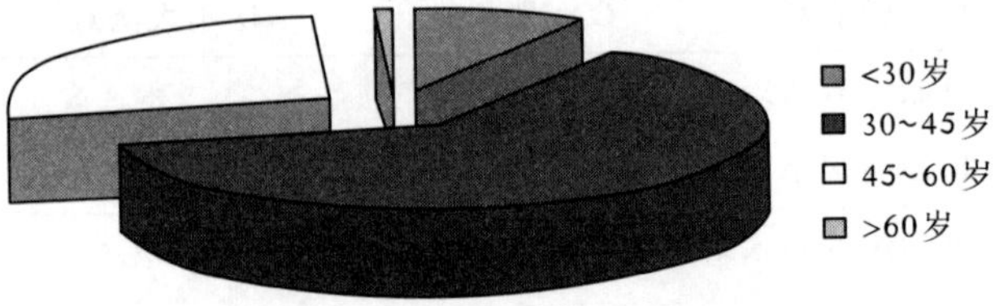

图6-1　农村参与式评价调查对象年龄段分布图

在填表人性别分布上:男性151人,占总填表人数的62%;女性91人,占总填表人数的38%。见图6-2。

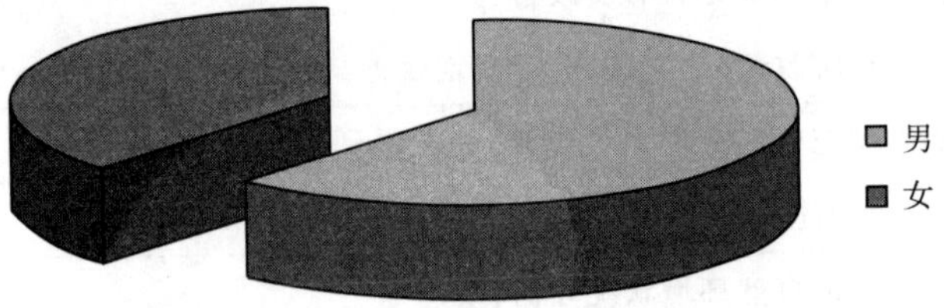

图6-2　农村参与式评价调查对象性别分布图

在进一步统计中,得出了各个选项的选择比例,结果如表6-2所示。

表6-2　农村参与式评价调查结果统计表　（单位:人）

序号	调查指标	选项统计结果				
		A	B	C	D	E
1	征地补偿情况	36	106	75	24	1
2	家庭收入影响	6	98	105	33	0
3	技术培训	21	120	89	12	0
4	生活水平提高	9	66	133	33	1
5	教育卫生状况	5	134	59	42	2
6	基础设施改善	10	135	52	43	2
7	自然环境	19	110	110	3	0
8	妇女参与	46	128	62	5	1

按照各个指标5个选项权重一致的原则，由表6-2计算出各个选项分配的比重如表6-3所示。

表6-3　移民安置情况调查结果选项比重分配

序号	调查指标	A	B	C	D	E
1	征地补偿情况	0.149	0.438	0.310	0.099	0.004
2	家庭收入影响	0.025	0.405	0.434	0.136	0.000
3	技术培训	0.087	0.496	0.368	0.050	0.000
4	生活水平提高	0.037	0.273	0.550	0.136	0.004
5	教育卫生状况	0.021	0.554	0.244	0.174	0.008
6	基础设施改善	0.041	0.558	0.215	0.178	0.008
7	自然环境	0.079	0.455	0.455	0.012	0.000
8	妇女参与	0.190	0.529	0.256	0.021	0.004

完成各个指标选项权重分析后，对各个选项进行赋值。根据A、B、C、D、E 5个选项分为5级，划分满意度S及标准隶属度集合U：

S = {A(完全成功)，B(成功)，C(部分成功)，D(不成功)，E(失败)}

U = {A(1.0分)，B(0.75分)，C(0.5分)，D(0.25分)，E(0分)}

根据各个选项的权重及赋值，在8个评价指标权重一致的情况下，计算得出各个指标的隶属满意度，见表6-4。

表6-4　移民安置农村参与式情况调查指标隶属度统计表

序号	调查指标	A	B	C	D	E	等级
1	征地补偿情况	0.149	0.329	0.155	0.025	0	0.66
2	家庭收入影响	0.025	0.304	0.217	0.034	0	0.58
3	技术培训	0.087	0.372	0.184	0.012	0	0.66
4	生活水平提高	0.037	0.205	0.275	0.034	0	0.55
5	教育卫生状况	0.021	0.415	0.122	0.043	0	0.60
6	基础设施改善	0.041	0.418	0.107	0.044	0	0.61
7	自然环境	0.079	0.341	0.227	0.003	0	0.65
8	妇女参与	0.190	0.397	0.128	0.005	0	0.72
满意度							0.63

第三节 计算结果分析评价

根据计算结果,农民自身对项目建设满意度评价为0.66,属于可接受程度,说明项目建设基本得到了项目区人民的认可。

在对项目区征地补偿满意程度调查中,农民自身对项目满意度评价达到0.66,说明亚行项目办在该项工作中很好地考虑了农民的切身利益,采取了多项惠民政策,保证了征地移民生活状况未因工程的实施而发生根本性的改变;占地补偿及近几年国家惠民政策的落实,为移民收入增加创造了条件,使他们的后顾之忧减少、生活满意度提高。

在对征地移民家庭收入情况调查中,结果显示满意度为0.58。农民认为占地影响很小或一般。根据移民后评价调查报告可以看出,项目区移民生活水平得到了很好的恢复和提高,农民收入逐年提高;受工程影响的样本户收入基本得到恢复,脱贫人数增加,占地影响户与临近非影响户相比,收入没有降低。

对于亚行项目办举办的各种培训活动,农民认为自身受益很大,调查满意度为0.66。亚行项目办举办的多期移民技能培训很好地结合了当地实际情况,选择的关于养殖、种植的培训课题能从农户自身需求出发,使农民学有所用,真正做到了技术下乡,因此得到了广大人民群众的好评。

在对项目区教育问题调查中,满意度为0.60。在项目建设过程中,需迁建的刘庄、闫潭、徐集、董楼4所小学按期交付使用,新校舍在规模上有所扩大,在教学条件上有了很大的改善。同时,在项目实施过程中,由于宣传和普及,项目区村民受教育意识提高,项目区辍学儿童数量下降,学龄儿童入学率升高,村民文盲率也有所下降,项目建成后村镇教育卫生状况有很大改善,村民对此评价较高。

在对村庄基础设施恢复状况的调查中发现,村镇居民对村镇基础设施(道路、通信设施等)建设情况较满意,满意度为0.61。在项目建设中,26个子项目需要恢复的专业项目均按照“三原”的原则进行恢复,部分项目的实施标准、规模高于规划标准。同时,大堤路面的硬化、辅道拓宽等工程在一定程度上改善了移民的生活环境、交通条件,建设成果取得了各方的满意。

项目完工后,村民对项目区自然环境满意度很高,评价满意度为0.65,说明项目建设过程中所实施的环保措施十分得力。黄河大堤加宽100米形成的淤背区林地、绿地,很好地改善了沿黄区域的生态环境;同时,其沿线也可结合其他旅游资源,开发黄河旅游业,提升周边城市品位,带动相关产业经济的发展,为移民脱贫致富创造了条件,因此得到农民的大力支持与认可。

在对参与式评价所涉及的8个指标的进一步分析中,可以看出,在第四个指标关于农民生活水平提高方面,隶属度为0.55,得分最低。大多数农民认为自身生活水平基本不变,或提高不大。经分析,工程占地是影响农民生活水平提高的主要原因。项目区工程占地使农民减少了他们赖以生存的土地资源,耕地的减少直接影响其家庭收入;另外,村台的修建占用了部分耕地，村台建成之后农民大多数尚未搬迁，使村台土地闲置，对当地农民的生产和生活也有所影响。亚行项目办采取了大量有效措施帮助农民恢复生产，很大程度上降低了土地占用的负面影响，但要使农民生活水平整体上得到较高改善还需要各方面的进一步努力。

在对女性问题指标的分析中，农民对该指标打分最高，说明在项目执行过程中亚行项目办采取了有效措施，很好地执行了亚行的性别要求，尽可能地消除性别歧视和障碍，更多地考虑女性的知情权和话语权，让项目区女性很好地参与到项目建设中来。在项目办举行的多期移民生产技能培训中，重视妇女参与，从而提高女性生产技能；在村委会建设中增加了妇女委员数量，提升妇女在村庄中的政治地位，使她们能够广泛参与村庄的各项事务，进而发挥更大的建设作用，也使妇女的话语权得到了进一步保障。

在项目区开展的农村参与式调查中，项目组认真听取了农民对项目的评价和建议，并尽可能地让更多的社区中不同年龄段、不同性别的人参与进来，与当地人一起学习，引导并运用他们的判断标准和类别，真实了解项目区土地征用和移民安置对当地群众生产和生活带来的各方面影响。在调查结束后，通过对调查问卷整理得到的评价结果基本令人满意，说明项目建设得到了项目区人民的基本认可，项目建设是较成功的。

第四节　征地移民后评价方法、指标及实现情况

一、征地移民后评价目的与方法

征地移民后评价是通过分析评价找出移民项目成败的原因，总结经验教训，并通过及时有效的信息反馈，为未来新的移民项目的决策和提高移民项目的管理水平提出建议，同时也为后评价移民实施中出现的问题提出改进建议，从而达到提高移民项目投资效益的目的。

征地移民安置后评价的方法比较多，目前主要采用统计预测法、有无对比法、逻辑对比法、经济效益评价法、环境效益评价法、社会效益评价法、综合评价法和社会研究方法。亚行贷款黄河防洪项目征地移民后评价运用了综合评价法。综合评价法一般采用成功度来评价。成功度评价是依靠评价专家或专家组的经验，综合后评价各项指标的评价结果，对项目的成功度做出定性的结论。成功度评价是以逻辑框架法的项目目标实现程度和经济效益分析的评价结论为基础，以项目的目标效益为核心所进行的全面系统的评价。

二、征地移民后评价指标与实现情况

亚行贷款黄河防洪项目征地移民范围比较广，牵涉因素比较多。经分析，从中选出比较能够代表征地移民对当地群众生产生活带来影响的3个准则（征地移民规划、移民情况监测及影响）共9个指标，各指标的实现情况如表6-5所示。

表 6-5　指标及目标实现情况

准则	指标	目标实现情况
征地移民规划	移民规划编制	在项目可行性研究报告中编制了堤防加固工程占地处理及滩区安全建设移民规划，就占地处理、移民生产安置任务和生活安置做出了规划，安排了资金
	移民规划实施方案	项目在初步设计阶段为各单项工程编制了《工程初步设计占地处理及移民安置规划报告》，在工程准备实施前还编制了《工程占地处理及移民安置规划实施方案专题报告》，逐步细化征地移民工作任务
移民实施过程	移民资金使用及补偿安置	项目移民资金的实施完成占批复的96.03%，与实施方案基本一致；移民资金补偿执行标准虽然根据各地实际情况有所不同，但都是根据有关法规执行，使移民资金用在了移民生产生活安置方面 在实际执行过程中，存在部分地方政府对移民征地补偿标准偏低的现象
	移民生产安置及恢复	就永久占压而言，人均失地0.124亩。失地对农民收入和生活造成一定影响。各子项目占地完成后，永久占地村民生产安置大多采用分钱调地、直补到户不调地和以地换地3种形式实现，临时占地生产恢复主要通过“占压期补偿+复垦”予以实现。后评价时期调查情况显示移民生产恢复状况良好
	房屋拆迁及安置	46个子项目中921户移民个人需拆迁房屋已全部拆迁并通过建新房、买房、与亲属合住等形式得到安置，移民搬迁后住房条件有所改善。但仍有部分村民难以在近期内得到永久安置
	专项迁建及恢复	刘庄、闫潭、徐集和董楼4所小学原校舍简陋、设施陈旧，新校舍基本按照“三原”原则得以恢复，在规模上有所扩大，在教学条件上有较大改善 26个子项目涉及道路、电力、通讯等专项恢复，需复建的专业项目均按“三原”原则得以恢复，部分项目实施标准和规模高于规划标准
	移民权益保障	项目实施过程中，注重保护移民权益，在宣传、培训、移民参与、补偿知情权、申诉及脆弱群体保护等方面加大工作力度，提高了移民对工程的参与和理解，保护移民权益的同时保障了工程顺利实施
移民后期影响	收入恢复	经过3~5年的恢复期，项目区征地移民家庭收入基本达到或超过原有水平，贫困状况也得到极大改善，与同区域非影响户相比，收入没有降低
	生活满意度	项目后评价时期移民监测调研数据显示，征地移民生活状况未因工程实施发生根本性改变，占地补偿及近年来惠民政策的落实为移民增加收入创造了条件，移民生活满意度提高

第五节　征地移民后评价过程与结果

亚行贷款黄河防洪项目的征地移民后评价，从众多方法中选取了成功度的评价方法。在征地移民评价指标选择的基础上，依靠评价专家的经验，采用德菲尔法与层次分析相结合的方法确定各指标的权重。为此，后评价项目组向熟悉该项目的专家们发出了《黄河下游洪水管理亚行贷款项目征地移民影响评价指标相对重要性及成功隶属度征询意见表》进行意见征询。填表专家涵盖包括移民、行政管理、环境保护、农业、项目管理、规划计划、国际合作等7个学科，人员组成有大学教授、科研人员、工程技术人员、工程管理人员等。因此，可以认为这些专家的意见具有一定的代表性，这样求得的权重值和指标成功隶属度是比较客观、公正的。

一、准则或指标权重的确定

由专家分别对3个准则及9个指标的相对重要性进行打分评判，专家在打分时按照各自的理解选择0～9共10个分值。准则层的权重由3个准则之间的相对重要程度决定，而指标层的9个权重由其所在的准则之内的相对重要性决定，与不在同准则下的指标无关。权重的计算公式如下：

$$W_{bi}=\frac{\sum_{j=1}^{N}P_{ij}}{\sum_{i=1}^{M}\sum_{j=1}^{N}P_{ij}}=\frac{\text{专家对该准则打分值总和}}{\text{专家对所有准则打分值总和}} \tag{1}$$

$$W_{ci}=\frac{\sum_{j=1}^{N}P_{ij}}{\sum_{i=1}^{M}\sum_{j=1}^{N}P_{ij}}=\frac{\text{专家对该指标打分值总和}}{\text{专家对同一准则下指标打分值总和}} \tag{2}$$

式中　M——准则或指标的总数，以 i 代表其序数。在本例中，计算准则权重时，$M=3$；计算指标权重时，M 分别为2.5或2；

N——专家总数，以 j 代表其序数；

P_{ij}——第 j 个专家对第 i 个准则或指标的打分；

W_{bi}——第 i 个准则的权重；

W_{ci}——第 i 个指标的权重。

准则和指标权重的评价结果见表6-6和表6-7。

表6-6　准则权重的确定

准则 W_b	移民	行政管理	环境保护	农业	项目管理	规划计划	国际合作	平均分	准则权重 W_{bi}
1. 征地移民规划	6	5	4	6	5	4	5	5	0.273
2. 移民实施过程	8	7	9	8	9	7	8	8	0.438
3. 移民后期影响	6	5	6	5	5	6	4	5.29	0.289

表 6-7　指标权重的确定

指标 W_c	移民	行政管理	环境保护	农业	项目管理	规划计划	国际合作	平均分	指标权重 W_{ci}
移民规划编制	6	5	7	5	5	6	6	5.71	0.421
移民规划实施方案	9	9	8	7	9	6	7	7.86	0.579
移民资金使用及补偿安置	6	6	5	8	5	6	5	5.86	0.163
移民生产安置及恢复	9	8	9	7	9	5	8	7.86	0.218
房屋拆迁及安置	7	5	6	7	5	6	7	6.14	0.171
专项迁建及恢复	9	8	9	8	9	9	8	8.57	0.238
移民权益保障	6	7	7	7	9	8	9	7.57	0.210
收入恢复	8	7	6	8	8	7	8	7.43	0.525
生活满意度	6	6	7	7	6	7	8	6.71	0.475

二、指标总权重的确定

指标总权重代表该指标在指标集里的比重，用于直接计算目标的成功度。其计算方法为该指标的权重乘以所属准则的权重。

$$W_i = W_{bi} \times W_{ci} \tag{3}$$

指标总权重计算结果见表 6-8。

表 6-8　指标层各项指标在征地移民影响总目标中的权重值

准则权重 W_{Bi} / 指标权重 W_{Ci}		W_{B1}	W_{B2}	W_{B3}	总权重 W_i
		0.273	0.438	0.289	指标权
征地移民规划	1. 移民规划编制	0.421			0.115
	2. 移民规划实施方案	0.579			0.158
移民实施过程	1. 移民资金使用及补偿安置		0.163		0.071
	2. 移民生产安置及恢复		0.218		0.095
	3. 房屋拆迁及安置		0.171		0.075
	4. 专项迁建及恢复		0.238		0.104
	5. 移民权益保障		0.210		0.092
移民后期影响	1. 收入恢复			0.525	0.152
	2. 生活满意度			0.475	0.137

三、指标成功隶属度的确定

由于聘请专家对项目都比较熟悉，因此要求他们从各自专业的角度出发，根据各个指标的目标实现情况，给各个指标的实现成功度打分，分值是0~1之间的数值。平均得分为该指标的最终成功隶属度得分。$S_i=[S_1,S_2,\cdots,S_9]$，$S_i\in[0,1]$。各指标成功度赋分情况详见表6-9。

表6-9　各指标成功度赋分情况

指标 W_c	移民	行政管理	环境保护	农业	项目管理	规划计划	国际合作	成功隶属度 S_i
移民规划编制	0.98	0.93	0.88	0.93	0.85	0.9	0.85	0.9
移民规划实施方案	0.95	0.85	0.88	0.9	0.93	0.85	0.86	0.89
移民资金使用及补偿安置	0.55	0.63	0.68	0.65	0.53	0.7	0.5	0.60
移民生产安置及恢复	0.88	0.9	0.8	0.75	0.73	0.88	0.78	0.81
房屋拆迁及安置	0.78	0.73	0.7	0.8	0.6	0.65	0.73	0.71
专项迁建及恢复	1	0.95	0.98	0.96	0.99	0.95	1	0.98
移民权益保障	0.85	0.8	0.79	0.88	0.7	0.8	0.83	0.81
收入恢复	0.85	0.88	0.73	0.7	0.78	0.68	0.65	0.75
生活满意度	0.86	0.8	0.88	0.85	0.65	0.6	0.78	0.77

四、目标成功度的确定

项目征地移民综合评价成功度计算公式为：

$$S=\sum_{i=1}^{9}W_i\times S_i \tag{4}$$

式中　W_i—— 第 i 项评价指标的总权重值，见表6-8；

S_i—— 专家对第 i 项评价指标所评定的成功隶属度，见表6-9；

S—— 项目征地移民综合评价成功度。

将表6-8和表6-9的数据代入式(4)，得出项目征地移民影响综合评价的模糊综合评判结果为0.81。根据中国水利经济研究会和水利部规划计划司编制的《水利建设项目社会评价指南》，项目社会评价可接受的综合评判指标为0.6以上，本项目的综合评判得分已远远超过了该标准，说明本项目征地移民工作满足了各方要求，达到建设预期要求，项目建设是成功的。

亚行贷款黄河防洪项目是黄委首次利用亚行贷款建设的项目。项目对征地移民的管理模式和要求，改变了以往工程实施管理的观念，建立了比较完备、符合亚行要求的征地移民运行体系，提高了各级政府和项目管理机构对征地移民的管理水平。

第七章　项目环境保护工作程序

第一节　项目影响区环境状况

一、项目概况

黄河是中国的第二大河，是一条孕育华夏儿女的母亲河，它始于青藏高原，途经5464公里，注入渤海，为祖国经济的繁荣昌盛日夜奔腾。然而，由于黄河穿越了土质疏松的黄土高原，严重的水土流失，洪水的决堤泛滥，给沿河两岸的人们带来了深重的灾难。新中国成立以来，中共中央、国务院对黄河治理十分重视，投入了大量的人力、物力和财力，使黄河治理取得了前所未有的成就。但黄河是世界上最复杂、最难治理、最桀骜不驯的河流，至今依然存在着泥沙淤积、洪水灾害、水资源贫乏、旱灾频繁等诸多问题。

黄河下游因河道宽浅，水流变缓，泥沙淤积，河床升高，逐渐形成了"地上悬河"。从郑州直至入海口，近800公里长的河段，河床高出两岸地平面4～6米，最高处达10米以上。随着河床的不断淤积抬高，两岸大堤也需要不断加高，慢慢形成了"水上长城"。因黄河大堤是在汛期抢险抢出来的，存在着很多险点和隐患，为保护黄河大堤和沿岸群众生命财产的安全，党和政府领导人们开展了下游防洪工程建设。

1998年中国长江、松花江等江河发生的大洪水和抗洪斗争举世瞩目。洪水刚退，党中央、国务院立即就灾后重建、整治江湖和兴修水利做出了一系列重大部署。中国政府为提高黄河下游堤防的抗洪能力，经与亚行协商，决定利用贷款和国内投资共同修建黄河防洪工程。

1999年5月，国家计委以计外资函[1999]033号文下发了"关于做好亚行贷款北部防洪项目准备的通知"。文中指出：利用亚行贷款1.5亿美元（要求国内配套资金1:1）用于黄河中下游干堤的修复和加固，建设项目的选择要适当集中，并要求抓紧编制项目建议书，报国家计委审批。据此，正式开展了该项目的前期工作。

亚行贷款黄河防洪项目的建设范围为小浪底以下河段，涉及河南省的焦作、新乡、濮阳、郑州、开封和山东省的菏泽、济宁、泰安、济南、聊城10个地（市）共22个县（区）。

建设内容分为防洪工程、村台建设、管理工程、非工程措施4类。其中：

（1）加固黄河堤防101.1公里；

（2）改建险工15处，坝垛（护岸）555道；

（3）新、续建控导工程15处，工程长度24.3公里；

（4）解决东平湖滞洪区围坝的大面积渗水问题，修建截渗墙70公里，翻修石护坡22.3公里，加高围坝7.7公里，撤除废闸2座；

（5）村台建设重点选在陶城铺以上频繁遭受洪水威胁的低滩区，初步确定为长垣、范县、兰考、东明、平阴5个县45个村庄，同时安排部分撤退道路和桥梁。工程建成后，可基本满足4.14万人就地避洪。

项目建设的总体目标是通过亚行贷款项目的实施，增强防洪工程的抗洪能力，减轻洪水造成的危害，以利于环境改善和减少贫困，同时使防洪工程基本建设管理程序逐步与国际惯例接轨，提高项目管理水平。

二、项目影响区环境状况

（一）自然环境

1. 地形地貌

黄河下游河道是在长期排洪输沙的过程中淤积塑造而成，河床普遍高出两岸地面，形成了以黄河为分水岭的特殊地形。下游河道多为复式河槽，堤距较宽，上段流经河南省境内，堤距一般在10公里左右，下段经过山东省境内，堤距约1～3公里。河道平面呈宽窄相间的藕节状，收缩与开阔段交替出现，开阔段两岸分布着宽阔的滩地。冲积平原是下游地区的主要地貌形态。

2. 气象、水文

黄河下游属暖温带、半湿润大陆性季风气候，具有四季分明的特点。冬季寒冷，春季干旱多风，秋季天高气爽，夏季高温多雨。多年平均气温13℃～16.7℃，最冷月为1月，最热月为7月，极端最高气温为43℃。平均无霜期200天。多年平均降水量632毫米，降水量年内分配不均，降雨多集中在夏季，7～9月份降水量约占全年降水量的58%，1月份降水最少，7～10月份为汛期，12月至次年2月为凌汛期。年平均风速3米每秒，大风多发生在春季，春夏多偏南风，秋冬多偏北风。

根据花园口站实测资料，黄河汛期年平均径流量为259.8亿立方米，非汛期年平均径流量为184.8亿立方米，全年平均径流量为444.6亿立方米，汛期年输沙量为9.68亿吨，非汛期年输沙量为1.86亿吨，全年输沙量为11.54亿吨。

3. 地表与地下水

黄河下游地表水主要为黄河水。根据多年水质监测资料分析，下游主要4个评价断面（孟津、花园口、高村和泺口）均超过地表水Ⅲ类标准。其中，在汛期，超过地表水Ⅲ类标准的断面为花园口和泺口，超标因子是总大肠菌群。非汛期4个断面均超地表水Ⅲ类标准，其中孟津、花园口断面为Ⅴ类水，孟津为氨氮超标，花园口为氨氮、石油类、BOD_5和总大肠菌群超标；高村、泺口断面为Ⅳ类水，超标因子均为NH_3-N。

地下水从上到下划分为浅层、中层、深层3个含水层组。浅层含水层下界深度约60米左右，濮阳以上地下水水位埋深小于10米。区内浅层地下水的补给以降水入渗为主。

4. 动植物资源

黄河下游为暖温带落叶阔叶林区。区内以人工植被为主，主要树种有杨、柳、槐、榆、桐、椿、松、楝、桑、梨、枣、柿、苹果、葡萄、山楂、桃、杏、核桃等。沿堤两侧、村周、路旁树木密集，多为杨树、柳树、榆树、梧桐树、槐树等常见树种，未发现天然林地。

下游防洪项目区动物种类以家畜家禽为主，有牛、羊、猪、狗、猫、鸡、鸭、鹅、兔等。野生动物很少。干流水体呈污染加重趋势，浮游植物的种群逐渐以耐污种群为优势种群。

浮游动物种类贫乏。黄河鱼类以人工养殖为主,主要鱼种为草鱼、鲤鱼、鲫鱼、鲢鱼和鲶鱼等。因受黄河干、支流水量及水质污染的影响,形不成渔业产业。

5. 土壤与土地利用

黄河下游成土母质为第四系全新统黄河冲积物,土质疏松,土层深厚,土壤类型以潮土为主。潮土地下水位较高,土壤受盐渍化威胁。土壤呈微碱性,pH 值多在 8.5 左右。有机质含量较高,可达 2% 。

黄河下游土地利用程度很高,绝大部分是农田。多数种植的是农作物和经济作物。

(二)社会环境

黄河下游人口稠密,耕作历史悠久,农业生产活动频繁。项目建设区基本位于农村,根据对原阳、兰考、濮阳、东明、菏泽、鄄城 6 县(市)的典型调查,1999 年现状人口为506.54万人,总土地面积为 7999.00 平方公里,耕地总面积 4.1961 万公顷。区内人均耕地1.24亩,人均粮食 559 千克,人均纯收入 2000 元左右。粮食作物以小麦、水稻、玉米、高粱为主。经济作物有花生、棉花、西瓜、蔬菜、豆类等。

黄河下游交通方便。两岸市、县之间以及各市、县与黄河大堤之间均有公路相通。村庄之间也有道路连接,但一般为普通的乡村道路,路况较差。黄河下游河段现有黄河公路大桥 7 座、铁桥 4 座,沟通南北交通。

就医条件较以前有所改善。随着卫生保障体系的不断发展,项目区均已形成了较为完善的医疗保健体系,每个乡均有医院,部分村有诊所。

第二节　项目执行的环境法规与标准

一、环境政策与标准

随着经济的快速发展,环境问题日益突出,越来越受到人们的关注。人类社会生产活动的艰辛历程告诉我们:保护环境就是保护人类自己,拯救生态就是拯救人类的未来。

1972 年 6 月,联合国在斯德哥尔摩召开的有史以来首次人类环境会议,通过了《人类环境宣言》,它呼吁各国政府和人民为维护和改善人类环境、造福后代而共同努力。《人类环境宣言》宣布了 7 条保护环境的共同原则,声明了 26 条人类共同的信念,唤起了全世界人民对保护和改善环境的关注。

世界环境与发展委员会于 1987 年发表的《我们共同的未来》中对可持续发展定义为:既满足当代人的需求,又不危及后代人满足其需求的发展。这份报告系统地研究了人类面临的重大经济、社会和环境问题,以“可持续发展”为基本纲领,从保护和发展环境资源、满足当代和后代的需要出发,提出了一系列政策目标和行动建议。

1992 年,联合国环境与发展大会通过了《21 世纪议程》,并将其作为各国环境保护的行动纲领。中国作为联合国环境署的理事国,积极参与并出席了联合国环境与发展大会,在讨论和谈判国际环境公约时发挥了建设性的作用。当时中国政府率先签署了《气候变化框架公约》和《生物多样性公约》。

中国为更好地履行已经签署、批准和加入的国际环境公约和协议,世界环境与发展大会以后，国务院组织编制了《中国21世纪议程——中国21世纪人口、环境与发展白皮书》，提出了人口、经济、社会、资源和环境相互协调，可持续发展的总体战略、对策和行动方案。在《中国21世纪议程》的框架指导下，编制了《中国环境保护21世纪议程》、《中国生物多样性保护行动计划》等重要文件以及国家方案或行动计划。

中国于1973年召开了第一次环境保护工作会议，国务院成立了环保领导小组及其办公室，全国开始了"三废"治理和环保教育。1989年，中国政府以《中华人民共和国宪法》（以下简称《宪法》）为基础，制定了《中华人民共和国环境保护法》（以下简称《环境保护法》），该法明确规定了环境保护的任务和目的，即"保护和改善生活环境和生态环境，防治污染和其他公害，保障人体健康，促进社会主义现代化建设的发展"。

为防治环境污染，保护自然资源，中国针对特定的环境保护对象，制定颁布了诸如《中华人民共和国水污染防治法》、《中华人民共和国水土保持法》等多项环境保护专门法。至此，中国形成了以《宪法》为依据，以《环境保护法》为主体，环保单项专门法为主干，以其他法律相配套的环境法律体系框架。为保护人类赖以生存的环境，提高人们健康水平，中国制定和颁布了诸如《地面水环境质量标准》、《大气污染物综合排放标准》等多项环境质量标准和污染物排放标准。

这些环境政策与标准为协调中国发展经济同保护环境之间的关系、解决环境污染和生态破坏问题提供了强有力的政策保障和法律依据。

二、项目执行的环境法规与标准

亚行贷款黄河防洪项目工程种类多、范围大，涉及的环境因子多，为防止项目建设造成环境污染和生态破坏，实现项目社会效益和环境保护的"双赢"，项目建设各方从前期、实施到竣工的全过程，认真贯彻执行国家和地方的环境保护方面的法律、法规及标准，依法开展环境保护工作。亚行贷款黄河防洪项目环境影响评价、环境管理、环境监测及移民安置环境评价涉及到的法规与标准比较多，现将项目建设中执行的主要法规与标准列入表7-1。

表7-1　亚行贷款黄河防洪项目环境法规和标准应用

法律、条例、标准及规范	标准说明及应用
《中华人民共和国环境保护法》	"在……划定的风景名胜区、自然保护区和其他需要特别保护的区域内，……建设其他设施，其污染物排放不得超过规定的排放标准"，在环评过程中及项目实施过程中得到运用
《中华人民共和国环境影响评价法》	"国家根据建设项目对环境的影响程度，对建设项目的环境影响评价实行分类管理。"本项目按照A类编报了环境影响报告书
《建设项目环境保护管理办法》	应用于环境管理规划，根据此条例制定自然生态、社会、经济和公共健康的环保措施

续表 7-1

法律、条例、标准及规范	标准说明及应用
《水利水电工程环境影响评价规范》	根据此规范，制定环评步骤，环评结果写入环境管理规划
《关于加强国际金融组织贷款建设项目环境影响评价管理工作的通知》	在项目前期环境评价阶段，应用于工程环评及环境管理过程
《中华人民共和国野生动物保护法》	根据此法制定对开封湿地自然保护区和区域内动物的保护措施
《中华人民共和国森林法》	按照本法评价对林地的影响，并按规定进行赔偿
淹没处理设计标准	环境管理规划包括移民和对安置区居民进行补偿监测等内容
《中华人民共和国水污染防治法》	应用于影响评价有关小节中，实施水质监测，采取措施减小对水质的影响。对水质监测及机构状况进行详述
《中华人民共和国土地管理法》	本法主要在移民环境影响评价部分应用，它为移民同安置区居民分享土地资源提供了法律基础和保障 本项目严格按照本法规定的倍数进行赔偿
建设项目环境保护设计规定	根据本条要求，设立黄委亚行项目办环境移民部，确立了环境保护投资
《中华人民共和国水法》	建设项目的环境影响报告书，必须对建设项目可能产生的水污染和对生态环境的影响做出评价。规定防治的措施，已作为制定施工区环境管理措施的基础
《中华人民共和国大气污染防治法》	对工程施工过程中产生的扬尘，按照本法制定施工区防治扬尘污染的措施
《中华人民共和国噪声污染防治法》	对本项目可能产生环境噪声污染的区域，已按此法规定了防治噪声污染的措施
《中华人民共和国固体废物污染环境防治法》	建设产生固体废物的项目……必须依法进行环境影响评价。该项目按照本法开展了固体废物的评价工作
《环境影响评价技术导则 非污染生态影响》	本项目属于非污染生态类项目，环境影响评价遵循了本导则的规定
《地表水环境质量标准》	地表水环境质量评价应根据要实现的水域功能类别，选取相应类别标准，进行单因子评价。在本项目环境评价和环境监测时得到了应用

续表 7-1

法律、条例、标准及规范	标准说明及应用
《地下水环境质量标准》	应用于本项目地下水环境评价和环境监测
《环境空气质量标准》	本标准将环境空气质量功能区分为三类。本项目在环境评价和环境监测中选用了二类区的标准
《城市区域环境噪声标准》	本标准将环境噪声标准值分成了五类。在环境评价和环境监测中,选用了适用于本工程的噪声标准值
《污水综合排放标准》	本标准适用于建设项目的环境影响评价。本工程的环境评价和环境监测均遵照了本法
《大气污染物综合排放标准》	本标准适用于建设项目环境影响评价。该项目在环境评价和环境监测中按照本标准执行
《生活饮用水卫生标准》	在本项目的环境影响评价中,得到了运用
《建设项目环境保护管理条例》	国家实行建设项目环境影响评价制度,应用于环境评价及环境管理
《建设项目环境保护分类管理名录》	在前期环境影响评价阶段,作为本项目环境评价分类的依据
《中华人民共和国自然保护区条例》	作为开封柳园口湿地自然保护区评价的依据
建筑施工场界噪声限值	在环境影响评价阶段,作为本工程施工环境评价的依据
国家环保总局《环境监测技术规范》	在项目建设期间,按照本规范开展了全过程的环境监测工作
国家环保总局《环境监测质量保证手册》	应用于环境监测质量保证。
《多泥沙河流水环境样品采集及预处理技术规程》SL270—2001(中华人民共和国行业标准)	黄河属于多泥沙河流,因此本规定应用于本项目水环境监测的整个过程

亚行贷款黄河防洪项目在前期规划和实施过程中除依据中国环境保护法律法规和标准之外,还严格遵循有关亚行的相关环境规定和项目贷款有关文件,如亚行的环境评价导则、项目备忘录、项目协定等。

第三节 项目环境保护工作程序

项目建设的阶段不同，环境保护任务与要求也不相同。亚行贷款黄河防洪项目各阶段的环境保护任务作为整个项目的一个重要组成部分，受到了水利部、国家环保总局、亚行、河南和山东两省环保局、建设单位及各级领导的高度重视，成为伴随工程建设而同步开展的一项重要工作。亚行贷款黄河防洪项目环境保护工作程序与任务详见图7-1。

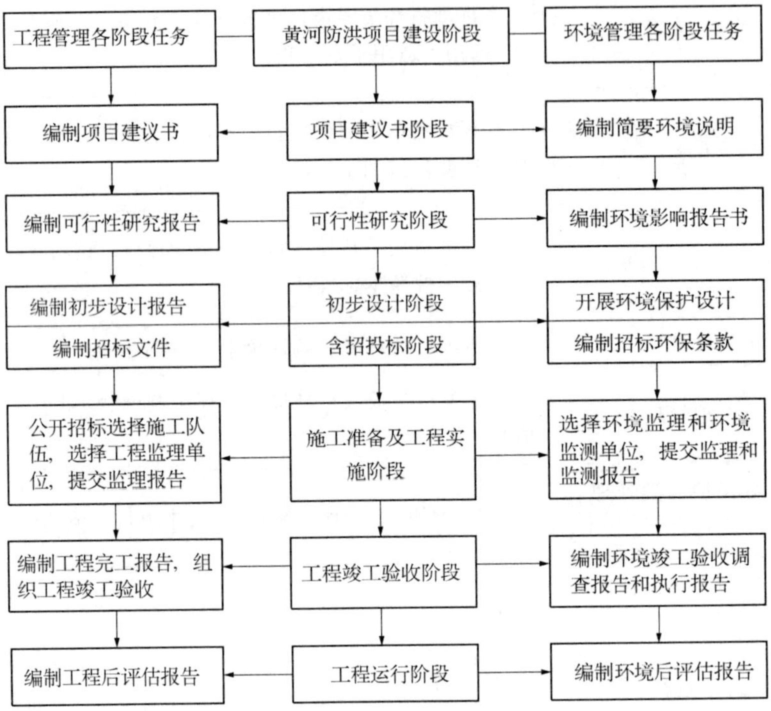

图7-1 亚行贷款黄河防洪项目环境保护工作程序与任务

亚行贷款黄河防洪项目按照行业贷款的要求，2000年6～9月，亚行为先行实施开封堤防加固、东平湖滞洪区围坝加固、长垣滩区安全建设等3个核心子项目，由提供技术援助的国际咨询公司中的外方环境专家与中方环境专家，在现场查勘和收集资料的基础上，共同编制了环境初步评价报告，并按照国内环境管理程序，以有环境评价资质的中国水利水电科学研究院为主，黄委勘测规划设计研究院（以下简称黄委设计院，后改为黄河勘测规划设计有限公司）配合，编写完成了环境影响报告表，在2000年11月通过国家计委和国家环保总局的审查。

2001年1月，黄委设计院完成了《亚行贷款项目——黄河下游防洪工程建设可行性研究报告》。按照要求，在可研报告批准前，必须开展环境影响评价工作，编制完成环境评价文件，并经国家环境主管部门批准。为完成可行性研究阶段的环境影响评价工作，依据国家的有关环境方面的规定，受黄委亚行项目办委托，黄河水资源保护科学研究所和黄委设计院开始了本工程环境影响评价大纲的外业和内业工作。

为编好评价工作大纲，以保证环境影响报告书的质量，评价单位按照工作计划，到现场开展初步调查，收集和了解有关资料，于2001年6月编制完成《亚行贷款黄河下游防洪工程建设项目环境影响评价大纲》(下称《环评大纲》)。同年8月，国家环保总局环境工程评估中心对《环评大纲》进行了审查，并以国环评估纲[2001]198号文对《环评大纲》提出了评估意见。按照已审查批准的《环评大纲》和评估意见的要求，对工程影响区域内的自然、生态、社会环境本底状况进行了全方位调查，针对不同的环境要素，分析评价工程建设和运行对周围环境可能产生的影响，并提出减缓不利影响的措施或对策。2002年8月，编制完成了《亚行贷款黄河下游防洪工程建设项目环境影响报告书》(以下简称环境影响报告书)。同年，水利部对该报告书进行了预审，并于2002年12月将预审意见上报国家环保总局。2003年7月2日，该报告书通过了国家环境保护总局组织的审查。

为了争取亚行贷款黄河防洪项目尽早投入实施，按照亚行环境影响评价导则和中国有关环境保护设计的要求，黄委亚行项目办委托黄委设计院及河南、山东两省设计院分别承担环境保护设计工作。设计单位根据亚行贷款备忘录要求，按照地理位置、建设时间及子项目的相似性等，准备环境影响初评报告，并与可研报告及移民规划保持一致，完成所有子项目的环境影响初评报告和环境影响评估报告概要(SEIAs)，均得到亚行的批准。同时，设计单位在项目的初步设计阶段，按照国家《建设项目环境保护设计规定》及其他相关的法律、法规，以可行性阶段环境影响评价的主要结论为基础，结合子项目工程建设施工具体布局，提出了包括水质、大气、固体废物、噪声、生态环境、人群健康等方面的污染防治和保护措施设计，编制完成了各子项目的《环境保护设计专题报告》。其中，第一批3个核心子项目的环境初评报告(IEE)和环境保护设计报告分别于2001年和2003年得到亚行和水利部及国家发改委的批准。各子项目的环保设计批复时间详见表7-2。

表7-2　环保设计批复时间

批次	序号	子项目名称	建设内容	国家发改委批准时间及文号	亚行批准环保设计时间
第一批	1	开封核心子项目	新堤、放淤固堤	2003.08.30 发改投资[2003]841号	2001.03
	2	东平湖核心子项目	截渗墙、石护坡翻修		2001.03
	3	长垣苗寨村台核心子项目	村台淤筑、撤退路桥		2001.03
第二批	4	原阳堤防加固工程	放淤固堤	2003.11.20 发改投资[2003]1902号	2004.06
	5	兰考堤防加固工程(1)	放淤固堤		2004.06
	6	东明堤防加固工程	新堤、放淤固堤		2004.06
	7	长垣武邱村台工程	村台淤筑		2004.06
	8	兰考谷营村台工程	村台淤筑		2004.06
	9	范县陆集村台工程	村台淤筑、撤退路桥		2004.06
	10	东明长兴村台工程	村台淤筑、撤退路桥		2004.06

续表 7-2

批次	序号	子项目名称	建设内容	国家发改委批准时间及文号	亚行批准环保设计时间
第三批	11	濮阳堤防加固工程	放淤固堤	2004.08.09 发改投资[2004]1619 号	2004.07
	12	兰考堤防加固工程(2)	放淤固堤		2004.07
	13	牡丹局堤防加固工程	放淤固堤		2004.07
	14	鄄城堤防加固工程	放淤固堤		2004.07
	15	河南险工		2004.08.09 发改投资[2004]1619 号	2004.07
		(1)邙金局险工	险工加高改建		2004.07
		(2)中牟险工	险工加高改建		2004.07
		(3)黑岗口险工	险工加高改建		2004.07
		(4)东坝头险工	险工加高改建		2004.07
	16	山东险工		2004.08.09 发改投资[2004]1619 号	2004.07
		(1)山东东明险工	险工加高改建		2004.07
		(2)东阿险工	险工加高改建		2004.07
		(3)济南泺口险工	险工加高改建		2004.07
	17	平阴滩区村台工程	村台淤筑		2004.07
第四批	18	东平湖围坝加固工程	截渗墙、加高加固	2006.01.27 发改投资[2006]158 号	2005.03
	19	河南河道整治工程	控导工程		2005.03
	20	刘庄险工	险工改建		2005.03
	21	老宅庄控导工程	控导工程		2005.03

在亚行贷款黄河防洪项目的招标设计阶段,环评人员编制完成了招标文件中的环境保护条款,为环境保护措施的实施提供了依据。

在亚行贷款黄河防洪项目施工期间,为落实环境评价文件及环境保护条款中提出的环境保护措施,由项目建设单位委托具有资质的能够胜任工作的部门全面开展了环境监理和环境监测等方面的工作,满足了亚行专家跟踪检查的要求,保证了工程建设的顺利开展。在工程竣工阶段,委托进行了环境保护竣工验收调查工作,对施工期环境保护措施的执行情况、环境管理机构及其工作情况、环境投资使用情况及环境效益分析等进行全面的调查和评价。

在黄河防洪项目关账日后 1 年,根据亚行要求,开展了环境影响后评估工作。建设项目环境影响后评估就是对建设项目实施后的环境影响以及环保措施的有效性进行调查评价、提出改进措施,实现项目建设与环境相协调的方法与制度。

黄河防洪项目环境影响后评估包括项目前期开展的环境影响评价和环境保护设计的

情况；在项目建设期间，建设单位执行国家环保有关法律法规及政策情况、采取的主要环境管理措施、取得的成效等情况，分析评价环境保护措施的落实情况，结合前期环境评价、环保设计和环保验收调查等情况，根据实际调查结果，对工程环保措施的合理性和有效性进行分析评价，说明工程移民安置中住所、饮水、土地、污染等环境问题的妥善解决情况以及调查与评价项目实施期间公众参与移民环境的情况；从人文生态角度及自然生态角度评估项目运行后对环境产生的影响；最后从环境保护的角度阐明工程发挥的环保效益、防洪效益及社会经济效益。

第八章　项目立项阶段亚行环境管理

第一节　技术援助阶段环境要求

一、亚行保护环境目标

随着中国改革开放的不断深化,引进外资的比例正在逐年增加。利用亚行等国际金融组织贷款,已成为中国筹集建设资金发展经济的一个重要途径。亚行作为政府间区域性国际金融组织,致力于促进亚太地区经济增长和社会发展方面的合作。亚行承诺支持其发展中成员国(DMCs)实现在环境方面可持续的经济发展。亚行提出了5个发展目标,即支持经济增长、减少贫困、支持人类发展、提高妇女地位以及保护环境。

中国是亚行的第三大股东国,同时也是亚行的第三大借款国。亚行对中国的贷款业务实行贷款利率低、还款年限长、有一定时间的宽限期等优惠政策。亚行和中国的友好关系在不断加强和扩大,因此,熟悉、研究和总结亚行贷款业务与环境政策,对更好地利用亚行贷款进行项目建设是非常必要的。

亚行贷款黄河防洪项目为了实现亚行5大发展目标中的环境保护目标,除了按照亚行的环境评估要求,保证在项目周期中的每一个阶段环境问题都得到适当的考虑和监测外,在选择项目时,还遵循了亚行对环境和自然资源保护的标准和原则,即:①被选项目是借款国的优先发展项目;②被选项目在技术、经济、财务上具有可行性;③被选项目将不会对周围环境和自然资源造成破坏性影响。

二、项目准备性技术援助

亚行贷款项目从开始申请贷款到项目执行、验收、进入正常运转是一个长期的过程,需要多方的协调努力才能顺利完成。亚行贷款项目的主要周期是指从最初对潜在项目的认定一直到项目完成和评估的整个过程(见图8-1)。具体环节通常包括:选项和立项、项目准备性技术援助、实地考察、项目评估、项目谈判、协议签署与贷款生效、项目执行、项目竣工和后评估等8个阶段。

在贷款项目的不同阶段,其工作重点和任务也不同。项目准备性技术援助是亚行审查贷款项目的一个重要环节。多年来,亚行为发展中成员(国家和地区)提供了大量的贷款资金,并提供相应的技术援助,不仅为发展中成员的经济和社会发展补充了本国的资金不足,促进对资金进行有效利用,而且为增强发展中成员的发展能力,提供了可供借鉴的经验和教训。

在项目列入贷款规划之后,亚行要派项目准备性技术援助考察团到项目所在地收集有关资料,确定咨询专家工作大纲,明确下一步咨询专家需要做的工作。大纲中通常要求

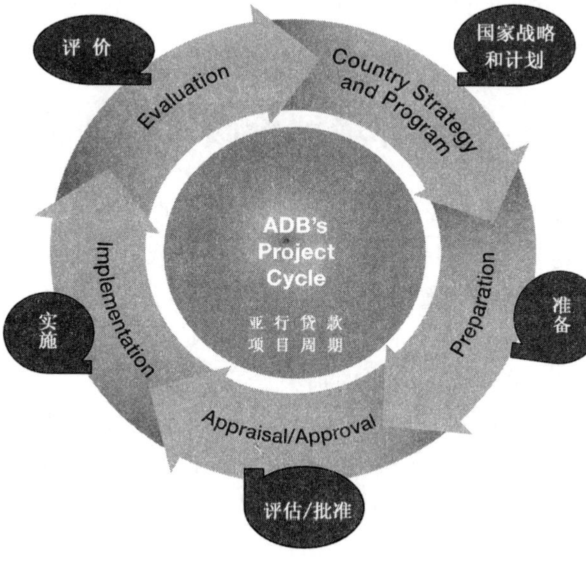

图 8-1　亚行贷款项目周期

咨询专家所做的工作包括对项目的技术、经济可行性、财务可行性、环境影响评价、移民安置计划、社会影响、融资安排、机构设置等进行全面分析和检查。考察团在完成考察后，要把考察结果以备忘录的形式提供给政府，备忘录须得到政府的认可。

在政府对项目准备性技术援助考察备忘录确认后，亚行开始选聘国际咨询专家对项目进行全面咨询和审查。环境影响评价、移民安置计划等文件是亚行关注的重点，为满足亚行的要求，咨询专家在现场调查和收集已有资料的基础上，对环境影响和移民安置计划等进行分析和评价。3 ～ 6 个月后形成最终报告草本。在征求亚行、政府和项目单位的意见后，形成最终报告。

亚行贷款黄河防洪项目的准备性技术援助是由亚行选聘丹麦水利研究所联合荷兰阿卡迪斯欧洲咨询公司的有关专家以及黄委设计院、中国水利水电科学研究院的国内专家联合完成，其任务是结合黄河流域自然资源管理，通过加强黄河下游防洪管理减轻贫困，同时改善环境和扶贫。

亚行贷款黄河防洪项目技术援助分为两个阶段：第一阶段是从 2000 年 3 月 1 日到 5 月 31 日，主要是评估黄委的防洪规划，包括治黄方略、效益、投资顺序、资金筹措、法律文件、机构能力、公众参与、土地使用、水土保持、水源利用、水质及大坝安全等，并对亚行贷款黄河防洪项目提出建议。评估的主要目的是比较工程和非工程的所有方案，确定黄河流域综合性的防洪措施。建议制定一个技术合理、投资有效并在社会和环境方面切实可行的长期计划。该计划应使本流域的贫困落后地区受益，尽可能保护生态环境，关注非工程防洪措施。

项目技术援助的第二阶段是从 2000 年 6 月 19 日到 9 月 18 日，主要是在第一阶段成果的基础上，确定长期计划的框架，选择占项目总投资 10% 左右的核心子项目，加强环境和社会经济等方面的调查内容，提交包括移民和环境评价内容的核心子项目的可行性研究成果。亚行贷款黄河防洪项目中的开封堤防加固、东平湖滞洪区围坝加固、长垣滩区安全建设等三个核心子项目就是在本阶段选择确定的。

第二节　亚行环境评价政策和评估规定

亚行为确保拟开发项目在环境方面是合理的、适当的，强调了在项目建设初期确认环境问题，在设计时把改善环境方案考虑在内，避免、减轻或补偿对环境的不利影响。亚行要求项目的执行机构、设计者、实施机构等多方，按照亚行推荐的环境评价程序，及时处理环境方面的问题，以减少以后对项目进行条件限制的要求，避免由于没有预计到的环境问题给项目造成额外费用支付和时间延误的损失。

为了使任何环境方面的不利后果在项目建设前得到重视、保护环境方案在项目设计和实施中予以落实，亚行对项目立项执行的环境评价政策做出了规定，明确了项目环境影响的涵义，规定了项目的环境分类，提出了项目周期中的环境评估要求。

一、环境影响涵义

根据亚行环评导则，环境影响是指与项目有关的活动可能在环境方面造成的任何改变，包括任何在健康和社会经济条件、自然或文化遗产、土著居民生存依赖的土地和资源等方面的改变，或任何历史、考古、古生物学或建筑学意义上的结构、场所等方面的改变造成的影响。

环境影响不仅包括项目对自然环境和生物环境组成方面的影响，而且包括项目对社会和经济方面的影响。环境影响包含直接影响和间接影响。直接影响是指那些通过具体环境、社会或经济活动直接与环境相互作用发生的影响。例如将项目建设或运行中产生的污水排放到河中，导致水质恶化就属于项目给水环境带来的直接影响。间接影响则是与直接影响相关联，即由于环境的直接影响又引起了对其他方面的影响。例如项目污水直接造成的河中水质恶化，导致了河中鱼的种类和数量的减少，而渔业减产又会造成渔业收入的减少等就属于项目带来的间接影响。图 8-2 表明规划和项目对环境、社会和经济方面的直接和间接影响。

二、项目的环境分类

亚行根据每一个拟建的规划或项目的种类、建设地点、敏感性、规模、性质等，对环境的潜在影响程度、可能的成本及有效地降低环境影响的措施等内容进行审查。审查者以设在亚行的环境与社会发展办公室（OESD）下的环境处（ENDV）为主，与项目局官员协商，根据预计的项目环境影响对“国别援助计划”中所列的项目进行分类。这样，所有的项目将根据其预计的对环境影响的情况被划分为下述 3 类中的一种：

A 类：预计这类项目将对环境造成严重的负面影响。对于这类项目需要进行环境影响评价（EIA）。

B 类：预计这类项目将有一些负面的环境影响，但其影响程度不及 A 类项目那样严重。对于这类项目需要进行初步环境评价（IEE），以确定项目是否对环境有严重影响、需

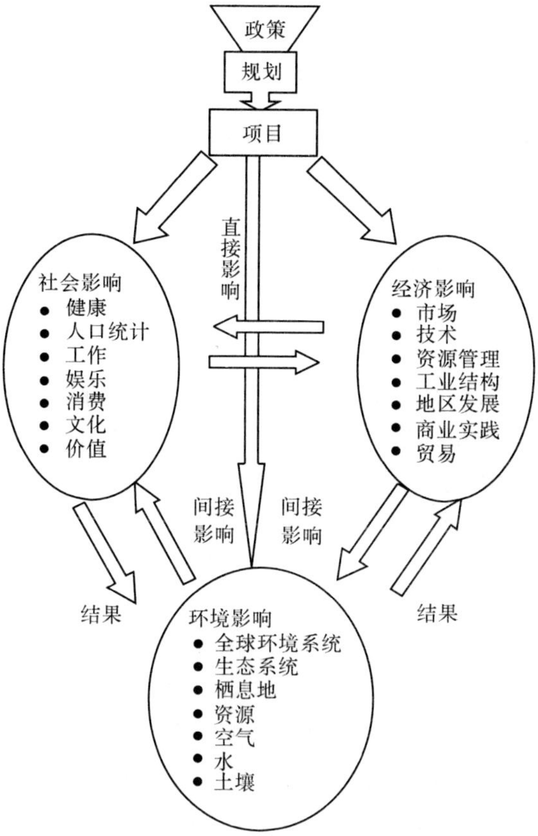

图 8-2　规划和项目对环境、社会和经济方面的直接和间接影响

不需要进行环境影响评价(EIA)。如果项目不需要进行环境影响评价,该初步环境评价报告就被视为项目最终的环境评价报告。

C 类:这类项目不会有负面的环境影响,对于这类项目虽然也会对其环境影响进行审查,但不需进行环境影响评价和初步环境评价。

项目环境分类表由亚行环境处定期更新,并作为项目的补充信息,在项目准备过程中公布。A 类项目和一部分 B 类项目通常被称为环境敏感项目。对于所有的环境敏感项目必须进行环境评价。亚行所称的环境评价,是指初步环境评价和环境影响评价的总称。环境评价工作最好同项目的可行性研究工作同时进行。此外,还要准备初步环境评价摘要报告或环境影响评价摘要报告以反映初步环境评价或环境影响评价工作中的主要结论。

亚行规定,对于所有的 A 类项目和部分 B 类项目(即使该项目不需要进行详细的环境影响评价),借款人按照项目的环境分类,准备的初步环境评价摘要报告、环境影响评价摘要报告、初步环境评价报告或环境影响评价报告,在不违背保密规定的情况下,按当地受影响团体或非政府机构(NGOs)的请求,亚行可以通过董事会中有关国家的董事向这些组织提供。在这种情况下,所有报告中的信息就向获准得到这些报告的机构公开。

根据亚行的要求,编制的环境评价报告应满足 3 方面的要求。第一,内容要广泛,对国际上公认的一些防洪工程中的环境问题,如生态影响、移民影响、公众健康、工程安全等应予以阐述,同时对公众参与、项目评价执行的法律等也应加以说明论证;第二,报告应重点突出,一份出色的评估报告并不意味着对所有的环境问题都加以长篇论述。提供亚行的报告,应明确地反映出在项目评价中,经过全面系统的研究,确认影响项目决策的主要环境问题。这些问题一般集中在工程移民、公众健康、生物多样性、环境敏感区保护、自然保护区等,对这些主要问题要按照亚行环境政策以及相应文化与非自愿移民及社会分析等方面的规定进行论证;第三,环境保护措施要落实,环境评价报告的深度,应达到能使评审人员相信,在评价报告中已识别了所有环境问题,潜在的环境问题都采取了相应减免措施,措施所需要的技术、资金、人员都已得到落实。换言之,环境评价报告中制定的环境保护措施能达到可实施的程度。

亚行贷款黄河防洪项目的环境分类为 B 类,按照亚行对 B 类项目的环境评价要求,先期完成了核心子项目的初步环境评价摘要报告以及初步环境评价报告,并提交亚行董事会。同时根据亚行审查意见,后续子项目以核心子项目为样板,开展初步环境评价工作,编制相应报告。黄委亚行项目办组织相关单位,开展了所有子项目的环境评价工作,编制完成初步环境评价摘要报告和初步环境评价报告,并得到亚行的批准。

三、环境评估要求

依照亚行的贷款程序,在项目贷款周期的不同阶段,需完成相应的环境保护工作。在项目确定和准备阶段,选择样本子项目,进行项目环境分类,着手开始环境评价工作。亚行以能在项目评估前完成环境评估报告为准,对环境评价工作的管理实行动态控制。在完成环境评价报告及相关文件后,对项目进行评估,随后经过谈判、签约,项目便进入执行阶段,因此,满足亚行环境评估阶段的环境评价报告实质上包括了国内可行性研究阶段环境影响报告书和设计阶段的环境保护设计,即要求亚行环境评估报告中提出的环境措施,达到在项目签约后即可实施的水平。亚行贷款项目周期中的环境评估要求详见表 8-1。

表 8-1　亚行贷款项目周期中的环境评估要求

项目程序	关键阶段	环境评估要求
国家战略和计划	国家战略和计划	国家环境分析
技术援助 贷款程序	项目选定	环境分类
	设计准备	快速环境评价
	项目设计	环境评价
	贷款处理	监督落实评价意见
		编制《贷款协定》(环保条款)
项目实施与督促	贷款开始	环境管理计划实施的审查
	中期贷款审议	
项目完工与评价	项目完工报告	对实际影响及环境管理计划的有效性进行评审
	后评价报告	

在亚行贷款黄河防洪项目贷款批准以前，按照亚行对行业贷款环境评估的要求，亚行考察团选择河南开封堤防加固核心子项目(90 +000 ~98 +432)、河南长垣苗寨乡滩区安全建设核心子项目和山东东平湖围坝除险加固核心子项目(55 +000 ~77 +300)开展项目合理性、移民和环境等方面的初步论证工作。

在亚行贷款黄河防洪项目的贷款评估过程中，亚行选派环境咨询专家前往项目所在地——中国郑州，与国内专家及相关工作人员一同，对选择的子项目进行可行性研究分析，并给项目执行机构提供包含初步环境评价或环境影响评价的可行性研究工作以及建立成本和效益参数体系的经验和指导。这些工作有助于确定后续子项目在选择、设计、评价及执行期间需要遵循的环境原则与关注的环境问题。

在讨论亚行贷款黄河防洪项目贷款前，按照亚行对环境评估的规定，对环境敏感的3个核心子项目的初步环境评价摘要报告，在亚行董事会讨论该行业贷款的120天之前提交给亚行董事会，以证明在子项目选定过程中或选定后，对子项目可能引发的环境问题的处理有所考虑。同时，为了使决策人员相信通过环保措施的实施，项目建设不会引起环境破坏，不会增加环境投资；另外通过交流，使受影响人群和非政府组织(包括学术团体)了解项目，解除他们对项目环境方面存在的疑虑，按照董事会的要求，随后又提交了初步环境评价报告给亚行进行审查。

在签订《贷款协定》时，为了保证实现亚行的环境保护目标，使评价阶段提出的环境保护措施在工程实施阶段得到真正落实，按照行业贷款环境评估的要求，亚行将相应的环境保护条款在《贷款协定》中加以明确。亚行贷款黄河防洪项目贷款协议中，规定借款人在环境保护方面应遵循以下条款：

1.子项目选择和准备

黄委按照可得到的亚行资金，确定优先安排子项目的条件为：

(1)能使大量易受洪水影响的居民受益；

(2)贫困发生几率高于工程区平均水平的地方；

(3)没有重大的不利环境影响；

(4)没有或有很少量的土地征用和移民。

对选择的每个子项目，黄委开展可行性研究，并按照亚行导则的规定，完成初步环境评价 (IEE)报告和移民规划(RP)报告，提交给亚行审批。

对子项目的选择标准为：

(1)拟建子项目的经济内部回收率不低于12%；

(2)工程对划定的自然保护区、湿地或其他环境保护区没有不利影响；

(3)对拟建的子项目，将按照中国的有关法律和亚行环境导则准备环境影响评估(EIA)报告或初步环境评价(IEE)报告，并经国家环保局和亚行批准；

对项目实现当前目标产生负面影响的环境和社会因素进行监测和报告。

2.执行和实施机构

水利部为项目的执行机构，负责项目的全面协调和监督。

黄委负责整个项目的实施，包括在地方政府和受益群体的配合下，负责项目C部分(即滩区安全建设项目)[yrcc1]的实施。

黄委建立黄河洪水管理亚行贷款项目办公室(即黄委亚行项目办),负责子项目的实施,与当地政府联络,负责编制初步环境评价报告和环境影响报告、移民规划,必要的话,负责详细设计以及招投标文件的编制,向施工现场办公室提供技术指导和编制进度报告。

3. 项目的实施和运行

借款方应促使水利部和黄委通过采用完善的管理、投资、工程措施、环境保护、洪水管理和控制措施来努力、高效地实施该项目。

在子项目的实施和运行期间,借款方应确保水利部和黄委遵守借款方相应的国家、省和地方的环境保护法律、法规和条例以及亚行的环境保护政策和导则。

除此条款,对于按照中国的环境法律、法规和条例以及亚行的环境保护政策和导则编制的移民规划和环境评价报告,借款方应确保水利部和黄委实施任何或所有的在报告中确定的减轻环境破坏的措施。减轻环境破坏的措施包括但不限于以下方面:

(1)在子项目区内均匀布局水井,最大程度减小地下水位的下降;

(2)利用多余水灌溉,或循环利用于放淤过程中的泥浆,或将其抽排到黄河中;

(3)在鸟类迁徙季节停止使用柳园口湿地自然保护区附近的取土场,禁止猎捕鸟类;

(4)新堤、淤背区和村台斜坡将盖上肥沃的表土,并进行植被覆盖,裸露的地方进行植树种草;

(5)对于子项目施工区内的临时道路,车速将限制在最大 30 公里/小时。

在 3 个核心子项目的施工和运行阶段,项目办的环境社会部(ESD)将聘用独立的机构,对环境和社会影响补救措施进行监测和监理,并将该做法用于其他子项目。

通过补救措施将工程施工和运行对环境造成的不利影响降低到可接受的水平。

4. 工程完工报告

在工程完工报告中,要对项目实施过程中产生的重大环境影响(可能时,应包括社会环境影响)进行总体评价,特别要针对项目评估时提出的问题。如果工程包括环境控制措施,需评价其实施和效果。

第三节 亚行环境评价文件要求

亚行为了规范环境评价内容、统一文件格式,对初步环境评价报告和环境影响评价报告的格式和内容作了规定,具体报告章节安排如下:

典型的环境影响评估报告由 8 章组成:①项目描述;②环境描述;③预计的环境影响及减缓措施;④备选方案;⑤经济评价;⑥机构要求和环境监测规划;⑦公众参与;⑧结论。该报告由借款人准备并由亚行和借款国的环保机构负责审查并澄清。

典型的初步环境评价报告包含 6 章内容:①项目描述;②环境描述;③潜在的环境影响及减缓措施;④机构要求和环境监测规划;⑤发现及建议;⑥结论。

现以初步环境评价报告为例,将包含的主要内容介绍如下。

1. 引言

报告的引言部分一般包括:

(1)报告的目的,包括:①项目名称及贷款和执行机构;②对项目性质、规模、建设地点及项目建设对于该国重要性的简要描述;③其他有关的背景信息。

(2)初步环境评价研究:包括研究范围,投入的人力、物力,参与研究的个人或机构及致谢。

2. 项目描述

本章应对以下几个方面(视情而定)提供足够细致的描述,以便使人对项目有一个简洁而清晰的了解:

(1)项目类型;

(2)项目类别;

(3)项目建设必要性;

(4)项目建设地点(用不同的地图标出其总体位置、具体地点及项目建设位置);

(5)项目规模;

(6)预计的实施计划;

(7)项目描述,包括示意项目建设地点的地图、项目组成等。这些信息在形式和内容上应和项目的可行性研究报告一致,以便勾画出项目及其运行清晰的轮廓。

3. 环境描述(对项目影响地区)

环境描述应提供以下几方面(如有的话)现存环境资源的信息,以使人们对这些环境资源有一个简洁而清晰的认识:

(1)自然资源(地形、土壤、天气、地表水、地下水、地理/地震状况)。

(2)生态资源(鱼类、水生生物、野生动植物、森林、稀有或濒危物种)。

(3)人类与经济发展(视情形包括但不仅限于):人口与居民(数量、地点、组成与就业情况等);工业、基础设施(包括供水、排污、洪水控制/排水等设施);文教卫生机构;交通状况;土地使用计划(包括公共地区使用规划);能源资源;农业发展及矿业发展。

(4)生活质量(包括但不仅限于):社会经济价值;公共健康;休闲娱乐资源与开发;艺术价值;考古与历史财富及文学价值。

本章报告格式可随项目类型或其他需要作适当调整。

如果初步环境评价报告是作为行长建议评估报告(RRP)的附件,这部分内容可参考报告中的有关章节作以调整,目的是避免重复。

4. 对潜在环境影响的审查与减缓措施

该章要提出重大负面环境影响以及非重大影响,并在适当的地方推荐减缓措施。

(1)由于项目选址而引起的环境问题;

(2)与项目设计有关的环境问题;

(3)与项目建设阶段有关的环境问题;

(4)与项目运行有关的环境问题;

(5)潜在的环境加强措施;

(6)其他考虑。

5. 机构要求与环境监测规划

本章将对机构能力、监测计划的要求进行描述,并对进展报告的提交提出要求。

6. 发现与建议

本章将对审查方法进行评价，并对是否存在需要进行环境影响详细研究的重大环境影响提出建议。

如果不需要进行更深入的研究，该初步环境评价本身，就可作为项目完整的环境影响评价报告。如果需要进行特定的补充研究，本节还需要描述后续环境影响评价或补充研究的简要工作大纲，包括大致的工作任务、专业技能要求、时间要求及成本估算。亚行的环境指南为准备不同项目的环境研究工作大纲提供指导。

7. 结论

结论将讨论初步环境评价的结果，如果需要进行环境影响评价或补充研究的话，本节还需要给出理由。如果初步环境评价本身或经过特别研究作为补充以后对于项目的环境评估已经十分充分，那么初步环境评价报告连同建议的环境管理计划、机构及监测规划就作为项目完整的环境影响评价报告。

亚行贷款黄河防洪项目的初步环境评价报告就是按照上述内容和格式编制的。因此，各子项目的环境评价报告提交亚行后，能够顺利通过亚行的审查。

第四节　环境管理计划

环境管理计划的制定是环境管理工作中的其中一项重要内容，主要用来指导整个项目实施过程中的环境管理工作，保证在项目前期阶段提出的环境影响减缓措施和环境监测计划在项目后续的实施阶段能够得到执行。

环境管理计划的内容因项目不同而变化，但其主要内容应包括：①对潜在环境影响进行概述；②明确说明拟定的减缓措施；③阐述所拟定的环境监测方案；④说明所拟定的公众咨询的计划和程序；⑤详细列出对不利环境影响实施的减缓措施和环境监测计划的具体任务、执行机构和相应权利；⑥工作计划调整报告及审查情况；⑦环境方面的合同计划；⑧详细的经费估算；⑨根据反馈意见随时对计划进行调整。

环境管理计划中的潜在环境影响是指确定某一特定项目对环境影响的程度后，在评价过程中又发现子项目的潜在影响。环境影响的程度决定着项目的评价类别。一般情况下，若项目具有显著的社会影响也会被列为 A 类项目，要求进行全面的环评工作。但对于亚行贷款黄河防洪项目，亚行倾向于将只具有显著社会效应（而生态效应不明显）的核心子项目列为 B 类项目，但要求必须制定出详细的环境管理计划和移民规划方案。这种做法与亚行环境方针略有出入（《亚行环境评价要求指南》，1998 年修订版），在以后的项目中是否采用此法，亚行将视每一案例的具体情况做出决定。移民规划方案主要关注一些社会问题，诸如失去赖以生存的土地、移民再安置、受影响者收入下降等，并制定出详细的解决问题的计划。环境管理计划尤其关注环境影响减缓措施和必要的费用。

环境影响减缓措施是指制定出相应方案或措施以消除或减轻项目对环境的潜在负效应，而环境监测则是对某些能显示环境健康程度的参数或因素进行定期测评。监测工作有助于确定减缓措施是否有效，当预见外影响出现时，还能帮助决定是否需要采取额外的减缓措施。项目的潜在影响、建议的减缓措施以及要求的监测工作，都在环境测评报告中有详细阐述。

在亚行贷款黄河下游防洪项目中,《环境管理计划》作为环境管理的一种重要工具,要求作为初步环境评价报告(IEE)的重要组成部分。《环境管理计划》(EMP)是为环境评价提供进行减缓措施管理和环境监测的具体方案。

在减缓措施管理过程中,负责实施减缓措施的机构和人员是确定的,负责监督减缓措施实施的人员和机构亦如此。在项目实施中,一般由管理部门、建设部门和施工单位负责实施减缓措施,而由环境监理部门负责监督减缓措施的实施,并同时开展环境监测工作。

具体到亚行贷款黄河防洪项目,政府的环境管理部门为中国环保总局、河南和山东两省环境保护局;黄委亚行项目办环境社会部为项目的环境日常管理部门,环境监测工作由黄委亚行项目办委托有资质的单位——黄河流域水环境监测中心完成;环境监理工作由子项目所辖的市级建设单位委托黄河勘测规划设计有限公司等单位承担。为确保减缓措施的有效落实,无论是措施实施单位,还是监督措施落实的部门,都要求建立了递交报告制度。

第五节　亚行立项环境评价成果

在技援阶段,亚行与国内专家共同调查与编制完成3个核心子项目的初步环境评价报告。现以开封核心子项目为例,对其环境成果的目录及简要内容进行介绍。

亚行
中华人民共和国水利部·黄河水利委员会
技术援助黄河防洪项目 TA No 3259 - PRC

开封堤防加固子项目
环境评价及移民报告

1　概述

1.1　总体概述

1.1.1　项目名称及有关单位

开封大堤加固项目,作为黄河下游防洪项目(亚行 TA No3259 - PRC)的核心子项目之一,其执行机构是黄河水利委员会。

1.1.2　项目简介

开封子项目涉及新堤和加固现有大堤。本项目位于河南省开封县境内,在中国的中部,占地约50平方公里。

1.1.3　其他相关信息

目前的环境初评是黄河下游防洪项目可行性研究的一部分。

1.2　环境初评研究

环境初评遵循《亚行环境评价要求指南》(1998年修订版)进行,必要之处将辅以《亚行农业和自然资源开发项目环境指南》。

2　项目描述

2.1　项目类型

项目类型包括大堤加固、取土场、防浪林等。

2.2　项目类别

开封子项目将归类到亚行环境与社会发展办公室(ENVD)项目类别中的环境影响B类,即该项目将伴有不利环境影响,但其程度比A类要轻或不显著。

2.3　项目的必要性

本项目极其重要,因开封大堤是防洪的关键堤段之一,本河段河床1~2公里宽、水浅,不稳定,由于河床游荡和出现"斜河",大堤常受冲决威胁。

2.4　项目位置

开封大堤位于黄河下游平坦宽阔的冲积平原上,地处开封县城以北约15公里处。

2.5　工程规模或量级

项目区占地50平方公里。实施大堤加固将使数万平方公里的范围受益,保护几百万人口和几十万公顷农田。

2.6　建议的施工进度

项目计划施工期一年半时间。

2.7　项目描述

项目包括3个主要内容:新堤+放淤,截渗墙,防浪林。

3　环境描述

3.1　自然资源

3.1.1　地形

3.1.2　土壤与地质

3.1.3　气候

3.1.4　地表水

3.1.5　地下水

3.1.6　地震

3.2　生物资源

3.2.1　渔类

3.2.2　水生生物

3.2.3　野生动物

3.2.4　树林

3.2.5　稀有或濒危种类

3.3　人类与经济发展

3.3.1　社团与人口

3.3.2　工业

3.3.3　基础设施

3.3.4　机构

3.3.5　交通

3.3.6　电源与传输

3.3.7　土地利用规则

3.3.8　征地和房屋破坏赔偿

3.3.9　农业发展与家庭收入

3.3.10　项目与村民的关系
3.4　生活价值质量
3.4.1　社会经济价值
3.4.2　公众健康
3.4.3　娱乐资源与开发
3.4.4　美学价值
3.4.5　考古或历史文物
3.4.6　文化价值
4　潜在环境影响和减缓措施筛选
4.1　项目选址产生的环境问题
4.1.1　用于放淤的取土坑
4.1.2　用于新堤建设的取土坑
4.1.3　放淤
4.2　跟设计有关的环境问题
4.3　与施工相关的环境问题
4.3.1　地下水用于放淤
4.3.2　放淤区排水
4.3.3　施工劳力
4.3.4　管道、临时道路与施工场地
4.3.5　对野生动物的干扰
4.3.6　未结实土地的侵蚀
4.3.7　局部污染
4.3.8　大堤加固导致的树木损失
4.3.9　噪音与安全
4.4　工程运行导致的环境问题
4.4.1　维持收入水平
4.4.2　放淤区复耕
4.4.3　施工场地、临时道路和管道的恢复
4.4.4　用于放淤的取土坑的自然恢复
4.4.5　用于新堤的取土坑的自然恢复
4.4.6　保护区鸟类数量
4.5　可能的改善环境措施
4.5.1　在内滩区使用放淤尾水
4.5.2　新的野生动物栖息地
4.6　其他考虑
5　机构要求与环境监督计划
5.1　机构能力
5.1.1　所需机构能力
5.1.2　人员及培训需要
5.1.3　所需硬软件

5.2 监督/监测计划

5.2.1 社会监督

5.2.2 环境监督

5.3 进度报告的提交

6 结果与建议

6.1 环境影响综述

包括主要环境问题以及中度影响、轻度影响和积极影响

6.2 建议

要求进行定期监督，保证严格遵守设计要求，落实影响减缓措施，尽可能避免不利环境影响。

7 结论

附表目录

表1 开封子项目时间安排

表2 开封降雨与气温(1952～1990年)

表3 开封附近黄河水质

表4 柳园口附近湿地鱼类

表5 项目区一些村庄、人口与耕地

表6 项目区主要农作物平均收成

表8 项目区主要农作物价格

附录 开封子项目环境矩阵

开封子项目环境矩阵见表8-2。

表8-2 开封子项目环境矩阵

环境初评（IEE）（D）						
影响环境资源与价值的活动	对环境的破坏	建议的影响减缓措施	无显著影响	影响环境资源与价值的行为		
				轻微	中度	重大
一、选址环境影响						
1. 作为放淤土料的取土坑	暂时损失部分面积农田	提供适当的赔偿或其他收入来源			+	
2. 作为新堤土料的取土坑	暂时损失部分面积农田	提供适当的赔偿或其他收入来源			+	
3. 放淤与新堤	放淤永久征用部分面积农田，影响上百人生计	①当地村民应由于永久征地导致的农田损失和放淤导致的湿地损失而得到赔偿 ②应向当地村民提供其他收入来源，使其生活水平至少维持目前水平 ③村民应得到放淤区植树的部分收入				+

续表 8-2

环境初评（IEE）（D）						
影响环境资源与价值的活动	对环境的破坏	建议的影响减缓措施	无显著影响	影响环境资源与价值的行为		
				轻微	中度	重大
4. 防浪林	部分农田被树林取代，影响上百人的生计	①对村民的作物损失进行赔偿并提供其他收入来源 ②村民应得到树林的部分收入			+	
二、规划和设计时疏忽产生的问题						
1. 放淤与截渗墙导致侧渗减少	有可能丧失沿堤湿地，并使外滩区地下水位略有下降	未建议，因为积极效应要大得多	+			
三、施工阶段问题						
1. 地下水用于放淤	局部降低地下水位	未建议	+			
2. 放淤区排水	放淤区附近水灾/水涝	将尾水排走（如通过泵），用于灌溉或回用于制造泥浆		+		
3. 施工人员	如果施工队伍纪律不佳或管理不善，将产生社会和（或）环境问题（如偷猎，卖淫嫖娼）	①制定社会、保护区等各方面的制度 ②要求承包商尽量雇佣当地村民		+		
4. 管路、临时道路与施工场地	暂时损失部分面积耕地，影响水文系统；如果没有较好的复耕将导致长期损失	①对作物损失进行赔偿； ②排水系统未受损坏； ③路面未被抬高复耕包括疏松土壤		+		
5. 对野生动物的干扰	柳园口保护区候鸟可能受施工影响。沿堤野生动物可能暂时受到干扰	上年10月~下年3月底或4月初期间，在核心保护区里面或附近禁止从事施工活动		+		
6. 未结实土地的侵蚀	新堤、放淤区、临时道路、施工场地及沿堤管路的裸地的风、水侵蚀	确保放淤区用优质土壤覆盖，放淤区与新堤应尽快植树	+			
7. 局部污染	油/脂柏油、水泥和人类污物等点源污染	①防止污物产生的制度 ②截渗墙施工中尾水的沉淀池 ③生活营地的污物处置系统和卫生便池		+		

续表 8-2

环境初评（IEE）（D）						
影响环境资源与价值的活动	对环境的破坏	建议的影响减缓措施	无显著影响	影响环境资源与价值的行为		
				轻微	中度	重大
8. 大堤加固导致的树木损失	新堤和放淤区清除的树木；堤顶树木的损坏	对树木清除进行赔偿，并安全移植补植		+		
9. 噪音与安全	机械噪音可能干扰人和野生动物。车辆可能产生交通事故。危险液体或未保护好取土场可能产生事故	①保持距离，限制夜间使用； ②车辆限速； ③守护取土坑和危险液体； ④承包商在投标书中包含健康与安全计划； ⑤学校中散发健康与安全警告		+		
四、运行不当产生的问题						
1. 收入减少	赔偿和提供其他收入来源可能不能减轻永久征地带来的损失	进行监督，确保收入水平没有下降			+	
2. 新堤和放淤区重新植树	不成功的植树导致侵蚀加剧	进行监督，确保长期成功		+		
3. 恢复放淤区用于植树	不成功的复耕导致生产力下降	运行期间进行监督，确保恢复成功		+		
4. 施工场地、临时道路和管路的恢复	不成功的恢复导致农业生产力下降	运行期间进行监督，确保恢复成功		+		
5. 用于放淤的取土坑的自然恢复	自然回填期过长，导致农业生产力下降	运行期间进行监督，确定回填速率，评估将来工程的公平赔偿费率			+	
6. 用于新堤的取土坑的自然恢复	水涝风险及不成功的恢复导致农业生产力下降	运行期间进行监督，确保恢复成功				
7. 保护区水禽数量	项目对水禽数量的中长期影响	监督保护区水禽数量；至少在工程开始运行后的前 3～4 年内每年 1 月进行一次数量普查		+		
五、可能的改善环境措施						

续表 8-2

环境初评（IEE）（D）						
影响环境资源与价值的活动	对环境的破坏	建议的影响减缓措施	无显著影响	影响环境资源与价值的行为		
				轻微	中度	重大
1. 将放淤尾水用于内滩区灌溉	（积极作用） 旱季额外的灌溉用水可能促进当地农业	将尾水排走（如通过泵），用于灌溉或回用于制造泥浆				
2. 沿黄取土坑	（积极作用） 这些地区可能成为保护区内水禽的重要栖息地					

第六节 亚行项目环境评估与国内的异同

亚行和中国政府都十分重视开发建设项目的环境保护工作，各自都制定有相应的环境保护政策和环境评价管理制度。比较而言，两者的环境保护根本目标是相同的，没有编制环境评价报告不得批准项目建设的规定是一样的，环保政策和制度在总体上是一致的。但由于中西方文化背景不同，两者在具体的环节上还存在着不同之处。从亚行贷款黄河防洪项目的实际情况来看，主要有以下几点差异：

1. 选择核心子项目进行论证

在项目评估阶段，亚行要先期选择10%左右的典型子项目或叫核心子项目，聘请国际和国内咨询专家进行论证。对典型子项目论证的内容包括环境、移民、社会等方面。若无重大问题，则可进入后续项目的工作。在开始论证前，先由亚行环境处与项目局官员协商确定项目环境类别，确定做环境影响评价（EIA）或初步环境评价（IEE）或不做评价。这与中国《建设项目环境保护管理条例》中规定的依据项目建设对环境影响的大小将环境影响分成3类进行评价基本是一致的。

2. 环评阶段

中国的EIA或报告表通常要求在项目的可行性研究阶段进行。在项目进入初步设计阶段，则需开展环境保护设计工作。到项目建设阶段，重点是落实“三同时”制度；竣工验收时编写竣工验收报告。亚行的EIA或IEE，则不是规定在某一个阶段来做，而是贯穿于项目的全过程。

3. 项目咨询

亚行为提高贷款项目环境管理人员水平，加强机构能力建设，最终达到改善环境、促进项目区经济持续发展的目的，亚行要求在项目咨询中必须有国际环境咨询专家帮助开展环境评价工作，编制完成环境影响报告。

4. 信息公开

亚行为了遵循信息公开原则，一般在其所留的备忘录中，要求将环境评价综述报告发放到项目现场办公室，让受项目影响的人们以及关注环境问题或对环境问题感兴趣的团体或个人随时到项目现场办公室查阅环境初评综述报告。中国对此没有做出明确规定。

5. EIA 报告内容

亚行的环境评价报告分初步环境评价报告和环境影响评价报告两种。前者适用于一般性建设项目（除非项目对环境没有影响），而后者是在项目对环境产生显著影响时才使用。初步环境评价报告和环境影响评价报告相当于中国的环境影响表和环境影响报告书，但报告内容的构成是有区别的。按照亚行的要求，环境评价报告应由 3 部分构成，即：①环境评价综述报告；②环境影响初评报告；③环境管理计划报告。环境评价综述报告实际上是环境评价的简要报告，主要供亚行有关高层次人员阅读。中国对环境报告的构成则没有这一要求。就单纯的环境影响报告相比，亚行 EIA 除了中国所规定的内容外，还增加了备选方案的内容。

6. 环境评价角度

亚行要求对环境的评价必须站在工程方案内和方案外两个角度进行分析，强调在选择项目时，工程人员要和环境人员紧密结合，协同工作，以达到选择工程方案时考虑环境方案、环境评价服务于工程的目的。亚行对环境问题的检测，首先明确整个环境检查标准，即是否造成贫富差距的加大，是否造成珍稀物种的减少或消亡等，并要求从以下几个阶段着手寻找环境问题：一是项目选址引起的环境问题；二是规划设计中忽视的环境问题；三是实施阶段要注意的环境问题；四是运行中出现的环境问题。最后提出所采取的环境保护措施。中国现在多是在工程方案确定后，对工程方案从环境角度是否可行进行评价。

7. 环境概念理解

亚行专家所讲的环境概念通常是广义的环境，环评中所包括的内容很多已在主体工程和移民工程中考虑，如挖地、压地活动，施工影响的农作物，工程施工清除的树木影响，工程完工后恢复植被，土地平整和复耕等。而国内所讲的环境范围要比亚行的狭窄，对已纳入移民工程和主体工程中的许多内容，并不要求纳入环境报告之中。

8. 环境费用

由于对环境概念的理解以及内容构成的不同，造成亚行与中国在子项目的环境费用上有很大差异。以亚行贷款黄河下游防洪工程建设项目中的兰考堤防子项目为例，亚行所列的环境费用是国内环境费用的 7 倍多。亚行因环境费用高、基数大，相对独立费用（如设计费、监理费、监测费、管理费等）的取费也高。亚行的环境费用除包括常规的水、气、固体废弃物、噪声等项目的费用外，大部分费用为环境专家的投入、施工影响的农作物损失的赔偿、工程施工清除的树木赔偿、工程完工后恢复植被费用、土地复耕等费用。

第九章　环境影响评价

第一节　环境影响评价规定与程序

一、环境影响评价规定

环境保护是中国的一项基本国策，环境影响评价是《中华人民共和国环境保护法》（以下简称《环保法》）中确立的一项制度。“建设污染环境项目，必须遵守国家有关建设项目环境保护管理的规定。建设项目的环境影响报告书，必须对建设项目产生的污染和对环境作出评价，规定防治措施，经项目主管部门预审并依照规定的程序报环境保护行政主管部门批准。环境影响报告书经批准后，计划部门方可批准建设项目设计书”，《环保法》中的这一规定，为强化环境管理、促进经济发展与环境保护相协调、开展环境影响评价提供了法律依据。

1998 年，国务院发布的《建设项目环境保护管理条例》，对建设项目环境保护的分类管理、环境影响报告书的内容和审批程序、管理办法作了更具体、更明确的规定。2002 年颁布的《中华人民共和国环境影响评价法》，把环境影响评价从法律上提到新的高度。

根据中国法律法规和环境保护行政主管部门加强标准化管理要求，1988 年 12 月，水利部、能源部共同发布了《水利水电工程环境影响评价规范》（试行）；1992 年 11 月，水利部、能源部联合颁发了《江河流域规划环境影响评价规范》，2003 年，国家环保总局、水利部发布了《环境影响评价技术导则 水利水电工程》。

二、环境影响评价程序

亚行贷款黄河防洪项目环境影响评价遵循了 3 阶段的工程流程。第一阶段为准备阶段，其主要工作包括研究与项目有关的环境保护法律法规、技术标准、技术文件，进行初步的工程分析和环境现状调查，筛选重点评价因子，确定各单项环境影响评价工作等级，编制评价工作大纲或工作计划。第二阶段为正式工作阶段（调查与分析阶段），是整个评价过程工作量最大的阶段，工作内容为在第一阶段工作的基础上，进一步开展工程分析和环境现状调查，并深入进行环境影响预测和分析评价，提出防治环境污染和减小生态破坏的措施。第三阶段为报告书编制阶段，对上述过程中得到的资料和数据进行汇总和分析，得出环境评价结论，编制完成环境影响报告书。

环境影响评价程序详见图 9-1。

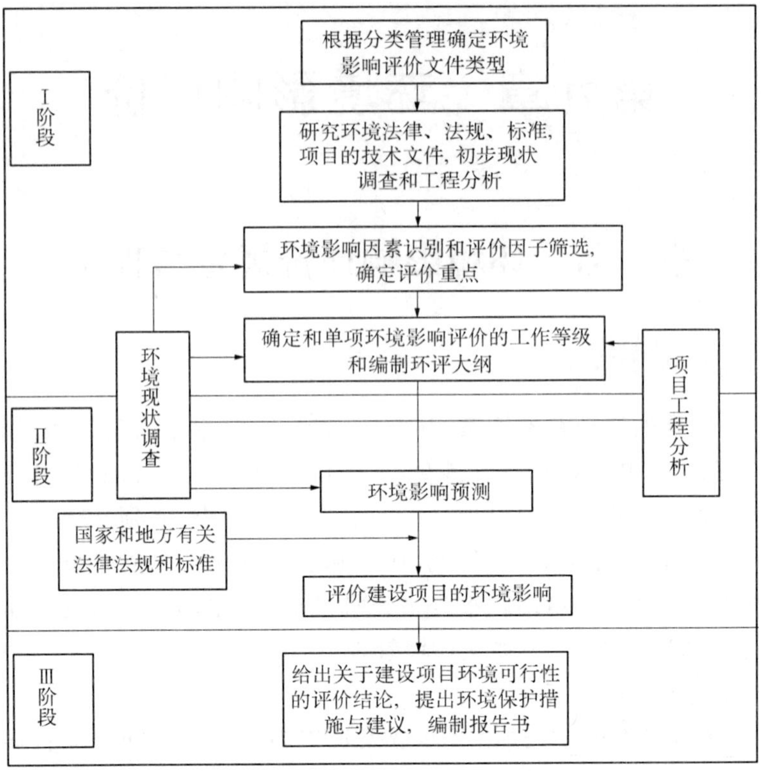

图 9-1　环境影响评价程序

第二节　环境影响评价标准和等级

环境影响评价标准包括环境质量标准和污染物排放标准。环境质量标准是为保护人群健康、维护生态环境和保障社会物质财富，并考虑技术、经济条件，对环境中有害物质和产生污染的各种因素所做的限制性规定。污染物排放标准是根据环境质量标准，以及适用的污染控制技术，并考虑经济承受能力，对排入环境的有害物质和产生污染的各种因素所做的限制性规定。

一、环境影响评价标准

各项目所采用的环境影响评价标准，主要是根据评价区水、气、声等使用目的、功能要求和保护目标确定，并由环境保护主管部门确认批准。按照国家环境保护总局环境工程评估中心对亚行贷款黄河防洪项目环评大纲的评审意见："评价适用标准按项目所在地区的环境功能区划要求执行，尚未确定功能区的，其评价适用标准报请山东省及河南省环境保护局行文确定"，河南和山东两省环保局分别批复了黄河防洪项目环境影响评价的执行标准。

(1)环境空气质量标准：执行《环境空气质量标准》(GB 3095—1996)中的二级标准。

(2)地表水标准:执行《地表水环境质量标准》(GHZB 1—1999)中Ⅲ类标准。

(3)声环境:参考执行《城市区域环境噪声标准》(GB 3096—93)中的2类区标准。

按照环境评价和项目周围的环境要求,结合黄河防洪工程自身的特点,确定污染物的排放标准为:

(1)《大气污染物综合排放标准》(GB 16297—1996)二级标准。

(2)《污水综合排放标准》(GB 8978—1996)中一级标准。

(3)《建筑施工场界噪声限值》(GB 12523—90)。

二、评价工作等级

评价工作等级是确定评价工作深度的依据。建设项目的环境影响评价是根据建设项目的工程特点、建设规模、项目所在地区的环境特征以及国家或地方政府所颁布的有关法规划分评价工作等级。多数单项环境要素评价划分为3个工作等级,即一级、二级和三级。对任一建设项目的环境影响评价而言,各单项环境要素评价的工作等级不一定相同。环境影响评价工作等级越高,对单项环境要素评价的要求越严。

对于一级评价,要对单项环境要素的环境影响进行全面、详细和深入的评价,对该环境要素的现状调查、影响预测、评价影响和提出措施,一般都要比较全面和深入,并应当采用定量化计算来描述完成。对于二级评价,要对单项环境要素的重点环境影响进行详细、深入评价,一般要采用定量化计算和定性的描述来完成。对于三级评价,对单项环境要素的环境影响进行一般评价,可以通过定性的描述来完成。

亚行贷款黄河防洪项目由于工程分段和分步实施,施工地点分散,不存在各个子项目的叠加影响,因此评价工作等级以单个子项目的排污量确定。根据《环境影响评价技术导则》,参照3个核心子项目的评价成果和专家评审意见,确定本项目的工作等级为以下4种:

1. 水环境

项目对水环境影响集中在施工期。本工程主要是机淤施工,施工人员和施工机械都很少,污水量较小,成分简单。挖泥船挖沙对水质的影响主要是使水体悬浮物升高。根据已批复的环评大纲,水环境评价等级低于三级。

2. 环境空气

工程施工期大气污染物主要为机械车辆排放的尾气和运输产生的粉尘,废气排放量很小。根据已批复的环评大纲,环境空气评价等级低于三级。

3. 声环境

施工期噪声源主要来自交通车辆噪声和施工机械噪声。可能受噪声影响的区域为交通线路两侧及项目区附近的村庄,根据已批复的环评大纲,声环境评价工作等级低于三级。

4. 生态环境

工程防浪林和堤顶防护林的建设,有利于防风固沙,改善生态环境。但由于部分工程涉及到湿地自然保护区,生态环境影响评价工作等级为二级。

第三节　环境现状评价与因子识别

一、环境现状评价

调查和了解项目区环境状况，是为分析评价现状情况和预测今后环境变化提供基础资料和依据。调查的基本内容通常涉及自然环境和社会环境，有时还单分出生态环境。构成环境状况的基本因素依项目的不同而变化。

黄河防洪项目的环境现状包括自然环境、生态环境和社会环境。自然环境方面，由地形地貌、地质构造、气象、水文、地下水、地表水、环境空气、声环境等内容组成；在生态环境方面，有植物资源、动物资源、水生生物、土壤及土地利用、湿地自然保护区等。在社会环境方面，主要包括人口、人群健康、土地、农业、交通等。因环境现状评价包括的内容较多，下面仅列出地表水环境质量现状调查与评价的结果。

考虑到黄河防洪项目建设对水环境的影响特点，根据工程所涉及范围，并结合黄河干流实际情况，现状评价利用黄河干流孟津、花园口、高村、泺口 4 个断面的水质监测资料进行水质评价。按照工程排污特点和评价河段水污染物特征，本次评价选取 pH、溶解氧、高锰酸盐指数、COD cr、BOD_5、氨氮、石油类、总大肠菌群共 8 项参数作为评价因子。地表水评价执行《地表水环境质量标准》(GHZB 1—1999)中Ⅲ类标准，总大肠菌群执行《地面水环境质量标准》(GB 3838—88)中Ⅲ类标准。评价方法采用标准指数法，并计算出各评价因子超标率、均值超标倍数及标准指数(计算公式略)，水质参数的标准指数 >1，表明该水质参数超过了规定的水质标准，已经不能满足功能要求。

评价所选断面为黄河干流上的常规水质监测断面，为了使本次评价能准确客观地反映该河段的水质现状，选取了现状水质监测资料(2001 年 1～6 月)，并结合多年水质监测资料(1997～1999 年)，对评价河段水质进行综合评价。对于评价因子 COD cr，各断面只有在 2000 年进行了监测，因此本次评价选取 2000 年 1～6 月的监测资料对现状进行评价。

根据现状评价的结果，黄河干流 4 个评价断面水质 pH 均在 8.0 以上，呈弱碱性，4 个断面的氨氮、CODcr 均超过地表水Ⅲ类标准，说明评价河段已受到有机耗氧类污染，这主要是由于沿黄城市排污所至。花园口断面相对来说污染较严重，主要是由于在孟津至花园口之间，汇入支流新、老蟒河和沁河接纳了大量的工业废水和生活污水，造成下游花园口断面水质的恶化。4 个断面其余的评价因子均能满足《地表水环境质量标准》中Ⅲ类标准要求。

根据多年监测资料评价结果，黄河干流评价河段非汛期水质污染重于汛期，部分断面全年水质达不到Ⅲ类水要求，超标因子主要是氨氮和大肠菌群，超标的峰值出现在花园口断面。

二、环境因子识别和筛选

(一)工程分析

环境因子识别和筛选与工程分析关系密切。工程分析的目的是确定项目的建设活动与环境之间的对应关系，明确工程对环境的作用因素，分析影响源与受影响的环境要素之间的关系，为环境影响识别提供依据。亚行贷款黄河防洪项目包括堤防加固工程、险工和控导改建加固工程、滩区安全建设工程、东平湖围坝除险加固工程等。工程对环境的影响主要表现为：

(1)大堤淤背工程占压大量土地，改变了土地利用方式，影响当地居民的生活。堤防加固工程占压群众房屋，需要进行移民安置。

(2)取土场取土影响农业生产。核心区取土影响湿地自然保护区。

(3)采用截渗墙工程的堤段，大多离村庄较近，施工噪声将影响附近居民。

(4)采用挖泥船在河道挖沙，险工根石施工和控导工程水中进占施工，有可能影响黄河水质。

(5)滩区安全建设的房屋拆迁产生的固体废物对环境的影响。

(6)机淤施工渗水有可能影响土壤环境。

(7)滩区引水吹沙和吹填淤积有可能造成河道水文情势的变化；吹淤泄水有可能影响附近农田。

(8)工程施工对环境产生的不利影响主要包括：施工人员生活污水、机械车辆检修冲洗废水的排放，对接纳水体的影响；施工机械噪声、运输车辆交通噪声对附近居民的影响；施工道路扬尘对区域环境空气质量的影响。

(9)施工人员相对集中，生活居住条件较差，有可能导致疾病的流行，影响人群健康。

黄河防洪工程的主要特点为：

(1)工程为典型的非污染生态项目，工程建设对环境的影响主要为生态环境影响。

(2)本项目建设的目的是防洪减灾，造福于保护区内的人们。工程的实施，为保护区社会经济发展和生态环境保护提供基本保证。工程效益显著。

(3)工程性质为扩建加固，多数是在原有工程的基础上加固和改建，是现有工程的延续。

(4)工程面广，施工场地分散。施工时间主要集中在非汛期。

(5)施工方式简单，主要为石方、土方工程。

通过上述分析，确定工程建设和运行对环境影响的类别和程度，具体见表9-1。

(二)环境影响识别和筛选

环境影响识别就是在工程分析和环境现状调查的基础上，根据工程与环境的特性，列出与工程有关的环境因子，识别影响性质，选出需要进行分析、预测、评价的主要环境因子，或由这些因子组成的主要环境问题。工程对环境的影响，可分为有利与不利两个方面。就其产生的来源与影响的程度，又可分为直接或间接、原生或次生、短期或长期、暂时或积累、强烈或微弱、明显或潜在、可逆或不可逆的影响等。环境影响识别方法有4种，即清单法、矩阵法、网络法和叠置法。一般情况下，多数工程采用的是清单法或矩阵法。清单法是先将可能影响的环境因子、影响性质和作用大小列成清单或表格形式，再据此作出定性识别和筛选。矩阵法是将环境因子排在纵列上，将环境效应排在横行上，构成阵列，其中，各项效应对环境因子的正负影响，均按不同等级示出其影响的程度。

亚行贷款黄河防洪项目环境因子识别结果见表9-2。从表中可以看出，工程对环境的不利影响主要发生在施工期，影响较大的环境因素主要有湿地自然保护区、工程占地和

表 9-1 工程环境影响类别与影响程度

阶段	序号	影响环境的活动	对环境的影响	影响类别						影响程度				
				有利影响	不利影响	可逆	不可逆	长期	短期	不显著	不确定	影响显著		
												小	中	大
施工期	1	土料场开挖	破坏地表植被。核心区取土，影响湿地自然保护区		√	√			√			√		
	2	堤防淤背	占用耕地、改变土地利用方式		√	√			√			√		
	3	截渗墙施工	噪声影响附近居民		√	√			√			√		
	4	挖泥船在河道挖沙、控导工程施工	影响黄河水质		√	√			√	√				
	5	施工材料装运	汽车尾气及扬尘影响道路附近居民		√	√			√	√				
	6	滩区引水吹沙和吹填淤积	河道水文情势变化	√		√			√	√				
	7	施工人员相对集中	影响人群健康		√	√			√		√			
运行期	8	防浪林、防护林、植树种草	增加植被覆盖率，防风固沙，改善生态环境	√			√	√						√
	9	防洪作用	保护黄河下游保护区生态系统和人民生命财产安全，产生正面生态效益	√			√	√						√

表 9-2 环境影响因子识别表

环境因素	建设期		运行期	
	不利影响	有利影响	不利影响	有利影响
社会经济		1SI		3LW
湿地自然保护区	2SI			
沿河取水口	1SI			1SI
地下水位			1SI	
水环境	1SI			
环境空气	1SI			
声环境	1SI			
土壤环境	1SI			
工程占地	2LI			
土地利用	1SI			1LW
水生生物	1SI			
人群健康	2SI			1LW
自然景观	1SI			1LI
水土保持	1SI			1LI
水文情势				1LI

注:空白表示无影响;1—影响较小;2—影响较大;3—影响显著;L—长期;S—短期;I—局部的;W—大范围的。

人群健康,其他因素影响较小。运行期以有利影响为主,尤其是对社会经济的影响极为有利。在评价中,对重点不利环境因素开展详细的评价,对其他因子只做一般性的评价,评价成果直接写入总报告。

第四节　湿地自然保护区影响预测

湿地是一种具有丰富生物多样性和多种重要功能的独特生态景观。《湿地公约》称:“湿地是指天然或人工、长久或暂时性的沼泽地、泥炭地或水域,蓄有静止或流动的淡水、半咸水或咸水,包括低潮时水深不超过 6 米的海水区”。湿地是分布于陆地和深水水体之间、由陆地系统和水体系统相互作用形成的自然综合体。中国是世界上湿地资源最丰富的国家之一,居亚洲第一位,世界第四位。《湿地公约》所列湿地名录中的 26 类自然湿地和 9 类人工湿地类型在中国均有分布,仅黄河下游就有几处湿地自然保护区。根据项目区环境状况的调查,亚行贷款黄河防洪工程主要影响到开封柳园口湿地自然保护区。

一、开封柳园口湿地保护对象

河南开封柳园口省级湿地自然保护区,位于河南省东部,开封市北 10 公里。地理坐标北纬 34°52′~35°01′,东经 114°12′~114°52′之间。西接郑州市中牟县,东至山东省,北与新乡市隔河相望,南邻开封市。东西长 60 公里,南北宽 15.5 公里,总面积 16148 公顷。

保护区在动物地理区划中属华北区,黄淮平原亚区。区内主要生态环境为河流、滩涂湿地,是亚洲候鸟迁徙的中线,每年都有大量水禽在此越冬或中途停歇。保护对象主要为在此越冬或停歇的候鸟。据保护区资料统计,区内冬候鸟 41 种、留鸟 10 种、旅鸟 3 种。数量较大的种类为鸭科、秧鸡科、欧科、鹭科、鹤科和鸊鷉鸟类。表 9-3 为鸟类的保护级别和生态习性。

表 9-3　开封柳园口湿地自然保护区保护鸟类生态习性

保护级别	鸟类	居留情况				生态分布			食物	种群数量
		留	夏	冬	旅	荒滩农田	水域	人工林		
一级保护动物	黑鹳			√		√	√		主要是鱼类,也吃大型水生昆虫、蛙类和小型鼠类	++
	白鹳			√		√	√		主要食鱼、蛙、昆虫等,也捕食一些小型啮齿类动物	+
	丹顶鹤				√		√		主要是芦苇、水草及小鱼、虾、蛙类和水生软体动物,也吃一些昆虫和谷物	+
	白鹤				√		√		芦苇、水草根茎、小鱼、虾、蛙类和水生软体动物	+
	白头鹤				√		√		小鱼、甲壳类、多足类、软体动物以及昆虫和一些植物	+
	大鸨			√		√			以植物性食物为主,也吃各种昆虫	+++
	金雕	√				√			以小型兽类和鸟类为食	+

续表 9-3

保护级别	鸟类	居留情况				生态分布			食物	种群数量
		留	夏	冬	旅	荒滩农田	水域	人工林		
二级保护动物	角鸊鷉			√			√		以鱼、虾和水生昆虫为食	+
	斑嘴鹈鹕			√			√		以鱼类为食，兼食甲壳动物及小型两栖动物	+
	大天鹅			√		√	√		以水生植物的叶、茎、根和种子为食，也吃少量的软体动物、水生昆虫	+ +
	小天鹅				√	√	√		以水生植物的叶、茎、根和种子为食，也吃水生昆虫、蠕虫、螺类和小鱼	+ +
	白额雁			√		√	√		以莎草科和乔本科植物的嫩叶为主食，也吃少量草籽和谷粒	+
	琵嘴鸭			√			√			+
	鸳鸯				√		√		以草籽和水生生物为食	+
	灰鹤			√		√	√		主食水草、草籽、水生生物等，也捕食鼠、蛇类和昆虫	+ +
	蓑羽鹤				√		√		以水生植物、昆虫、小鱼、虾、蛙类和软体动物为食	+
	鸢	√				√		√	以鼠、兔、蛙、鸟等为食	+ +
	普通鵟				√	√		√	以小型动物为食	+ +
	大鵟			√		√		√	以中小型兽类为食	+
	白尾鹞			√		√			以鼠类及小鸟为食	+
	苍鹰				√				以鼠类、斑鸠、野兔等为食	+
	雀鹰			√					以小型鸟类及鼠类为食	+
	松雀鹰				√				以小鸟及昆虫等为食	+
	红脚隼		√					√	以昆虫为主食，兼食蜥蜴和小鸟	+ +
	红隼	√				√		√	以金龟子等昆虫为食，也吃鼠类和小鸟	+ +
	乌雕				√	√			以鱼、蛙、鼠为主，也吃金龟子、蝗虫等	+
	领角鸮	√						√	以鼠和小鸟为主	+
	普通雕鸮	√						√	以鼠和兔为主	+
	纵纹腹鸮	√						√	以鼠和昆虫为主	+
	长耳鸮			√				√	以金龟子、甲虫、蝼蛄、鼠类为食	+
	短耳鸮			√		√		√	以鼠类为主，也吃昆虫	+

续表 9-3

保护级别	鸟类	居留情况				生态分布			食物	种群数量
		留	夏	冬	旅	荒滩农田	水域	人工林		
省级保护动物	风头鸊鷉			√			√			+ +
	草鹭		√			√	√	√		+
	苍鹭	√				√	√	√		+ + +
	鸿雁			√		√	√			+
	灰雁			√		√	√			+
	黑斑蛙									

注:1. 居留标记:留为留鸟、夏为夏候鸟、冬为冬候鸟、旅为旅鸟。

2. 种群数量:+ + +表示"多",+ +表示"较多",+表示"少"。

二、工程对保护区的影响预测

工程建设对保护区的影响程度主要取决于工程与保护区的相对位置和工程占地范围。亚行贷款黄河防洪工程与自然保护区的相对位置见表 9-4。

表 9-4 工程与自然保护区相对位置

工程名称	工程长度(m)	与保护区相对位置	取土场面积(亩)	与保护区相对位置
黑岗口险工改建加固工程	1654	紧靠核心区	23	在核心区内
黑岗口控导工程	600	在实验区内	177	在实验区内
府君寺控导工程	1600	紧靠实验区	695	不在保护区内

施工活动的强度也是影响保护区的一个重要因素。根据工程规划设计,黑岗口险工改建加固、黑岗口和府君寺的控导工程主要为土方和石方工程,施工期短,施工机械简单,施工人数少。具体施工规划见表 9-5。

表 9-5 黑岗口和府君寺工程施工规划表

工程名称	施工期(月)	施工人数(人)	施工高峰期(月)	施工高峰期人数(人)	主要施工机械	主要施工机械及取土场使用时间
黑岗口险工改建加固	3	80	1	110	挖掘机 1 台、自卸汽车 5 辆、打夯机 1 台	1～2 星期
黑岗口控导工程续建	3	60	1	100	挖掘机 1 台、自卸汽车 4 辆、打夯机 1 台	1～2 星期
府君寺控导工程续改建	4	60	1	110	挖掘机 1 台、自卸汽车 9 辆、打夯机 1 台	1～2 星期

黑岗口险工改建加固工程施工段不在保护区内,但紧靠保护区核心区。工程附近为保护区内的滩区农田,是鸟类的聚集地,但工程施工时间不在候鸟聚集时间,工程施工对鸟类的影响不大。因工程施工区相对于保护区的面积,所占比例很小,且鸟类具有迁徙性,工程施工对鸟类的影响很小。

对湿地保护区影响较大的施工活动就是在核心区内取土,设计的取土场面积23亩,为减少工程施工对保护区核心区的影响,建议调整施工方案。其余取土场均为核心区外的滩地农田,取土时间很短,一般为1~2周,取土不会影响湿地环境。

黑岗口控导工程施工段在保护区实验区内,施工期避开候鸟聚集期,不会对候鸟产生影响。由于工程量很小,施工机械和施工人员都很少,且工程范围相对于整个保护区比例很小,工程施工对留鸟的影响也很小;取土场位于保护区实验区内的面积为100多亩,均为滩地农田,取土对湿地环境影响甚微。

府君寺控导工程施工段不在保护区内,工区附近为滩区农田,工程施工不会对鸟类产生直接影响,但由于施工段与保护区实验区相毗邻,应注意禁止施工人员捕捉鸟类。取土场不在保护区内,不会影响湿地环境。

工程运行期对湿地保护区以有利影响为主。当黑岗口险工改建加固、黑岗口和府君寺控导续改建工程建成后,可以控制河势,减少"横河"、"斜河"的发生,有利于自然保护区的地势稳定。工程完建后,对黄河径流不会产生影响,也不会影响湿地水源的补给关系。根据规划设计方案,黑岗口工程植树600株,植草1.19万平方米;府君寺控导工程植树1600株,植草3.17万平方米。工程建成后所植草、树将为保护区鸟类提供新的栖息场所,有利于鸟类生存和繁衍。

综上所述,3个工程施工对保护区鸟类的最大影响是施工人员有可能捕捉鸟类,但由于施工时间不在鸟类聚集时间内,对鸟类的影响很小。只要加强施工期间的管理,这种影响可以避免。

第五节　施工环境影响分析

一、声环境影响分析

(一)源强分析

施工活动产生的噪声主要有施工机械噪声和运输车辆噪声。施工机械包括筛分机、空气压缩机、混凝土搅拌机、施工船等。根据设备选型情况,类比其他水利工程,确定本工程施工机械和运输车辆的噪声源强(见表9-6)。

(二)影响分析

施工噪声对附近敏感点的影响,利用声能衰减模式进行预测,其公式如下:

$$L_{pn} = L_{wi} - TL + 10\lg(Q/4\pi r_{ni}^2) - M \times (r_{ni}/100) \tag{1}$$

式中:L_{pn}——第n个受声点的声级,dB(A);

L_{wi}——第i个噪声源的声功率级,dB(A);

TL——堤防等障碍物的隔声量,dB(A);

r_{ni}——第 i 个噪声源到第 n 个受声点的距离,m;

Q——声源指向性因素;

M——声波在大气中的衰减值,dB(A)/100 m。

评价类比同类工程施工期声环境预测计算参数取值,给出上述公式中各参数取值(见表 9-7)。

表 9-6 部分施工机械及运输车辆噪声源强 (单位:dB(A))

设备名称	噪声强度	设备名称	噪声强度
推土机	92	振动碾	80
挖掘机	91	水泵	65
发电机	85	自卸车	85
挖泥船	120	搅拌机	85
液压升槽机	95	中型载重汽车	85
打夯机	95	重型载重汽车	87

表 9-7 各参数取值

参数名称	TL[dB(A)]	M^*[dB(A)/100 m]	Q
取值	20	0	1

*:$r<200$ m 时,M 近似为零。

按最不利情况考虑,取施工机械中噪声强度最大的挖泥船为噪声源,计算距声源 50 米、100 米处的昼间声级强度,结果见表 9-8。

表 9-8 距离挖泥船 50 m、100 m 处声级强度计算结果

源强[dB(A)]	衰减距离(m)	声级[dB(A)]
120	50	55
	100	49

把《城市区域环境噪声标准》中 2 类标准 60 dB(A) 作为工程建设区域昼间本底值,与表 9-8 中的声级强度计算结果进行叠加,得出本工程施工期距声源 50 米、100 米处受声点的昼间声级强度(见表 9-9)。

表 9-9 距声源 50 m、100 m 处受声点的声级强度 (单位:dB(A))

距声源距离(m)	本底值	影响值	叠加值	变化值
50	60	55	61.3	+1.3
100	60	49	60.3	+0.3

从叠加计算的结果可以算出，本工程施工期距声源 50 米、100 米处受声点的声级强度仅分别比本底值增加了 1.3 分贝和 0.3 分贝，表明本工程施工机械的运行对周围敏感点影响较小。

（三）典型敏感点声环境影响分析

本次工程涉及到的敏感点比较多，评价考虑到工程截渗墙施工机械噪声较大，而且离居民点较近，按照评价时考虑最不利的原则，选择东平湖截渗墙修建对其附近居民点的影响进行预测。具体预测参数选取见表 9-10。

表 9-10　预测参数选取

序号	参数	单位	数值
1	村庄距声源距离	m	50
2	村庄现状背景值①	dB(A)	60
3	施工机械最大噪声值	dB(A)	95
4	围墙等障碍物的隔声量（*TL*）②	dB(A)	5
5	声波在大气中的衰减值（*M*）	dB(A)	0

注：①敏感点声环境背景值取《城市区域环境噪声标准》中 2 类标准。

②围墙等障碍物的隔声量据类似防洪工程类比得出。

根据选取的参数和噪声衰减公式，计算出截渗墙施工对距离 50 米处的村庄影响值 $Lp=40$ 分贝，影响值与本底值进行叠加，得出村庄的噪声值为 60.5 分贝，比现状增加了 0.5 分贝。

综上所述，虽然本工程施工机械噪声较大，但其对环境敏感点的影响较小。在施工时，尽量将高噪声设备安置在距离敏感点较远的地方，并避免夜间施工。

二、水环境影响分析

（一）污染源分析

黄河防洪工程施工发生的水污染源主要有生产废水和生活污水两部分。其中生产废水多数来源于机淤固堤取土、淤区退水、河道控导工程、截渗墙工程以及挖泥船作业等，主要污染因子为 SS、pH、石油类等。生活污水主要来源于施工期进场的管理人员和施工人员的生活排放。施工生活污水中的主要污染源来源于人员的排泄物、食物残渣、洗涤剂等有机物，生活污水中的污染因子为 BOD_5、COD 和大肠菌群等。

（二）水环境影响分析

水环境影响的程度和范围主要与工程的施工内容、施工方式以及环境的敏感程度有关。根据黄河防洪工程的施工特点，经对不同的评价河段及典型环境敏感点进行分析，认为机淤固堤对黄河水环境的影响，主要来自机淤备土施工人员生活污水、施工机械冲洗废水、河槽取土活动、挖泥船挖泥时的扰动、挖泥船漏油等对水体的影响。黄河防洪项目各类工程对水环境的污染影响分析见表 9-11。

表 9-11 工程施工期对水环境的污染影响分析

序号	工程内容	污染影响分析
1	机淤固堤工程	机淤固堤对水环境的影响有两方面:①取土过程对水环境造成影响。机淤固堤取土方式主要有嫩滩取土和河槽取土,嫩滩取土采用泥浆泵,河槽取土采用挖泥船,离黄河主河道都较近,对水环境的影响一是施工机械的冲洗水及漏油等,污染物为 SS 和石油类,二是施工人员居住离河流较近,施工人员生活污水可能对水环境产生污染影响,污染物为 SS 和 BOD_5;②淤区退水量大,泥沙含量高,将会造成水体中悬浮物的增加
2	险工工程	险工位置临近大堤,施工过程中产生的污水主要为施工人员生活污水,但量少影响小
3	控导工程	控导工程由于在水中进占施工,对水体扰动较大,引起水体中泥沙的再悬浮,一般来讲,悬浮物影响范围不超过 200 m,经过一定时间沉降后,影响会逐渐消失,对于黄河这样多泥沙的河流来讲,这种影响相对来说是轻微的。施工人员产生的生活污水量很小,对水体影响较小
4	东平湖围坝加固工程	东平湖石护坡翻修和截渗墙工程产生的废水,因离主湖水体较远,对地表水环境影响较小
5	滩区安全建设	滩区安全建设产生的废水,主要为取土过程产生的施工机械冲洗废水和施工人员生活污水以及村台淤筑过程中的大量退水。施工人员产生的污水很少,退水中多数为悬浮物,因此对水质影响不大

另外,淤区退水量较大,退水泥沙含量大,对背河的水体会有一定影响。本工程改建的控导工程,由于施工位置离黄河主流较近,将对黄河水体产生一定影响,但因大型施工机械不多,施工人员生活污水则是控导工程施工期对黄河水体的主要影响;另一方面因施工条件的不同,一些控导工程要进行水中进占施工,向水体中抛土、抛石,对水体产生扰动影响。截渗墙工程产生的废水主要为搅拌冲洗混凝土过程中产生的碱性废水,本次东平湖工程安排的混凝土截渗墙离水体较远,不会对水环境产生较大的影响。

三、土壤环境及水土流失影响分析

黄河下游防洪工程项目区地层主要是第四系全新统的河流沉积层、河湖沉积层,土壤主要是悬河主槽的砂类土、生产堤内(滩地)的粉细砂与砂壤土和泛滥洼地内的黏性土组成。土质疏松,土层深厚,地下水位较高,一般 1 ~ 3 米,并有季节性变化。土壤呈微碱性,有机质含量较高,可达 2% 。

工程施工对土壤环境的影响,主要是通过机淤固堤产生的渗漏形成的。黄河下游堤防加固工程中,机淤固堤长度 101.1 公里,淤背土方 6160.87 万立方米,新村台淤筑土方

1500.83万立方米。机淤固堤施工方法通常采用挖泥船或组合泵(大小泵组合)进行施工。淤区土质主要为粉砂土,颗粒较粗,渗水严重,淤筑工程一般浸渗范围20米左右,渗水将引起附近农田潮湿化,影响农业生产;另外有些堤段堤脚距离村庄很近,渗水可能影响居民的生活设施如房屋等。为预防这种影响,工程设计中在淤筑区外2米处挖截渗沟,截渗沟深1米,底宽1米,边坡1:1.5。为防止村台附近耕地盐碱化,在各村台四周5米处开挖截渗沟,截渗沟深1米,底宽1米,边坡1:1.5。截渗沟与当地退水渠连通,其渗水由退水渠排出,减免淤筑区渗水影响。

混凝土截渗墙加固对土壤环境的影响,主要发生在混凝土截渗墙开槽的时段,此时排出的泥浆废水可能会对土壤造成不良影响。另外,施工机械车辆跑、冒、滴、漏的油料及冲洗废水流入附近农田,可能造成近表土壤污染。

工程对水土流失的影响与工程周围的土层情况和现状流失状况有关。黄河下游属冲积平原区,地面平坦,土层深厚,土壤肥沃,适宜于农耕。由于黄河泥沙淤垫,地面处于微淤积状态,局部地区有轻微侵蚀,侵蚀模数在每年每平方公里500吨以下。黄河下游防洪项目区又分2个侵蚀类型区,一是位于两岸大堤以外的冲积平原区,灌溉引水方便,且灌且淤,地面微淤;二是处于两岸大堤以内的悬河滩地区,区内以沉积为主,但黄河行洪时,滩岸侧蚀严重。

工程施工对水土流失的影响与施工方式及使用材料有关。黄河下游堤防加固工程和滩区安全建设工程主要是土方工程。由于土料场位于河槽和嫩滩地,土方的开挖是用泥浆泵或挖泥船汲取泥浆,通过输泥管将泥浆输送至淤区,不会造成新增水土流失。施工过程中可能造成水土流失的主要是淤区,在淤区的淤筑过程中,若遇大雨,有可能会冲刷土料,造成水土流失,影响附近农田。施工安排在每年的10~12月和3~6月,发生暴雨的几率很小,造成水土流失的机会也很小。只要加强施工管理,施工期的水土流失完全可以控制。

放淤固堤和新村台淤筑取土多为沙质土,淤区若不采取防护措施,风冲雨蚀,不但使淤区本身工程损毁,强度降低,且易使附近农田沙化,影响农业生产。为减小影响,应对淤区进行黏土包边盖顶,在其顶部进行植树种草。

四、对河道水文情势影响

(一)滩区引水吹沙对河道水文情势的影响

堤段加固或新村台建设引水吹沙土料有两种来源:一是在黄河嫩滩上取土,二是在黄河河槽内汲取泥浆。嫩滩取土场一般紧靠河槽,在汛期时为行洪河道,非汛期时为裸露地面的滩地。由于黄河泥沙含量大的特性,取土场被大洪水淹没一次,基本可以淤平。在黄河嫩滩取土或采用挖泥船在河道挖沙,其作用相当于挖河疏浚,可以降低河道水位,扩大河槽的行洪能力,对河道的行洪是有利的。

(二)滩区新村台修建对河道水势、行洪的影响

黄河下游河道呈宽窄相间的藕节状,收缩与开阔段交替出现,滩区安全建设区河道较宽,范县段河道宽8公里,兰考、东明县修建新村台处河道宽20公里左右。新村台影响行洪宽度占河道行洪宽度比例很小。以核心子项目长垣县苗寨乡滩区安全建设为例,长垣

段河道宽度为9.4公里，河道两岸修有堤防，且有宽阔的滩地。根据新村台的布置，5个村庄影响行洪的宽度为0.73公里左右，仅占河道宽度的7.8%，所以，新村台施工期对河道行洪的影响很小。新村台位于老村台附近，且面积比老村台小，新村台建成后，老村台推平复耕，因此新村台建成后，河道的行洪宽度没有减少，对河道行洪影响很小。

五、固体废物环境影响分析

（一）源强分析

本工程施工期产生的固体废料主要是土方开挖回填过程中产生的弃土、移民拆迁安置产生的建筑弃渣和施工区施工人员产生的生活垃圾。这些固体废料如处理不当，可能引起水土流失以及对地貌、植被、人群健康、水质、环境空气等方面产生不利影响。

（二）影响分析

1. 对环境空气产生影响

工程施工弃土中的细微颗粒、粉尘等可随风飞扬，从而对大气环境造成污染。当发生4级以上风力时，弃土表层小颗粒粉末将出现剥离，其飘扬的高度可达20～50米，在风季期间可使平均视程降低30%～70%。本工程处于北方干燥地区，一年中冬、春、秋季都时常出现大风天气，而且工程所用的土质多为沙质土，处置不当的弃土极易随风飘扬，对空气环境产生不利影响。

2. 引起水土流失

本工程建设有大量的土方开挖和回填任务，总计土方约8143.95万立方米，考虑本工程所用土料多为沙质土，属于易流失的土质，因此在开挖的过程中，对于部分不符合回填条件的土方，必须安排一定的位置堆放处理，否则在夏季多雨的季节里，这些松散土料极易随雨水大量流失。

3. 对水环境的影响

本工程建设不仅会产生弃土，而且由于险工改建加固、移民拆迁安置、村台建设会产生包括混凝土、砖瓦、木头和石块在内的大量弃渣，这些固体废料如进入黄河，会产生3个影响，一是黄河水质受到污染，危害水生生物的生存条件；二是影响水资源的充分利用；三是可降低黄河河面有效面积，使其排洪和灌溉能力有所降低。除此之外，黄河滩区内施工人员的生活垃圾通过雨水淋溶后进入黄河水体，将对黄河水质产生不良影响。

六、环境空气影响分析

黄河防洪工程施工期的废气来源主要为：料场取土、车辆运输、混凝土生产等产生的粉尘和飘尘，主要污染物为TSP；发电机、装载机、泥浆泵、汽车、挖泥船等燃油机械在运行时排放的废气，主要污染物为TSP、SO_2和NO_x。

主要废气污染源是粉尘，由于防洪工程涉及的施工区域多为大堤或滩地，滩区施工道路多是土石路面，工程土石方运输量大，在整个施工范围内，汽车运输粉尘污染将是污染环境空气的主要因素。大堤堤顶为土石路面，汽车运输扬尘则会比较严重，对大堤两侧的村庄和植物等将会产生影响。在机淤固堤和新村台建设等工程中都需要一定数量土质较好的土进行包边，在土方开挖、填筑等过程中，特别是在干旱、有风的施工时段，将产生大量的粉尘和飘尘。另外,工程险工坦石拆除过程中也将产生粉尘污染,混凝土拌和场地粉尘污染也较严重。

工程施工过程中运输车辆和其他燃油机械设备,在运行过程中产生的尾气将对局部区域环境空气质量产生影响。扬尘和施工机械尾气排放会对影响人群的人体健康和附近农作物产生危害,不可忽视的是扬尘飘落在农作物叶片上,影响植物光合作用和正常生长,可能会导致减产。本工程由于运输量大,所需物料又基本是多尘物料,特别是在山东段,大堤路面为土石路面,起尘量大。在以往防洪工程施工过程中,发生过在西瓜结花季节,由于汽车扬尘而导致西瓜减产的事件,因此本工程在施工时,应调查沿线存在的敏感作物,以及采取增加洒水次数、限速行驶等抑制扬尘的措施。

总体来说,由于施工区域为农村区域,施工区环境背景良好,施工场地为线状分布,在施工规划中,同一施工区域中不同工程内容施工时间不同,排放源密度不大,且施工区域为平原区,地势平坦,有较好的扩散条件,因此,工程对环境空气的污染影响主要为汽车运输过程中大量的粉尘污染影响,其他施工产生粉尘及燃油机械尾气排放不会对区域环境空气质量产生大的影响。

第六节　人群健康影响评价

环境与健康息息相关。保护环境,评价工程建设对相关人员的健康影响,一直是建设项目环境影响评价工作的一项重要内容。亚行贷款黄河防洪项目对人群健康的影响有利亦有弊。

黄河防洪项目建成后,通过提高下游河道工程防洪标准,降低黄河下游洪水淹没的几率,减少水源水质恶化、食物浸泡污染以及动物和昆虫的侵害,最终减少传染病流行的机会。

黄河堤防加固工程涉及的移民在所有工程类移民中数量最大,搬迁安置移民的任务最重。根据移民安置规划方案,移民全部本村后靠安置,不存在移民将新的疾病带入安置区的问题,移民的搬迁安置不会影响移民及安置区居民的健康。

生活饮用水的水质直接关系着人们的健康。据调查统计,黄河下游防洪工程建设险工改建加固工程,涉及到花园口水源厂引黄闸、黑岗口引黄闸、高村引黄闸和位山引黄闸4个取水口。按照可行性研究方案,取水口附近修建的险工改建加固的坝垛为187个,工程总长度12010米。各工程坝垛数和长度详见表9-12。

表9-12　取水口附近险工加固工程统计表

取水口名称	所在行政区	工程起止桩号	坝垛数	工程长度(m)	岸别
黑岗口引黄闸	开封市	74+100~75+754	21	1654	右
花园口引黄闸	郑州市	8+775~10+795	69	3400	右
高村引黄闸	东明县	206+000~209+320	54	3441	右
位山引黄闸	东阿县	6+860~9+535	43	3515	左
合计			187	12010	

险工为依附于堤防的建筑物，对黄河的稳定安全起重要作用。本次险工改建加固是对高度不足0.5米以上的坝垛进行加高，对稳定性较差的工程进行改建，对根石坡度较陡、深度较浅的坝垛进行根石加固。险工改建后，水文泥沙分析表明，对河势不会产生影响，对取水口引水条件不会造成影响。

花园口水源厂引黄闸为生活取水口，取水方式为间断性取水，设计取水流量为20立方米每秒。工程部分坝垛靠水，根石加固时可能会增大局部水体的泥沙含量，虽然相对于黄河高含沙水体而言，施工引起的泥沙含量的变化很小，但为避免对水质产生影响，除花园口水源厂引黄水要经过一个大的沉沙池沉淀泥沙，同时使用一系列水质净化措施，以应对不同季节的各种泥沙浓度外，还采取了施工与取水时间交错安排的施工组织措施，从而将施工对水质的影响降到最低程度。

高村和位山引黄闸为农业取水口，设计取水流量分别为15立方米每秒和240立方米每秒，取水方式均为间断取水。取水口附近险工改建时，部分靠水的坝垛施工时，将会使局部水体泥沙含量增加，但由于施工位置距离取水口较远，农业灌溉水水质较生活饮用水标准低，加之取水时停止施工的措施，预计工程施工对水质的影响很小。

黑岗口险工改建工程，位于取水口上游2公里处，由于工程在非汛期施工，所有改建险工坝垛均不靠水，因此对取水口水质不会造成影响。

险工改建加固工程完成后，不仅增强了堤防抗御洪水的能力，又可提高黄河引黄涵闸的引水保证率，有利于黄河水沙资源的综合利用。

以往的水利工程建设实践表明，施工期是影响人群健康的主要时段。黄河防洪项目施工期间，由于施工人员相对集中，从60人到三四百人不等，居住环境相对狭小，居住条件差，极易引发自然疫源性疾病、虫媒传染病和介水传染病的流行。

（1）自然疫源性疾病。自然疫源性疾病的发生与宿主、媒介的数量多少以及生理、病理特点有关。对人类危害较大的自然疫源性疾病是由鼠类携带病原体传播的流行性出血热。野生鼠类是该病的主要传染源，鼠体外寄生的螨类是该病的传播媒介。近期研究证实，出血热的传播途径存在着呼吸道、消化道、皮肤接触和螨媒介几种可能。人群对该病普遍易感。施工期间人员集中，卫生条件较差，易造成老鼠及螨媒密度增高，引发疾病的流行。

（2）虫媒传染病。施工区易流行的虫媒传染病主要有疟疾和流行性乙型脑炎。疟疾病人和无症状带虫者是疟疾唯一传染源，该病由蚊虫传播，临床上以周期性发冷、发热、出汗和脾肿大、贫血为特征。人群对疟疾普遍易感，且产生的免疫不持久，可重复感染。流行性乙型脑炎是一种嗜神经性虫媒病毒传播的急性传染病。受乙脑病毒感染的人和动物通过蚊虫叮咬，均可成为该病的传染源。该病死亡率高，后遗症严重。在施工期间，人口密度增加，施工生活区距离水源较近，潮湿、多草，利于蚊虫孳生，易引起疾病流行。根据黄河防洪工程施工的特点，7～9月蚊子活动最频繁的时候不施工，但五六月已经有蚊子出现，10月仍有蚊子活动，因此仍有可能发生虫媒传染病。

(3)介水传染病。是指病原体通过饮水进入人体引起的肠道传染性疾病,包括痢疾、伤寒副伤寒、霍乱副霍乱、传染性肝炎、脊髓灰质炎等。黄河防洪项目施工期间,施工人员居住场所卫生条件较差,较易流行痢疾和肝炎。

第七节 环境保护措施

为维护工程建设区及周边的环境功能,最大限度地发挥工程效益,减免工程对环境造成的不良影响,确保项目区生态环境的良性循环,制定相应的环境保护对策措施,建立健全环境管理与监督机制是环境影响评价中必不可少的内容。

黄河防洪项目的环境保护措施主要包括生态环境保护措施、水环境保护措施、土壤环境保护措施、水土流失防治措施、大气污染控制、声环境保护措施、固体废物处置、人群健康保护措施等。

一、生态环境保护措施

黄河防洪工程的生态环境保护,重点是对工程建设可能造成的开封柳园口湿地自然保护区的不利影响所采取的保护措施。由评价分析可知,工程对自然保护区的影响主要是由施工活动引起,对此应采取如下措施:

(1)调整工程取土场布置方案,减少对湿地保护区核心区的影响。

(2)因工程施工期较短(3个月),施工期可避开候鸟聚集时间(每年的10月至次年3月底),在4~6月施工。

(3)加强施工期环境管理,各施工单位制定自然保护区管理规定,设专人负责施工期的管理工作,严禁施工人员捕捉鸟类。

(4)工程结束后及时对取土场进行复耕,以恢复鸟类保护区的地貌,减少对鸟类栖息环境的影响。

二、土壤环境保护措施及水土流失防治措施

为避免淤筑区渗水引起附近农田潮湿化,除在淤区外挖截渗沟接纳渗水外,在施工过程中还应注意以下问题:

(1)加强施工管理,避免因截渗沟和退水渠水流不畅而使渗水影响附近农田。

(2)施工人员生活污水和生产废水应经沉淀、处理后排放,机械维修点含油废水应经除油处理后排放,工地上滴漏的油渍应及时清理。

(3)各种施工机械、车辆应定期检查,尽量减少机械、车辆的跑、冒、漏、滴油的情况。

工程建设中及完建后防治水土流失的措施主要有:

(1)堤防淤背工程为分段施工,在施工过程中应加强管理,在每段工程结束后应及时进行包边盖顶、植树种草,以防止淤区的雨水冲刷,引起新增水土流失。

(2)工程完建后，雨季暴雨仍有可能冲刷坡面，应及时采取补救措施，以免形成冲沟。

三、水环境保护措施

针对黄河防洪工程产生的生产废水，提出如下处理措施：

(1)生产废水处理。堤防淤背工程和新村台建设生产废水主要是淤区退水、截渗墙工程生产废水主要是开槽时产生的少量泥浆废水、险工和控导工程没有废水排放。另外还有少量的机械车辆检修冲洗废水。

淤区退水除悬浮物含量高外，没有别的污染，可直接排放。在工程设计中，堤外有沟渠的可直接排入渠内，当沟渠容量不够时，可将多余水量排入黄河。堤外没有沟渠的，用泵送入黄河。如原阳 100 + 800 ~ 124 + 700 段，退水排入堤外天然干渠，原阳 142 + 400 ~ 148 + 350 段，用退水泵排回黄河。

由于堤防工程距县(市)交通方便，施工现场不设专门的修配厂，仅在施工区配设机械停放场和机械修配间，配备一些简易设备，承担施工机械的小修保养。因此，产生少量的含有石油类的废水，可通过采取硬化检修场地、设置排水渠收集废水，经沉淀池和油水分离器(或隔油板)处理后排放，废油及时清理，并送往废油回收站回收利用。

截渗墙工程开槽时产生的泥浆废水很少，除泥沙含量高外，没有别的污染物，经沉淀处理后排放即可。

(2)生活污水处理。堤防淤背和新村台工程施工期间，部分施工人员租用附近民房，施工区内生活污水排水量不大，可进行沉淀处理。险工和控导工程为不连续工程，单个工程的施工期一般为 2 ~ 3 个月，施工人数少，污水量很小，生活区应布设在临近村庄附近，生活污水与村民污水一起处理。在生活区和施工场地应设置固定厕所，并对粪便进行及时清运，可采用送往当地农田做肥料的处理方式。

四、大气污染控制

在黄河防洪工程中，无论是堤防淤背工程、新村台工程，还是险工、控导工程，其施工机械尾气对环境的影响均很小，但交通道路扬尘对环境空气的影响比较大，因此控制扬尘，特别是交通道路临近村庄路段的扬尘是大气污染控制的主要措施。其具体措施包括：

(1)交通道路，特别是临近村庄的路段，要经常洒水。

(2)进场设备尾气排放必须符合环保标准。

(3)加强运输车辆管理，维护好车况，尽量减少因机械、车辆状况不佳造成的污染。

(4)土料运输时加强防护，避免漏撒。临近居住区路段车辆实行限速行驶，以防止扬尘过多。

(5)应选用质量高有害物质含量少的优质燃料，如零号柴油和无铅汽油，减少汽车尾气的排放。

五、声环境保护措施

施工期间交通噪声的控制主要是加强管理。当车辆经过居民区时，尽量减少鸣笛，并限速行驶。合理安排运输时间，尽量避免车辆噪声影响居民的休息。做好运输车辆的维护工作，避免因车况不佳增加交通噪声。

对于施工机械噪声，首先应在施工布置时合理安排混凝土搅拌机等噪声较大的机械，使之尽量避开居民区，必要时设置隔声屏，混凝土生产系统的空压机出管端设置消声器；晚间10时至早上6时，高噪声设备禁止运行。

设备选型时尽量采用低噪声设备，加强机械设备施工期间的维修和保养。

混凝土搅拌机、推土机、挖土机、压路机等高噪声设备的操作人员实行轮班制，并配备耳塞等防护设备。

六、固体废物处置措施

(1)生活垃圾处置。为解决施工区产生的生活垃圾，需要在生活营地和施工场地设置足够的垃圾箱，并进行分类标识，对堆存的垃圾及时运往附近的处理场或进行堆肥处置。布设在附近村庄的生活区，对施工人员产生的生活垃圾可与村民垃圾一起处理。

(2)弃渣处置。村台建设和移民拆迁安置过程中产生的废渣，尽量用于回填新村台或新村舍及道路，对于无法利用的废料，选择合适的场地进行填埋处置，防止污染农田和占压耕地。

七、人群健康保护措施

工程施工对水环境保护以保护取水口为主，特别是生活饮用水。评价分析认为：工程施工对取水口的影响很小，但尽管如此，在施工时仍需采取以下几项措施：

(1)取水口取水期间应暂停施工。

(2)由于工程量很小，施工期较短，施工人员较少，生活区可结合附近村庄设置，以免生活污水和垃圾污染河流水质。

(3)施工现场应设置厕所，粪便应及时运走，交给当地农民用做肥料。

(4)施工机械和车辆应定期检查，尽量减少机械、车辆跑、冒、漏、滴的油料污染附近土壤和水体。

施工单位应为施工人员提供良好的居住和生活条件，并应与当地卫生医疗部门取得联系，由其负责施工人员的医疗保健和急救及意外事故的现场急救与治疗工作。为保证工程的顺利进行，应加强卫生管理，定期对施工人员进行体检，加强传染病的预防与监测工作。

施工区流行性疾病的防治措施主要有：

(1)在生活营地可采用简便高效的毒饵法，开展有计划、有组织的灭鼠活动。

(2)加强饮用水的管理与食品卫生监督,集体食堂要做到严格消毒。

(3)加强生活污水的管理,重视疫情监测。发现病人应及时采取救治措施,防止疫情蔓延。

(4)消灭蚊虫孳生地。施工人员不露宿,减少蚊虫叮咬机会,服用抗疟药物,以达到控制疾病流行的目的。

第八节　环境影响评价报告

环境影响评价报告是工程环境保护设计的基础,是实施环境保护措施、进行环境监督的依据。不同的建设项目,工程地理位置不同,建设规模和性质不同,环境状况和特点各异,报告书包含的内容和重点也不相同,但报告书的编制应遵循一个共同的原则:全面概括地反映环境影响评价的全部工作,要求内容全面,重点突出,方法合理,结果客观、公正和科学。

亚行贷款黄河防洪项目经过环境影响评价的准备阶段和正式工作阶段后,编制完成环境影响报告书。重点内容主要包括以下几方面:

(1)说明编制目的、依据、评价范围及时段和方法。列出与环境评价相关的法律、法规、部委规章、规范性文件、环境质量标准和污染排放标准、相关工程技术报告、评价委托合同等。

(2)描述工程在黄河下游防洪中的作用和地位。给出工程位置示意图,说明工程建设的必要性及工程开发任务和效益;给出工程特性表,说明工程规模和工程布置。

(3)分析工程对环境的影响源及对环境的作用因素。主要包括工程施工、工程占地、移民活动、工程运行等。根据外业环境调查和收集到的有关资料,对环境现状做出评价。

(4)全面评价项目区涉及的环境要素。对确定的重点因子,进行详细和具体的预测分析。

(5)为维护工程区环境功能和减缓工程造成的不良影响,促进工程区环境保护与可持续发展,提出经济合理、便于实施、效果良好的环保措施方案。

(6)说明工程所产生的主要环境影响。从环境保护角度分析工程可行性,明确评价结论。亚行贷款黄河防洪项目环境影响报告书的内容共分9章,各章节目录详见表9-13。

受水利部委托,水利水电规划设计总院于2002年8月8~9日在郑州市主持召开了环境影响报告书预审会。参加会议的有国家环保总局监督管理司、国家环保总局环境工程评估中心、水利部水资源司、黄河水利委员会、河南省环保局、山东省环保局、河南黄河河务局、山东黄河河务局、黄委亚行项目办、黄河水资源保护科学研究所、黄委勘测规划设计研究院共20位代表。会议成立了专家评审组。会议期间,与会代表对工程现场进行了实地查勘,听取了建设单位对工程情况的介绍以及评价单位对《报告书》的汇报,经认真讨论,专家组提出了评审意见。会后,水利部以(水函[2002]142号)文报送国家环保总局。

表 9-13 亚行贷款黄河防洪工程建设项目环境影响报告书目录

前言	(5)移民影响分析
1. 综述	(6)人群健康
(1)项目背景	(7)社会经济影响分析
(2)编制目的	6. 公众参与
(3)编制依据	(1)公众参与的目的
(4)环境保护目标	(2)工程规划和移民安置过程中的公众参与
(5)评价标准	(3)问卷式调查及结果分析
(6)评价重点和评价工作等级	7. 环境保护措施与环境管理规划
(7)评价范围和评价方法	(1)环境保护措施
(8)评价过程和主要评价结论	(2)环境管理规划
2. 工程概况	(3)环境保护投资
(1)堤防工程	8. 环境经济损益简要分析
(2)险工、控导	(1)环境效益
(3)东平湖滞洪区围坝加固	(2)工程投资与环境损失
(4)滩区安全建设	(3)项目的经济损益综合分析
(5)防洪非工程措施	9. 环境影响评价结论
(6)工程占地	(1)工程所在地环境现状
(7)施工规划	(2)建设项目工程分析概要
(8)工程总投资	(3)建设项目的主要环境影响
3. 环境现状	(4)综合结论
(1)自然环境	附件
(2)生态环境	附件 1 评价任务委托书
(3)社会环境	附件 2 环境影响评价大纲
(4)主要环境问题	附件 3 评价大纲的评估意见
4. 工程分析与环境因子筛选	附件 4 河南省环保局出具的执行标准
(1)工程分析	附件 5 山东省环保局出具的执行标准
(2)环境影响因子识别和筛选	附件 6 环境影响报告书的评审意见
5. 环境影响评价与分析	附图
(1)生态环境影响评价	附图 1 黄河下游防洪工程位置示意图
(2)对河道水文情势影响	附图 2 黄河下游堤防决溢波及范围图
(3)地下水环境影响	附图 3 湿地自然保护区位置示意图
(4)施工环境影响分析	附图 4 水、气、声环境现状监测位置示意图

国家环保总局对水利部上报的评审意见，以环审[2003]178 号《关于亚行贷款黄河下游防洪工程建设项目环境影响报告书审查意见的复函》给水利部。函复内容除原则同意预审意见外，还强调应做好以下几项工作：①加强生态环境保护工作。②落实移民安置的环境保护措施，防止产生新的环境污染，避免工程建设对社会环境产生不利影响。③强化水环境保护措施。④加强施工期及运营期的环境管理与监测工作。项目建设必须严格执行环境保护设施与主体工程同时设计、同时施工、同时投入使用的环境保护“三同时”制度。工程竣工后，建设单位必须按规定程序申请环保设施竣工验收。

第十章　项目建设环境管理

第一节　环境管理特点与要求

一、环境管理特点

环境管理一般分为狭义的环境管理和广义的环境管理。狭义的环境管理，主要是指控制污染行为的各种措施，如通过制定法律、法规和标准，实施各种有利于环境的方针、政策，控制各种污染物的排放。广义的环境管理是指以环境科学的理论为基础，按照经济规律和生态规律，运用经济、行政、法律、科技和教育等诸多手段对人类的社会经济行为施加影响，通过系统分析和全面规划，使经济社会发展与环境条件相协调，达到既要持续发展经济以满足人类不断增长的物质文化生活需要，又要使人类的活动不超出环境的容许极限，做到合理开发和利用自然资源、保护自然环境、防治环境污染、维持生态平衡，从而实现经济效益、社会效益和环境效益相统一。狭义和广义的环境管理，虽然在处理环境问题的角度和应用范围等方面有所不同，但它们的核心都是协调社会经济与环境的关系，并最终实现可持续发展。

环境管理具有综合性、区域性和广泛性三大特点。环境管理的综合性主要表现在以下两个方面：一是环境问题是由许多自然因素和社会因素错综复杂地交织在一起而产生的，二是解决环境问题需要运用各种方法和综合手段。环境管理的区域性主要是由于环境问题受自然环境、人类活动方式、经济发展水平和环境质量的差异所造成，因此环境管理必须根据区域环境特征因地制宜地采取措施。环境管理的广泛性，主要是指所有的人都在一定的环境中生活，他们的活动必然会影响和干扰环境，因此环境管理必须依靠大家的共同努力，才能真正达到保护环境的目的。

环境管理包括宏观环境管理和微观环境管理两种。宏观环境管理是指以国家的发展战略为指导，从环境与发展综合决策入手，制定一系列具有指导性的环境战略、政策、对策和措施的行为总体。微观环境管理是指在宏观环境管理指导下，以改善区域环境质量为目的、以防治污染和生态保护为内容、以执法监督为基础的环保部门经常性的管理工作。

亚行贷款黄河防洪项目的环境管理，主要是通过调节人们在工程项目实施过程中的某些行为，求得项目实施为人们谋求经济和社会利益的同时，努力防治环境污染和生态破坏，从而为工程建设的顺利进行提供必要的和更好的环境支持和保障。因此，该项目的环境管理属于微观环境管理的范畴。

二、亚行项目的环境管理要求

利用亚行贷款开展的黄河防洪项目，亚行对项目实施中的环境管理有着非常严格的要求，特别是把环境管理计划的制定和实施情况作为建设项目环境管理中不可缺少的一项重要内容。环境管理计划在项目前期工作阶段进行编制,在项目实施阶段结合工程实施具体情况和条件变化等对计划进行更新和完善。同时,在项目实施过程中和完工后,需定期向亚行报告环境管理计划的执行情况。

(一)环境管理计划的更新和完善

建设项目的实施时间一般比较长,各种变化随时可能发生,当出现下列情况时,应及时对环境管理计划进行更新:①有关法律法规和其他要求发生较大变化;②相关方提出重大抱怨或合理要求;③发现遗漏重要环境因素;④工程方案发生较大变更或施工组织设计有较大变化。

环境管理计划更新的目的主要是保证计划的适应性和针对性,以便更好地解决项目建设中产生的环境问题,包括某些环境影响评价中没有预测到的影响因素,以及项目活动调整后出现的新的环境问题。总体来讲,亚行要求在项目建设和运行初期,当各种建设活动确定之后,要适时对项目前期编制的环境管理计划的内容和编制深度等进行必要的细化和更新,以使环境管理计划更具有可操作性。

(二)环境管理计划的调整应充分考虑亚行检查备忘录的内容

在项目执行期间,亚行一般每年均会安排相关专家对项目现场进行考察,同时与项目实施相关人员进行座谈,检查和了解项目执行情况及存在的问题,考察结束后形成亚行检查备忘录(aid memoir),载明项目实施中应注意的问题、解决问题的办法、要求和期限等。该备忘录是今后一定阶段内项目主要工作的指导性文件,也是下次亚行检查工作完成情况的一个重要依据。故亚行备忘录是环境管理计划更新的一个主要依据,也是环保措施投资调整的依据之一。如亚行在对黄河防洪项目第一批子项目(核心子项目)进行检查时,发现项目建设未开展环境监理工作的原因是在原批复投资中未计列环境监理费用,为此亚行在检查备忘录中专门强调了环境监理的重要性,并要求开展环境监理工作。项目办据此在后续的第二、三、四批子项目中增列了环境监理费用,为开展环境监理工作奠定了经济基础。

(三)环境管理计划实施情况报告

亚行为保证项目环境管理计划的有效实施,一般在《贷款协定》中均明确要求借款国及执行机构必须每半年向亚行提交一份关于环境管理计划的实施情况的报告。其次,在项目建设期间,亚行每年均派出检查团对项目实施情况及存在的问题等进行一次现场检查,其中包括环境管理计划执行情况的检查,以保证借款国及其执行机构能够认真落实环境管理计划,切实履行环境保护条款。另外,亚行还明确规定在每个项目的完工报告中必须反映环境方面的内容,一般主要包括项目前期环境评价时确定的环境问题、项目实施过程中所采取的环保措施、对环境管理计划及《贷款协定》中环境条款的执行情况、环境监测结果、临时占地恢复情况、执行机构的环境管理能力评价、组织的环境培训情况等。亚行有关部门还需要编制专门的项目绩效审计报告,该报告属于独立性的评估报告,其中包括环境既定目标的实现情况。

根据项目备忘录和亚行的要求,黄河洪水管理亚行贷款项目办公室编制完成了《中华人民共和国黄河洪水管理亚行贷款项目完工报告》,环境保护措施的执行情况是其中的一项重要内容。报告中关于环境方面的内容主要包括:①项目评估阶段提出的重要环境问题;②项目实施期间采取的环境保护措施;③实施环保措施的监控措施;④环保措施实施效果评价。

第二节　环境管理机构体系和职责

为提高亚行贷款黄河防洪项目的整体管理效率,确保项目建设的顺利实施,根据项目实施的特点和要求设置不同层次的管理机构,并通过一系列措施来提高决策力和执行力显得非常重要。亚行一般要求借款人在不同层次上都成立一个专门的协调机构来协调和实施项目,以确保贯彻执行亚行环境保护方针、政策、规定、管理计划及环保条款,使项目整体效益达到最佳。就亚行贷款黄河防洪项目而言,根据《贷款协定》和《项目协定》的要求,项目的国家级协调机构为项目指导委员会,主任由水利部副部长担任,组成人员主要来自财政部、国家发改委、水利部、环保总局、河南和山东省政府等单位和部门,秘书处设在水利部。项目指导委员会负责项目实施和监督国家级的关键政策问题的协调。项目的执行机构为水利部,接受项目指导委员会指导并全面负责项目的实施。

为加强亚行贷款黄河防洪项目的环境管理,保证各项环境保护措施真正落实到位,满足亚行及中国政府对该项目环境方面的要求,黄委非常重视机构能力建设,构建了图10-1所示的由领导机构、组织机构、实施机构、合作机构和咨询机构等组成的完善的环境管理机构体系,理顺项目管理各部门之间的关系与职责。各机构之间既保持紧密联系,又各自相对独立,分工明确,相互协调。

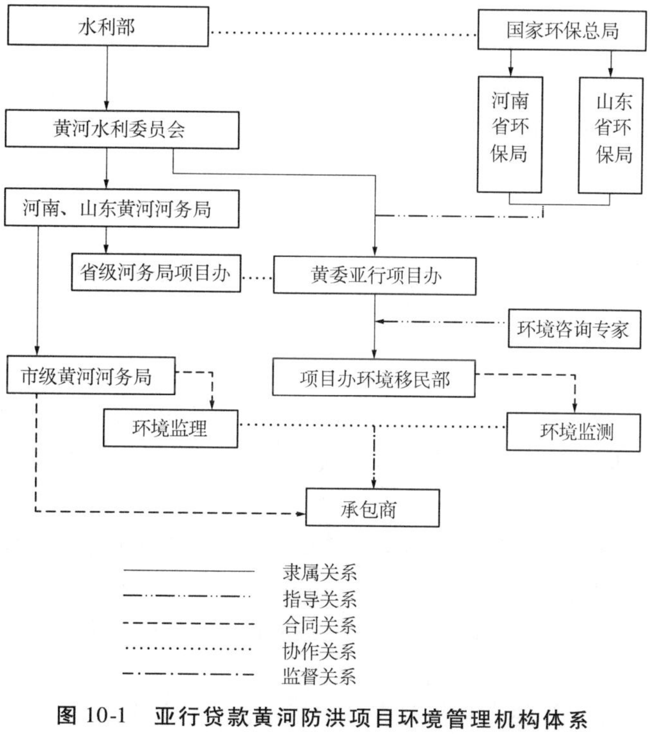

图10-1　亚行贷款黄河防洪项目环境管理机构体系

一、领导机构

亚行贷款黄河防洪项目环境管理的领导机构为黄委亚行项目办。黄委亚行项目办主任由黄委副主任担任，下设工程技术部、环境移民部、综合部，由工程建设、施工、管理、环境、移民、财务等有关部门的领导和专家组成，领导机构定期或不定期地召开会议，研究解决环境保护方面的关键问题和重大事项。具体职责包括：

(1)确定环境保护目标，审定环境保护的年度计划。

(2)协调各部门之间的关系，听取和处理环境组织机构提交的有关事宜。

(3)督促环境组织机构的工作和环境保护措施的落实，对违规行为提出整改要求。

(4)接受亚行及其检查团、项目指导委员会、水利部、国家环保总局等相关部门的检查和指导。

二、组织机构

环境管理的组织机构为黄委亚行项目办设立的环境移民部。环境移民部主要负责环境和移民两个专业的工作。其中环境专业由 1 位环境教授和 3 位环境工程师组成，主要负责项目环境保护工作的协调管理和监督工作，以保证项目实施符合国家有关环境保护的方针、政策，满足亚行有关环境保护工作的程序和规定。环境移民部的主要职责如下：

(1)按照亚行环境评估要求和国家环境保护相关规定和程序，组织开展项目环境评价工作。

(2)对省级河务局项目办、市级河务局等单位和部门进行环境政策、法规等方面的指导。指导建设单位对所辖范围内各项目环境保护计划的制定、修订及环保投资的安排。

(3)督促检查各子项目实施期间的环境保护工作，掌控环境保护和环境状况的最新动态，受理并协调解决环境问题的申诉。

(4)代表黄委亚行项目办签订环境监测合同，委托开展环境监测工作。

(5)根据亚行及黄委亚行项目办要求，编制环境和移民等专业国际咨询专家工作大纲和要求，选聘并管理国际咨询专家开展咨询服务。

(6)组织项目管理人员开展环境管理培训，搞好环境保护宣传工作。

三、实施机构

项目的环境保护措施的具体实施机构为各子项目的承包商。其职责为：

(1)认真履行合同，按期完成项目环境保护工作，及时解决工程建设中出现的环境问题。

(2)定期向相关单位和部门汇报环境保护工作落实情况和进度，遇到突发性环保事故或重大环境案件要及时报告。配合有关部门开展本工程的环境保护工作。

(3)根据环保规定、环境管理计划、设计及环评文件，落实本工程区域内的环境保护措施。

(4)随时接受上级有关部门和相关人员关于本区域内环境保护工作的监督和检查。

四、监测监理机构

亚行贷款黄河防洪项目环境管理的监测监理机构主要有黄河流域水资源保护局、黄河流域水环境监测中心、黄河勘测规划设计有限公司、濮阳天信监理公司等单位。各单位受黄委亚行项目办和各子项目建设单位的委托，分别承担了项目的环境监测和监理工作。其具体职责为：

（1）监测单位：①按照合同要求，调查分析项目区环境背景，对项目施工期间及完建后的环境状况实施监测和分析评价。②每半年向黄委亚行项目办提交环境监测报告（中、英文版），同时提交环境专家审查。③编制项目环境质量总体评估报告。

（2）监理单位：①按照合同要求，全面实施子项目的环境监理工作，监督施工单位环保措施的执行和落实。②审查施工企业提交的环境月报告，向子项目建设单位提交环境监理报告。

五、咨询机构

亚行贷款黄河防洪项目咨询机构的专家由黄委亚行项目办聘请，提供工程、环境和移民等方面的技术咨询服务。环境咨询机构为环境移民咨询专家组，由环境和移民国际咨询专家组成。其中环境管理咨询专家是凯罗琳·弗朗西斯博士，环境经济损益分析咨询专家为迈克姆·山姆菲尔德博士。环境专家的职责为：

（1）完成国际咨询服务大纲中规定的内容，帮助环境社会部及时处理项目实施中出现的环境问题。

（2）审查相关各方提交的环境监测、监理等方面的报告，提出存在的问题和整改要求。

（3）通过培训需求分析，向项目管理人员和有关技术人员提供环境方面的培训。

（4）为黄委亚行项目办及环境社会部改进环境管理工作提出咨询和建议。

第三节 环境咨询专家的聘用与管理

一、咨询专家的聘用

黄河洪水管理亚行贷款项目聘用咨询专家的目的是为了确保亚行及其借款人在项目准备、施工和运营等项目实施各个阶段以及执行与此相关的各项工作时，得到较全面的技术支持，使项目获得最大化的效益和效率。按照《贷款协定》相关条款的要求，咨询专家包括项目管理咨询专家、非工程措施类子项目咨询专家等。其中环境咨询专家属于项目管理类专家。咨询专家的采购和聘用按照《亚行咨询专家采购导则》的要求进行，从 14 家向黄委递交意向书的咨询公司中，选出了 5 家进入短名单，并发出投标邀请。经评标委员会推荐，亚行批准了合乐中国公司与吉好地集团公司联合体中标项目管理咨询服务。项目管理咨询专家的采购程序见图 10-2。

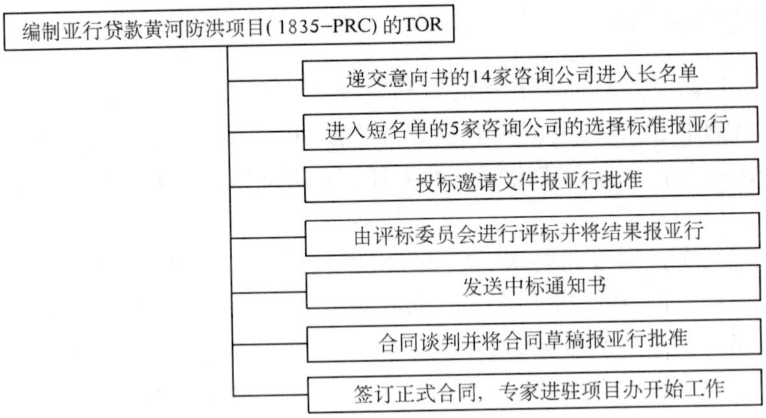

图 10-2　项目管理咨询专家的采购程序

二、环境咨询服务的主要内容

亚行贷款黄河防洪项目聘用环境咨询专家的主要目标：一是通过咨询服务建立项目建设的环境管理程序，加强黄委亚行项目办环境移民部的环境管理工作，确保环境管理工作按照中国政府和亚行的要求进行；二是进一步规范向亚行提交的各类报告的格式，充实报告主要内容，保证报告成果能满足亚行的规定要求；三是建立环境经济损益模型，对环境影响要素提出量化的考量指标和方法。

环境咨询服务的内容主要包括：①协助黄委亚行项目办环境移民部开展环境管理工作，为项目提供或建立一套符合亚行要求的较为完善的环境管理程序，管理程序涵盖项目建设的全过程，即包括工程建设前期、工程施工过程、竣工验收以及后评价，并提出与国内管理程序的异同。②开展环境培训工作，培训内容主要包括亚行的有关环境政策和要求；亚行的环境指南；项目实施期间环境保护措施的落实方式；需报送亚行的各种环境报告的编写格式、报告内容，如季度进度报告、环境管理计划报告、竣工验收报告、环境总结报告；亚行对各项报告的评估要求等。③协助黄委亚行项目办环境移民部编写环境季度进度报告，审查环境监理报告和环境监测报告。④帮助开发、建立环境经济损益分析指标体系，主要包括环境影响指标体系、环境影响经济损失的量化方法、环境保护措施指标体系、措施投入产生的效益等，并进行环境经济损益分析。⑤协助黄委亚行项目办环境移民部编写环境保护竣工验收总结报告，帮助审核各合同单位的环境监理、监测总结报告。

结合项目的主要建设内容、实施特点和具体情况，并征得亚行同意后，项目实施期间共需聘用的环境咨询专家为 108 个人月，其中，国际咨询专家 12 个人月、国内咨询专家 96 个人月。不同任务下的国际国内咨询专家人月数分配情况见表 10-1。

三、咨询服务工作的监督与管理

项目咨询服务工作能否顺利开展以及咨询成果的质量是否满足项目的需求，将直接影响到项目的正常实施，咨询工作的任何缺陷和不足都有可能对项目的实施带来较大的负面影响。因此，黄委亚行项目办在积极做好各项配合工作的同时，对咨询服务工作的监督与管理尤为重视。

表 10-1　国际国内咨询专家人月数分配表

工作内容	国际咨询专家（人月）	国内咨询专家（人月）
1. 协助编写及审查 IEE 报告		8
2. 协助编写环境管理计划报告及综述报告		6
3. 协助解决项目建设中环境管理及环保措施实施中的一些问题		12
4. 协助建立环境保护管理程序，帮助开展环境培训工作，协助审核报告	4	30
5. 协助编写及审查报告，编写环境保护环境经济损益分析报告	4	20
6. 协助编写竣工验收等环境报告	4	20
合计	12	96

1. 积极沟通，明确工作内容和成果要求

在咨询合同谈判阶段和咨询专家进驻现场后，项目办积极与咨询专家就咨询服务的主要工作内容、成果要求、人员安排和进度计划等进行详细的沟通和协商，并认真审核咨询专家的工作计划，督促咨询专家认真负责地开展咨询服务并按期完成咨询成果。

2. 积极配合，做好日常工作的配合和支持工作

黄委亚行项目办在咨询专家进驻现场后，提供了全面的后勤、行政及资料方面的支持，使他们很快投入到了咨询工作中，对执行咨询工作过程中出现的困难和问题，随时给予协助解决，从而使咨询专家能够很快适应新环境，轻松开展咨询工作。

3. 慎重对待咨询专家调整

在咨询服务开展过程中，由于各种因素的影响，可能会出现原定专家不能按时进驻现场的情况，对于咨询公司提出的人员调整问题，黄委亚行项目办对拟调整专家的工作能力、经验、工作方式等进行综合评估对比后慎重作出选择，以保证咨询服务的顺利开展和预期目标的实现。如环境咨询工作开展后，环境管理咨询专家凯罗琳·弗朗西斯博士提出：环境经济损益分析由迈克姆·山姆菲尔德博士承担更有利于咨询质量，为此，黄委亚行项目办为了提高专家组在环境管理咨询方面的技术能力，经慎重评估并征求亚行意见后，决定由迈克姆·山姆菲尔德博士承担原先由凯罗琳·弗朗西斯博士从事的环境经济损益分析的全部工作，经费不作任何调整。

4. 执行考勤制度和成果检查制度

根据原定的工作计划和进度安排，黄委亚行项目办严格对国际咨询专家执行考勤制度，并分别于 2006 年 1 月、2006 年 7 月印发了《国际咨询专家聘用工作管理办法》、《国际咨询专家聘用人员考勤办法》。这两个办法的制定，对国际咨询专家的履约起到了很大

的促进作用。如环境管理专家在咨询服务过程中能够全面履行黄委亚行项目办的考勤规定,工作认真,按期开展各项咨询活动,顺利完成了各项咨询任务,在规范项目办环境管理工作等方面起到了应有的作用。

第四节　环境管理培训

一、环境管理培训的组织

环境管理培训工作除由黄委亚行项目办自行组织的相关培训课程外,主要是指根据项目需求和亚行要求,列入国际咨询专家咨询服务内容中的培训活动。培训工作一般采取由黄委亚行项目办组织,国际咨询专家根据授课的方式进行,主要培训对象是参与项目实施的相关单位和部门的管理人员与技术人员。

二、环境管理培训内容

按照国际咨询服务中的环境管理培训计划,黄委亚行项目办于2006年6月在郑州举办了“亚行贷款黄河防洪项目环境管理培训班”,主要对项目涉及的环保管理工作人员及相关专业技术人员共计65人进行培训。培训班由国际咨询专家组环境专家凯罗琳·弗朗西斯、迈克姆·山姆菲尔德和胡清博士授课。

为了更好地实施项目培训工作,国际咨询专家为黄河防洪项目编制了环境管理培训教材,涵盖的内容分别为亚行环境管理要求、环境评估要求、环境管理体系国际指南介绍、施工现场的环境管理以及经济评估方法与实例。各章节的内容见表10-2。

表10-2　环境培训教材目录

第一章　环境管理要求
1.介绍
2.亚行环境政策 (1)亚行环境目标 (2)环境政策
3.项目周期中的环境评估 (1)项目周期 (2)公众咨询 (3)环境报告
4.项目准备阶段的环境评估 (1)环境评估程序 (2)快速环境评估 (3)环境初评 (4)环境影响评估
5.项目实施期间的环境管理

续表 10-2

(1)前言 (2)加强制度建设和培训 (3)环境管理计划 (4)服务和设备的采购 (5)与建设相关的影响的控制 (6)报告和反馈机制
6. 项目实施管理体系 (1)前言 (2)项目实施管理体系制度的组成 (3)同公众咨询要求相符合的监测
第二章　环境评估要求
1. 介绍 (1)背景 (2)环境初评
2. 环境初评程序和内容 (1)环境初评程序 (2)环境初评报告结构和内容
3. 环境影响评估 (1)环境影响评估程序 (2)环境影响评估报告结构和内容
第三章　环境管理体系国际指南
1. 介绍
2. 环境管理体系背景 (1)介绍 (2)ISO 14000 族 (3)环境管理体系历史
3. 初始措施 (1)介绍 (2)管理承诺 (3)初始环境评审
4. 环境方针 (1)ISO 14001 要求 (2)指南
5. 策划 (1)简介 (2)环境因素 (3)法律、法规和其他要求 (4)目标、指标和方案
6. 实施和运行 (1)简介

续表 10-2

	(2)资源、作用、职责与权限 (3)能力、培训与意识 (4)信息交流 (5)环境管理体系文件 (6)文件管理 (7)运行控制 (8)应急响应和准备
	7. 检查和纠正措施 (1)简介 (2)检测和测量 (3)评估法规的符合性 (4)不符合、纠正与预防措施 (5)记录控制 (6)内部审核
	8. 管理评审和持续改进 (1)管理评审 (2)持续改进
	9. 结论 (1)环境管理体系的主要组成 (2)实施环境管理体系的不利因素 (3)实施环境管理体系的效益
	第四章　施工现场的环境管理
	1. 介绍
	2. 实施期间环境管理概述 (1)对亚行要求进行审议 (2)阶段 1——研究准备 (3)阶段 2——实施
	3. 环境管理和承包商 (1)概述 (2)承包商的作用 (3)承包商的指定 (4)合同义务 (5)施工和自律 (6)环境保护计划 (7)每月报告
	4. 环境管理和监理单位 (1)概况 (2)环境监理单位的作用 (3)环境监理单位的指定 (4)施工现场的监理活动

续表 10-2

(5)报告 (6)制定环境监理的工作大纲
5. 环境管理和监测 (1)概况 (2)指定环境监测服务部门 (3)环境监测计划 (4)报告
6. 反馈和纠正措施 (1)概况 (2)机制
7. 项目结束 附件 A:环境保护计划实例 附件 B:关于承包商每月环境进度报告的指南
第五章　经济评估方法与实例
1. 引言
2. 培训课程组成 (1)引言 (2)项目评估概述 (3)经济背景 (4)项目原理 (5)目标和范围 (6)备选方案 (7)子项目描述 (8)方法论 (9)成本费用 (10)收益 (11)结果和灵敏度测试 (12)项目效果分配和贫困影响比率 (13)财政方面 (14)风险和不确定性
3. 子项目研究的规划和实施 (1)概述 (2)规划 (3)实施
4. 准备报告 (1)概述 (2)报告大纲 附录 A　工作大纲 附录 B　候选子项目名单 附录 C　专业术语列表

三、培训效果及信息反馈

在培训结束时，黄委亚行项目办和专家组向参加培训人员发了培训效果测评表，根据收回的有效测评表统计结果表明，学员对培训效果满意度较高。综合测评满意度（包括大致满意）高达98%，其中表示满意的人数占36.5%，很满意的占29.4%，非常满意的占20.0%。测评表所测评的5项内容中，对课程中所授的内容和概念是否能够运用在实际工作中、课程演讲内容是否清晰易懂和授课方式是否适合等3项内容的满意度达100%。

培训人员认为本次课程提供的最有用的信息是：①亚行环境政策及ISO 14000族的基本要求。②项目周期的环境评估。③项目实施期间的环境管理。④亚行项目实施管理体制；环境管理程序、方法和相关建设方的职责和义务；环境管理工作开展的方法、步骤和内容；项目相关各方联系、沟通和交流方式；资料存档内容。⑤对国外先进经验和国内相关知识、信息及施工现场环境管理内容、标准和要求的介绍。⑥施工现场环境管理的重要性及其整个环境保护体系；编制月报、进度计划、环境保护计划的内容及编写格式；承包商、环境监理工程师报告的编写及如何开展工作；业主、承包商和监理的职责、义务，环境监理工程师的作用等。⑦环境管理工作应得到应有的重视；环境管理在工程建设中的意义；不同阶段环境管理的要求和具体做法；环境管理贯穿整个施工过程，在工程建设中占据着举足轻重的作用。⑧环境管理的重要性和环境保护的意义、目标，环境监理的职责，承包商和监理的工作大纲、行为及内容。⑨经验丰富的环境专家对相关案例的介绍。

同时培训人员希望在未来的课程中涵盖以下内容：①国际和国内有关环境保护的法律法规。②选取一个综合性的项目案例说明亚行所要求的各种环境报告格式和内容，如季度进度报告、环境管理报告、完工验收报告、亚行对环境要求进行评估的最终报告。③对承包商要进行施工期环境保护管理方面内容的单独培训。④在授课方式上，应多开展一些讨论活动等。

第五节　公众参与

一、公众参与的概念与目的

所谓公众参与，是指社会组织、单位或个人作为主体，在其权利义务范围内有目的的社会行动。公众的范围包括普通群众、非政府组织和民间团体。环境保护是一项系统工程，环境保护工作与广大人民群众的切身利益相关，除需要政府部门履行应尽的职责、企业履行应尽的义务外，还需要全社会的共同参与。只有实施公众参与制度，充分发挥人民群众的主人翁意识，体现广大人民群众的根本利益，才能使环境保护成为有源之水、有本之木。

建设项目环境保护工作中的公众参与是一种有计划的行动，它是项目建设单位或承担环境评价工作的单位同公众之间的一种双向信息传递的过程，其根本目的是使公民能够参与工程的决策过程，充分听取和有效吸收公众对项目建设的意见，防止和化解公民和项目建设单位之间、公民与公民之间的冲突，获得公众对项目的充分认可，消除或减小项目实施对公众利益构成的损害，以取得经济效益、社会效益和环境效益的协调统一。

亚行贷款黄河防洪项目直接涉及到工程受益区和非受益区广大群众的切身利益。按照亚行的要求和国内相关政策法规的有关规定，对生活在项目受益区和非受益区内的单位和居民，或间接受影响的团体及团体的公众代表，如政府相关部门的代表、受影响村镇的村长和村民代表、非政府组织和企业的代表等，或是对拟建工程比较关心的其他团体公众等，在项目建设的前期和实施阶段，都需要公众参与工作。为此，公众参与成为项目建设工作中的重要组成部分，渗透到工程自身的建设、移民搬迁和占地赔偿、工程对环境的影响活动等各个方面。如项目建设前期的环境影响评价中的公众参与就是一个很好的例证。

二、公众参与方式与结果分析

（一）公众参与方式

公众参与是否有效主要取决于沟通的方式和效果。在建设项目环境保护工作中，公众沟通的方式主要有：向项目所在地党政机关、企事业单位、群众团体、学术组织及居委会等公众发放公众意见调查表，要求参与者填写公众意见调查表并及时回收；召开公众座谈会或现场走访调查；召开专家咨询或审查会；接受公众来信来访、诉讼等；由项目实施单位通过广播、电视、报纸、网络等传播媒介进行新闻发布。

考虑到亚行贷款黄河防洪项目涉及的范围广、工程分布不集中等特点，环境影响评价中的公众参与选择了向群众发放调查问卷、填写后直接收回进行统计分析的参与方式。调查的内容主要包括：①工程建设的必要性；②洪水损失的接受程度；③被调查者对现有的环境质量以及最担心的环境问题（包括大气、水、噪声及其他污染）；④采取环保措施减缓环境污染后项目的接受程度等。根据黄河防洪工程的类别设计了两种调查问卷：一是滩区安全建设项目公众意见调查问卷，二是黄河堤防加固工程公众意见调查问卷。

（二）公众参与结果分析

1. 堤防加固工程

黄河防洪项目堤防加固工程所在区域为农村，因此调查的范围主要是项目建设涉及的村庄，调查的对象主要为受工程影响的农民。本次共发放问卷200份，回收180份。从调查统计结果看：

（1）96.7%的公众认为如果黄河大堤出现决口，其损失将根本无法接受，3.3%的公众认为基本可以接受，没有人认为可以接受。

（2）30%的公众认为目前的生活、工作环境质量良好，60%的公众认为环境质量一般，10%的公众认为环境质量较差。

（3）20%的公众认为本工程的实施会影响到其生活环境，36.7%的公众认为可能会影响其生活环境，43.3%的公众认为不会影响。

（4）对本工程的实施，公众最担心的环境问题依次为：征用土地造成的损失（70%）、土料场取土对植被的破坏（40%）、施工工地和运输车辆的扬尘（36.7%）、施工和运输噪声（23.3%）、淤背渗水的影响（23.3%）、施工过程中产生的生产生活污水（13.3%）。

(5)若建设单位按照环保要求采取切实可行的防治污染和生态破坏的措施,86.7%的公众认为该项目的建设可以接受,13.3%的公众认为可以有条件地接受,无人认为其建设不能接受。

2. 滩区安全建设工程

滩区安全建设调查范围包括河南省的长垣县、兰考县、范县以及山东省的东明县、平阴县。调查的对象为建设区所涉及村庄中的家庭。每个县发放问卷200份,共发放问卷1000份,全部回收。从滩区安全建设公众调查意见统计结果来看:

(1)65.6%的家庭认为如果村庄被淹,其损失将根本无法接受,32.8%的家庭认为基本可以接受,1.6%的家庭认为可以接受。

(2)11.6%的公众认为目前的生活工作环境质量良好,53.6%的公众认为环境质量一般,34.8%的公众认为环境质量较差。

(3)94%的家庭愿意搬迁到新村台,6%的家庭不愿搬迁到新村台,其原因有3个:一是其房台已经达到了防洪高度,二是房屋是新建的,三是困难户或孤寡老人没有资金搬迁。

(4)35.2%的公众认为村台面积人均60平方米够用,64.8%的公众认为不够用。

(5)53.8%的家庭认为搬迁到新村台对其生活水平有所提高,44.2%的家庭认为有一点提高,2%的家庭认为没有提高。

(6)4.8%的公众认为工程的实施会影响到其生活环境,32%的公众认为有可能会影响,63.2%的公众认为没有影响。

对本工程的实施,公众最担心的问题依次是:房屋搬迁造成的损失(66.4%)、征用土地造成的损失(62.8%)、土料场取土对植被的破坏(24%)、施工工地和运输车辆的扬尘(2%)、施工和运输噪声(1.2%)、施工产生的生产和生活污水(0.8%)。

从以上调查结果可以看出,总体上公众对滩区安全建设是持肯定态度的,同时被调查者也提出了一些希望和要求,主要是希望得到更多的资金支持,并希望尽早、尽快建设新村台。

三、公众参与中存在的问题与建议

从黄河防洪项目环境评价工作中公众参与的实践来看,虽然取得了一些成绩,积累了一些经验,但由于公众参与的方式在中国采用的时间不长,在很多方面仍然存在着一些问题,有待于解决和完善。

(一)建议加大信息公开力度

信息公开是保障公众环境知情权和公众参与民主决策的第一步。目前的问题是建设单位不愿将项目建设可能引起的重大环境问题告诉公众,担心公众会因此反对项目的立项与建设。事实上,尽管有些问题暂时未向公众公开,但公众迟早会知道,结果可能是反对的意见更大,容易引起不必要的纠纷。如果将项目概况及建设过程、项目建设的优缺点、存在的主要环境问题等如实向人们说明,则往往会得到公众的理解和支持。建议在以后的项目建设中,加大对项目信息的公开力度,让公众全面了解项目概况和存在的问题,提出更多对项目建设有益的意见和看法。

（二）建议提高公众的文化素质

参与调查的公众素质的高低直接影响到公众参与的有效性。在现场调查中发现，文化程度较高的公众能正确理解调查内容，其回答具有较高的参考性。相反，文化素质低的公众提出的意见则缺乏参考价值。建议结合群众的实际情况，借助于多种媒体的作用，采取各种生动有效的宣传和培训形式，增加群众的基础知识，提高群众的文化素质，达到提高公众参与的有效性。

（三）建议加强公众的环保意识

公众参与环境保护取决于公众环保意识的觉醒。美国公众有较强的环保意识，在许多环保问题上，公众的参与对完善项目的规划设计方案和环境保护措施有很大的影响。而中国目前公众参与环保工作的意识比较低。究其原因，中国大部分水利水电工程建在偏远山区，而农村历史上民主观念不强，村民习惯于听从，对参与决策表示怀疑与不相信。因此，建议通过宣传法律知识培养公众的权利意识，不断鼓励公众参与的热情。

（四）加大对公众参与意见的回应力度

美国公众参与环境影响评价制度的特点之一是对公众参与意见的反馈在有关条例中作了非常详尽的规定。无论是个人的意见还是集体的意见，都给予积极的回应，而且不论意见是否被采纳，都被附在最终的环境影响评价报告书中或写在勘误表中。而中国目前对公众意见进行及时答复和积极处理的程序和规定还不是非常详细和明确，对公众参与意见的反馈力度不大。建议用更加具体的制度和更加可行的程序来规范对公众参与中提出的意见进行随时反馈的行为，以提高公众对环境保护工作的参与效率和质量。

黄河防洪项目目前已经建成，从工程实施过程来看，在环境评价阶段让受益区和非受益区公众广泛参与，在工程实施初期阶段，将环境初评报告及综述报告发放到项目实施的有关市局，或将其报告放到工程实施的现场项目部，并作出环境信息的公开说明，使关注环境问题或对环境问题感兴趣的团体或个人可随时查阅环境报告。环境信息的公开，不仅提高了环境影响评价的公众支持率，而且能获得公众对项目及环境影响的充分理解，对工程建设和环境保护措施的实施起到了较大的推动作用。

第六节　环境监理

一、环境监理的职责和程序

水利工程环境监理是指环境监理单位接受项目法人（业主）的委托，遵照国家和地方环境保护的法律、法规，根据经批准的水利工程环境影响评价文件、施工承包合同中的环境保护条款和与项目法人签订的水利工程建设环境保护监理合同，按照建设项目环境保护“三同时”要求和“守法、诚信、公正、科学”的原则，对水利工程建设的环境保护实施监督管理的行为。在水利工程建设中引入环境监理，可以使环境管理工作融入整个工程实施过程中，变事后管理为过程管理，变单纯的强制性管理为强制性和指导性相结合的管理方式，从而使环境保护由被动治理污染变为主动预防和过程治理污染。

环境监理单位是业主和承包商之外的独立的第三方，将严格按照合同条款独立、公正地开展工作，即在维护业主利益的同时，也必须维护承包商的合法权益。业主与环境监理单位的关系是经济法律关系中的委托协作关系，业主与承包商间的关系只是一种经济合同关系。业主与承包商在环保方面的联系必须通过环境监理工程师，以保证命令依据的唯一性。环境监理单位与承包商的关系是一种工作关系，即工程施工环保工作中的监理和被监理的关系。可见，由于环境监理单位的存在构成了业主、监理单位、承包商三方相互制约的环境管理格局。

为了更好地监督承包商对各项环保措施的实施情况，按照亚行批准的IEE的要求，在项目实施期间，亚行贷款黄河防洪项目各建设单位聘用了黄河勘测规划设计有限公司、濮阳天信工程咨询监理有限公司等单位，分别开展了各子项目环境监理工作。环境监理范围主要包括各子项目施工区、土料场、工作场地、生活营地、施工运输道路等可能造成环境污染和生态破坏的区域。

亚行贷款黄河防洪项目环境监理实行总监负责制。各子项目根据实际工作的需要，组建了现场环境保护监理小组，配备1名总监理工程师、2～4名环境监理工程师。环境监理单位依据上级主管部门批复的可行性研究报告、初步设计文件、环境评价报告、环境保护设计专题报告、国家和行业颁发的法律法规、规程规范、环境监理合同、协议和补充协议、招标文件中的环境保护条款，认真履行监理职责，公平、公正地处理项目实施过程中发生的环境问题。环境监理的职责主要包括：

(1)负责解释环境保护条款，监督和检查承包商环境保护合同条款的执行情况，对重大环境问题提出处理意见和报告。

(2)协调业主和承包商之间的关系，处理合同中有关环境保护部分的违约事件。根据合同规定，公正处理环境保护方面的双向索赔。

(3)对现场出现的环境问题及处理结果作出记录，每月向建设单位(或业主)及相关单位提交环境监理月报，做好有关资料的整理和归档工作。

结合亚行贷款黄河防洪项目线型施工分布的特点，环境监理采用以巡视为主的监理方式。正常施工期间，监理工程师采取不定期巡视，一般情况下每月在工地巡视时间为5～10天，如遇特殊事情，随时到现场处理。

由于环境保护工作时效性很强，在巡视过程中，发现问题及时通知施工单位，并督促其整改。如遇到重要的环境问题，或要求施工单位处理而未处理的环境问题，环境监理工程师与工程监理工程师协商后签发环境问题通知单，要求限期解决或整改，并跟踪检查整改情况及效果，直至符合环境保护要求为止。图10-3为环境监理工程师巡视检查的工作程序 。

二、环境监理内容及措施

任何一个水利工程项目，即使进行了全面的环境影响评价，在其建设过程中，也未必能保证所规划的环境保护措施得到落实。实行工程环境监理，就是为了在工程建设过程中通过同期控制，有效实施环境影响评价报告和环境保护设计、施工招标文件中的环境保护条款、环境保护监理合同等文件规定的环保措施，控制建设活动对环境的影响，保证环境保护设施与工程建设的“三同时”，协调建设活动与环境保护的关系，并进行环境保护监理的信息管理。

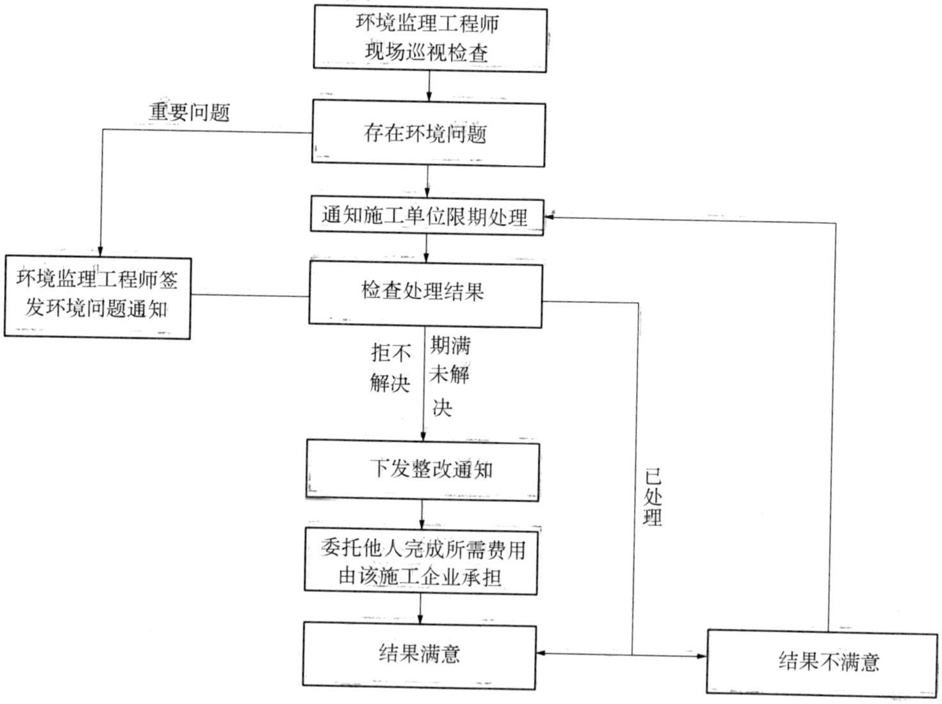

图 10-3　环境监理巡视检查程序

建设工程不同,环境监理的内容也不相同,即便是同一工程在工程建设的不同阶段,环境监理的任务和内容也不相同。就亚行贷款黄河防洪项目施工阶段而言,环境监理的内容包括前期准备阶段的监理活动和建设期间的监理活动。

(一)前期准备阶段的监理活动

为了环境保护项目的顺利实施,保证环境保护措施的落实效果,环境监理小组在进驻工地之初,首先开展了以下几方面的工作:

(1)协助业主与承包商签订环境保护实施合同(协议)。如在东明堤防加固工程建设初期,监理单位协助业主与东明黄河工程公司签订了环境保护实施协议。

(2)由于在黄河下游防洪工程建设中首次采取将环境保护措施作为专项进行实施,并首次实施环境监理制,因此对于较大的子项目,环境监理小组对施工企业负责人及相关人员进行了环境保护知识培训。培训内容主要包括环境保护相关的法律法规、设计文件中各项环境保护措施及实施要求、施工合同中的环境保护条款等,并对环境保护措施实施过程中的工作方法和实施重点进行说明和解释,解答施工企业及相关人员提出的问题。

(3)要求施工企业明确环境保护项目负责人,每月向环境监理小组提交环境实施月报表,并对月报表的格式和填报内容及要求作了具体规定,详见表 10-3。

(二)建设期间的监理活动

环境监理的方法与工程监理基本相同,即质量控制、进度控制、投资控制,信息管理、合同管理和关系协调。环境监理工程师通过现场巡视和抽查等手段,监督施工企业同期执行环境保护措施,避免或最大程度地降低工程实施对环境产生的不利影响。

表 10-3　环境实施月报表

环境项目	环境保护措施			
生活饮用水处理	是否加氯消毒		加氯量	
水源地保护	周围环境状况		有无污染源存在	
生活污水处理	是否经沉淀处理		废水排放去向	
生产废水处理	处理方式		排放去向	
施工现场扬尘控制	控制措施		洒水量(m^3)	
生活垃圾处理	收集方式		处理方式	
生产废弃物处理	收集方式		处理方式	
工程弃渣	是否按设计要求堆放		利用情况	
施工道路车辆噪声	车辆是否限速		施工现场噪声情况	
大型机械设备噪声	机械设备是否在夜间工作		对当地居民的影响	
施工人员体检情况	体检人数		体检结果	
生活营地卫生状况	营地环境是否有人管理		卫生状况	
饮食卫生	食堂消毒情况		灭蚊灭鼠情况	
排水系统	临时道路是否影响现有排水系统		淤区排水影响	
油污染	发电机、泥浆泵油污染		机械车辆、储油桶废油回收	
承包商对施工人员的管理	是否进行环保宣传		生态保护知识宣传	
	是否制定规章制度避免与当地居民发生冲突		发布健康与安全警告	
湿地自然保护区	工程施工对湿地自然保护区的影响		施工人员是否有偷猎野生动物的行为	
工程施工对当地居民的影响	工程建设对地下水位影响程度		生产生活污水对居民的影响	
	粉尘对居民的影响		噪声对居民的影响	
备注	有无突发环境事件		处理措施	

亚行贷款黄河防洪项目属于非污染生态影响型工程,工程进入运行期一般不会排放污染物。基于本项目施工战线长,涉及范围广,工程影响区域以沿黄大堤附近及土料场涉及的滩区为主要区域。施工对环境的影响主要表现在以下几方面:一是对工程区域内居民造成的直接或间接影响,二是对施工人员健康和安全的影响,三是对区域环境如土地、水源、保护区等的影响。针对施工活动引起的环境污染即时性、时段性强的特点,环境监

理主要采用发现环境问题后及时通知、旁站监督等工作方式。

环境监理的具体内容包括：水污染控制、大气污染控制、噪声污染控制、固体废弃物处理和卫生防疫等。

1. 水污染控制

水污染控制包括对施工人员产生的生活污水和施工过程中产生的生产废水的控制。

生活污水主要是洗涤废水和粪便污水，主要产生于施工生活区。为保证黄河水体和周围水体水质不受污染，各生活区均设有简易厕所、垃圾池和废水沉淀池。生活废水经沉淀后再进行集中清运。

生产废水包括机械车辆维修保养产生的废水、淤区退水及吸泥船产生的废油。由于放淤固堤项目的主要工程量是淤沙，工程机械数量较少，使用期较短，施工单位基本未在现场修建集中的机械修理厂，机械或车辆的维修保养均到附近城镇的商业修理厂，检修冲洗废水由相应商家负责处理。淤区退水中除含少量泥沙外，没有其他污染物，不会对环境造成新的污染，故淤区退水主要是通过沉淀后直接排入退水渠。对于淤区退水对退水渠造成的过水压力增加、水渠水位增高等可能影响周边农田或房屋的情况，环境监理通过巡视检查，督促施工单位及时清挖退水渠，保证退水通畅。对施工中使用的吸泥船，均设置了废油桶，用于收集船舶排放的含油废水，然后将废油回收处理。

2. 大气污染控制

大气污染主要是土料场土方开挖、运输道路、淤区包边盖顶前产生的扬尘、各种机械车辆排放的尾气等。环境监理工程师通过巡视，检查现场大气污染控制效果，对发现的问题和不足，及时要求整改，必要时采取旁站方式监督其即时效果。大气污染控制主要采取如下措施：

(1)土料场开挖采取湿法作业，尽量避免大风天气作业，减少扬尘；土料运输时加强防护，避免沿途土料抛撒，降低运输过程中的扬尘。

(2)运输道路定期洒水，一般情况下，每两小时洒水一次，根据天气变化和具体情况进行增减，尽量避免扬尘对附近居民及农作物的影响。

(3)要求承包商采用高质量优质燃油，以减少机动车辆尾气对大气的污染。

(4)对距离村庄较近的施工点、穿越村庄的施工道路和距离工人营地附近的施工道路，采取定时洒水措施，在高温或大风时增加洒水次数，以最大限度地降低扬尘的影响。

3. 噪声污染控制

噪声污染主要是指施工交通车辆和施工机械噪声造成的污染。噪声污染控制主要是减少施工噪声对附近居民和施工人员造成的不利影响。

控制施工噪声对附近居民影响的方法和措施为：临近居民区的施工区，执行《建筑施工场界噪声限值》(GB 12523—90)土石方施工标准：昼间 75 分贝，夜间 55 分贝，且晚间禁止施工。要求施工企业在运输道路上特别是村庄处设置限速标志和禁鸣标志，运输车辆限速行驶，穿越村庄时禁止使用高音喇叭，同时做好车辆的维护，避免因车况不佳增加交通噪声。

施工噪声对施工人员的影响控制，主要采取以下方法和措施：对高噪声环境下的作业人员，如淤沙机船上工作人员、挖掘机司机、推土机司机等工作人员采取轮班制，使其得到很好的休息，并采取适当劳动保护措施如护耳等减轻噪声对施工人员的危害。

4. 生活垃圾处理

环境监理要求承包商在施工现场各生活营地均设置有垃圾箱或垃圾集中堆放点，定期指派人员对垃圾进行收集清运。做到及时清运垃圾，保持生活区清洁卫生。垃圾清运频率根据工地实际情况，一般每周1～2次，垃圾主要运往附近村庄的垃圾场或用于附近村民的堆肥。通过现场巡视检查等措施，承包商均能及时进行垃圾清运，达到环境卫生要求。

5. 人群健康保护

1) 生活饮用水

堤防加固工程沿大堤布置的生活营地，多数为租用附近村民的房屋，所用饮用水与村民相同。只有少数搭建了工棚，这部分人员的生活饮用水主要从附近村民水井或自打水井中提取，部分采用桶装纯净水为饮用水。为加强水源地的保护，环境监理工程师要求施工单位不得在水井附近设置垃圾、厕所和施工材料堆放点等，并指导承包商对生活饮用水采取加氯消毒。卫生防疫站等相关单位定期在工区范围内对生活饮用水进行水质检测。根据水质检测结果，取样点生活饮用水中的铅、砷、总硬度等项目合格。另外，业主委托的监测单位通过对施工前和施工过程中检测结果的对比分析，饮用水水质均未发现有什么异常，符合饮用要求。

2) 卫生防疫

为保障施工人员的身体健康，在工程实施期间，主要采取如下措施做好卫生防疫工作：

(1) 由当地卫生防疫部门对施工区的营地、食堂等区域实施蚊蝇消杀工作。

(2) 组织当地医疗小组到施工现场对施工人员进行体检，以便及时发现和监控疫情。

(3) 加强饮食卫生管理。各生活区明确负责人，采用消毒柜或蒸煮消毒法对餐饮用具进行消毒，并根据规范要求，按8克/立方米标准对饮用水进行加氯消毒，同时，保证供应充足开水，保证施工人员饮用水卫生。

(4) 开展有计划、有组织的灭鼠活动。在项目区内定期进行统一灭鼠活动，各生活区同时投放毒饵、电网、粘板等灭鼠工具，进行集中灭鼠活动，取得良好效果。

(5) 做好消灭蚊虫工作。生活区定期喷洒灭菌、灭蚊蝇药物以保持环境卫生；特别是夏秋季节，蚊虫活动猖獗，要求施工人员常穿长袖衣衫，晚间挂蚊帐、不露宿，减少蚊虫叮咬，或服用抗疟药物，以达到控制疾病流行的目的。

6. 生态环境保护

在项目实施过程中，环境监理人员要求施工单位采取各种措施保护当地生态环境，并通过巡视检查以上措施的落实程度和效果，发现问题和不足，督促尽快整改和落实。

(1) 妥善保护施工现场周边树木、草地绿化，未经绿化主管部门批准，不准乱砍滥伐、移植树木或破坏草地。在土方开挖或施工过程中，如发现具有特殊意义的树木，应采取有效措施给予保护。

(2) 工程完工后，及时进行场地整理。彻底清理河道工程施工的临时设施并恢复原貌，防止侵占河道、压缩过水断面。

(3)对村台和部分堤防工程,要求及时完成包边盖顶和对裸露地表的植被覆盖,防止水土流失对周围农田的损害或引起河道的堵塞。

(4)对自然保护区要严格按照环境管理计划及前期评价文件中提出的措施进行实施,避免工人对保护动物乱捕滥猎,在候鸟栖息期间禁止施工。

三、环境监理实施效果评价

为了更好地监督承包商实施环境保护措施,在项目建设期间,环境监理人员先后在生活饮用水保护、污水处理、大气粉尘污染控制、噪声污染控制、固体废弃物处理、卫生防疫、生态环境保护等方面开展了深入细致的工作。由于环境监理的存在,施工区环境保护工作由原来的“可做可不做”变成了“必须做”。

在各级环境保护部门和承包商的共同努力下,环境监理工程师通过到施工现场进行巡视、监督和检查等手段,使施工区各项环境保护措施得到了较好的落实,使工程建设对周围环境的影响降至最低。环境监理工作的开展,不仅保持了施工区的环境质量,而且为施工人员提供了比较良好的工作环境和生活环境,达到了预期的环境保护目标:①工程所在河段水体功能没有发生质的改变;②流行性传染病得到了有效控制,工程施工区内没有因为施工人员的大规模介入引发传染病的流行;③妥善解决了施工活动对周边地区群众生活环境的影响,没有因环境问题发生干扰施工的现象。

由于工程建设中大规模的植树、种草等生态项目的实施,使项目区生态环境质量得到很大改善。黄河堤防加固工程使得大堤宽度增加至 80 ~ 100 米,在大堤临河侧局部堤段植有 30 ~ 50 米宽的防浪林,堤顶修筑柏油路面,堤顶两侧栽种行道树,背河侧的淤区顶部全部种植生态林带,堤坡植草防护,使得黄河下游防洪大堤成为一道绿树掩映的生态景观线。

第七节　环境监测

一、环境监测任务、原则和程序

环境监测是获取环境信息、了解环境变化、评价环境质量、掌握污染物排放情况、衡量环境保护活动成果的基本途径,是执行环境法律、标准、计划、排污收费和进行环境监督管理的重要技术手段和依据,也是开展环境科学技术研究、加强环境管理、搞好环境保护的基础性工作。

(一)环境监测任务

环境监测任务随项目的不同而变化,水利工程环境监测不仅要监测项目建设期和运行期的各种污染源,还要监测各种环境要素,并应用监测得到的反馈信息,调整项目活动,处理环境问题。环境监测一般包括如下内容:

(1)评价环境质量;

(2)加强污染源监测,提示污染危害,探明污染程度和趋势,进行环境监控管理;

(3)积累各种环境数据,掌握环境容量,为实现环境污染总量控制及实现目标管理提供依据；

(4)及时分析处理监测数据和资料，建立监测数据及污染源分类技术档案，为制定并执行环境保护法规、标准及环境污染防治对策提供科学依据。

(二)环境监测规划原则

水利工程环境监测的目的是为工程的环境保护服务，因此各项监测活动必须紧密围绕工程而进行，具体遵循如下原则。

1.结合工程建设的原则

水利工程环境监测系统的范围、对象和重点的确定，应结合工程施工和运行的特点，按照工程环境影响因子、影响范围、影响程度、影响时间、敏感点分布和环境保护要求，以求能全面反映工程周围的环境变化。

2.针对性原则

根据环境现状和环境影响预测评价结果，选择对环境影响大、对区域或流域环境影响起控制作用的主要因子进行监测，力求做到监测方案有针对性和代表性，并根据网站的实际运行效果，对测点和监测项目进行适当的调整或增减。

3.经济性与可操作性原则

按照相关专业技术规范要求，监测项目、频次、时段和方法以满足本监测系统主要任务为前提，尽量利用现有监测机构的技术力量，并充分利用已有监测站点，力求以较少的投入获得较完整的环境监测数据，同时要具有较强的可操作性。

4.统一规划、分步实施的原则

监测系统应总体考虑，统一规划，根据工程不同阶段的重点和要求，分期分步建立，逐步实施和完善。

(三)环境监测程序

由于不同建设项目的环境问题的不同，所采用的环境监测程序亦不相同。亚行贷款黄河防洪项目涉及战线长，子项目分布较为分散，环境监测要素多为常规项目，故采用了如图10-4所示的较为简便实用的环境监测程序。

二、环境监测内容

亚行贷款黄河防洪项目环境监测的内容不仅包括工程实施可能影响的局部地表水、地下水(饮用水)、生产废水、环境空气和噪声，同时还对湿地自然保护区的鸟类、野生动植物和水生生物进行了跟踪调查了解，根据环境监测结果和实地调查情况对湿地的环境影响进行评价。

(一)水质监测

1.监测参数

根据《地表水环境质量标准》(GB 3838—2002)、《地下水质量标准》(GB/T 1484—93)、开封湿地环境状况以及工程建设可能产生的影响确定监测参数。

地表水：水温、pH值、溶解氧、高锰酸盐指数、化学需氧量、五日生化需氧量、氨氮、铅、镉、氟化物、石油类、挥发酚。

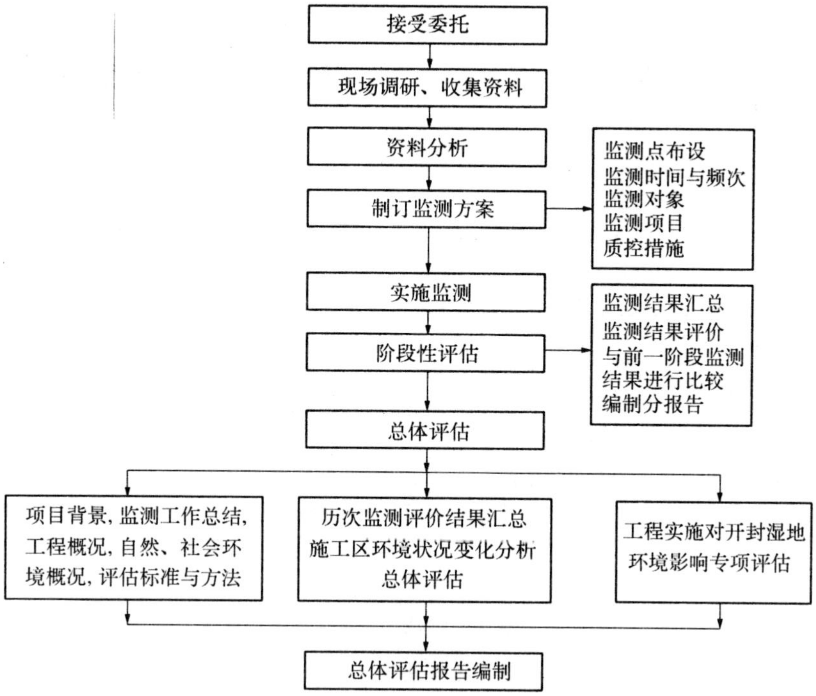

图 10-4　环境监测程序

地下水：水温、pH 值、色度、浊度、总硬度、硫酸盐、氯化物、铅、锌、铁、镉、高锰酸盐指数、硝酸盐、溶解性总固体、挥发酚、氟化物、总大肠菌群。

生产废水：水温、pH 值、悬浮物、化学需氧量、五日生化需氧量、氨氮、铅、汞、镉、石油类、挥发酚。

2. 监测方法

水质监测方法均选用国家标准分析方法和行业标准方法，具体参数的监测分析方法详见表 10-4。

3. 评价方法

地表水水质评价采用单项组分评价实测值，按《地表水环境质量标准》的基本项目标准限值，即根据各项参数的标准值，划分水质的类别，在进行地表水质综合分析评价时，以其中一项达标标准最高的值确定水质的最终类别。

地下水水质评价，首先按《地下水质量标准》所列分类指标，划分为 5 类，同一项参数，不同类别而标准值相同时，从优不从劣。综合评价，采用加附注的评分法，参加评分的项目不包括细菌学指标：①首先进行各单项评价，划分所属类别；②按规定分别确定单项组分评价分值（F_i）（见表 10-5）；③计算各单项组分（F_i）的平均值（$\overline{F}$）和综合评价的分值 F。根据 F 值按表 10-6 所列值划分出地下水质量级别。

表 10-4 水质监测项目与分析方法

序号	项目	分析方法	方法来源	最低检出限(mg/L)
1	水温	温度计法	GB/T 13195—1991	
2	pH 值	玻璃电极法	GB/6920—86	
3	溶解氧	碘量法	GB 7489—87	
4	色度	比色法	GB 11903—89	
5	浊度	便携式浊度计法	GB 13200—91	1 度
6	高锰酸盐指数	酸性高锰酸钾法	GB/11892—89	0.5
7	化学需氧量	重铬酸盐法	GB/11914—89	10
8	五日生化需氧量	稀释接种法	GB/7488—87	2
9	氨氮	水杨酸分光光度法	GB/7481—87	0.01
10	锌	原子吸收分光光度法	GB/7475—87	0.05
11	铁	原子吸收分光光度法	GB 11911—89	0.03
12	铅	原子吸收分光光度法	GB/7475—87	0.01
13	镉	原子吸收分光光度法	GB/7475—87	0.001
14	氟化物	离子选择电极法	GB/7484—87	0.05
15	氯化物	硝酸银滴定法	GB/11896—89	10
16	硝酸盐	镉柱还原法	*	0.02
17	溶解性总固体	重量法	GB/5750—85	
18	石油类	红外分光光度法	GB/16488—96	0.01
19	总大肠菌群	多管发酵法	*	3
20	总硬度	EDTA 滴定法	GB/7477—87	0.05 mmol/L
21	硫酸盐	EDTA 滴定法	*	10
22	挥发酚	蒸馏后 4 - 氨基安替比林分光光度法	GB/7490—87	0.002

* 为《水和废水监测分析方法》(第三版),中国环境科学出版社,1989 年。

地下水计算方法:

$$F = \sqrt{\frac{\overline{F}^2 + F_{max}^2}{2}}$$

$$\overline{F} = \frac{\sum_{i=1}^{n} F_i}{n}$$

式中 n——项数;

F_{max}——单项组分评价分值 F_i 中的最大值。

表 10-5　单项组分评价分值

类别	Ⅰ	Ⅱ	Ⅲ	Ⅳ	Ⅴ
F_i	0	1	3	6	10

表 10-6　综合评价分值 F 划分地下水质量级别

类别	优良	良好	较好	较差	极差
F	<0.80	$0.80 \le F < 2.50$	$2.50 \le F < 4.25$	$4.25 \le F < 7.20$	≥ 7.20

生产废水采用单项组分评价，即根据各项参数的实测值，按照《污水综合排放标准》中污染物允许排放浓度，进行生产废水水质综合分析评价。

4. 评价标准

水质评价标准依据中华人民共和国国家标准《地表水环境质量标准》(GB 3838—2002)(表 10-7)和《地下水质量标准》(GB/T 14848—93)以及《污水综合排放标准》(GB 8978—1996)(表 10-8)分类指标进行评价。

表 10-7　地表水环境质量标准基本项目标准限值　　（单位：mg/L）

编号	项目	Ⅰ类	Ⅱ类	Ⅲ类	Ⅳ类	Ⅴ类
1	pH 值(无量纲)	6～9				
2	溶解氧 ≥	饱和率 90%(或 7.5)	6	5	3	2
3	高锰酸盐指数 ≤	2	4	6	10	15
4	化学需氧量 ≤	15	15	20	30	40
5	五日生化需氧量 ≤	3	3	4	6	10
6	氨氮 ≤	0.15	0.5	1.0	1.5	2.0
7	铅 ≤	0.01	0.01	0.05	0.05	0.1
8	镉 ≤	0.001	0.005	0.005	0.005	0.01
9	氟化物 ≤	1.0	1.0	1.0	1.5	1.5
10	挥发酚 ≤	0.002	0.002	0.005	0.01	0.1
11	石油类 ≤	0.05	0.05	0.05	0.5	1.0

注：除 pH 值外，其余项目标准值单位均为 mg/L。

水质评价标准说明：

Ⅰ类：主要适用于源头水、国家自然保护区。

Ⅱ类：主要适用于集中式生活饮用水地表水源地一级保护区、珍稀水生生物栖息地、鱼虾类产卵场、仔稚幼鱼的索饵场等。

Ⅲ类：主要适用于集中式生活饮用水地表水源地二级保护区、鱼虾类越冬场、洄游通道、水产养殖区等渔业水域及游泳区。

Ⅳ类:主要适用于一般工业用水区及人体非直接接触的娱乐用水区。

Ⅴ类:主要适用于农业用水区及一般景观要求水域。

依据中国地下水水质现状、人体健康基准值及地下水质量保护目标,并参照了生活饮用水、工业、农业用水水质要求,将地下水质量划分为5类。

Ⅰ类:主要反映地下水化学组分的天然低背景含量。适用于各种用途。

Ⅱ类:主要反映地下水化学组分的天然背景含量。适用于各种用途。

Ⅲ类:以人体健康基准值为依据。主要适用于集中式生活饮用水水源地及工、农业用水。

Ⅳ类:以农业和工业用水要求为依据。除适用于农业和部分工业用水外,适当处理后可作生活饮用水。

Ⅴ类:不宜饮用,其他用水可根据使用目的选用。

表 10-8 污水综合排放标准(GB 8978—1996) (单位:mg/L)

污染物	pH 值(无量纲)	悬浮物	COD	BOD_5	氨氮	挥发酚	铅	汞	镉	石油类
一级标准	6~9	70	100	20	15	0.5				5
最高允许排放浓度							1.0	0.05	0.1	

(二)环境空气监测

为使环境空气监测点的布设具有代表性,设置数量可以控制施工区、施工场界外敏感区大气环境质量,监测单位依据《环境监测技术规范》要求,根据项目区气候特征及地形、地貌、施工场地和人群集中生活环境等因素,确定可能对周围村庄空气产生影响的施工场地下风向为监测点。监测结果基本反映了该区域环境空气污染的水平和规律。

1. 监测因子及频次

环境空气监测因子为二氧化硫(SO_2)、二氧化氮(NO_2)、总悬浮颗粒物(TSP)3 项。监测因子及监测频次详见表 10-9。

表 10-9 环境空气监测因子及监测频率

监测因子	取值时间	监测频率
SO_2	一小时平均	连续监测 3 天,每天 3 次,每次 60 min
	日平均	连续监测 3 天,每天至少 18 h
NO_2	一小时平均	连续监测 3 天,每天 3 次,每次 60 min
	日平均	连续监测 3 天,每天至少 18 h
TSP	一小时平均	连续监测 3 天,每天 3 次,每次 60 min
	日平均	连续监测 3 天,每天至少 12 h

2. 监测分析、评价方法和标准

环境空气各监测因子监测分析方法，按照空气和废气监测分析方法进行，监测分析全过程实行质量控制。环境空气质量评价标准执行《环境空气质量标准》(GB 3095—1996)中的二级标准(见表10-10)。

表10-10 环境空气质量标准限值

评价因子	单位	一小时平均值	日均值
SO_2	mg/m^3	0.50	0.15
NO_2	mg/m^3	0.24	0.12
TSP	mg/m^3	—	0.30

环境空气质量采用单因子污染指数法进行计算：

$$P_i = C_i/S_i$$

式中 P_i——i 种污染物的单因子污染指数；

C_i——i 种污染物的实测浓度，mg/m^3；

S_i——i 种污染物的评价标准，mg/m^3。

根据监测数据整理的结果，采用单因子值与评价标准直接比较的方法进行评价。在统计各测点的 SO_2、NO_2、TSP 一小时平均浓度、日均浓度、污染指数、超标率、最大超标倍数时，当数据小于检出限的按1/2检出限进行统计。

(三)环境噪声监测

噪声监测方法按照《城市区域环境噪声测量方法》(GB/T 14623—93)执行。在无雨、风力3级以下的气象条件下，手持噪声测量仪器，距离地面1.2米高，在各测点直接测量15~20分钟，并记录测点附近主要噪声来源。采用的评价标准为《城市区域环境噪声标准》(GB 3096—93)，详见表10-11。

表10-11 城市区域环境噪声标准(GB 3096—93)等效声级 (单位:dB/(A))

类别	昼间	夜间
0	50	40
Ⅰ	55	45
Ⅱ	60	50
Ⅲ	65	55
Ⅳ	70	55

注：乡村居住环境可参照Ⅰ类标准。

本项目评价标准执行表中的Ⅰ类标准，即昼间55分贝、夜间45分贝。

(四)柳园口湿地自然保护区环境监测

为及时掌握工程实施对开封柳园口湿地自然保护区造成的环境影响，监测单位根据各工程的施工进展情况，分别进行了施工前的背景值监测、施工期和施工后期的环境监测，并根据环境监测结果和实地调查情况，对湿地自然保护区的环境和生物变化作了综合分析评估。

1. 水环境监测

根据建设项目对水环境影响特点和工程设计范围，结合开封柳园口湿地自然保护区的情况，分别在黄河干流黑岗口、府君寺和柳园口设置地表水监测点，在黑岗口、柳园口、府君寺、王庵、大马圈、陶庄设置地下水监测点。

在地表水方面，柳园口共采样监测过 3 次，监测结果水质类别为Ⅳ类水，主要定性参数为化学需氧量、石油类、氨氮。从前两次监测结果看，水质参数监测值在同一水质类别范围值内，变化不大。项目完工后的 2007 年 10 月份监测结果参数值有所下降，表明水质有好转；黑岗口监测过 5 次，其中前 4 次水质类别为Ⅳ类水，主要定性参数为化学需氧量、石油类、氨氮，项目完工后的 2007 年 10 月份监测结果除高锰酸盐指数、氨氮、化学需氧量为Ⅲ类外，其他参数值均为Ⅰ类水质，综合评价水质为Ⅲ类水，水质明显转好；府君寺监测过 3 次，前两次水质类别为Ⅳ类水，主要定性参数为化学需氧量和石油类，其测值基本持平。项目完工后的 2007 年 10 月份监测结果，水质类别为Ⅲ类水，除高锰酸盐指数、化学需氧量为Ⅲ类，溶解氧和氨氮为Ⅱ类外，其他参数值均为Ⅰ类水质，水质明显好转。综合分析地表水水质在施工前和施工期间基本不变，施工后水质有所好转。

地下水监测为湿地保护区内浅层地下水，水位埋藏深度为 15 ~ 30 米，样本均来自村庄和机关的饮水井。黑岗口、柳园口、府君寺、王庵、大马圈、陶庄的地下水次数为 3 ~ 5 次，水质均为Ⅱ类或Ⅲ类。综合评价柳园口湿地自然保护区地下水水质状况，没有发现区域内因黄河防洪工程建设对地下水产生不利影响，地下水水质均属良好状态。如果同一水质参数的监测值在不同年份或不同季节稍有差别，则属于自然变化。

2. 环境空气监测

根据湿地区域气候特征及地形、地貌、施工场地和人群集中生活环境等因素，在开封湿地黑岗口控导工程点、柳园口（南岸滩区）、府君寺（南岸滩区）、大辛庄控导工程点进行布点监测。

每次监测对每个监测点连续采样 3 天。一小时值，每天 3 次，每次 60 分钟；日均值，每天至少 12（TSP）小时、18（SO_2、NO_2）小时。

几次空气监测结果表明，空气中 SO_2、NO_2 日均浓度和一小时平均浓度均未出现超标现象，TSP 一小时平均浓度仅 2007 年 4 月监测时，在府君寺测点 9 次监测中只有 1 次出现过超标，且超标率为 11.1%。TSP 日均浓度几次监测在湿地滩区一直较高，2007 年 10 月监测时正是秋天，TSP 的日均浓度明显下降。监测机构分析后认为这与滩区气候干燥明显相关，并不是工程建设所产生的影响。上述现象在湿地黄河滩区均属正常，到目前尚未发现工程建设对开封湿地保护区的环境空气产生影响。

3. 噪声监测

环境噪声现状监测在湿地保护区共设置 14 ~ 18 个监测点位。2007 年 4 月噪声监测结果表明，昼间有 2 个点位超Ⅰ类标准，分别是陶庄中部、大马圈南部；夜间有 5 个点位超Ⅰ类标准，它们是：陶庄中部、黑岗口中部和东部、大马圈中部、王庵中部。监测机构分析后认为超标的主要原因是与当地人为生产活动有关，当时正处于农忙秋种时期，农用机械和交通运输工具形成主要的噪声源，但随着农忙的结束，噪声会大大减弱或消失。工程施工主体工程完工后，不再对声环境产生影响，总体分析湿地保护区的声环境良好。

4. 自然环境跟踪监测

(1)黑岗口险工改建加固工程施工区紧靠保护区的核心区,工程附近属于滩区农田,是鸟类的聚集地,但工程施工时间不在候鸟聚集时间内,而且工程施工区相对于整个保护区面积很小,鸟类又具有迁徙性,所以工程施工对鸟类的影响很小。工程取土场面积在保护区内相对整个保护区而言面积很小,工程取土对保护区的影响虽不可避免,但由于施工人员和施工机械都很少,取土时间又只有两个星期左右,因此取土场对鸟类影响也很小。取土场为滩区农田,取土对湿地环境没有造成不能恢复的影响。

(2)黑岗口控导续建工程,施工段在保护区内,周围附近为滩区农田,工程施工量不大,施工机械和施工人员也很少,施工时间也不在候鸟聚集期。工程取土场面积也不大,且为滩地农田,因此工程施工对过冬候鸟、留鸟和湿地生态系统无太大影响。

(3)府君寺控导续建工程施工段与湿地保护区实验区相邻,附近为滩区农田,施工取土场不在保护区内,因此工程施工不会对鸟类产生直接影响,也不会影响湿地环境。

(4)开封堤防加固工程的堤防淤背措施占用了一定的耕地和园林,在施工准备期和施工期间,由于占地和砍伐树木,对环境造成了一定影响。淤背完工后,在淤区种植了适生林,淤区边坡种植草皮,形成了一个较长的绿化林带,增加了大堤的植被覆盖率,有利于防风固沙,改善生态环境。

(5)在黑岗口险工、黑岗口控导和开封堤防加固工程施工期间未发现施工人员捕鸟现象。

三、环境监测结果评价

亚行贷款黄河防洪项目包括村台建设和堤防加固及其附属工程等,工程规模大,施工战线长,工程施工建设将在时空分布上改变区域原有的生态环境及功能,会产生一定的环境影响。为了解工程施工对环境变化的影响,黄河流域水环境监测中心受黄委亚行项目办的委托,依据国家和行业标准、规定的要求,分施工前、施工中和完工后 3 个阶段对各项工程影响区域的地表水、地下水、环境空气、环境噪声进行了野外查勘、现场采样监测和实验室内分析测定。表 10-12 和表 10-13 仅列出了河南开封、兰考、邙金等堤防加固工程、险工加高改建、河道整治工程以及山东东平湖围坝除险加固等工程影响区的地表水、地下水、空气和噪声的监测结果。根据所有子项目的监测结果,编制环境监测评估报告。

从环境监测结果可以看出,工程建设对周围环境产生的不利影响较小,改善生产和生态环境的作用较大。总体评价结论为:

(1)堤防加固工程的实施能够较大程度地提高黄河大堤抗御洪水的能力,减缓洪水对下游范围内国家和人民生命财产、区域生态安全的威胁,确保黄河长治久安。堤防加固工程施工期间产生的噪声及扬尘,对局部环境造成了一定影响,但监测结果显示,这些影响在施工后期及运行期均已基本消除。

(2)控导工程和险工改建加固是控导河势和保证堤防安全的重要工程措施。在工程施工期间,大量机械、车辆投入使用产生的噪声及扬尘,对环境造成的不利影响,持续时间很短,而且随着施工活动的结束而消失。

表 10-12　河南开封、兰考、邙金等工程环境监测结果评价

监测时间	工程名称	监测阶段	监测项目	监测结果评价
2005 年 10 月	开封堤防加固	完工	地表水	黄河黑岗口、兰考工区东坝头均为Ⅳ类水质，主要污染物为石油类；郑州花园口、马渡，中牟杨桥、赵口、九堡险工改建加固工程工区地表水水质均为Ⅲ～Ⅳ类
	兰考堤防加固(152)	完工		
	兰考堤防加固(135)	施工中		
	中牟险工加高改建工程	完工	地下水	开封工程区地下水达Ⅲ类水，水质良好；兰考工区地下水为Ⅳ类水，水质较差，其主要污染物为氟化物和总大肠菌群；郑州、中牟工区花园口、马渡、杨桥、赵口、九堡地下水水质均为Ⅳ类，水质较差，主要污染参数为铁
	开封黑岗口险工加高改建	完工		
	兰考东坝头险工加高改建	完工		
	邙金险工加高改建工程	完工	空气	SO_2、NO_2 日均浓度和一小时平均浓度均未出现超标，TSP 日均浓度 9 个点位中 8 个出现超标，TSP 一小时浓度 9 个点位均未出现超标情况
	河南河道整治工程	开工前		
			噪声	噪声监测点的声环境部分出现超标情况，昼间：黑岗口东部、聂寨中部、小马圈南部、东坝头西部、马渡中部、杨桥西部；夜间：黑岗口中部、聂寨东部、小马圈中部、杨桥中部、九堡南部、花园口南部，共 12 个点位出现超Ⅰ类标准(《城市区域环境噪声标准》(GB 3096—93))

(3)滩区安全建设工程的实施，可有效降低洪水对滩区人民生命财产及周边生态环境安全造成的威胁，对改善当地人居环境具有重大意义。滩区安全建设工程施工期间，大量机械、车辆投入使用产生的噪声及扬尘，只是局限在很小的范围内，对周围环境没有产生较大的不利影响，随着工程建设的完成，不利影响也不复存在。

(4)黄河下游防洪工程的实施未对开封湿地地表水环境和地下水造成明显影响。在施工期间，交通运输车辆和施工机械在作业过程中产生的扬尘，对环境空气造成一定的污染，但这种影响是暂时的，在工程完工后已经消失，施工中产生的噪声未对区域环境造成明显影响。

(5)东平湖治理工程的实施增大了东平湖滞洪区的蓄洪能力，有效减小了区域的洪水威胁，为黄河下游广大地区提供了安全保障。蓄洪时，围坝可保证滨湖平原地区的安全，免除潜在的危险，具有巨大的社会、经济和环境保护综合效益。东平湖治理工程施工期间，大量人力、机械、车辆投入使用产生的废污水、噪声以及扬尘，对局部环境造成的影响，也只是发生在施工期间，工程投入运行后，不利影响随之消失。

表 10-13　东平湖围坝加固部分工程环境监测评价结果

<table>
<tr><th>监测时间</th><th>工程名称</th><th>监测阶段</th><th>监测项目</th><th>监测结果评价</th></tr>
<tr><td rowspan="4">2006 年 10 月</td><td>东平湖围坝除险加固（55 + 000 ~ 77 + 300）</td><td>完工</td><td>地表水</td><td>国那里综合评价水质为Ⅲ类水；干鱼头综合评价水质为Ⅴ类水，主要定性参数为化学需氧量；马口（大清河）综合评价水质为Ⅱ类</td></tr>
<tr><td>东平湖围坝除险加固（77 + 300 ~ 88 + 400）</td><td>施工中</td><td>地下水</td><td>干鱼头、马口、王窑洼、东叶庄、闫楼综合评价水质良好。国那里、张坊、武家漫、吴桃园、阳城坝综合评价水质较差</td></tr>
<tr><td rowspan="2">东平湖围坝除险加固（10 + 471 ~ 55 + 000）</td><td rowspan="2">施工中</td><td>空气</td><td>SO_2、NO_2 日均浓度和一小时平均浓度均未出现超标，TSP 日均浓度 5 个点位中 4 个日均浓度出现超标，TSP 一小时平均浓度 5 个监测点在 9 次监测中出现了 1 次超标</td></tr>
<tr><td>噪声</td><td>各噪声监测点的声环境部分出现的超标情况为：昼间：国那里中部、北部，马口中部，武家漫南部，吴桃园北部，阳城坝南部，闫楼东部，共 7 个点位超Ⅰ类标准（《城市区域环境噪声标准》（GB 3096—93））；夜间：国那里中部、干鱼头中部、马口中部、武家漫中部、阳城坝中部、闫楼中部，共 6 个点位超Ⅰ类标准（《城市区域环境噪声标准》（GB 3096—93））</td></tr>
</table>

第十一章　项目竣工环境保护验收

第一节　项目竣工环境保护验收规定

建设项目竣工环境保护验收是指建设项目竣工后，环境保护行政主管部门根据建设项目竣工环境保护验收管理办法的规定，依据环境保护验收调查结果，并通过现场检查等手段，考核该建设项目是否达到环境保护要求的活动。因此，建设项目完成以及环保措施付诸实施后，达到国家相关规定和设计文件的要求并具备使用条件时，建设单位必须按照《建设项目环境保护管理条例》和《建设项目竣工环境保护验收管理办法》的规定，履行工程竣工环保验收手续，经环境保护行政主管部门批准后，方可正式投入使用。

对于国家投资的建设项目，竣工时要对项目进行全面的总体验收，环境保护专项验收是其中的一项内容。根据《建设项目竣工环境保护验收管理办法》的规定，具备下列条件的建设项目，方可进行竣工环境保护验收。

(1)建设前期环境保护审查、审批手续完备，技术资料与环境保护档案资料齐全；

(2)环境保护设施及其他措施等已按批准的环境影响报告书(表)或者环境影响登记表和设计文件的要求建成或者落实，环境保护设施经负荷试车检测合格，其防治污染能力适应主体工程的需要；

(3)环境保护设施安装质量符合国家和有关部门颁发的专业工程验收规范、规程和检验评定标准；

(4)具备环境保护设施正常运转的条件，包括：经培训合格的操作人员、健全的岗位操作规程及相应的规章制度，原料、动力供应落实，符合交付使用的其他要求；

(5)污染物排放符合环境影响报告书(表)或者环境影响登记表和设计文件中提出的标准及核定的污染物排放总量控制指标的要求；

(6)各项生态保护措施按环境影响报告书(表)规定的要求落实，建设项目建设过程中受到破坏并可恢复的环境已按规定采取了恢复措施；

(7)环境监测项目、点位、机构设置及人员配备，符合环境影响报告书(表)和有关规定的要求；

(8)环境影响报告书(表)提出需对环境保护敏感点进行环境影响验证，对清洁生产进行指标考核，对施工期环境保护措施落实情况进行工程环境监理的，已按规定要求完成；

(9)环境影响报告书(表)要求建设单位采取措施削减其他设施污染物排放，或要求建设项目所在地地方政府或者有关部门采取“区域削减”措施满足污染物排放总量控制要求的，其相应措施得到落实。

建设项目竣工环境保护验收范围包括：

(1)与建设项目有关的各项环境保护设施，包括为防治污染和保护环境所建成或配

备的工程、设备、装置和监测手段,各项生态保护设施;

(2)环境影响报告书(表)或者环境影响登记表和有关项目设计文件规定应采取的其他各项环境保护措施。

建设项目竣工后,建设单位应当向有审批权的环境保护行政主管部门,申请该建设项目竣工环境保护验收。

建设单位申请建设项目竣工环境保护验收,应当向有审批权的环境保护行政主管部门提交以下验收材料:

(1)对编制环境影响报告书的建设项目,为建设项目竣工环境保护验收申请报告,并附环境保护验收监测报告或调查报告;

(2)对编制环境影响报告表的建设项目,为建设项目竣工环境保护验收申请表,并附环境保护验收监测表或调查表;

(3)对填报环境影响登记表的建设项目,为建设项目竣工环境保护验收登记卡。

对主要因排放污染物对环境产生污染和危害的建设项目,建设单位应提交环境保护验收监测报告(表)。对主要因生态环境产生影响的建设项目,建设单位应提交环境保护验收调查报告(表)。

按照规定,亚行贷款黄河防洪项目属于生态影响类项目,编制了环境影响报告书。在项目竣工验收时,需提交环境保护验收调查报告。根据建设项目竣工环境保护验收管理办法的规定,黄委亚行项目办委托中国水利水电科学研究院承担了亚行贷款黄河防洪项目竣工验收调查工作。

第二节　环境保护验收调查目的与标准

一、项目竣工验收调查的目的

(1)调查黄河防洪项目在施工、运行和管理等环节对环境影响报告书、初步设计文件以及各级环境保护行政主管部门批复意见中所提出的环境保护措施的落实情况;根据相关文件的环境保护要求,通过现场核查、公众参与调查、施工及监理单位调查、竣工文件核实等方法,对有关环境保护措施(设施)的落实情况进行总结并分析其效果。

(2)调查本工程在各阶段所采取的污染控制和生态保护措施,并通过对项目所在区域环境现状的调查监测,分析各项措施实施的有效性,针对该工程已产生的环境影响及存在的潜在环境问题,提出切实可行的、需要进一步采取的环境保护补救或补充措施,有针对性地避免或减缓项目建设所造成的环境影响,对已实施但尚不完善的措施提出改进意见。

(3)在对黄河防洪工程环境影响情况进行全面和重点调查的基础上,认真分析工程建设和运行期间各项措施的执行情况,客观、公正地从技术角度论证该工程是否符合竣工环境保护验收条件。为环境保护主管部门到现场验收奠定坚实和可靠的环境信息基础。

为了达到上述目的,项目竣工验收调查工作在国家和地方政府颁布的环境保护法律、法规、标准及规定的指导下,始终贯彻“保护生态”和“可持续发展”的原则;调查工作重证据、重分析,结论力求做到科学公正、明确客观;采取现场调查(包括走访、座谈、踏勘等方式)与资料收集分析相结合的方法,充分利用已有资料,提高效率,其中移民安置、生态环境、土地资源等方面是环境调查工作关注的重点。

二、项目竣工验收调查的范围与标准

根据国家环保总局《建设项目竣工环境保护验收管理办法》第四条规定,亚行贷款黄河防洪项目竣工验收调查对象及范围与原"环评报告"评价范围基本一致,即:①黄河下游沿线防洪工程;②施工期生活营地、临时取土场等占地情况;③开封柳园口湿地自然保护区;④主要移民安置点。

根据黄河下游防洪工程特点、影响范围、建设项目竣工环境保护验收技术规范(生态影响类)要求及工程环境影响评价报告,黄河防洪项目调查确定环境敏感目标为开封柳园口湿地自然保护区、工程附近村庄、移民安置点、工程取土场、淤背工程占用的耕地。

项目竣工验收标准按照"执行原环评标准,同时兼顾现有标准"的原则进行,即将本工程环境影响报告书中确定的评价标准作为验收标准,若遇到标准更新的情况,按现行标准进行核定。环评报告采用的水质标准为《地表水环境质量标准》(GHZB 1—1999)中的Ⅲ类标准,总大肠菌群执行《地表水环境质量标准》(GB 3838—88)中Ⅲ类标准,本次调查以该标准作为验收标准,同时以《地表水环境质量标准》(GB 3838—2002)进行核定。环境空气质量评价标准执行《环境空气质量标准》(GB 3095—1996)中二级标准,评价时采用的声环境质量标准是《城市区域环境噪声标准》(GB 3096—93)中Ⅱ类标准,本次验收调查仍执行同一类标准。

第三节　竣工验收调查的内容

亚行贷款黄河防洪项目竣工验收调查的依据为相关法规和工程技术文件两个方面。法规方面主要有环境保护法、水法、建设项目环境保护管理办法、建设项目竣工环境保护验收管理办法等,工程技术文件主要包括环境影响报告书、环境保护设计、工程建设中的环境监理资料、施工期间的环境监测资料、工程变更、初步验收意见等。

亚行贷款黄河防洪项目竣工验收调查的核心内容是工程建设所采取的环境保护措施。一般包括以下几个方面:①对建设项目施工期和运行期自然和社会环境影响方面的调查;②调查建设项目对生态环境的影响;③调查建设项目对环境保护措施的执行情况;④移民安置环保措施的落实及移民安置中存在的环境问题的调查;⑤对环境保护投资的落实情况调查;⑥利用现场调查或问卷调查方式,开展公众参与调查,并对参与结果进行统计;⑦运行期间环境管理机构及环保措施调查;⑧对环评报告、批复文件及环保设计中的环境保护要求进行核查;⑨对环保措施的有效性进行分析。

调查单位通过对黄河防洪工程的详细调查,认为环评报告及批复意见中提出的生态环境保护等多项措施基本得到落实,项目施工对周围环境的不利影响得到了有效控制。表 11-1 给出了项目环境保护措施的具体落实情况。

表 11-1　黄河下游防洪工程建设中生态环境保护措施落实情况

影响项目	环保审查要求	措施落实情况
开封柳园口湿地自然保护区	施工期避开候鸟聚集时间，严禁捕捉鸟类，尽量限制在 4 ~ 6 月施工	施工单位制定了严格的管理措施，对施工人员进行了教育，避免其捕捉、惊扰鸟类。黑岗口险工改建工程和府君寺控导工程施工时间在 4 ~ 6 月，黑岗口下延控导工程施工时间在 4 ~ 5 月，避开了候鸟聚集时间（10 月至次年 3 月）
	优化取土场点设置，避免在核心区取土	施工期间进行了设计变更，使用土工布减少取土量，并调整取土场位置，取土场设于保护区之外，位于实验区，取土场面积很小，取土时间控制在 1 ~ 2 个星期，避开鸟类聚集时间
	加强施工期环境管理，指定专人管理	施工单位有专人负责环境管理，施工期间制定了严格的管理制度
	工程结束时取土场进行复耕	取土场原为滩地农田，施工后已经平整复耕，目前种植玉米、花生等农作物，长势良好
水土流失预防措施	施工过程中加强管理，工程结束后应及时进行包边盖顶、植树种草，防止坡面冲刷	淤背工程顶部平整后植树，行距 2 m × 3 m，树下空地种植农作物或草。为防止冲刷，淤背区坡面每隔大约 100 m 设有排水沟，各排水沟的水统一排入淤背区底部的纵向排水沟
水环境保护	减少淤区退水及含油废水对黄河水质的影响	因淤区用水来自黄河，水中泥沙落淤后余水退入沟渠或黄河，不会对黄河水质产生不利影响。工程土方均采用水利管道输送法，所用车辆很少，只有石料、水泥运输利用载重汽车，均为材料销售商送入，没有车辆检修，基本不存在含油废水处理问题
施工人员生活污水	沉淀处理；生活区布设在村庄附近，生活污水与村民污水一起处理；在生活区和施工场地应设置固定厕所，粪便及时清运，送当地农民做肥料	绝大部分工程施工人员租用附近村民闲置院落，粪便由村民运走当做肥料，厨房残渣剩饭被农民清走用于养猪，施工污染很少。个别施工队伍在田野设置营地，人数较少（一般为几十人），生活污水及垃圾按规定进行了收集处理

续表 11-1

影响项目	环保审查要求	措施落实情况
取水口水质	取水口取水期间暂停施工;生活区结合附近村庄设置,以免生活污水和垃圾污染黄河水质;施工现场应设置厕所,粪便及时运走;施工机械和车辆应定期检查	取水口取水期间暂停施工;生活区结合附近村庄设置;施工现场设置厕所,粪便及时运走;施工机械和车辆定期检查;施工与取水口相隔较远,且施工时间短,未对取水口造成影响
道路扬尘	洒水,运输土料加强防护,临近居住区车辆限速	土方工程多为管道输送,没有扬尘问题;汽车运输时,均实施了定期洒水措施,运输车封闭,避免大风天气作业
交通噪声	加强管理	车辆经过居民区时禁止鸣笛,限速行驶,对车辆运输时间进行限制
施工机械噪声	噪声源控制,机械运行时间控制,施工人员进行必要防护	靠近村庄的工程夜间禁止施工,施工车辆、机械定期进行保养
生活垃圾	生活区位置控制,垃圾分类处理	生活区结合附近居民区设置,部分施工人员住在村民家中,减少污染;剩饭由附近村民清理喂猪等,粪便由村民清运作为肥料
废渣处理	废渣用于填高村台或填埋处理	废渣主要是表层土,量不大,用于填筑村台、铺路、填洼
地下水影响	均匀布置施工区水井	大堤加固核心子项目的最初淤背方案,是通过抽取大量的地下水形成泥浆,后调整为从黄河抽水,从而避免了对地下水位的影响
施工交通车辆影响	对车速及噪声进行控制	在工程建设期间,施工车辆每小时限速 30 km,遇到村庄,停止鸣放喇叭
人群健康保护	加强饮用水的管理与食品卫生监督,集体食堂要做到严格消毒;生活污水的管理,防止疫情;消灭蚊虫,夏秋施工人员应挂蚊帐	生活区定期进行卫生防疫检查,加强饮用水监测,施工人员体检、打针防疫,食堂消毒,灭鼠、灭蚊蝇,设置厕所,粪便由附近村民清运
移民搬迁	尽量减少非自愿移民数量	开封堤防淤背改成淤临新堤方案,遇到村庄,淤背宽度由 100 m 改成 80 m,大大减少了移民搬迁的数量

续表 11-1

影响项目	环保审查要求	措施落实情况
对移民进行安置补偿	按照亚行《非自愿移民政策》及《中华人民共和国土地管理法》(1998 年)的规定	各子项目受征地或移民影响的人员已得到补偿和安置。2004 年 10 月前开始实施的项目,按照前 3 年耕地平均年产值的 10 倍标准进行赔偿。在此之后开工的 4 个项目按前 3 年耕地平均年产值的 16 倍标准进行赔偿
安置点生活环境改善	多数为本村后靠安置	移民安置后房屋质量较以前有较大提高,生活环境有了较大的改善
饮用水符合要求	安置点采用压水井	安置点用水为新打手压井,安置点水质良好
安置点交通条件改善	较搬迁前有所改善	村中道路条件得到改善
学校搬迁	较搬迁前有所改善	工程建设涉及的 4 所小学均已建成,其教学房屋质量及学校环境均较搬迁前有明显的改善
生态环境	保护生态环境	工程植树约 300 万株,增加了绿化面积,改善了景观,美化了环境
减小农田影响	避免淤区退水对农田的影响	附近有沟渠的排入沟渠,没有沟渠的排入黄河,避免了退水影响附近农田
	施工人员生活营地平整复耕	绝大部分施工队伍租用附近村民的闲置房屋,只有极少数在现场设置临时营地。施工结束后营地平整复耕,未对农业生产造成影响
环境管理机构	确定由领导、组织、实施、合作、咨询等 5 部分机构组成的环境管理机构体系,负责工程环境管理工作	根据亚行及国家环境保护要求建立了完善的环境管理机构体系;聘请了环境管理专家凯罗琳·弗朗西斯博士为项目环境保护工作提供技术咨询
环境监测	在工程施工前、施工过程中和完工后,对水、气、声、生态环境进行监测	黄河流域水环境监测中心按照要求,分别对工程建设的 3 个阶段实施了监测,监测的项目包括地表水、生活饮用水、生产和生活废水以及大气的 PM_{10}、TSP、SO_2、NO_x 等项目
环境监理	监理人员应具备环境方面的专业知识,监理单位根据合同条款对工程中的环境保护工作进行监督管理	由具有高级工程师和工程师资格的监理人员从事环境监理工作,专业领域涉及土壤学、环境学等;92% 以上标段签订了环境监理合同,实施了环境监理工作

通过现场调查和分析，最后编制完成亚行贷款黄河防洪项目竣工环境保护验收调查报告，该报告共分11章，并附有附图、照片和8个附件。报告重点对减轻施工对周围生态环境影响采取的保护措施、工程竣工后环境恢复措施、环境管理方面以及工程建设前后周围环境质量变化进行了客观、公正的分析。表11-2给出了亚行贷款黄河防洪项目竣工环保验收调查报告目录。该报告已经通过了国家环保总局环境工程评估中心的审查，为工程竣工验收创造了良好的条件。

表11-2　亚行贷款黄河防洪项目竣工环境保护验收调查报告目录

<table>
<tr><th>一、综 述</th><th>二、工程调查</th></tr>
<tr><td>1.项目背景
2.编制依据
(1)主要法律法规
(2)技术规范
(3)相关文件和技术资料
3.调查目的
4.调查原则
5.调查对象及范围
6.环境敏感目标
7.验收标准
(1)水环境质量标准
(2)环境空气质量标准
(3)声环境质量标准
8.调查重点</td><td>1.工程建设过程
2.工程内容
(1)堤防工程
(2)险工、控导工程
(3)东平湖滞洪区围坝加固
(4)滩区安全建设工程
(5)防洪非工程措施
3.工程施工概况
4.工程移民
5.工程设计变更情况
6.工程建成及试运行
7.工程投资</td></tr>
<tr><th>三、区域环境概况</th><th>四、环评回顾及批复意见</th></tr>
<tr><td rowspan="3">1.自然环境
(1)地形地貌
(2)地质构造
(3)气象、水文
(4)地下水
(5)地表水环境质量
(6)环境空气质量
(7)声环境质量
2.生态环境
3.开封柳园口湿地自然保护区
4.社会环境
5.主要环境问题</td><td>1.环境影响评价的主要内容
2.环境影响评价的主要结论
3.环境影响评价的批复意见</td></tr>
<tr><td>五、环保措施落实总体情况调查</td></tr>
<tr><td>1.环保批复及措施落实情况对照一览表
2.环保投资情况</td></tr>
</table>

续表 11-2

六、工程规划设计阶段的环境保护工作	七、施工期环保措施落实情况调查
1. 严格执行了国家有关环境保护的管理规定 2. 工程选址充分考虑了环保效益最大化 3. 充分考虑了开封柳园口湿地自然保护区环境保护问题 4. 严格控制占地 5. 进行大规模绿化	1. 施工期环保要求及调查方法 (1)调查方法 (2)调查点确定 2. 施工期环境管理措施落实情况 (1)施工期环境管理体系 (2)工程招投标过程中的环境保护要求 (3)施工期"文明工地"评比 (4)施工期环境检查、监测落实情况 (5)施工期环境监理落实情况 (6)施工单位环境管理措施落实情况 (7)小结 3. 施工期生态环境保护措施落实情况 (1)开封柳园口湿地自然保护区施工期生态环境保护措施落实情况 (2)生态恢复措施落实情况 (3)施工期土壤环境保护措施落实情况 (4)小结 4. 施工期环境保护措施落实情况 (1)施工期水环境保护措施落实情况 (2)施工期大气环境保护措施落实情况 (3)施工期声环境保护措施落实情况 (4)施工期固体废物环保措施落实情况 (5)施工期卫生防疫环保措施落实情况 5. 施工占地及恢复措施落实情况 6. 其他问题
八、运行期环境保护调查	
1. 运行期环境管理机构 2. 工程环境保护效益调查 3. 对开封柳园口湿地自然保护区的影响 4. 生态恢复及水土保持措施落实情况 5. 临时占地恢复情况 6. 目前存在的主要环境问题	
九、移民安置环保措施落实情况调查	
1. 移民安置规划 (1)移民安置规划原则 (2)工程移民安置 2. 移民安置环保措施落实情况调查 3. 移民安置中存在的环境问题分析	
十、公众参与调查	十一、调查结论及建议
1. 公众参与调查的目的和方法 2. 公众参与调查情况统计 (1)公众参与调查情况统计 (2)移民群众参与调查情况统计	1. 工程规划设计阶段环保措施调查结论 2. 工程施工环保措施落实情况调查结论 3. 工程运行生态环境影响及恢复调查结论 4. 移民安置环保措施落实情况调查结论 5. 综合结论 6. 整改建议

续表 11-2

附图：	附件：
1. 亚行贷款黄河防洪工程地理位置分布图 2. 黄河下游洪水威胁影响区域图 3. 黄河防洪工程典型断面示意图 4. 开封柳园口湿地自然保护区位置、功能区划分和工程位置关系示意图 5. 典型工程及取土场位置示意图 6. 工程位置示意图 附照片： 反映工程施工、环境监测、生态恢复、移民安置、现场调查等方面的照片 35 张	1. 任务委托函 2. 关于亚行贷款黄河防洪工程环境影响报告书审查意见的复函 3. 竣工环保验收调查问卷（施工单位） 4. 公众意见调查表样例 5. 2007 年文明施工单位名单 6. 牡丹区工程环境月报 7. 环境监测情况 8. 环境监理情况

第四节　竣工验收调查结论

亚行贷款黄河下游防洪项目在前期规划设计阶段，就对环境保护问题进行了细致考虑，如开封柳园口湿地自然保护区、工程占地控制、取土场规划等，详细的前期工作对保护生态环境、减少污染影响等起到了至关重要的作用。

在项目实施期间，各级管理机构和建设单位均设有专门环境管理部门和人员，对工程环境保护问题进行了全过程监督管理；项目建设期间全面实施了环境监理和环境监测；工程在生态环境保护、水土流失预防、土壤环境保护、水环境、大气环境、声环境、固体废物处理、卫生防疫、施工占地生态恢复方面基本上较好地执行了环评报告及批复意见提出的措施和要求；部分工程还依据实际条件改变了原有设计，有效地控制了环境污染和生态破坏。施工中没有发生大的污染事故，未对沿线村民生活及村庄周围环境造成不良影响，调查期间以及档案资料中均没有发现有关环境问题的投诉。

在工程运行期间，临时占地得到恢复治理，农作物生产能力基本恢复至正常水平；规划的大规模绿化措施得到实施，工程沿线景观和生态环境得到改善；开封柳园口自然保护区生态系统没有受到大的不良影响，绿化措施使得保护区生态环境进一步得到改善。

在移民安置中，对土地使用进行了严格控制，对街道及房屋进行了统一规划和布局，使有限的土地资源得到了合理利用。移民安置点环境良好，没有发现大的污染现象。绝大部分安置点的移民在住房、用水、用电、交通等方面的生活水平有了较大程度的提高，生活条件得到了改善，绝大多数移民对目前生活状况表示满意。环评报告及批复意见中提出的有关移民中的环境保护措施都得到了落实，收到了良好的效果。

黄河下游防洪项目建成后，将会带来较大的环境效益：一是能够有效控导河势，避免洪水对河岸和滩地造成剧烈冲刷，保护滩地农田资源和广大人民群众的安全，维护湿地保护区自然生态系统；二是可有效保护沿黄下游广大平原地区的安全，创造良好的社会环境，减少洪水造成的损失，带来巨大的防洪效益，事关国家大局；三是工程进行了大量的植树造林、种植草坪等工作，极大地改善了黄河沿岸的景观及生态环境。黄河下游防洪工程属于非污染型生态项目，工程运行期不会排放污染物质，反而在很大程度上能够改善生态环境。因此，工程给当地带来巨大的生态效益、社会效益和经济效益。

黄河下游防洪工程的环境保护措施基本实施，但还有少数工程的水土保持措施需要加强。部分工程存在人工绿化措施不到位、草皮生长稀疏的现象，这些工程主要为村台工程，如范县陆集乡村台、东明县南村台的坡角有冲刷现象发生。由于短期内难以完成移民建房搬迁的任务，因此为了防止村台在这段时期内发生水土流失问题，建议对水土保持措施不到位的工程加以改进，以免发生严重的水土流失现象。

综合以上情况，依据国家有关工程竣工环保验收的管理规定，调查单位认为，亚行贷款黄河下游防洪工程基本具备了环境保护竣工验收的条件。

第五节　调查报告的技术审查

按照项目竣工环境验收规定，环境保护部环境工程评估中心根据委托，于2009年7月16日在北京对《亚行贷款黄河防洪项目竣工环境保护验收调查报告》进行了技术审查，形成了技术审查意见，并以环评估验函[2009]60号文报给环境保护部环境影响评价司。具体的技术意见如下。

一、工程概况（略）

二、环保措施落实情况及实际环境影响

设计阶段的环保措施、环保投资，尤其是绿化投资大幅度增加。

（一）生态环境保护措施落实情况

工程主要是土石方工程，施工对附近生态环境产生一定扰动，工程建设中主要采取了如下生态保护措施：

工程取土主要利用黄河泥沙资源，尽量减少对土地资源的占用和扰动；包边盖顶所需少量土尽量选择离河道较近、经常受黄河水淹没的嫩滩作为取土场，既避开了基本农田，也容易淤积恢复；所用石材均外购；施工队伍租用附近村庄的空置院落作为施工营地，在现场附近的坝顶、取土场等搭置少量帐篷作为现场工人的临时休息所，避免了对农田的踏压扰动；淤沙完成后及时包边盖顶，进行植被绿化。采取了绿化美化及水土保持措施，进行了大量植树种草，坡面设置排水沟；对取土场等临时占地进行了平整复耕，个别工程对大型取土场进行了泵淤恢复，还有个别工程利用滩地废旧村台作取土场，之后平整复耕。

根据调查，种植的大量树木及草坪目前几乎全部成活，长势良好，改善了景观和生态环境；平整复耕后的取土场基本恢复了土地生产力。

（二）柳园口湿地保护区施工期生态环境保护措施落实情况

改变了原设计，取消核心区取土场；施工期避开了候鸟集中的冬季（10月底至次年3月）；试验区滩地少量取土场平整复耕；进行了绿化，涉及保护区的3项工程增加树木3000多株。保护区管理部门认为施工没有对候鸟造成不利影响，工程对保护区生态环境

改善有良好作用。

新乡湿地保护区工程实施情况与柳园口湿地保护区基本相同。

(三)土壤环境保护措施落实情况

在淤背工程施工时,围堰都经过了碾压,采取了防渗措施,围堰外侧疏挖了截渗沟,泥沙沉淀后的少量清水通过灌排沟渠排放。淤背工程没有对附近土地和村庄造成不良影响。

(四)水环境保护措施落实情况

险工涉及到花园口水源厂引黄闸、黑岗口引黄闸、高村引黄闸和位山引黄闸4个取水口。花园口水源厂引黄闸在工程附近下游,为主要调查对象,其他3个引黄闸均为农灌取水口,距离工程较远,问题不敏感。

花园口水源厂引黄闸为生活取水口,设计最大取水流量为20立方米每秒,属于间断性取水,设有两级沉淀池,总面积约1000亩,能应对黄河水流中各种泥沙含量。施工时,建设单位与自来水厂进行了沟通,将取水与施工时间错开,夜间取水,白天施工。采取措施后没有对取水造成不良影响。

(五)施工期大气环境保护措施落实情况

洒水车定期对施工道路和施工现场进行洒水,避免大风天气作业,淤沙完成后及时包边盖顶,进行植被绿化。

根据各项子工程施工期的环境监测报告,施工期间工地TSP超标现象较普遍,原因一是旱季沿黄风沙普遍较大;二是车辆不可避免有扬尘现象,但采取的洒水措施使扬尘现象得到有效抑制和减缓,工地一般距村庄较远,没有对村民生活环境造成大的影响。

(六)声环境保护措施

大多数施工工地距离村庄较远,噪声对村民没有影响。少数靠近村庄的工地,施工单位则主要采取了禁止高音鸣笛、限速行驶、避免夜间施工等措施。

调查没有发现严重的噪声扰民现象。

(七)固体废物环保措施落实情况

工程没有弃渣场,施工人员粪便、残渣剩饭等均被村民收走利用,减少了污染。

(八)施工期卫生防疫环保措施落实情况

施工期委托当地医疗卫生部门负责施工人员的医疗保健及意外事故的现场急救与治疗工作。为了防止施工区发生流行性疾病,采取了如下措施:在生活营地进行了有计划、有组织的灭鼠活动;加强饮用水管理与食品卫生监督,食堂严格消毒;重视疫情监测;消灭蚊虫孳生地。夏、秋季施工人员不露宿,减少蚊虫叮咬机会,服用抗疟药物等。

施工期间没有发生流行病传染等卫生事件。

(九)移民安置环保措施落实情况

堤防工程为线状工程,通常只占压临近村庄内的少数人的房屋,搬迁由地方政府组织实施,采取本村后靠安置的方式;安置点的房屋、街道、宅基地面积、供水、排水、通信、电力等设施均结合村庄原有布置进行规划建设;结合移民原有生产能力和生活水平,并考虑了生产、地形、水源、交通、防洪排涝等,方便移民生产生活,并对搬迁农民进行了大规模农业技术培训。

安置点街道、房屋整齐美观,移民居住环境有较大的改善,移民耕种土地改变不大。

(十)环境管理及监测计划落实情况

项目施工期建立了一套完整的环境管理体系,主要分3个层次:一是建设管理部门环境管理机构体系,对工程建设全程进行环境管理,包括工程招投标中提出统一的环保要求、委托有关单位实施环境监测、组织各单位积极参加"文明工地"评比活动等;二是监理单位的监督职能,监督施工单位落实环保措施,纠正和制止施工过程中的环境污染和破坏;三是施工单位本身对施工中的环境保护进行管理,由专人负责环境管理工作,定期出具工程环境月报。

黄委早已形成了一套完备的环境管理体系,包括机构、人员和制度,本项目运行期纳入该管理体系。

按照环评报告提出的要求,本工程施工期落实了环境监测计划,由承包商自检和业主检查监测两部分组成;各工程段承包商请卫生检疫部门对生活饮用水进行了检测,编制环境月报,对本工段环境保护工作进行了总结。黄委亚行项目办委托黄河水环境监测中心在2004年5月至2008年4月间进行了环境监测及评价,监测工作涵盖了工程的施工前期、施工期和运行期,针对本工程共布设监测点777个,累计完成测次3314次,监测项目包括地表水、地下水、生产废水、大气、环境噪声等,监测单位根据合同要求向黄委亚行项目办提交了30本环境质量监测评估分报告。

按照环评报告的要求,工程施工期实施了环境监理,监理单位严格按照合同条款进行了独立、公正的工作。环境监理工作范围包括所有承包商的施工现场、工作场地、生活营地、施工道路及移民安置区等可能造成环境污染的区域。监理内容主要包括供水管理、生活污水处理、生产退水处理、大气污染控制、噪声控制、自然保护区附近的噪声源控制、固体废弃物处理、水土保持、卫生防疫、生态恢复等方面。

(十一)公众意见调查

民众普遍反映施工并未对其生活环境造成不利影响。大部分搬迁居民认为生活环境有了改善,对生活环境较满意。村民确认扰动土地(主要是取土场)得到了良好治理,农业产量基本恢复到了正常水平。民众普遍对工程防洪及绿化、美化环境方面表示满意。调查中只发现东明南村台附近村民干部对村台坡面冲刷表示了担忧。调查未发现由环保问题引起的投诉现象。

总体上来讲,工程沿线居民对工程的环境保护情况普遍较满意。

三、验收审查结论与建议

(一)审查结论

亚行贷款黄河防洪工程在前期规划设计阶段对环境保护工作进行了充分考虑,根据实际情况优化了设计。

施工期和试运营期环境管理机构和制度健全,环境保护责任明确,环境监理和环境监测工作落实到位;工程在生态环境保护,水土流失控制及土壤环境、水环境、大气环境、声环境保护,固体废物处理,卫生防疫,施工占地生态恢复方面基本上较好地执行了环评报告及原国家环保总局批复意见提出的措施和要求；部分工程还依据实际条件改变了原有设计，有效控制了生态破坏；施工中没有发生大的环保事故，未对沿线村民生活及村庄周围环境造成不良影响，没有发现有关环境问题的投诉。

运行期，工程临时占地（主要是取土场）得到平整治理，农作物生产能力基本恢复至正常水平；工程大规模绿化措施得到实施，所植树木、草坪长势良好，工程沿线景观和生态环境得到改善；开封柳园口湿地自然保护区生态系统没有受到大的不良影响，绿化措施使其生态环境进一步得到改善。

在移民安置中，对街道及房屋进行了统一规划和布局，有限的土地资源得到了合理利用。移民安置点环境良好，搬迁居民生活条件得到了改善。环评报告及批复意见中提出的有关移民中的环境保护措施基本得到了落实。

综合以上情况，依据国家有关工程竣工环保验收的管理规定，亚行贷款黄河下游防洪工程基本具备了环境保护竣工验收的条件。

（二）整改建议

部分工程存在人工绿化措施不到位、草皮生长稀疏的现象，如范县陆集乡村台；东明县南村台由于村台坡面排水沟建设不完善有脚部冲刷现象发生。另外，由于村台短期内不能继续开展配套建设，闲置时期较长，为了防止村台在这段时期内发生水土流失问题，建议对水土流失防治措施不到位的工程加以改进，防止发生严重的水土流失现象。

地方政府应关注部分农村地区饮用水安全问题。项目区部分农村地区存在地下水水质氟化物、硫酸盐、溶解性固体、总硬度等监测因子超标问题。由于该问题属于区域性问题，涉及到地区范围内广大群众的健康，因此地方政府应结合国家有关农村地区饮用水安全建设规划，需对此进行特别关注并逐步解决。

调查中发现部分包边盖顶取土场取土后地势变得相对低洼，特大降雨年份雨水排涝困难，可能影响农作物生长，因此建议加强观测与研究，必要时采取排水措施。

村台利用建议：除平阴县前阮二村村台目前已开展小区建设外，其他村台由于地方政府配套资金未落实，目前尚未利用。为了避免造成土地资源浪费，建议有关部门允许附近村民暂时在村台上耕种，有效利用土地资源，避免长期荒废。

四、技术审查结论和建议

工程基本落实了环评及批复要求的环保措施，基本具备环保验收条件，建议在对调查报告进行补充、修改符合要求后，进行现场环保验收。

该调查报告需作如下补充、修改：

（1）项目名称应与环评批复阶段一致。

（2）对照环评报告，补充说明环保投资变化情况。

（3）提供清晰、规范的相关图件。

（4）完善环评及环评批复落实情况对照表。

（5）明确地下水验收标准。

（6）核实黑岗口下游控导工程是否在柳园口湿地自然保护区的核心区内。

(7)进一步明确堤防背淤段是否存在渗水影响及农田的潮湿化、盐碱化影响。

(8)进一步明确公众对本工程环境保护工作是否满意,补充对地方环保总局门的走访意见,明确是否存在环保投诉。

(9)按照《关于做好建设项目环境统计工作的通知》(环办[2007]141号文)的要求,重新填写建设项目工程竣工环境保护“三同时”验收登记表,并作为调查报告附件。

第六节　项目公示、现场检查与验收组意见

一、项目公示

依据亚行贷款黄河防洪项目竣工环境保护验收调查结果、技术审查意见及其相关材料,环境保护部在网站 www. mep. gov. cn 上对该项目进行了公示。公示通知及具体公示内容分别见表11-3和表11-4。

二、现场检查与验收意见

按照项目竣工环境保护验收管理程序,中华人民共和国环境保护部环境影响评价司于2009年12月2日对亚行贷款黄河防洪项目进行环境保护验收现场检查,按照通知要求,参加单位为水利部水资源司,河南省环境保护厅,山东省环境保护厅,水利部黄委,河南省郑州、开封市等5个市环境保护局,山东省济南、聊城市等5个市环境保护局,中国水利水电科学研究院、黄委亚行项目办以及环境监测单位、环境监理单位、环境评价单位、工程设计单位等与项目有关的单位。与会代表听取了黄委亚行项目办对工程环境保护执行情况和中国水利水电科学研究院对验收调查报告的汇报,现场检查了环境保护措施的落实情况,审阅并核实了有关资料。经认真讨论,形成验收意见如下。

(一)工程基本情况(略)

(二)环境保护措施及验收调查结果

1.生态影响

工程取土主要利用黄河泥沙,施工营地主要租用附近村庄民房,减少了土地的占用和扰动。采取了工程与植被相结合的水土保持措施,设置了完整的排水系统,所植树木、草坪长势良好,水土流失轻微,工程沿线景观和生态环境得到改善。对取土场等临时占地进行了平整,农作物生产能力基本恢复至正常水平。

位于开封柳园口湿地自然保护区附近的工程,取土避开了保护区核心区,施工避开了候鸟聚集时间,增加了绿化面积,保护区生态系统未受明显不良影响。

2.污染影响

开展了施工期环境监理和施工期环境监测。工程建设未对黄河水质、地下水质产生明显影响;淤背工程退水排入灌排沟渠,未对农田、村庄产生明显影响;与郑州市自来水厂较近的花园口险工,施工时间与水厂取水时间错开,未对取水造成影响。

表 11-3　建设项目竣工环境保护验收公示通知

关于2009年7月建设项目竣工环境保护验收公示的通告

2009年7月20日

根据《关于建设项目竣工环境保护验收实行公示的通知》(环办[2003]26号)的有关要求,黑龙江龙凤玉米开发有限公司50万t/年玉米综合深加工项目、陕西中能煤田有限公司榆阳煤矿(3.0 Mt/a)技改工程等21个建设项目已进行了竣工环境保护验收现场监测和调查工作,现将项目名单予以公布,每个建设项目环境保护的具体情况请登录环境保护部网站(www. mep. gov. cn)查询。欢迎公众参与建设项目环境保护工作。

一、公示时间:(2009年7月20~26日)

二、公示期间联系电话:010-66556756,66556429

三、电子信箱:E-mail: lian. jun@ mep. gov. cn

四、通讯地址:北京市西直门内南小街115号 环境保护部环境影响评价司,邮编:100035

五、联系人:略

环境保护部关于2009年7月建设项目竣工环境保护验收公示的项目名单

序号	项目名称	序号	项目名称
1	黑龙江龙凤玉米开发有限公司50万t/年玉米综合深加工项目	12	中石油锦州石化分公司60万t/年连续重整工程
2	新疆阜康电厂一期工程	13	上海天马有限公司第4.5代薄膜晶体管液晶显示器件(TFT-LCD)生产线项目
3	上海蓝星化工新材料厂4万t/年聚甲醛项目	14	陕西中能煤田有限公司榆阳煤矿(3.0 Mt/a)技改工程
4	山东魏桥铝电有限公司240万t/年氧化铝技改项目一期	15	国道主干线广州绕城公路(九江至小塘段)高速公路
5	广东理文造纸有限公司四期工程	16	上海至瑞丽国道主干线湖南省邵阳至怀化、怀化至新晃公路
6	平顶山姚孟发电有限责任公司2×600 MW机组扩建工程6号机组	17	国道213线元江至磨黑高速公路
7	陕西韩城第二发电厂二期工程	18	青岛港前湾港区四期1号、2号泊位工程
8	慈溪市生活垃圾焚烧发电新建工程	19	亚行贷款黄河防洪项目
9	宝山钢铁股份有限公司汽车板及硅钢生产线扩建工程(五冷轧子项目)	20	天津滨海国际机场改扩建工程
10	河南许昌新城区热电厂工程	21	重庆至遂宁公路重庆段
11	中冶纸业银河有限公司年产20万t高强瓦楞原纸工程		

表 11-4　亚行贷款黄河下游防洪工程竣工环境保护验收公示内容

亚行贷款黄河下游防洪工程
一、项目基本概况 建设内容:略 建设单位:黄河水利委员会亚行贷款项目管理办公室 建设地点:河南焦作至山东济南黄河河段范围内,主要涉及河南、山东两省10个地级市。 工程投资:工程投资28亿元,环保投资5115万元,占总投资约1.8%。 工程建设情况:2004年3月开工,2008年6月完成,2008年各子工程通过了主体工程验收。 环评编制单位:黄河水资源保护科学研究所 环保设施设计单位:黄河勘测规划设计有限公司 环保设施施工单位:郑州黄河水电工程局、山东乾元工程集团有限公司等40多家施工单位 工程环境监理单位:黄河勘测规划设计有限公司、濮阳天信监理公司 验收调查和监测单位:中国水利水电科学研究院 **二、验收调查结果** (1)生态环境保护。工程取土主要利用黄河泥沙,减少了土地资源的占用和扰动;施工队伍主要租用附近村庄的空置院落作施工营地,减少了对土地的踏压扰动;采取了绿化美化及水土保持措施,进行了大量植树种草,设置了排水系统,所植树木、草坪长势良好,水土流失轻微,工程沿线景观和生态环境得到改善;工程临时占地(主要是取土场)得到平整治理,农作物生产能力基本恢复至正常水平;发现个别村台植被不良和脚部冲刷现象,需要改进。 (2)湿地保护区保护。开封柳园口湿地自然保护区内及附近的工程,避免了核心区取土;施工避开了候鸟聚集的冬季;加强施工管理;增加了绿化面积;保护区生态系统基本未受不良影响,工程防护及绿化措施使其生态环境进一步得到改善;新乡湿地自然保护区情况基本相同。 (3)土壤环境保护。淤背施工围堰进行了碾压,采取了防渗措施,围堰外侧疏挖了截渗沟,退水排入农村灌排沟渠,调查没有发现对附近土地和村庄造成潮湿化、盐碱化等不良影响。 (4) 水环境保护。工程靠近郑州自来水厂花园口引水口,工程对水面扰动较小,施工与取水错开时间,没有对取水造成大的不良影响。 (5)施工期环境空气保护。利用洒水车对施工道路和施工现场定期进行洒水,有效抑制了扬尘;大风天气停止作业;淤沙完成后及时包边盖顶,进行植被绿化;根据监测,工地(取土场、运输道路)附近TSP有超标现象,一是因为旱季风沙较大,本底值偏高;二是车辆扬尘依然不可避免。工地一般距离村庄较远,未有居民反映对其生活造成了大的影响。 (6)声环境保护。大多数工地距离村庄较远,不存在噪声扰民问题;少数靠近村庄的工地主要采取了禁止高音鸣笛、限速行驶、避免夜间施工等环境保护措施,未对村民生活造成大的影响。 (7)固体废物处理。工程没有弃渣场,施工人员粪便、残渣剩饭被村民收走利用,未对环境造成大的不良影响。 (8)卫生防疫。施工期委托当地医疗卫生部门负责施工人员的医疗保健和意外事故的救治,严格按要求开展了卫生防疫工作,未发生疾病流行等大的卫生事件。 (9)移民安置环境保护措施。居民搬迁主要采取了本村后靠安置、房屋街道和基础设施统一规划及建设等措施,搬迁居民的生活环境得到改善,基本没有产生大的环境污染和生态破坏。

3.移民安置环境影响

移民安置主要为后靠安置,房屋街道和基础设施统一规划和建设,搬迁居民的生活环境得到改善,未新增环境污染和生态破坏。

4.公众意见

85%以上的被调查者对该工程的环境保护工作表示满意或基本满意。

(三)验收结论

工程环境保护审批手续齐全,落实了环境影响报告书及其批复文件提出的主要环境保护要求,符合环境保护验收条件,建议工程通过环境保护验收。

(四)要求和建议

(1)完善范县陆集乡村台、东明县南村台等工程的水土保持工作。

(2)做好堤防沿线植被养护等生态保护工作。

三、验收申请与审批

黄委亚行项目办按照项目竣工环境保护验收管理要求,编制了亚行贷款黄河防洪项目竣工环境保护验收申请报告。因本项目不属于污染类的项目,因此环境保护申请报告应填报生态影响为主的项目报告。为便于统一,环境保护部对该类验收申请报告的格式作了详细的规定(见表11-5)。

表11-5 建设项目竣工环境保护验收申请报告

(生态影响为主项目)

项 目 名 称________________________

建 设 单 位________（盖章）________

建 设 地 点________________________

项目负责人________________________

联 系 电 话________________________

邮 政 编 码________________________

环保总局门 填 写	收到验收报告日期	
	编 号	

国家环保总局制

该验收申请报告共包括11个表,见表11-6~表11-16。

黄委亚行项目办按照格式要求提交申请报告后,项目所在地的河南和山东两省环境保护部根据对现场检查的情况以及对各类报告的审查和相关资料审阅后,分别提出了验收意见,同时项目的行业主管部门水利部水资源司也出具了同意验收意见。最后,环境保护部基于以下条件,认为亚行贷款黄河防洪项目符合验收条件:①由环境保护部组织对工程进行的竣工环境保护验收现场检查;②建设项目所在地环境保护部门的意见;③建设单位提交的项目环境保护竣工验收申请报告(编号2010-068);④项目行业主管部门的意见;⑤建设单位开展的环境管理、环境监理和环境监测的工作成效以及环境保护执行报告、监理报告和监测报告等;⑥项目竣工环境保护验收调查报告;⑦调查报告的技术审查意见。环境保护部于2010年4月12日以环验[2010]82号文下发了《关于亚行贷款黄河下游防洪工程竣工环境保护验收意见的函》，明确指出“工程环境保护手续齐全，落实了环评及其批复文件提出的主要环保措施和要求，工程竣工环境保护验收合格”。黄委亚行项目办按照意见要求，在批复后的 20 日内，将审批的验收申请报告及验收调查报告送到环境保护部华北、华东环境保护督察中心和地方各级环境保护行政主管部门。至此，亚行贷款黄河防洪项目通过了项目竣工环境保护验收，为整个项目的验收打下了坚实的基础。

表 11-6 项目一般描述

<table>
<tr><td>建设项目名称</td><td colspan="4"></td></tr>
<tr><td>行业主管部门</td><td colspan="2"></td><td>行业类别</td><td></td></tr>
<tr><td colspan="4">建设项目性质（新建、改扩建、技改、迁建）</td><td></td></tr>
<tr><td>环境影响报告书
审批机关及批准文号</td><td colspan="4"></td></tr>
<tr><td>初步设计审批机关
及批准文号、时间</td><td colspan="4"></td></tr>
<tr><td>投资总概算</td><td>万元</td><td>其中环保投资</td><td colspan="2">万元</td></tr>
<tr><td>实际总投资</td><td>万元</td><td>其中环保投资</td><td colspan="2">万元</td></tr>
<tr><td colspan="5">废水处理投资　　万元
废气处理投资　　万元
噪声处理投资　　万元
固体废物处置投资　　万元
生态、绿化投资　　万元
其他处理投资　　万元</td></tr>
<tr><td>环境影响报告书编制单位</td><td colspan="4"></td></tr>
<tr><td>环保设施设计单位</td><td colspan="4"></td></tr>
<tr><td>环保设施施工单位</td><td colspan="4"></td></tr>
<tr><td>环保验收调查单位</td><td colspan="4"></td></tr>
<tr><td>建设项目开工日期</td><td colspan="4"></td></tr>
<tr><td>建设项目投入试运行日期</td><td colspan="4"></td></tr>
</table>

表 11-7　项目概况及生态影响特性表

永久占地面积(hm^2)	淹没区面积(hm^2)
临时占地面积(hm^2)	临时占地恢复面积(hm^2)
永久占用耕地面积(hm^2)	恢复耕地面积(hm^2)
永久占用林地面积(hm^2)	恢复林地面积(hm^2)
永久占用草地面积(hm^2)	恢复草地面积(hm^2)
永久占用其他面积(hm^2)	恢复其他面积(hm^2)
工程区绿化面积(hm^2)	工程区绿化投资(万元)
治理水土流失面积(hm^2)	水土保持投资(万元)
迁移人口(人)	移民环保投资(万元)
取土石方量(万 m^3)	弃土石方量(万 m^3)

项目概况(项目主要组成内容、规模或能力及主要特性):

涉及的环境敏感目标及影响:

表 11-8　生态影响防护与恢复措施(设施)一览表

生态影响防护与恢复措施(设施)	投资(万元)	落实情况及实施效果

注:生态影响防护与恢复措施(设施)主要是指物种多样性和珍稀、濒危物种的保护;植被的保护与恢复;资源保护和合理利用(包括土地、水资源);减少水土流失;土壤质量保护;控制污染的生态影响;生态监测等,应包括措施名称、保护对象、保护目标及措施内容等。

表 11-9　污染处理设施及排放口一览表

设施名称及排放口	处理规模与方法	投资（万元）	监测结果				执行标准	排放去向	备注
			污染物名称	处理前	处理后	处理效率			

表 11-10　环保措施执行情况

环保管理措施执行情况：
环境监测措施执行情况：
环保监理措施执行情况：

表 11-11　验收调查主要结论

调查主要结论：

表 11-12 存在问题及采取措施

目前存在的主要环境问题及需进一步采取的措施：
建议：

表 11-13 验收组验收意见

验收组（委员会）验收意见：

表 11-14　验收组成员名单

	姓名	单位	职务、职称	签名
组长				
副组长				

表 11-15　行业主管部门验收意见

行业主管部门验收意见： （公章） 经办人（签字）：　年　月　日
所在地环境保护行政主管部门验收意见： （公章） 经办人（签字）：　年　月　日

表 11-16　负责项目验收的环境行政主管部门意见

负责验收的环境行政主管部门意见： 环验[　　]　　号 （公章） 经办人（签字）：　　　　年　　月　　日

第十二章　环境影响后评价

亚行对其贷款的项目，从开始到完成投产，必须经过选项和立项、项目准备性技术援助、实地考察、项目评估、项目谈判、贷款批准与签字生效、项目执行、项目竣工和后评价等8个阶段。项目后评价是指对已经完成的项目或规划的目的、执行过程、效益、作用和影响所进行的系统的客观的综合分析评价。建设项目竣工后，一般经过1～2年生产运营后，要进行一次系统的项目后评价。项目后评价一般是对项目执行全过程每个阶段的实施和管理进行定量和定性的分析，包括对项目的立项决策、设计、采购、施工、验收、运营等各个阶段的工作进行系统的评价。

通过项目后评价既可以分析本项目预期目标是否达到，总结经验教训，又可以通过及时有效的信息反馈，为未来新项目的决策和提高管理水平提供借鉴，同时也可针对后评价项目实施运营中出现的问题，提出改进建议，从而达到提高投资效果的目的。项目后评价的基本内容包括项目过程评价、技术经济评价、影响评价以及目标与可持续性评价等。其中项目的影响后评价又分为项目环境影响后评价和项目社会影响后评价。

亚行贷款黄河防洪项目环境影响后评价作为整个项目后评价的一个重要组成内容，按照亚行和项目建设程序的要求，在项目竣工一年后，委托开展环境影响后评价工作。项目环境影响后评价包括项目前期、建设期和运行期的环境管理评价和环境效果评价。

第一节　后评价内容与技术路线

建设项目环境影响后评价就是对建设项目实施后的环保措施的有效性进行调查、分析与评价、提出改进措施，实现项目建设与环境相协调的方法与制度。开展亚行贷款黄河防洪项目环境影响后评价，可以满足社会各界客观了解黄河洪水管理项目的全貌，为黄河下游洪水管理提供技术支撑。

一、后评价目的和内容

开展项目环境影响后评价的目的，是为了客观全面地评价黄河洪水管理亚行贷款项目建设及运行后造成的环境影响、对当地群众生产生活产生的影响及取得的效益。评价的重点是工程建设带来的环境影响，对于特殊保护区如柳园口湿地，重点评价是否对湿地生态环境造成影响，最后得出评价结论及建议，为合理、高效利用防洪工程措施以及为有关部门制定环境保护政策提供借鉴。

黄河防洪项目环境影响后评价内容主要包括：

（1）从项目的设计、建设与运行角度，重点调查项目前期环境评价及环保设计方案内容，并与项目建设期间及运行期间的实际结果对比，对工程的环保措施的合理性及有效性进行分析评价。

（2）从项目的管理角度，重点评价整个项目进行过程中，项目管理部门执行有关法律法规及制度的成效，评价工程施工期间相关单位对环保措施的落实情况。一方面可以加强管理人员的责任感，提高项目预测的正确性；另一方面通过后评价反馈信息，及时纠正项目决策中存在的问题，从而提高未来项目的管理水平。

（3）从自然生态角度，评价项目结束后，对临时占地所采取的生态恢复措施、当前的生态环境状况，如临时建筑物拆除情况、地表覆盖物恢复情况、临时占地区空气质量、噪声污染等，为相关部门制定环境恢复以及环境保护政策提供依据。

（4）从人文生态角度，对项目建设过程中移民的安置情况进行评价，从移民自身反映的情况与公众对移民问题的反应两方面进行评价；在项目运行后，调查移民的生活水平与生活环境及满意程度等，评价有关部门制定移民政策的合理性、有效性并总结经验。

（5）从发挥工程效益角度，评价项目运行后发挥的环保效益、防洪效益以及社会经济效益，为政府部门制定政策以及工程项目效益的充分发挥提供科学依据。

二、后评价技术路线与重点

（一）后评价的技术路线

根据环境影响后评价的内容及要求，本评价确定的技术路线为：

（1）对项目研究内容进行深入分析和研究，明确研究目标，在此基础上进行系统全面的资料收集和整理；

（2）对研究范围内的每个工程均进行自然生态环境后评价、人文生态环境后评价和效益评价。

自然生态环境后评价包括管理评价和效果评价。管理评价即对项目建设前期、建设期和运行期环境管理各部门履行职责、人员到位等情况进行评价，效果评价即对工程区的生态环境状况进行评价。

人文生态环境后评价也包括管理评价和效果评价。管理评价即对项目建设前期、建设期和运行期移民管理各部门履行职责、人员到位等情况进行评价，效果评价即对工程建设前后移民生活状况进行评价。

效益评价即评价工程建成后产生的防洪、经济、环境等方面的效益。

（3）在进行上述3方面评价后得出每个工程自然生态环境后评价结论、人文生态环境后评价结论以及效益评价结论，进而得到工程评价结论。在对各个工程评价结论进行总结分析后得出项目整体评价结论，并在此基础上提出意见和建议。

项目总体技术路线见图12-1。

（二）后评价重点

本次后评价是对已有的堤防、险工、控导工程、东平湖围坝工程进行加固后以及实施河道整治和滩区安全建设工程后造成的环境影响及产生的效益进行评价，对在施工过程中永久占地及临时占地产生的移民情况进行评价。根据工程建设的性质确定本项目后评价的重点如下：

（1）在工程建设前期、建设期和运行期，对各管理部门、建设部门的建管措施方法是否得当、监理监测部门的监理监测情况是否及时恰当以及验收部门验收情况是否符合相关规定等情况进行重点评价。

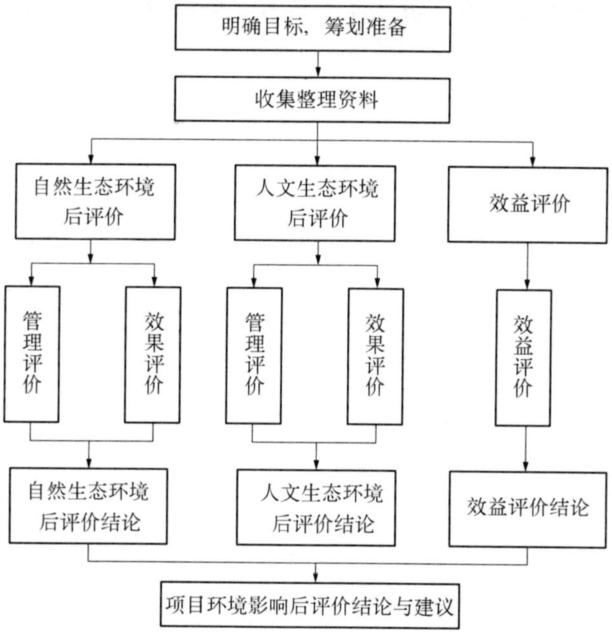

图 12-1　后评价技术路线图

(2)黄河洪水管理亚行贷款项目为非污染生态影响项目,工程建设过程中以及建成后产生的环境影响是本次工作评价的重点。

(3)在亚行贷款黄河防洪项目中,堤防淤背加固工程、滩区安全建设工程和河道整治工程的建设占压了大量的耕地及一些房屋,在滩区安全建设工程中,村台建设后产生大量移民,这些均对居民生活水平产生了影响。因此,对移民的生活生产状况、移民的安置和土地的调配产生的社会影响也是环境后评价的一项重要内容。

(4)开封黑岗口险工和控导工程的续改建与府君寺控导工程的续建,都涉及到开封柳园口湿地自然保护区,为保护湿地生态环境,工程建成后对湿地产生的环境影响也是本次后评价工作的重点。

(5)黄河下游防洪工程完工后,减轻了洪水对黄河下游保护区的威胁,促进了社会经济发展,对工程建成后产生的防洪效益、环境效益及社会经济效益做重点评价。

第二节　后评价指标体系

一、指标体系构建原则

对黄河防洪项目涉及的堤防工程、村台工程、控导和险工工程分项目前期、项目建设期和项目运行期建立评价指标体系。构建指标体系主要遵循以下原则。

1. 全面性与概括性相结合

为了保证评价的科学性,任何综合评价体系都将是一个复杂的复合系统,具有丰富而深刻的内涵。这就要求建立的评价指标体系具有足够的涵盖面,能够全面地反映出水利工程所产生的各种影响与所带来的各种效益,但同时也要注意指标选取的概括性,避免体系过于庞大,力争指标简洁、精练,便于数据的收集和加工处理,从而提供整个指标体系的可操作性。

2. 可测性原则

评价体系在用于具体实践时,面对的不仅仅是各种具体的评价指标,更要考虑到具体数据的来源与采集的难度。因此,在选择指标时,不能脱离指标相关资料信息条件的实际,必须考虑其数据来源与采集难度,也就是选择的每一个指标不但要具有代表性与概括性,而且应当尽可能地选用现有资料中已包含的或者通过调查、咨询等手段可以获得的。

3. 灵活性原则

不同的自然条件,不同的社会经济发展水平,不同的民俗与文化,使得不同地区对于水利工程的功能及目标的要求存在显著差异,具有不同的侧重点与出发点。因此,指标选取过程中,在强调规范的同时,还应当考虑到区域和地区之间的差异,具有一定的灵活性,选取能够正确反映当地实际情况与工程具体功能目标的评价指标。此外,考虑到有些指标由于数据采集存在难度或者不便于分析计算,亦可以灵活地采用意义相近的指标代替。

4. 可比性原则

为了对工程规划进行科学的比较选优,就要求一方面指标的选取要采用统一的标准;另一方面指标的变化趋势尽量相同,必要时可进行相应数学处理,以提高评价指标体系的可比性。

5. 定量指标与定性指标相结合

由于水利工程影响的广泛性与评价的复杂性,完全采用定量指标是不合理的,更是不现实的,因此在体系建立过程当中,就要定量指标与定性指标相结合,相互补充,兼顾使用。

二、建立指标体系

基于以上评价指标体系的构建原则,建立有目标层、准则层和指标层 3 个层次组成的指标体系框架。

参照评价大纲以及资料收集结果,建立自然生态环境、人文生态环境以及效益评价 3 个方面的指标体系。

1. 自然生态环境评价指标体系

自然生态环境评价包括两方面内容,即自然生态环境管理评价和自然生态环境效果评价。自然生态环境管理评价分为前期、建设期和运行期评价。前期管理评价主要包括对工程管理部门管理情况、环境影响评价和环境保护设计情况进行评价;建设期管理评价主要包括对项目建设期管理部门管理情况、施工人员环保意识、监理部门以及监测部门监理监测情况进行评价;运行期管理评价主要对管理部门管理情况进行评价。所建立的管理评价指标体系及效果评价指标体系见表 12-1、表 12-2 和表 12-3。

表 12-1　前期自然生态环境管理评价指标体系

目标层	准则层	指标层	分指标层
自然环境影响后评价	管理部门	组织机构健全	职权
			职责
			人员安排
		规章制度完善	全面性
			可操作性
		实施执行情况	执行公正性
			执行全面性
	环评部门	编制是否规范	单位人员资质
			内容符合要求
		审批是否规范	程序规范
			结论明确
			修改情况
	环保设计	设计是否规范	单位人员资质
			措施明确
		审批是否规范	程序合法
			结论明确
			修改情况

表 12-2　建设期自然生态环境管理评价指标体系

目标层	准则层	指标层	分指标层
自然环境影响后评价	管理部门	组织机构健全	职权
			职责
			人员安排
		规章制度完善	全面性
			可操作性
		实施执行情况	执行公正性
			执行全面性

续表 12-2

目标层	准则层	指标层	分指标层
自然环境影响后评价	施工部门	组织机构	队伍环保资质
			人员安排
		管理制度完善	全面性
			可操作性
		环保措施执行情况	执行公正性
			执行全面性
	监理部门	组织机构完善度	单位人员资质
			人员安排
		规章制度完善	全面性
			可操作性
		监理力度	人员到位
			监理项目齐全
			协调能力
	监测部门	组织机构完善度	单位人员资质
			人员安排
		规章制度完善	全面性
			可操作性
		监测力度	人员到位
			监测项目齐全

表 12-3 运行期自然生态环境管理评价指标体系

目标层	准则层	指标层	分指标层
自然环境影响后评价	管理部门	组织机构健全	职权
			职责
			人员安排
		规章制度完善	全面性
			可操作性
		实施执行情况	执行公正性
			执行全面性

管理效果评价主要对监测部门监测的环境因子进行定量计算，分析项目建设过程中的环境变化；对施工区的生态因子进行定性分析，得出生态状况的变化，进而总结得出当地的生态环境变化。效果评价指标体系见表 12-4。

表 12-4 自然生态环境效果评价指标体系

目标层	准则层	指标层
环境评价	地表水	水温
		pH 值
		溶解氧
		高锰酸盐指数
		化学需氧量
		五日生化需氧量
		氨氮
		挥发酚
		氟化物
		铅
		镉
		石油类
环境评价	地下水	水温
		pH 值
		色度
		浊度
		硫酸盐
		总硬度
		氯化物
		高锰酸盐指数
		硝酸盐
		溶解性总固体
		挥发酚
		氟化物
		铅
		锌
		铁
		镉
		总大肠菌群
		二氧化硫(SO_2)一小时值
		二氧化硫(SO_2)日平均值

续表 12-4

目标层	准则层	指标层
环境评价	地下水	二氧化氮(NO_2)一小时值
		二氧化氮(NO_2)日平均值
		总悬浮颗粒物(TSP)一小时值
		总悬浮颗粒物(TSP)日平均值
环境评价	噪声环境	昼环境最大噪声
		夜环境最大噪声
	生态	物种数目
		景观改善
		植被覆盖率
		水土流失率
		土壤质量

2. 人文生态环境评价指标体系

人文生态环境状况后评价主要包括项目管理评价和项目效果评价。前期管理评价主要包括对工程管理部门管理情况、移民初步设计和在移民过程中的公众参与情况进行评价;建设期管理评价主要包括对项目建设期管理部门管理情况、施工部门情况、监理部门以及公众参与情况、移民实施方案情况进行评价;运行期管理评价主要对管理部门管理情况及在移民搬迁安置后公众参与情况进行评价。所建立的管理评价指标体系见表 12-5、表 12-6 和表 12-7。

表 12-5　项目建设前期移民评价指标体系

目标层	准则层	指标层	分指标层
人文生态环境影响后评价	管理部门	组织机构健全	职权
			职责
			人员安排
		规章制度完善	全面性
			可操作性
		实施执行情况	执行公正性
			执行全面性

续表 12-5

目标层	准则层	指标层	分指标层
人文生态环境影响后评价	移民初步设计	编制是否规范	单位人员资质
			内容符合要求
		审批是否规范	程序规范
			结论明确
			修改情况
	公众参与	公众类型	周边群众
			移民
			专家
		公众参与方式	广告
			座谈
			会议
			问卷调查
		公众参与程度	参与时间
			了解程度
			意见被采纳程度

表 12-6　项目建设期移民评价指标体系

目标层	准则层	指标层	分指标层
人文生态环境影响后评价	管理部门	组织机构健全	职权
			职责
			人员安排
		规章制度完善	全面性
			可操作性
		实施执行情况	执行公正性
			执行全面性
	监理部门	组织机构完善	单位人员资质
			人员安排
		规章制度完善	全面性
			可操作性
		监理力度	人员到位
			监理项目齐全
			协调能力

续表 12-6

目标层	准则层	指标层	分指标层
人文生态环境影响后评价	公众参与	公众类型	周边群众
			移民
			专家
		公众参与方式	广告
			座谈
			会议
			问卷调查
		公众参与程度	参与时间
			了解程度
			意见被采纳程度
	移民安置	编制是否规范	单位人员资质
			内容符合要求
		审批是否规范	程序规范
			结论明确
			修改情况
		实施执行情况	执行公正性
			执行全面性

表 12-7　项目运行期移民评价指标体系

目标层	准则层	指标层	分指标层
人文生态环境影响后评价	管理部门	组织机构健全	职权
			职责
			人员安排
		规章制度完善	全面性
			可操作性
		实施执行情况	执行公正性
			执行全面性

续表 12-7

目标层	准则层	指标层	分指标层
人文生态环境影响后评价	公众参与	公众类型	周边群众
			移民
			专家
		公众参与方式	广告
			座谈
			会议
			问卷调查
		公众参与程度	参与时间
			了解程度
			意见被采纳程度
	移民安置	编制是否规范	单位人员资质
			内容符合要求
		审批是否规范	程序规范
			结论明确
			修改情况
		实施执行情况	执行公正性
			执行全面性

在项目建成运行后，对移民生活生产安置状况进行效果评价，主要对移民安置前生活状况和移民安置后生活状况进行评价，分析移民安置前后生活状况的变化情况。效果评价指标体系见表 12-8。

表 12-8　移民生活生产安置分指标体系

目标层	准则层	指标层
移民评价	医疗教育设施	千人拥有医生数
		教育设施完善程度
	生活水平	人均纯收入
		人均居住面积
	生产水平	人均耕地面积
		耕种半径
		生产技能提高

续表 12-8

目标层	准则层	指标层
移民评价	基础设施建设	水电管道密集度
		排污管道密集度
		道路密集度
		绿化面积

3. 效益评价指标体系

对工程建成后产生的防洪、生态环境和社会经济效益进行评价，效益评价指标体系见表 12-9。

表 12-9　效益评价指标体系

目标层	准则层	指标层
效益评价	防洪效益	提高了防洪标准
	环境效益	自然指标、人文指标
	经济效益	减少的防洪损失
		增加的居民收入
		改善的投资环境
	社会效益	生存环境改善
		生产技能提高
		就业机会增多

柳园口湿地评价指标体系(略)。

第三节　后评价方法与评分标准

一、评价方法

环境影响后评价方法主要采用了层次分析法(AHP)、基于 FUZZY - AHP 的后评价方法(模糊数学法)、投影寻踪法、前后对比法和有无对比法。

(一)层次分析法(AHP)

1. 方法概述

层次分析法由美国匹兹堡大学教授 T. L. Saaty 在 20 世纪 70 年代中期提出，它是系统工程中对非定量事件作定量分析的一种简便方法，也是对人们的主观判断作出客观描述的有效方法。

层次分析法的基本思想是把人们处理复杂系统的定性分析，转化为定性与定量结合的系统分析，用群体判断克服单一判断的主观偏好，进行群体综合，再以定量的形式给出准确的排序结果。其基本步骤是：首先将复杂系统的各种要素，按照要素之间的相互关系进行条理化，使之形成从最高层到最低层逐层起着支配作用的多层次结构体系模型，通过确定主观思维判断定量化的标度，统一不同个体的主观判断标准，使之具有可比性。然后采用两两比较的方法，确定层次中诸要素的相对重要性，使同层要素之间建立比较链条，构成判断矩阵，通过判断矩阵特征向量的计算，得出比较因素的相对权重，最后进行判断矩阵的一致性检验，检查群体思维判断的一致性，从而克服两两比较法的缺陷。AHP 方法实用、简明，又有严谨的理论基础，是一种评价选优的有效科学方法。其主要用途有两种：一是对多方案进行排序选优；二是在多指标体系中，对各项指标进行排序，确定其相对总目标的权重。

任何系统分析方法都是以一定的信息为基础，AHP 的信息基础主要是人们对于每一层次各个元素指标的相对重要性给出的判断。将这些判断用数值表示出来，写成矩阵的形式，即所谓的判断矩阵，这是运用层次分析法的关键一步。为了综合不同方面专家的意见，使权重的确定建立在更为广泛的专家咨询的基础上是十分必要的，主要是采用发放专家意见调查表的方法，在调查表中应对各指标的具体内容给出详尽的描述，并注明评分标准与填表说明。然后在此基础上，构建判断矩阵。

2. 构造判断矩阵

针对评定指标层中各有关元素相对重要性的状况，针对目标层逐项就任意两个评价指标进行比较，根据专家意见确定它们的相对重要性并赋以相应的分值，评分后，得到一个 n 阶互反性判断矩阵 B，矩阵如表 12-10 所示。

表 12-10　n 阶互反性判断矩阵 B

B_i / B_{ij} / B_j	B_1	B_2	…	B_n
B_1	b_{11}	b_{12}	…	b_{1n}
B_2	b_{21}	b_{22}	…	b_{2n}
⋮	⋮	⋮		⋮
B_n	b_{n1}	b_{n2}	…	b_{nn}

表中，B_{ij}为元素 B_i 对 B_j 的相对重要性的判断值，显然有 $b_{ji}=1/b_{ij}$。B_{ij}一般取 9 个等级，权值分析可采用“两两比较法”，每次在 n 个因子中只对两个因子相互比较重要性，i 与 j 两个因子比较时重要性标度见表 12-11 所述。

3. 因子权重系数的确定

对比较矩阵，先计算矩阵的最大特征根 λ_{max}，然后求出其所对应的规范化的特征向量 W，W 的分量 W_i 就是对应 n 个因子的权重系数。

求解特征值和特征向量比较麻烦，由于专家进行两两因子相对重要性比较的精度有限，在实际工作中有两种近似算法可以简便地计算权重系数。

表 12-11　两因子比较时重要性标度表

重要性	标度	备注
极为重要	9	2,4,6,8 用于重要性标度之间的中间值
重要得多	7	
重要	5	
稍重要	3	
一样重要	1	
稍次要	1/3	
次要	1/5	
次要得多	1/7	
极为次要	1/9	

1)和积法

对 B 按列规范化：
$$\overline{a_{ij}} = \frac{a_{ij}}{\sum_{j=1}^{n} a_{ij}}$$

再按列相加求和数：
$$\overline{W_i} = \sum_{j=1}^{n} \overline{a_{ij}}$$

再规范化，即得权重系数：
$$W_i = \frac{\overline{W_i}}{\sum_{i=1}^{n} \overline{W_i}}$$

2)方根法

按行元素求几何均值，得：
$$\overline{W_i} = \sqrt[n]{\prod_{j=1}^{n} a_{ij}}$$

规范化，即得权重系数：
$$W_i = \frac{\overline{W_i}}{\sum_{i=1}^{n} \overline{W_i}}$$

4. 一致性检验

为了考察 AHP 方法得出的结果是否基本合理，需要对判断矩阵进行一致性检验。所谓一致性，即指当 x_1 比 x_2 重要、x_2 比 x_3 重要时，则认为 x_1 一定比 x_3 重要。一致性检验的方法是将一致性指标 CI 与平均随机一致性指标 RI 进行比较。一般地，当 $CI/RI = CR < 0.1$ 时，就认为判断矩阵具有令人满意的一致性；否则，当 $CI/RI = CR > 0.1$ 时，就需要调整判断矩阵，直到满意为止。CI 可用公式 $CI = (\lambda_{max} - n)/(n - 1)$ 求得，RI 可通过查表 12-12 得到。

表 12-12　层次分析法权重分析 *RI* 表

n	1	2	3	4	5	6	7	8	9	10	11
RI	0	0	0.58	0.9	1.12	1.24	1.32	1.41	1.45	1.49	1.51

本文主要是采用层次分析法来确定黄河洪水管理项目效益评价指标体系中各评价指标的权重，其基本步骤与方法如下：

(1)明确研究问题。即明确研究问题的范围、所包含的因素及其因素之间的相互关系、需要求得的结论等。

(2)建立层次结构模型。根据水利工程的实际情况、主要功能、发展目标等因素，在深入分析的基础上，根据上文已建立好的指标体系，按照指标间的逻辑关系将指标体系划分为目标层、准则层和指标层 3 个层次。

(3)采用 Thomas L. satty 标度法，邀请相关专家及工程项目人员打分，构建判断矩阵进行分析计算并得出结论。

(二)基于 FUZZY - AHP 的后评价方法(模糊数学法)

多层次模糊综合评判和层次分析相结合(FUZZY - AHP)的评价方法，其主要步骤为：

(1)建立评价因素集 U，其中 $u_i(i=1,2,\cdots,n)$ 为评价因素，n 是同一层次上单个因素的个数，这一集合构成了评价的框架；

(2)建立评价方案集 $V=\{v_1,v_2,\cdots,v_m\}$，其中 $v_j(j=1,2,\cdots,m)$ 是评价方案；

(3)确定隶属度矩阵。假设第 j 方案第 i 因素 u_i 相对于总评价目标的隶属度(相对满意程度)为 $r_{ij}(0\leqslant r_{ij}\leqslant 1)$，则隶属度矩阵 $R=(r_{ij})_{n\times m}$；

(4)采用层次分析法确定权重向量 $W_i=(w_1,w_2,\cdots,w_n)$，其中 w_i 为第 i 个评价指标在方案评价总目标中所获得的总权重值$(i=1,2,\cdots,n)$，$w_i\in(0,1)$，且 $\sum\limits_{i=1}^{n} w_i = 1$；

(5)建立模型

$$C = W\times R = [w_1,w_2,\mathrm{L},w_n]\begin{bmatrix} r_{11} & r_{12} & \cdots & r_{1m} \\ r_{21} & r_{22} & \cdots & r_{2m} \\ \vdots & \vdots & \cdots & \vdots \\ r_{n1} & r_{n2} & \cdots & r_{nm} \end{bmatrix} = [c_1,c_2,\mathrm{L},c_m]$$

式中，c_j 为第 j 方案相对于评价总目标的综合评价值，两种方案 c_j 值相差越小，则说明采取方案后取得的效果越好。$c_j = \sum\limits_{i=1}^{n} w_i r_{ij}(j = 1,2,\cdots,m)$ 对于只有一个方案的指标体系，对分指标层因子通过某种方法换算采用统一的度量方式，如 0 - 1 度量方式，引入权重后子准则层计算结果及准则层计算结果均可建立统一的评价体系，评价某单项效果的优劣及整体效果的优劣程度，达到后评价的目标要求。

(三)投影寻踪法

投影寻踪法(Projection Pursuit，简称 PP 方法)是由 Friedman&Tukey(1974)提出的，它是一种新兴的、有价值的高新技术，是统计学、应用数学和计算机技术的交叉学科，属当今前沿领域。它是用来分析和处理高维观测数据，尤其是非线性、非正态高维数据的一种新兴统计方法。可以直接由样本数据驱动来处理和分析高位数据，避免上述方法由于形式化、数学化而对某些高维、非线性、非正态问题带来的适应能力不强的问题，具有稳健性好、抗干扰性强和准确度高等优点，可以在许多领域，诸如预测、模式识别、遥感分类、过程优化控制、导航、图像处理、分类识别等领域广泛应用。目前，投影寻踪法已在工业、农业、水利、医学及遥感等领域得到广泛应用并相继取得了一批可喜成果。

投影寻踪法是一种用于处理非线性、非正态问题、高维数据降维分析的方法，它能排除与数据结构和特征无关的或关系很小的变量的干扰，成功地克服高维数据所带来的严重困难。基本思路是，从不同的角度去观察数据，将高维数据通过某种组合投影到一维空间上，在对投影后的一维数据进行分析，采用投影指标函数来分析原始数据结果特征和分类排序结构的可能性大小，比较不同一维投影的要求结果，寻找最能够反映数据特征和最能充分挖掘数据信息的最优投影方向，找出最佳投影，然后根据该投影值与研究系统实际的评价输出值之间的散点图，构造适当的数学模型以模拟系统的评价输出。

投影寻踪法的特点，可以归纳为以下几点：

(1)PP 方法能成功地克服高维数据的“维数祸根”所带来的严重困难，它对数据的分析是在低维空间上进行的，对 1 ~ 3 维的投影空间来说数据点足够密了，足以发现数据在投影空间中的结构和特征；

(2)PP 方法可以排除与数据结果和特征无关的或者关系很小的变量干扰；

(3)PP 方法为使用统计方法解决高维问题开辟了途径；

(4)PP 方法与其他非参数方法一样可以用来解决某种非线性问题。PP 方法虽然是以数据的线性投影为基础，但它找的是线性投影中的非线性结构，因此可以用来解决一定程度的非线性问题。

PP 方法能在一定程度上避免权重的人为设定，评价结果与实际相符率高，已经广泛应用于水质评价、环境质量评价、灾情评估、工业经济等各个方面，并且在综合评价上取得令人满意的效果。

PP 方法的关键在于找到观察数据结构的角度，即数学意义上的线、平面维或整体维空间，将所有数据向这个空间维投影，得到完全由原始数据构成的低维特征量，反映原始数据的结构特征。

因此本文先介绍此方法，然后将此方法应用于具体的区域进行评价。

投影寻踪法包括以下几个步骤。

(1)数据归一化处理。设 $\{x(i,j) \mid i=1,2,\cdots,n;j=1,2,\cdots,p\}$ 为某样本的标准等级及评价指标。其中 $x^*(i,j)$ 为 i 方案的第 j 个指标值；n,p 分别为决策方案的个数和指标的数目。为消除各指标间的量纲和统一各指标值的变化范围，针对不同的数据类型采取不同的公式进行归一化处理并清除影响。

对于指标值越大越优的指标，如森林覆盖率、人均水资源量等，采用式(1)

$$x(i,j)=\frac{x^*(i,j)-x_{\min}(j)}{x_{\max}(j)-x_{\min}(j)}\times\alpha+(1-\alpha) \tag{1}$$

对于指标值越小越优的指标，如化肥使用量、水旱受灾面积等，采用式(2)

$$x(i,j)=\frac{x_{\max}(j)-x^{*}(i,j)}{x_{\max}(j)-x_{\min}(j)}\times\alpha+(1-\alpha) \tag{2}$$

式中，$x_{\max}(j)$为第j个指标值的最大值，$x_{\min}(j)$为第j个指标值的最小值；$x(i,j)$为指标值归一化后的序列。

(2)构建投影目标函数。投影寻踪法就是把P维数据$\{x(i,j)\mid i=1,2,\cdots,n;j=1,2,\cdots,p\}$综合成以$a=\{a(1),a(2),\cdots,a(p)\}$为投影方向的一维投影值。

$$z(i)=\sum_{j=1}^{p}a(j)\times x(i,j)(i=1,2,\cdots,n) \tag{3}$$

式中，a为单位长度向量。

在综合投影时，要求投影值$\{z(i)\mid i=1,2,\cdots,n\}$的散布特征为：局部投影点尽可能密集，最好凝聚成若干个点团，而在整体上投影点团之间尽可能散开。投影指标函数可以表达为：

$$Q(a)=S_zD_z \tag{4}$$

式中，S_z为投影值$z(i)$的标准差，D_z为投影值$z(i)$的局部密度。具体计算公式为：

$$S_z=\sqrt{\frac{\sum_{i=1}^{n}(z(i)-E(z))^2}{n-1}} \tag{5}$$

$$D_z=\sum_{i=1}^{n}\sum_{j=1}^{n}(R-r(i,j))\cdot u(R-r(i,j)) \tag{6}$$

$$r(i,j)=|z(i)-z(j)| \tag{7}$$

式中，$E(z)$为序列$\{z(i)\mid i=1,2,\cdots,n\}$的平均值，$R$为局部密度的窗口半径，$r(i,j)$为样本之间的距离；$u(t)$为一单位阶跃函数，当$t\geqslant0$时，其函数值为1，当$t<0$时，其函数值为0。选取窗口半径时，既要使包含在窗口内的投影点平均个数不能太少，避免滑动平均偏差太大，又不能使它随着指标数n的增大而增加太高，可以根据试验来确定，一般取值为$R=0.1\times S_z$。

(3)优化投影目标函数。当各指标值的方案集给定时，投影指标函数$Q(a)$只随着投影的方向a的变化而变化，不同的投影方向反映的是不同的数据结构特征，而最大可能暴露高维数据某类特征结构的投影方向就是最佳投影方向。因此，可通过求解投影指标函数的最大化问题来估计最佳投影方向，继而最大可能揭示高维数据某类特征结构。

$$\max Q(a)=S_z\cdot D_z \tag{8}$$

$$s.t.\begin{cases}\sum_{j=1}^{p}a^2(j)=1\\ a(j)\geqslant0,(j=1,2,\cdots,p)\end{cases} \tag{9}$$

式中，$s.t.$为约束条件，这是一个以$a(j)$为优化变量的复杂非线性优化问题，可以用遗传算法、MATLAB 软件等求解。

(4)建立区域生态系统健康等级评价模型。即建立$\{z(i)\mid i=1,2\cdots n\}$与$\{y(i)\mid i=1,2\cdots n\}$之间的数学关系表达式。可根据$z(i)$与$y(i)$的散点分布图，利用线性内插方法建立生态系统健康等级评价的分段插值数学模型。

(5)健康指数的计算。子系统健康指数采用投影寻踪评价方法确定,其目的是根据理想的可持续发展指标评定标准,求出子系统的健康等级。本文采用投影寻踪等级评价模型,计算出的投影值即为子系统的健康系数。

(四)前后对比法

前后对比法是将项目竣工投产运行后的实际效果 A 与项目设计报告所预测的目标、投入和产出效益 B 等进行对比,确定项目原定各项指标的实现程度 $P = A/B$,用以直接估量项目实施的相对成效,并从中找出差异及其原因。这种对比用于提示项目的计划、决策和实施质量,是项目过程评价采用的主要方法。

在此次评价过程中,主要考虑采用前后对比法,对环境评价报告及环保设计方案中应达到的目标与现在实际情况进行对比。

(五)有无对比法

有无对比法是将项目建成后实际发生的情况 A 与没有运行投资项目可能发生的情况 B 进行对比。则效果 $P = A - B$。

通过有无对比分析,可以确定项目实际引起的经济、技术、社会及环境变化效果,从而判断该项目对经济、技术、社会、环境的作用和影响,以度量项目的真实效益、影响和作用。对比的重点主要是分清项目自身的作用和项目以外的作用,科学预算 B 的数值。有无对比法要求投入的代价与产出的效益口径一致,亦即所度量的效果要真正归因于项目。

由于无项目时可能发生的情况往往很难准确描述,项目后评价中只能设法近似度量。有无对比法常常将定量分析、定性分析结合在一起进行综合分析,从而得到满意效果。

对管理措施实施的效果评价,从不同角度分析,前后对比法和有无对比法均可使用,具体方法的选择依赖于资料的内容。各自经过对比分析后,找出差距、分析原因并提出改进措施。

二、评分标准

(一)自然生态环境后评价指标评分标准

1. 自然生态环境管理效果评价

环境影响后评价中关于自然生态环境管理效果评价未有统一的打分评判标准,在本项目中,采用的是最简单的一种打分方法。根据各工程的初步设计报告、管理计划报告、监理监测的安排、实际效果等进行打分,打分标准见表 12-13。

表 12-13　打分及评判标准

评价等级	不合格	合格	较好	良好	优秀
分值标准	0 ~ 59	60 ~ 69	70 ~ 79	80 ~ 89	90 ~ 100

具体如下:

优秀:组织结构健全,人员资质达标、安排到位,制度制定完善,严格执行设计报告,反馈机制健全,提出建设性的意见。

良好:组织结构健全,人员资质达标、安排到位,制度制定完善,施工、监测、监理等部门较好地按照设计要求执行，反馈机制健全。

较好：组织结构基本健全，人员资质达标、安排到位，制度制定基本满足工程需要，施工、监测、监理等部门较好地按照设计要求执行，发挥反馈机制的作用。

合格：组织结构基本完善，人员资质达标、安排到位，制度制定基本满足工程需要，施工、监测、监理等部门基本满足设计要求，没有反馈机制。

不合格：组织机构不完善，人员资质不达标、安排不到位，制度制定满足不了工程需要，施工、监测、监理等部门满足不了设计要求，没有反馈机制。

依据表 12-13 的标准，对表 12-1 至表 12-3 中的指标进行打分，并运用层次分析法进行分指标、指标的权重计算，得出工程建设前期、建设期、运行期的环境管理效果的具体数值，进而评判出工程建设各阶段自然环境管理的等级。

2. 自然生态环境效果评价

本次环境指标因子用实际监测资料，运用投影寻踪法，将各阶段指标的投影向量直接进行评价，不需要进行打分；生态因子因为没有实际资料，只是进行了定性的说明，不能够量化打分。通过投影向量数值的变化趋势，反映当地的环境变化情况，从而得出环境管理效果的好坏。

按照地表水、地下水、噪声环境标准限制，划分 5 个等级，运用投影寻踪法，将实际监测指标的各等级极限值代入计算，得出每个等级对应的数值范围，从而给当地的自然生态环境划分等级。

环境空气质量现状评价标准执行《环境空气质量标准》(GB 3095—1996)，由于本次监测数据的限制，未将其划分等级代入计算。

将上述标准各等级极限值按投影寻踪评价方法进行计算，得到当地自然生态环境综合评价等级划分标准，见表 12-14。

表 12-14 自然生态环境评价等级划分标准

评价等级	Ⅰ类	Ⅱ类	Ⅲ类	Ⅳ类	Ⅴ类
投影值	>3.4531	3.4531 ~ 2.8088	2.8088 ~ 1.9137	1.9137 ~ 0.5007	<0.5007

(二)人文生态环境后评价指标评分标准

1. 人文生态环境管理效果评价

与自然生态环境效果评价相似，人文生态环境管理效果评价没有统一的打分评判标准，本项目在具体操作时，仍然采用的是前文提到的方法。根据各工程的移民初步设计报告、移民安置计划、移民搬迁后的生活状况等进行打分。

依据表 12-13 的标准，对表 12-5 至表 12-7 的指标进行打分，并运用层次分析法进行分指标、指标的权重计算，得出工程建设前期、建设期、运行期的环境管理效果的具体数值，据此评判出各施工阶段人文生态环境管理的等级。

2. 移民生活状况效果评价

移民生活状况效果评价没有采用打分的方式，而是采用前后对比法，即将移民搬迁前的生活状况与移民搬迁安置后的生活状况进行比较，对比评价的指标主要有医疗教育设施、生活水平、生产水平、基础设施建设等。

第四节 后评价指标体系计算过程与结果

环境影响后评价包括自然生态环境后评价、人文生态环境后评价和效益评价三个方面的内容。现以自然生态环境后评价为例，介绍其计算过程。自然生态环境后评价主要包括管理评价和环境效果评价。

一、管理评价

管理评价分前期管理评价、建设期评价和运行期评价。下面以开封堤防工程为例，仅介绍前期管理评价指标体系和计算结果。

1. 前期管理评价指标体系

前期管理评价指标体系包括目标层、准则层、指标层、分指标层、分指标层内容以及赋分情况。详见表 12-15。

2. 前期管理评价指标体系计算结果

对项目自然生态环境管理情况进行评价，运用层次分析法进行分指标层权重计算，工程建设前期权重计算结果见表 12-16。

表 12-15 前期自然生态环境管理评价指标体系

目标层	准则层	指标层	分指标层	分指标层内容	赋分
自然环境影响后评价	管理部门	组织机构健全	职权	黄委亚行项目办	85
			职责	(1)贯彻国家及有关部门的环境保护和水土保持方针、政策、法规、条例，落实污染防治、水土保持规划，对工程施工过程中各项环保、水保措施执行情况进行监督检查。结合本工程特点，制定施工区环境管理办法，并指导、监督实施。(2)代表业主选择有资质的单位签订合同，进行环境监测、环境监理和卫生防疫工作（摘自《开封大堤加固环境管理计划报告》）	90
			人员安排	设立专门管理部门以及专职管理人员	80

续表 12-15

目标层	准则层	指标层	分指标层	分指标层内容	赋分
自然环境影响后评价	管理部门	规章制度完善	全面性	较全面(摘自《开封大堤加固环境管理计划报告》)	85
			可操作性	具有操作性	80
		实施执行情况	执行公正性	公正	80
			执行全面性	全面	85
	环评部门	编制是否规范	单位人员资质	黄河水资源保护科学研究所,甲级单位	85
			内容符合要求	评价工程对环境的有利影响、不利影响(摘自《开封大堤加固环境初评报告》)	85
		审批是否规范	程序规范	按国家规定实施(摘自《开封大堤加固环境初评报告》)	80
			结论明确	工程建设对环境产生的不利影响主要集中在施工期。施工区生活生产废水将严格执行国家污水综合排放标准,采取相应措施,处理后达标排放。工程占地影响群众将在地方政府部门的大力支持下,根据移民安置规划进行妥善的安置。工程对环境的影响利远大于弊,不利影响可采取措施加以避免,工程的环境效益和社会效益巨大。因此,工程的兴建是可行的,不存在制约工程上马的环境因素(摘自《开封大堤加固环境初评报告》)	85
			修改情况	无修改	85

续表 12-15

目标层	准则层	指标层	分指标层	分指标层内容	赋分
自然环境影响后评价	环保设计	设计是否规范	单位人员资质	水利部黄河水利委员会勘测规划设计研究院，甲级单位	85
			措施明确	环保措施从水污染控制、大气污染控制、噪声污染控制、生活垃圾处理以及人群健康保护多方面提出环保措施（摘自《开封黄河堤防加固工程初步设计报告》）	80
		审批是否规范	程序合法	按照国家规章制度执行（摘自《开封黄河堤防加固工程初步设计报告》）	80
			结论明确	无单独的审批结论	80
			修改情况	无修改	85

表 12-16　前期自然生态环境管理评价分指标层计算

目标层	准则层	指标层	分指标层	赋分	分指标层权重
自然环境影响后评价	管理部门	组织机构健全	职权	85	0.57
			职责	90	0.29
			人员安排	80	0.14
		规章制度完善	全面性	85	0.60
			可操作性	80	0.40
		实施与执行力度	执行公正性	80	0.50
			执行全面性	85	0.50
	环评部门	编制是否规范	单位人员资质	85	0.50
			内容符合要求	85	0.50
		审批是否规范	程序规范	80	0.54
			结论明确	85	0.30
			修改情况	85	0.16
	环保设计	设计是否规范	单位人员资质	85	0.25
			措施明确	80	0.75
		审批是否规范	程序合法	80	0.65
			结论明确	80	0.23
			修改情况	85	0.12

对表 12-16 的赋分及权重因子运用模糊数学进行计算，得到指标层计算分值，然后对指标层分值运用层次分析法计算权重，计算结果见表 12-17。

表 12-17　前期自然生态环境管理评价指标层计算

目标层	准则层	指标层	指标层计算分值	指标层权重
自然环境影响后评价	管理部门	组织机构健全	85.75	0.14
		规章制度完善	83.00	0.24
		实施与执行力度	82.50	0.62
	环评部门	编制是否规范	85.00	0.5
		审批是否规范	82.30	0.5
	环保设计	设计是否规范	81.25	0.67
		审批是否规范	80.60	0.33

将表 12-17 的分值及权重因子运用模糊数学进行计算，得到准则层分值，然后对准则层分值运用层次分析法计算权重，计算结果见表 12-18。

表 12-18　前期自然生态环境管理评价准则层、目标层计算

目标层	准则层	准则层计算分值	准则层权重	目标层计算结果
自然环境影响后评价	管理部门	83.08	0.53	82.98
	环评部门	83.65	0.33	
	环保设计	81.04	0.14	

将表 12-18 中目标层计算结果 82.98 与表 12-13 打分评判标准相对照，得出开封堤防加固工程建设前期自然生态环境管理评价为良好等级。

二、环境效果评价

环境效果评价主要对监测部门监测的环境因子进行定量计算，分析项目建设过程中的环境变化；对施工区的生态因子进行定性分析，评价生态状况的变化。下面仍以开封堤防工程为例介绍环境效果评价结果。

通过对开封堤防加固工程逐次监测的地下水环境指标、大气环境指标及噪声环境指标的整理，运用投影寻踪法进行环境因子计算，根据投影值的大小，得到项目建设前期、建设期和建成后的环境变化。

将开封堤防加固工程环境状况进行排序，如表 12-19 所示。

由表 12-19 计算结果可知，开封堤防加固工程的建设对环境产生了一定影响，在建设开始时，对环境造成的影响最大，但是随着工程建设过程中环境保护措施的制定和实施，环境在逐步得到改善，说明环境管理过程中各部门人员职责明确，环境保护措施比较有效。以此推理，在工程的长期运行过程中，环境状况会越来越好。

表 12-19　环境效果评价结果

阶段	投影值	环境状况排序
建设前期	1.3483	1
建设期一	0.0654	4
建设期二	0.8947	3
运行期	1.3480	2

第五节　环境影响后评价结论

通过对黄河下游河南、山东两省10个地市黄河堤防加固、滩区安全建设、险工改建加固、河道整治等工程以及柳园口湿地进行后评价，得出亚行贷款黄河防洪项目环境影响后评价总体结论。

(1)在项目建设的各个阶段，环境管理部门、施工部门、环境监理和监测部门，认真落实政策，人员到位，各部门积极履行其职责；运用投影寻踪法对各工程的环境变化进行计算分析后，认为项目区总体环境状况较好。在工程建设过程中虽然对环境造成了一定的负面影响，但时间较短，工程施工结束后，随着堤顶绿化美化、护坡种草、种植防浪林以及临时占地复垦等措施的实施，项目区环境得到了很好的恢复和改善。

(2)工程建设涉及的开封柳园口湿地自然保护区，一直是亚行和国内环保总局门关注的焦点。在经过定性和定量的分析计算后发现，工程建设未对柳园口湿地造成较大的环境影响，而且在工程结束后植被的增加，反而在一定程度上改善了湿地的生态环境。这是由于工程管理与建设各方高度重视开封柳园口湿地的环境评价、环境保护设计以及环境保护措施实施的结果。

(3)在堤防加固工程、险工改建加固工程以及河道整治工程中，涉及生产移民数量较多，生活移民比较少。在建立人文生态环境管理评价指标体系并进行计算评价后得知，各部门各司其职，制定和落实政策等管理状况较好，工程的实施对当地居民生活的影响降到了最低，说明移民初步设计及实施方案制订合理，有效地保护了当地群众的利益，保障了工程的顺利实施。尤其是在堤防加固工程中刘庄小学的搬迁，大大改善了教学环境。山东省东明县樊庄移民村，由于生活条件较以前大有改观，村民对搬迁后的条件比较满意。

(4)各类工程的建设均取得了一定的效益。堤防加固工程主要取得了重大的防洪效益，堤顶背坡大量植树种草，不同程度地改善了当地的生态环境；滩区安全建设工程很好地保障了当地老百姓的生命财产安全，从此他们可以摆脱三年一小冲、五年一大冲的命运，刺激当地的生产和消费，取得经济效益的同时也取得了一定的防洪效益；险工改建加固工程及河道整治工程，较好地控制了河势，有效地削减了水流对大堤以及滩区的冲刷，产生了一定的防洪效益。

总之，亚行贷款黄河防洪项目的建设在取得社会效益的同时，获得了经济和环境效益。

参考文献

[1] 傅秀堂. 水库淹没处理设计. 南京:河海大学出版社,1998

[2] 解新芳等. 黄河小浪底工程环境保护实践. 郑州:黄河水利出版社,2000

[3] 左平等. 水利水电工程移民监理与监测评估. 郑州:黄河水利出版社,2004

[4] 林秀山等. 黄河小浪底水利枢纽规划设计丛书——水库移民. 北京、郑州:中国水利水电出版社、黄河水利出版社,2005

[5] 朱党生等. 水利水电工程环境影响评价. 北京:中国环境科学出版社,2006

[6] 曾肇京等. 注册土木工程师(水利工程)资格考试指定教材——水利水电工程专业知识. 郑州:黄河水利出版社,2007

[7] 曾肇京等. 注册土木工程师(水利工程)资格考试指定教材——水利水电工程专业案例(工程规划、水土保持与工程移民篇). 郑州:黄河水利出版社,2007

[8] 徐乘等. 水利水电工程移民监督评估. 郑州:黄河水利出版社,2008

[9] 邹家祥. 环境影响评价技术手册 水利水电工程. 北京:中国环境科学出版社,2009